Georg Karl von Mayr

Sammlung der Kurpfalz-Baierischen allgemeinen und besonderen

Landes-Verordnungen

In Justiz, Finanz, Landschafts, Mauth, Polizey, Religions, Militair und vermischten

Sachen. Sechster Band

Georg Karl von Mayr

Sammlung der Kurpfalz-Baierischen allgemeinen und besonderen Landes-Verordnungen
In Justiz, Finanz, Landschafts, Mauth, Polizey, Religions, Militair und vermischten Sachen.
Sechster Band

ISBN/EAN: 9783744691260

Hergestellt in Europa, USA, Kanada, Australien, Japan

Cover: Foto ©Suzi / pixelio.de

Weitere Bücher finden Sie auf **www.hansebooks.com**

Sammlung

der

Churpfalz-Baierischen

allgemeinen und besondern

Landes = Verordnungen

von

Sr. Churfürstl. Durchläucht Karl Theodor ꝛc. ꝛc.

In

Justiz-Finanz-Landschafts = Mauth-Polizey-Religions-

Militair - und vermischten Sachen.

Sechster Band.

Herausgegeben

von

Georg Karl Mayr,

wirklichen Sekretär, und geheimen Landes-Archivs-Registrator.

Mit Churfürstl. gnädigster Freyheit.

Nebst einem Kupfer.

München 1799.
Gedruckt bey Franz Seraph Hübschmann, nächst der Hauptmauth.

Vorrede.

Dieser Band enthält nicht nur alle diejenigen Verordnungen und Resolutionen, welche seit des im Druck erschienenen 5tem Bandes, sohin in lezten Regierungs-Jahren Sr. Churfürstlichen Durchläucht Karl Theodors Höchstseligen Angedenkens in Vorschein gekommen, sondern auch ältere derley, die für den praktischen Mann immer wichtig sind. Die Ordnung, die ich darinn beobachtete, ist die nämliche, wie in meinen vorgehenden Sammlungen; er kann sohin als der Theil derselben angesehen werden. Da keine Mühe und Zeit gespart wurde, um diesem Werke die möglichste Vollständigkeit zu geben, und um solches so einzurichten, daß es sowohl zur Kenntniß des vaterländischen Rechts, als der

innern

innern Staats=Verfassung für Jederman nützlich und bequem ist, so schmeichelt sich mit der Bitte, daß die eingeschlichene Druckfehler der Leser von selbst zu verbeßern belieben möchte, eine gütige Aufnahme desselben

der Verfasser.

Samm=

Erster Theil.
Von Justiz-Sachen.

Nro. I.

Unnser von Gottes genaden Wilhelmen Pfalzgrauens bey Rhein Herzogs in Obern, vnnd Nidern Bayrn rc. Hofrathsordnung, *) deren wir durch vnnsere Hofraths Präsidenten, vnnd Rethe, Ihen vns gelaissten Pflichten gemeß mit schuldigem getrewen vleis gelebt vnd nachgangnen zu werden, hiemit in genaden und ernnst befolchen, vnd verschafft haben wöllen.

Anfeunglich haben wir auf beschechene antrettung vnnserer Laundsfürstlichen Regierung die biß anhere gewerte kurze Zeit in werth befunden vnnd vermerkht, das villeicht aus sonderbarer verhengnuß Gottes, vnnd der Jezigen schweren Jargenng halber, tails aber darumben, das die Lëuth vnd sonnderlich der gemain Mann zu verthue, krieg, vnnd Gezennckh vor den Oberkeiten, Je lennger, Je mer genaigt werden, in vnnserm Fürstenthumb zwischen vnnsern Laundsessen auch Intwohnern, vnnd Außlenndern, die darein vnnd häraus handlen vnd wendern, vil mer Irrungen, Zwotrachten, dagen vnd beschwerungen teglich entsteen, dann, vnnsers empfanngnen Berichts, auch biß daheer selbst eingenommen wissens vor etlich Jaren beschechen ist, Daraus erfolgt, das in vnsern Rentampten, bey den verordenten Regimenten, vnnd sonnderlich vnserm Hofrath, da vnnser hofhaltung ist, die teglichen supplicationen, berichten, auch güetlich vnd rechlich verhören, vnd hanndlungen sich merckhlich heüffen vnd meren. Dieweil vnns dann, vnnsers von Gott befolchen Laundsfürstlichen ambts halben, obligt vnnd zum höchsten eingepunden ist, Souil vnd Immer müglich, vleissige, güete, vnd notwendige fürsehung vnd bestellung zuthun, Damit in vnnserm Fürstenthumb der Göttlichen geliebten Iustitien Ir freyer starckher lauf gelassen, meniglichen, Reichen vnd Armen, hochs vnd niedern stands, rechtens vnd der Pillichkeit fürderlich verholffen, auch ein Jeder bey frib vnd recht erhallten, beschuzt, und hand gehabt werde.

Demnach ist vnnser entlicher fürsaz, will vnd mainung, in vnnserm Fürstenthumb, vermitels göttlicher genaden vnd beystannds, allenthalben verordnung zuthun, auch strachs darob zuehallten, damit solches würcklich gescheche, auf daß dann in vnnserm hofrath albie die teglichs fürfallenden und anhenngigen sachen, als viel müglich, zum fürderlichisten mügen expedirt vnd erlediget werden. So ordnen, vnd befelchen wir hiemit ernstlich, Nemblich. Das alle vnd yede vnnsere Rhete, die vnns zu vnnserm Ratsiz verpflichtet seind, teglich zu der benanten stund, das ist von Georgii an, biß auf Michaelis zur morgens vmb Sechs Vhr, vnd dann von Michaelis bis auf Georgii vmb Siben Vhr, gewißlichen Im Rhat alle beyeinannder seyen, die fürfallenden Rathsachen

*) Die neueste vom Jahre 1779. siehe in der Samml. vom Jahr 1784. Seite 152.

Hofraths. Ordnung de dato 13. December anno 1580.

Rathzeit die tägliche ist vom jedem Rath zu beobachten.

sachen zu verrichten anfachen, vnnd in solcher Arbeit mit allen Bleis, vnd
guetten bedechtlichem anfmerkhen zum wenigsten drey gannzer stund beysamen
verharren, auch die sachen vnnser Camerguet belangend, so viel sein than,
vor den gemainen Partheysachen erledigen. Wann aber souil handlungen fürfallen, das sy in solcher Zeit der drey stund nit erlediget vnd ausgericht werden mügen; So sollen sy nach Mittag zu einer gewissen stund, nach befelch vnd
anordnung deß hofrats präsidenten widerumb, zusamen khommen, was vor
Mittag vberbleibt, gar expediern vnd erledigen, doch zu morgens die nötigi-
sten wichtigern sachen, vnd die geringschezigern nach Mittag verrichten.

Es solle auch kainer vnnserer Rethe, sonnderlich der mit anndern vnnsern Ambtshanndlungen vnd geschefften nit belaben ist, one sonnderbare eehaffte
Redliche Vrsachen (die er dann Jederzeit, wann Ime die fürfallen, vnnserm
Hofraths Präsidenten anzaigen, vnnd erlaubnus nemen soll) ainigen Rathsiz
nit versäumen, noch vber die verordend stund darein zugehn, verziechen, sondern sich ein Jeder seiner Pflicht, damit er zu vleissiger getreuer verrichtung seines Rhatdiensts, vnd fürderlicher abfertigung der Partheyen vnd hanndlungen
verbunden ist, wol erJnnern, do aber ainer darüber ohn erhebliche vrsachen,
wurde ausbleiben, Solle demselben nach guettachten deß Hofrats Präsidenten
sein besoldung pro rato abgezogen vnd aufgehebt werden. Es sollen sich auch
vnnsere Rhete auf diesen fall allzeit Jres ausbleibens bey den Präsidenten entschuldigen, der solle erkhennen, ob die Vrsachen erheblich sein werden, oder nit,
der dann darauf nach gestalt derselben beschaid vnd ordnung zu geben waiß.

Auch alle
kürze vnd
Beschaiden-
heit im vot-
ten. Vnnd in solchem Rathsiz soll ain Jeder, auf das, was verlesen wierdet,
dergleichen auch auf die Vmbfrag, vnnd was eines yeden stimb vnd guetachten
ist, vleissig merkhen, sich, wann er angefragt wirdet, in seiner stimb vnd anzaigen seines guetbedunkhens der kürz befleissen, Also das er nit annder zur
sachen vndiennstliche reden einmisch, noch was ein annderer vor Ime gesagt hat,
mit vielen wortten reperier, sonndern sein mainung, vnnd was Jne für Pillich
vnd guet ansicht, als vil der sachen gelegenheit vnd notdurft erfordert, beschaiden-
lich, verstenndiglich, auch one gezengkt, Disputation oder vberstüssige wort
fürbringen.

Wie dann auch keiner dem anndern in der vmbfrag in sein stimb, oder
red fallen, oder einreden, sonder biß die frag an Jne khombt, wartten solle.

Obligenheit
des Präsiden-
ten. Vnnd dieweil vnnser Hofraths Präsident das haubt in vnnserm Hofrath,
auch seines Ambts ist, alle vnordnungen Im Rhat abzustellen, dergleichen auch
die sachen, das sy durch schleinige, Jedoch wolbedechtliche verharschlagung, er-
khandtnuß, vnd ordenlichen Rathsbeschluß, vnuerzuglich erlediget werden, zu
befürdern, So soll er mit gebürennder authoritet, vnd allen vleis darob sein,
damit der Rhat zu rechter Zeit, vmb vleissig durch einen yeden vnnsern Rhat be-
suecht, auch darJnnen guete Ordnung gehalten werde, vnnd das ein Jeder auf
die vmbfrag wol merkhe, sein guetbedunckhen, wie obgemelt, mit der kürz vnd
verstenndiglich anzaige, auch annder vergebenlich zur sachen vndiennstlich reden
vnnberlasse, damit die Zeit des Rhats zu verhinderung der erledigungen nit vn-
nuzlich hingehe. Er soll auch in den vmbfragen auf die Vota vnd stimben wol
merkhen, damit er wissen khönn, was der merer Rhatsbeschluß, vnnd ob derselb
dermassen geschaffen sey, daß es billig bey der estern Vmbfrag, vnd darauf erfolgtem Rhatschluß gelassen, oder ob der sachen notdurft vnd gelegenheit erfordern, noch einmal vmbzefragen, Wie dann zu fürderung der sachen desto vleissiger aufgemerkht, vnd so vil müglich verhuet werden soll, das ohne sonndere
vernunftige notwendige Vrsachen nit öffter, dann einmal vmbgefragt werde,
angesehen, das vil Zeit vergebenlich dardurch verschwendt wurdet.

Des Canz-
lers, vnd Vi-
ce-Canzlers. Es sollen auch vnnser Canzler, oder da er annderer vnnserer sonnderbarn
Priuatsachen halber, die vnnserer Person bey jezigen beschwerlichen sorglichen leüffen,
Jhe lennger Jhe mer beüsstg aufwachsen, nit gelegenheit hat, vnnser Vice-
Canz-

Canntzler, Secretarij vnd Ratschreiber dem Rhate vleissig auswartten, die erstembarein vnd letsten daraus sein, damit die Rhatsbeschluß recht vnd richtiglich verzaichnet, begriffen, Im Rhat zuuor, vnnd ehe man aufstehet, alle verlesen, vnd abgehört, auch alsdann in vnnserer Canntzley vnuerzogenlich geschriben, vnnd mit vleiß gefertiget werden.

Diese zween Punkten sollen ernstlich befolchen, vnd darob gehalten werden.

Wir haben auch vnnserm Canntzler genediglich befolchen, mit erster gelegenheit die allte Canntzley-Ordnungen für hand zenemmen, zu übersehen, ein newe zubegreiffen, vnnd vnns vmb vnnser resolution vnd ratification fürzutragen, auf das bey vnnserer Canntzley alle vnordnungen vnnd menngel abgestellt, alles in guete bestenndige ordnung, sorg vnd vleis gerichtet, vnd was notwendig ist, zu befürderung deß Rhats vnd Hofgerichtssachen reformiert vnd gepessert werde.

Vnnd obwol ettlich vnnsere Rethe mit anndern Iren Ambtsachen, vnd Diensten zethun haben, derwegen sy vnnsern Hofrath, wie anndere, teglich nit besuechen khönnen, So ist vnnser befelch vnnd mainung, Wann sy mit solchen Iren Ämbts vnd Dienstgeschefften nit sonders nötig zethun haben, das sy entzwischen, vnd fürnemlich, so sy dieselben Ire geschefft nach Mittag wol außrichten mügen, zu morgens vor Mittag auch Inn den Rhat geen, vnd sich daran nichts, dann allein die notwendigen Verrichtungen Irer Ämpter vnd Dienst verhindern lassen.

Nachdem sich auch wie oben im anfang gemelt ist, die teglichen hanndlungen, vnd der Immer werennd anlauf der Partheyen dermassen häuffen, das man die Rechtlichen vnd Summarj sachen, auch geding oder Appellationes, vnd was dergleichen hanndlungen seind, darinn vil schrifften vnd acta zusamen khommen zu gewondlicher Rathzeit mit erledigen khan, Sonnder dieselb erledigung etwann mit grossem der Partheyen lanng verhinderst vnd eingestellt wirdet: So wellen wir, vnd ist vnnser befelch, das vnnser Hofrats-Präsident verordnung thue, damit Sechs, Siben, oder Acht Rhete, souil man deren Jederzeit fueglich haben khan, alle tag, so lang, biß solche beschlossne Recht vnnd summari sachen, auch geding oder Appellationes dem Rechten gemeß, erlediget werden, vor oder nach mittag, nach gelegenheit der anndern fürfallenden hanndlungen, vnd mehnige der anndern anwesenden Rhete, zusamen khommen, die acta lösen, mit vleis erwögen vnd erledigen, vnnd in diesem sonnderen Rhat vnd erledigung solcher sachen sollen vnnsere gelerte Rhete so vil deren alhie seind, Jederzeit gehorsamblich erscheinen, auch ohne sonnderbar ehehafte wissentliche verhinderungen, die vnnserm Präsidenten, wann die fürfallen, Jedesmal angebracht, vnnd der erlaubnuß oder beschaids gewarttet, vnd gelebt werden soll, khainer außbleiben. Im fall aber die verordneten nit allzeit sammentlich dabey sein, khonnden, wie doch billich geschehen solle, So soll nach gelegenheit vnd wichtigkeit der sachen in vnnsers Präsidenten discretion vnd macht steen, an der anwesenden statt vnd zall anndere zuuerordnen, oder die, so gegenwärtig seind, fortfaren lassen, vnd es hier Innen, wie es Ime für Rhatsam ansehen, vnd Jedes handels geschaffenheit erfordern wirdet, anzurichten, damit sich nit ainer auf den andern zu verhinderung der Expeditionen entschuldigen khönne.

Anordnung eines sonnderbaren Rathß.

Weil auch, als vor steet, khainer vnnserer Hofrethe, ohne erlaubnus solle aus dem Rhat bleiben, vnnd doch vhe zu Zeiten eines oder den anndern notdurft erfordern möchte, In seinen obligenden aignen sachen auch fürsehung zu thun; So wellen wir dero Jedem zu Verrichtung seiner sachen, Järlich Sechs wochen, doch vnuerschidlich zu vierzehen tagen, oder dreyen Wochen vander allsten, oder nach dem es die notdurft erhaischen, vnd vnnser Hofrats Präsident mit guetachten vnnsers Canntzlers oder Vice-Canntzlers, die am bösten wissen, wie man deß einen oder anndern Jederzeit enntporen khönne, erthennen werden, zu lassen, vnd erlauben, Doch das solche zu der Zeit geschehe, das derselb in vnnserm Dienst nichts zu verabsaumen hab, vnnd das er aus der Statt nit verraise, Er hab dann dessen von vnns, oder vnnserm Präsidenten lautere erlaubnuß,

Abwesenheitsbewilligung.

B 2

nuß, Da dann ainer vber die erlaubt Zeit außbleiben wurde, solle solche alsdann auf der Camer angezaigt, demselben solche vbrige Zeit an seiner Besoldung
pro rata was abgezogen, vnd hierJnnen khaines verschonet werden.

Sodann einer oder mer vnnserer Rethe für die Thür in einer nebenstuben
zwischen den Partheyen zuhandlen, oder aber etwas an vnns zu bringen, oder
annders zuuerrichten verordnet werden, Sollen sie alsbald sy dasselb verrichtet,
widerumb in den Rhat gehn, vnnd so lang die anndern vnnsere Rhäte bayein-
annder im Rhat sizen, darJnn bleiben, vnd vnnder sizendem Rhat weder anhaimbs, noch anndere Ort geen.

Von den
Relationen. Septemaln auch vnnsere gelerte Rhete sonnderlich darumb bestellt seind,
vnd ohne das Jres ampts ist, das sy für annder versteen, wissen, vnd erkhennen
sollen, was recht vnd pillich ist, berichtet werden, das schier
teglichs vmb erledigung der gerichtlichen vnd anndern anhenniges sachen, die
ettwann nach lang gewehrtem Prozeß zu vnnserer Rhete erkanntnuß oder ent-
schid gesezt seind, angehallten, die sich aber ein zeithero etlichermassen gehäufft,
vnd also gemehrt, das sy ohne grosse mühe vnd beschwerden suegelich nit wol fürgenommen, berhatschlagt vnd erlediget werden mügen, sondern offtermals stecken-
ben bleiben, vnd verligen müessen. Damit dann das teglich nachclagen vnd an-
lauffen geringert, die expeditiones etwas fürderlicher von statten geen, Daneben auch anndere Jrer sbl. gn. fürfallende, vnd Dero Rhete geschefft auch zum
Thail Jre Studia nit verhindert, sonnder ains für das annder gebracht werde,
So haben wir vnns hierJnnen nachuolgender ordnung entschlossen, vnnd ist
vnnser gemelbiger will, das vnnser hofraths Präsident darob seye, damit khain
anhenngige vnd beschlossne sach, sy betreffe was, oder wen sy wölle, Jm Rhat
gelesen werde, Es seyen dann die schriften vnd acta zuuor durch einen, oder
nach gelegenhait vnd wichtigkeit des hanndels mer teglich Rhete, alles vleis
durchsehen, ad referendum erwogen, und gerichtet worden,

Durch wölch mittel ersstlich ein Jeder hanndel den vmbsizenden Rhaten
desto versternnbiger fürgehalten, vnnd so einer oder mer vnnder Jnnen eines oder
mer Puncten halber einen Zweifel hette, oder dieselben aus dem verlesen vnnd
relation mit zu genüegen eingenommen hette, sy sich bey dem referenten pesser
erlehrnen, Jnformieren, vnd berichten lassen mügen.

Fürs Ander seind gemeiniglich, vnnd ettwann vil schriften bey den actis,
die zu erledigung der sachen, oder haubt Punctens, darumb der strit Jederzeit
sein mag, wenig oder gar nichts dienen, Solche mügen durch den Referenten
mit kurzem anzaigen vnd erJnnern vberschritten, damit die Zeit erspart vnd
gewonnen werden.

Am dritten seind die sachen vnd Puncten an Jnen selbst offtermals ver-
massen geschaffen, das nit allein von vnnöten einen gannzen völligen Rhat damit aufzuhallten, sonnder es mügen dieselben etwo durch wenig Rhete gehört,
verrichtet, erlediget, vnnd solches also vnnserm Hofrats Präsidenten durch den
referenten auf maß, wie hernach volgt, angezaigt werden.

Zum Vierten Wann also die sachen durch einen, oder mer referenten
vbersehen, verlesen, zeitlich berathschlagt, vnd derselbe stimb vnd mainung zuvorderst gehört wirdet, Können die annderen Rhete Jre Vota auch desto bedechtlicher geben, oder wo es Jnnen noth thuet, dieselben zu bedenncken nemmen,
vnd was Jnnen mangelt, sich dessen bey den referenten als obstet, erkundigen,
oder auch in den actis selbst ersehen, darburch den Partheyen nit allein desto
fürderlicher ab den sachen geholffen, sonnder auch dieselben desto bedechtlicher,
vnd dem Rechten auch der billichait besto gemässer entschieden werden mügen.

Es kann auch zum letsten nit one sein, Es werde hierburch vnder den
Referenten selbst vnd anndern Rheten ein grosser vleis vnd sonnderbarer eiffer
er-

erweckht, alſo das ain yeder den ſachen vleiſſiger nachzutrachten, vnd ſein ſtimb mit beſſerer vorbetrachtung zugeben Vrſach hat, wölchs dann zu befürderung der Juſtitien vnnd aller Pillicheit zum höchſten dienſtlich.

Damit nun ſolch alles vnd die relationes in ein richtige ordnung gebracht, ſeind wir entſchloſſen, etliche auß vnnſern Rhäten von halben Pyndchen fürzunemmen, vnnder denen die fürfallenden ſachen volgender maſſen zu überſehen, zulesen, vnd zu referieren außgetheilt werden ſollen.

Auf das auch ſolches deſto richtiger beſchehe vnnd volzogen werde, Sollen vnnſer Präſidennt vnd Canntzler ainen auß vnnſerer Canntzley verordnen, vnd demſelben mit allem Vleiß einpinden, alle acta vnd Handlungen, die durch Appellationes, oder annder waigerung Inn vnnſern Hofrath oder vnſer Canntzley geantwort werden, darzue die hofgericht vnd anndere ſachen, dat Innen alhie Im Rechten oder ſonnſten ſummarie procedirt wirdet, in guetter verwahrung zubehallten, niemanden annderm darüber zuuertrawen noch khommen zu laſſen, damit dieſelben oder Jchzit dauon nit verlorn, verlegt, oder verzogen werde.

Doch ſouiel die cauſas ſimplicis quærelæ (das iſt in ſummario vel ordinario proceſſu, die anfenglich in dieſem vnnſerm Hofgericht einkommen, vnd ventiliert werden) anlanngt, Solle es den verſtannd haben, das dieſelben Hofgerichts ſachen zuuor, vermug der Canntzley ordnung durch die Secretarios richtigclich prothocollirt, vnd alsdann erſt, ſo das beſchehen, vnd ſo interlocutoriam, oder deffinitiuam Sententiam beſchloſſen iſt, einen verordenten in der Canntzley zugeſtellt werden, damit die nach gebürlicher Ordnung den referenten zugeſtellt, alſo, das allemal die, darInn zum erſtenmal beſchloſſen wirdet, auch erſtlich erlediget werden.

Auch ſoll derſelb verordent über all ſolche Acten ein beſtenndig zweifach Regiſter aufrichten und halten, deren eines bey Ime beleibe, das annder vnnſerm Präſidenten zuſtellen. Doch ſollen dieſe Regiſter weder in der Rathſtuben noch ſonnſt vinbfahren, ſonder Inn guetter gehaimer verwahrung behalten werden, damit nit anndere Perſonen darüber khommen, auch die Partheyen. Procuratores, oder anndere nit wiſſen oder erfahren müſſen, wem die ſachen zu referiren zugeſtellt, des dann durch Ine den verordenten khaines wegs eröffnet werden ſoll, damit ſich der Referent nichts zu befahren hab, auch bey den Partheyen aller verdacht vnnd ſonnſten vilerlay vnrath vnd nachtheil, der darauß leichtlich erfolgen möchte, vermitten bleibe.

In ſolchem Regiſter ſollen erſtlich der fürgenommen referenten namen nach Jrer ordnung am erſten Plat geſchriben ſtern, vnd hernach die ſachen auf Jeden tag, daran ſy in vnnſerm Hofrath oder zur Canntzley geantwortet, oder vor vnnſern Hof Rhäten beſchloſſen werden, mit einem guetten weiten vnnterſchied oder Spatio verzaichnet werden vngeuerlich mit volgenden wortten.

Die Appellation oder waigerungsſach zwiſchen N. vnnd N. iſt an heut N. vnnd Jar geantwort, vnd alsbald, oder den N. tag dem N. zu leſen, vnd zu referiren zugeſtellt worden.

Da es dann ein Hofſach wäre mit diſen Wortten. Die Recht oder Summari ſach zwiſchen N. vnd N. (oder das vnd das belangennd.) iſt beut N. tag vnnd Jar beichleiſſen, vnd alsbald (oder der N. tag.) dem N. zuleſen vnd zu referiren zugeſtellt worden.

Damit aber vnnder den Referenten ein Gleichheit gehalten, vnd kheiner für den anndern beſchwert werde, So ſollen die an yezt vorhanndnen, beſchloſ-

beschl offnen vnd vnerledigten sachen vnnder Innen so vil müglich, vnd nach gelegenheit zue gleich auszethailt, vnd hernach die negst sach so einkhombt, oder
dar Inn allwie beschlossen wirdet, dem Ersten vnder Innen, vnd hernach einem
Jeden in seiner ordnung die volgenden sachen befolchen, vnnd so man also bern-
abkhommen ist, widerumb oben angefanngen, solches alles wie jezt vermeldt,
eingeschriben werden.

Jedoch soll nichts weniger in vnnsers Hofrabs Präsidenten macht
vnd ermessen steen, für sich selbst, oder mit Rath vnnsers Canntzlers, nach ge-
genheit yeder sachen, dieselb einem oder mer aus den referenten oder anndern
Rheten Insonnders vnd extra ordinem zubefelchen, auch sonnderbare mass
vnd ordnung wie dieselben referiert vnd erledigt werden sollen, fürzunemmen,
welchs wir vnns dann auch selbst zuthun in allweg vorbehalten, Es sollen
vnns auch auf den Fall die referenten sambt den Hanndlungen benannt, vnd
angezaigt, vnnd im fahl der Noth vnns selbs die sach referiert, auch in einem
vnd anndern beschaid genummen werden.

So nun also die Acta einem Referenten, an deme die Ordnung ist,
oder aus sonnderm vnnserm, oder vnnserer Präsidenten Befelch zuübrelesen,
vnd zu referiren zugestellt, Soll er so in seiner Verwahrung behallten, vnd
nit von hannden geben, sy seyen dann zuuor in dem verordenten Rhat abgehört, allerding erlediget, vnd derhalben in vorgemellten Register aufgethan,
dagegen verzaichnet, wann vnd in weß beysern solche erlebligung geschehen, vnd
die acta widerum zur Canntzley geantwort worden.

Damit auch die sachen, soviel Immer müglich befürdert, vnd nit
aufgeschoben werden, Solle ein Jeder Referent sich dermassen gefaßt machen,
vnd lennger nit verziehen, dann das er die sachen, dar Innen zu einem schlechten beschaid, oder beyvrteil beschlossen Innerhalb eines Monats, die anndern
aber was wichtiger vnd zu einer distinction gesezt seinde, Inner zwayer oder zum
lenngsten Dreyer Monat gewißlich vnd enntlich referire, vnnd erledige, Es weren
dann sonndere vrsachen oder verhinderungen vorhanden, darumb er einer mererra
Zeit bedürfftig, die soll vnd mag er vnnserm Präsidenten anzaigen, vnd deß-
halben beschaids von Ime erwarten.

Auch soll er vnnser Präsident zum wenigsten zu Jeden Hofgerichts-
zeiten sich in seinem Register ersehen, dasselb gegen deß verordenten Register
vergleichen, die acta, so bey desselben hannden verwahrt seind, besichtigen, vnd
insonnderheit sein vleissig aufmerken haben, ob einer mit dem lösen vnd referiren säumig oder nachlässig sein wollte das Ime dasselbig nit zugesehen, sonnder mit ernst vndersagt vnd verwiesen werde.

Wo aber der Referent mit schwachheit beladen, oder in vnnsern Ge-
scheften, oder sonnst mit erlaubnus abwesend sein wurde, sollen die Acta nichts
desto minder in seiner verwahrung beleiben, vnnd mag Ime derhalb weiter Zeit
gegeben, vnd zugelassen werden, oder zum wenigsten Er sich darauf entschuldigen, Es were dann, das die sach kheinen Verzug leiden thönnte, vnd derhalben hefftig angehalten wurde, Dagegen aber das abwesen oder die schwachheit des referenten sich in die lenng verziehen wollte, alsdann mag er einen
anndern, an seiner statt zu referiren, erpitten, oder aber vnnser Präsident
mag die Acta widerumb erfordern, vnd die einem anndern, an dem die Ordnung
ist, oder der Ime nach Glegenheit der sachen gefällig, vnd darzue tauglich zustellen vnd befelchen.

Da auch der, den Jederzeit die ordnung treffen wirdet, zur selben
zeit nit anhaimbs, oder mit Kranckheit beladen sein wurde, sollen Ime nichts
minder die Acta verschlossen zu Hauß geschickt, oder Ime aufbehallten, Er also
(damit vnordnung vnd Gefahr verbleibe,) ohne sonndere redliche vrsach nit
überschritten werden.

Vnnd

Vnnd damit die referenten den actis mit vleiß nachzusehen vnd zu bedennckhen desto genaiater seyen, auch solchem desto williger ausswartten, Solle derselben mit anndern Commissionen vnd geschefften, als güetlichen vnnterhandlungen, Rechnung aufzunemmen, Zeugen zuuerhören, vnd dergleichen, Inner vnd ausser deß Rhats, so vil müglich verschonet, auch vnnder Jnen selbst diese vnnderschied gehalten werden, das wölcher mit referiern vnd Votiern mit sonnderm vleiß vnd vnuerdrossen erscheindt, Er desselben in annderweeg als mit erlaubnuß in seinen Geschefften, oder sonsten auszusein, pillich geniessen.

So nun der referent die Acta gesehen vnd mit der Relation gefaßt ist, soll er dasselb vnnserm Præsidenten alsbald anzaigen, daneben auch, worauf die sach beruehet, vnd wie wichtig sy sey, mit seinen vmbstenden vngeuerlich vermelden, sonderlich aber, da es von nöten eines correferenten begeren, der soll von dem Präsidenten nach Gelegenheit verordnet, vnd es mit, vnd durch Jne allermassen wie mit dem referenten selbst gehallten, auch sy die referenten, wann sy mit Jren relationibus gefaßt, gar nit aufgezogen werden, damit die sachen befürdert, vnd Jnen nichts aus der Gedechtnus khomm.

Dieweil auch die sachen nit allwegen so hoch wichtig, das ein ganntzer völliger Rhat mit denselbigen zu belestigen, so soll vnser Präsident, wann der referent gefaßt ist, Jme ain anzall Rhete, als nemblich zu einen schlechten beschaid, oder beyrtl vier oder nach Gelegenheit sechs, vnd sonst acht zuordnen, darunter allwegen der merer tail vermüg der Landßeerclerung von der Ritterschafft Panckh, vnd ainer aus Innen Präsident sein, die stimmen von den anndern aufnemmen, vnd darauf beschliessen, doch soll souil Immer müglich, vnd sonderlich in ansehenlichen oder sonst schweren sachen der Präsident selbst Canntzler, oder Vice Canntzler, oder einer aus Innen, oder doch in alle weeg ein fürgenger aus den Rheten, der den Rhat, vnd die vmbfrag zu dirigiern, vnd zualaten geschickt seye, der relation vnd beschliessung beywohnen.

Sonnst soll vnnser Präsident mit verordnung der Rhete dermassen abwechßlen, damit sich khainer vor dem anndern billich zu beschweren habe.

Diese verordnete Rethe sollen sy Jederzeit des tags vnd einer benannten stund, wann sy zusamen khommen wellen, doch vnuerhindert des ordentlichen Rhats selbst vergleichen, oder derhalben vom Präsidenten bescheid nemmen, der Relation biß zu ende, vnd das man sich des bescheides oder vrtell einbelliglich, oder mit dem merern entschlossen, dasselb auch in seinen form gebracht, vnd begriffen hat, ausswartten, vnd sich daran khein annder geschefft Jrren noch verhindern lassen, dann wo entzwischen etwas fürfell, das mag mittler weilen durch die anndern Rhete verricht, vnd aufgetragen, oder zu ordentlicher Rhats Zeit verschoben werden.

Es soll auch vnordnung zuuermeiden zu einer Zeit nit über ein verordnung geschehen, noch gehalten werden, sonder wo sich mer dann einer aus den referenten mit oder bald nacheinannder anzaigen wurden, soll ybe einer auf den anndern, bis er mit seiner relation vnd verrichtung der sachen am ende ist, verziehen, vnd kheiner den anndern darJnn ybereilen, oder verhindern.

Zu solchem verordenten Rath solle ein ordenlich Puech gehalten, vnnd darein von dem verordenten (der allweeg bey der relation sein soll.) verzaichnet werden, Nemblich der Tag, daran man yede sachen für Hand nimbt, vnd dann der Partheyen, auch deß Referenten vnnd annderer Rhet namen, auch Jre stimmen, vnd leßtlich der begrif deß entschieds oder Vrtells, wie es Jme in sizendem Rhat von dem referenten, oder den Rheten gemeingclich angegeben, vnd abgehört wirdet.

Es sollen auch alle tag die Räth halber Pengks verzaichnet, vnd
vnns wochentlich zugestellt werden, damit wir sehen kunden, wer fleissig sey
oder nit, dann wer nit arbaitten will, der soll nit essen.

Doch solle einiger entschied, oder Vrteil nit eröffnet, noch in die
vnndergericht verschickht werden, dieselb sey dann zuvor in ganzem völligem
Rhat widerumb verlesen vnd abgehört.

Ob diesem allem, vnd was sonnst zu fürderung der Relationen diennst-
lich, solle vnnser Präsident dessgleichen vnnsere Canntzler vnd Vice Canntzler von
vnns befelch haben, mit allem vleis, vnnd ernnst zuhallten, auch die anndern
Rhete, sambt dem verordenten demselben nachzukhommen, verbunden sein, vnnd
alle mügliche fürsehung zuthun, damit sich die sachen nit bauffen, sonnder schlei-
nig für hand genommen, expedirt, vnd verricht werden.

Derhalben mag man auch dess gemainen völligen Rhats, ausserhalb
der gewöhnlichen zeit wol verschonen, vnnd die Rhete on sonder wichtig fürsal-
lend vrsachen nit zusamen beruffen, sonnder dieselben anntern gerichsten, die
sy anhaimbs verrichten sollen, aus wartten lassen, dann was teglich für gemeine sachen fürfallen, die khönnen der ordentlichen Rhatszeit wol erwartten,
Innmassen wir für pesser achten, man lass einen Polten oder am bern solli-
citanten ainen tag verzeichen, dann dass den banngenden Parthreyen, noch grossen vncosten, mühe vnd arbeit, die sy auf den Proceß gelegt, die sachen in
die leng vnerörtert steechen bleiben,

Vnnd mag vnnser Präsident in seinem Abwesen das relation Crais-
ter Canntzler, Vice- Canntzler, oder einem annbern an seiner statt zuuerrichten befelchen, damit dise Ordnung nichts desto weniger Irren fürgang
behalte, vnd darInn khain einPruch beschehe.

Damit auch in vnnsern Hofrath die gemainen sachen vnd hernbel nit
also, wie bisher gebaufft, die Verhören, vnd vnnterhandlungen teglich gemehrt,
so vil mügglich abgeschnitten, die Rhete desto weniger beleiliget, er.nd doch die
beschlossenen Rechtsachen, und Appellationes auch desto schleiniger expediert
werden. So ist vnnser befehl, das khain Supplication von niemandt angenommen, Er hab dann zuvor sein fürgesezte vnterobrigkait, wie sich gebürt,
vnd die Landsfreyheit mitbringt, ersucht, Da aber, wie teglich beschicht, dergleichen Supplicationes fürkhommen, sollen dieselben alsbald mit einer plossen
signatur an Ir vnnderoberkeit gewisen werden.

Wann nun die vnderrichten gegeben, der beschwerd thail darauf re-
pliciert, vnd sich aus dem allen dess einen, oder anndern tails vnfueg oder vn-
grund erfindet, soll darauf, ohne sonndere wichtige Vrsachen, thain tag zu-
güettlichen Verhör gegeben, noch die Parthenen zu verzebenlichen vncosten gebracht, sonnder der muethwillig cleger one mittel abgewisen, vnd was der beschaid ist, dem vnndergericht Jederzeit sich darnach wisse zehalten, zugeschriben
werden.

Da dann auf des beschwerden tails anhallten, vnnd aus beweglli-
chen Vrsachen ein tag angesezt, die Parthreyen nach lenngs gehört, vnd sich aber-
mals des einen tails vnfug lautter befunden, Soll demnach zwischen den Parteyen weiter nit gethediget, sonnder wie sich gebürt, vnnd mit abtrag dess vn-
costens verabschiedet, damit sonderlich in geringfuegigen strittigen sachen der ver-
bören vnd vnnderhanndlungen etwao weniger der Justitia Ir stardter lauf gelassen, die befugten Parthreyen vor vnbilligen vncossten, vmtreiben, vnt beschwerlichen thebigungen verhüett, vnd die nöttigern sachen dardurch nit verhindert
werden.

Es

Es soll auch kain summarische oder rechtliche Handlung one sondere wichtige Ursachen albie für unser Hofregiment gezogen, die sonst für das undergericht gehörig, dann sonst will ein weder, und sonderlich die zanckhischen hadersüchtigen Parteyen, albie vor unsern Rheten kriegen, und rechten, seinen gegentail daburch besto müeder zumachen, durch wölches auch den underAmbtleüthen nit wenig entzogen wirdet.

Wann auch die Appellationes ab interlocutorys albie erlediget, soll die haubtsach wider an die undergericht remittirt, und on sonder Ursachen nit albie behalten werden.

Unnd so wie offt beschicht die menig der underrichten vor handen sollen die nit durchaus sambt den Supplicationen im völligen Rhat verlesen, sonder einem, zwayen, oder mer Rheten zuobbefehen, zugestellt, und souern es Partheyen sachen, dieselben alsbann den Partheyen umb Ir Replic zugestellt.

Es mügen auch fortan die BefelchsAbschrifften mit vorwissen, und nach gelegenheit der sachen wol widerumb bewilligt und geben werden.

Dem allen nach wellen wir uns zu gegenwärtigen und khonfftigen unsern Hofraths, Präsidenten und Rheten sament und sonders geneдig und ernstlich versehen, So und ein weder insunderheit werden sich Irer beruffs stands und Ambts mit Vleiss wol erjnnern, allen obgeschribnen getreulich nachkhommen, und an Innen nichts erwinden lassen, was zur befürderung der heyligen Justitien auch trost, schuz und schürm der beschwerden Innen dienstlich, nothwendig und erschießlich sein wirdet, In massen unser geneдig vertrauen zu Inen stett, und wir uns dessen genzlich verlassen.

An dem beschicht unser will und gefallen, doch behalten wir uns beuor, diß alles, unnserer nothdurft und gefallen nach zuendern, zu mindern, zumehren, und es Jederzeit zuordnen, wie es die Zeit, und der sachen Gelegenheit erfodern wurdet.

Des zur warem Urkundt haben wir unns die zuende der schrift mit aigner hand underschriben, und unnser Fürstlich Secret Insigil hieran zuhanngen befolchen. Geschehen in unnserer Statt München den dreyzehenden Monatstag Decembris. Nach Christi unsers lieben herrn geburt, Im aintausend, fünfhundert und achzigsten Jahr.

Wilhelm.

Nro. II.

Eine ununterbrochene Erfahrung bestättiget, daß die Regierungs-Geschäfte von aller Gattung nur alsdann dem allgemeinen Staats-Entzweck der Glückseligkeit wirksam entsprechen, wenn alle Collegial- und Amts-Stellen mit solchen Männern besezt sind, welche nebst der Rechtschaffenheit, und Fleiß vorzüglich die ihren Stellen angemessene Kenntniße sich eigen gemacht haben: Und gleichwie in dem Staat sich alles so einander untergeordnet ist, daß immer ein Geschäfts-Zweig dem andern die Hände bieten muß, und deren besondere Zwecke nur verein-nigt zu dem allgemeinen wirken können, so sind auch diejenigen, welche gedachte Kenntniße Stuffenweise und im Zusammenhang erwerben, offenbar die fähig-sten und brauchbarsten Diener, wie hievon ebenfalls Beweise von allen Zeiten auffallend sind. Se. Churfürstl. Durchlaucht wollen auch bey künftigen Dienstverleihungen lediglich auf jene, die in oben erwerbem und nachstehend bestimmteren Art sich befähiget haben werden, die einzige Rücksicht tragen, und befehlen demnach gnädigst, daß

Die künftig bessere Bes- tellung iner er Leuten zu den gesamten Staats Ge- schäften betreffend.

Sechster Band.   C   Erstlich:

Erſtlich: Die Schüler der hohen Schule neben allen Theilen der Rechts- Ge- Lehrſamkeit, und dazu gehörigen Hülf- Wiſſenſchaften ſich auch hauptſächlich de- nen gleichwichtigen Wiſſenſchaften der Staats- Wirthſchaft, Handlung, Polizey, und Oekonomie (als weit leztere in die Landes- Polizey und Finanz einen untrenn- baren Einfluß hat) weil hiezu auf den vaterländiſchen hohen Schulen bereits einige Lehrer angeſtellt ſind, mit gleichem Eifer zu widmen, dann mit deſfallſi- gen Zeugniſſen ihr Dienſtgeſuch zu belegen haben.

Zweytens: Nach Vorſchrift geendigten Studien ſolle mit dem Kanzley- Praxi der Anfang gemacht, ſofort zuerſt Kanzeliſten, hiernach Regiſtrators, ſodann Sekretarien- Dienſte entweder bey der Regierung, oder Hofkammer, und zwar in einem von dem Präſidenten nach eines jeden Verwendung ermäßlichen Zeit- raum mittels Ablegung zeitlicher Pflichten verrichtet, auch das nemliche bey den Rechnungs- Verhörs- Stuben beobachtet werden; weſſen Endes die Vorſtände ſorgen müſſen, daß die jungen Leute ſich nicht mit bloßem Zutritt, ſondern mit wirklicher Dienſtleiſtung abgeben, um über ihre erlangte Fähigkeit verläſſige Zeug- ſchaft ausſtellen zu können.

Drittens: Nach zurückgelegtem Kanzley- Praxi ſollen dieſelbe den Amts- Praxi, als ihr Hauptgeſchäft mit dem gröbſten Fleiß obliegen, und zwar nicht wie bishero, nur bey den Ober- oder Juſtiz- Aemtern, ſondern auch bey den Kam- meral- und landſchaftlichen Stellen, als Kaſten- Mauth- Steuer- und Ungeldäm- tern, als worüber insgeſamt die Practikanten mit Zeugniſſen ſich zu verſehen, und unter andern beſonders von denen bey den Aemtern vorhandenen General- Ver- ordnungen ſich eine Sammlung zu machen, dann ſolche bey ihrer Prüfung erfo- derlichen Falls vorzuweiſen haben.

Viertens: Sobald ſie in dieſem mehrfachen Amts- Praxi ebenfalls hinläng- lich befähiget, und in einem durch Regierungs- und Hofkammer- Commiſſion über die Studien, Kanzlei- und Amts- Praxi vorzunehmenden Examine*) tüchtig be- funden worden ſind, wollen Se. Churfürſtl. Durchlaucht ſelbe zu Procuratoren oder Oberamts- Advocaten gnädigſt anſtellen; und wird dahero von dero Regie- rung noch das vorläufig unterthänigſte Gutachten abgefodert, bey welchen Ober- Aemtern, die noch mit keinen Procuratoren verſehen ſind, derſelben Anſtellung füglich erachtet werde? und welche von jenen pro venia Advocandi bereits ge- prüften, und beſtandenen Suplicanten hierzu einsweilen zu ernennen ſeyn dürfen?

Fünftens: Von dieſen Oberamts- Advocaten ſollen nun hinkünftig die Regierungs- Advocaten, deren Zahl bey der Regierung Neuburg auf zehen geſezt wird, bey ihrer anderweiten Beförderung jedesmal mit den tauglichſten erſezet, und ſo auch

Sechstens: Aus dem Mittel der Regierungs- Advocaten bey Erledigung deren Amts- oder Raths- Stellen gleichfalls wieder der Tüchtigſte herausgeſuchet, jedoch bey Beſetzung der Rathsſtellen der darum anſtehende Beamte, wenn er ſeine Verdienſte durch mehrere Jahre bewieſen hat, vorgezogen, ſofort auf dieſe Art die Beförderungen nur Stufenweis begutachtet, und höchſten Orts bewil- liget werden.

Siebentens: Da jene vom Adel das Glück haben, meiſtens die erhabern ſten Stufen zu betretten, ſo liegt ihnen noch mehreres ob, ſich deren würdig, und alle Gattung vorbemerkter Wiſſenſchaften eigen zumachen; und werden ſohin unnachläßiger angewieſen, all denjenigen, was in vorhergehenden Abſätzen allermein verordnet iſt, ihrerſeits ebenfalls genaueſt nachzukommen, wenn ſie nach Amts- oder Raths- Beförderungen trachten. Wie ihnen dann auch ſtatt des bisherigen Raths- Acceſſes zur größeren Beſöldigung gereichen wird, wenn ſie für die mittelloſe Parteyen bey den Aemtern oder Regierungen unentgeltlich advociren.

Achtens;

*) Vid. N. ſequ. 3.

Achtens: In den öfters angeführten Attestaten soll auch über die Sittlichkeit verläßig gezeuget werden, weil unrechtschaffene Diener dem Staat nur desto schädlicher werden, je geschickter sie sind: und wird man die Zeugschaft-Aussteller zur gebührenden Strafe ziehen, wenn bey vornehmender Prüfung der Erfolg sich anderst befinden würde.

Neuntens: Die nemliche Vorübung in dem Kanzley- und Amts Praxi wird, nach seiner Maaß auch zu den Kammeral-Amts-und Raths-Stellen erfodert; Anbey jedoch die gnädigste Versicherung gegeben, daß zu der Hofkammer, und dessen beträchtlicheren Aemtern hinkünftig Rechtsgelehrte, die nach gegenwärtiger Vorschrift theoretisch-und praktische Kammeral-Kenntnisse mit Bestand erlangt haben, zur vorzüglichen Beförderung gelangen. Hierdurch werden die bisherigen Kollisionen zwischen den Dicasterien, die größtentheils nur aus Mangel deren für jedes Collegium und Gefach erforderlicher Grundsätzen, dann dabeiger Mißkenntniß wechselseitiger Machts-Gränzen entspringen, zum besten des Dienstes, und sonst hiebey leidender Unterthanen vielfältig unterbleiben. Churfürstl. Regierung hat diesemnach gegenwärtig höchste Gesinnung allenthalben kund zu machen, ihres Orts sich genauest darnach zu achten, und den gesammten Ober-und Unterämtern die gemessene Weisung beyzufügen, daß denen sich meldenden Practikanten der Zutritt und gehörige Anleitung keinesweg verweigert werde. München den 17. Jänner 1786.

An die Regierung Neuburg und Sulzbach also abgangen.

Nro. III.

An Churfürstl. Regierung Neuburg.

Neuburgischer Regierungs-Directorial-Bericht, die mit denen Practikanten über Studien-Kanzley-und Amts-Praxi anbefohlene Prüfungen unentgeltlich vornehmen zu lassen, betr.

Resolutio Serenissimi.

Bey derjenigen Hauptprüfung, welche in der Normal-Verordnung §.4. *) durch eine vermischte Commission gnädigst anbefohlen ist, und die gemeiniglich bey Nachsuchung eines Dienstes angestellet wird, sollen von denen Räthen, und der Kanzley, falls der Candidat die erforderlichen Mittel besitzet, die Taxordnungsmäßige Sportlen und Taxen allerdings erhoben, und nur die Unvermögende damit verschonet werden. Uebrigens sind aus jedem Dicasterio, nemlich der Regierung und Hofkammer, jedesmal zween Räthe, die der Vorstand auszuwählen hat, zu obgedachter vermischten Commission zuzuziehen. München den 26. Okt. 1786.

Tax und Sportlen von Prüfung der Dienst-Aspiranten.

*) Vid. N. antec. §. 4.

Nro. IV.

Da Se. Churfürstl. Durchlaucht sich über die weitere hie anschlüssige Vorstellung des Grafen v. N., und hierin nachgesuchte Verleihung der niederen Gerichtsbarkeit sowohl auf seinen-als dessen Unterthanen cultivirten Gründen umständigen Vortrag machen lassen; so wollen Höchstdieselben wegen hierunter vorliegenden Bezug auf das höchste Rescript vom 7ten July 1787 *) besagt in Kulturs-Wesen erlassene Verordnung dahin gnädigst erläutert haben, daß zu mehrerer Beförderung der Landes-Kultur und Industrie, und besonders um die Grundherrn dazu aufzumuntern, wenn ein-oder der andere zu seinem mit Jurisdiction versehenen Hofbau einen öden Grund beyschlagen, und kultivirten

Die niedere Gerichtsbarkeit auf den cultivirten Gründen.

würde.

C 2

*) Vid. die Samml. v. J. 1797. Seite 4. N. 10.

stürbe, ohne darauf die niedere Gerichtsbarkeit zugestanden, keineswegs aber solche auf jene Gründe abgegeben werden solle, welche von den Grund-unterthomen selbst kultivirt werden; Nach solchem Maaß-Staab wird dem su-plicirenden Grafen v. N. die niedere Gerichtsbarkeit auf den von ihm kultivir-ten künftig Tagwerken in Rühemoos nach der Cammeral-Entscheidung vom 2. May 1785 gnädigst belassen, derselbe aber mit den übrigen Begehren ein-für alle-mal abgewiesen, wornach es auch in allen vorkommenden ähnlichen Fällen gleich-förmig gehalten werden solle. München den 7. May 1791.

Nro. V.

Stufenweis der Praxis der Räthe. Se. Churfürstl. Durchläucht haben zwar vorlängst gnädigst zu verordnen ge-ruhet, daß all diejenigen, welche als Räthe bey den oberpfälzischen Di-casterien angestellt werden wollen, ehevor gleichsam bey den Kanzlen-und Se-cretariaten practicirt haben *), oder vielmehr Stufenweis zu dem Raths-Ka-rakter, Sitz, und Stimme gelangen sollten; Diese heilsame Verfügung ist zwar gleich mehreren andern, zum höchsten Mißfallen nicht beobachtet worden, Höchst-selbe wollen aber solche in extenso, und bey der nun errichteten oberpfälzischen Landes-Regierung und Hofkammer, dann der Pfalz-Neuburgischen Rent-Depu-tation, und der Pfalz-Sulzbachischen Simultanischen Religions-und Kirchen-Deputation dahin erneuern, daß hinkünftig keiner ohne Rücksicht auf Alter, Stand, und Karakter bey besagten Stellen, als Rath, Sitz, und Stimme neh-men könne, und wenn selber auch wirklich allbereits mit einer Raths-Stelle wäre begnadiget worden, er habe dann zuvor Dienste als Kanzelist geleistet, wäre von da zu der Registratur übergetretten, und habe endlich als Secretair die schul-dige Dienste besorget, bey Churfürstl. Hofkammer aber, wann ihre zu einer Hof-kammerraths-Stelle zielt, auch bey der Justification und Revision, dann Mauth-Commercien-und Straßen-Wesen, wie nicht minder in denen Bergwerk-Hüt-ten-und Münzsachen gearbeitet: Die Zeit des Uebertritts von einem Stuffen zu dem andern behalten sich Se. Churfürstl. Durchläucht zu bestimmen vor, und kann solches nur durch Fleiß, Thätigkeit, erprobter Geschäftskenntnisse, und beybringende Bezeugnisse deren Vorständen bewirkt werden. Jene, so Se. Churfl. Durchläucht nicht aus besonderer Milde mit einer Raths-Stelle sogleich begnadigen, dürfen sich bleß niemals Hoffnung machen, wenn sie nicht nach durchgegangenen allen diesen Stuffen eine gehörige Zeit von wenigstens Ein Jahr den Access zu nehmen die Erlaubniß erhalten, und sich hierbey durch fleißiges Arbeiten aus-gezeichnet haben. Hievon sind nur jene ausgenommen, welche allbereits mit Sitz und Stimme bey andern Dicasterien rühmlich gewesen sind. Churfürstl. Ober-pfälzische Landes-Regierung hat dahero alle jene so sich um eine Raths-Stelle melden, ohne weiters auf diese Verordnung anzuweisen, und sich hierinnb zu-ver-halten, wie ohnehin zu den Vorständen das gnädigste Vertrauen genommen wird, daß keinem ohne wahre Verdienste ein gutes Bezeugniß aus Privat-Rück-si ch ergeben werde, die zu mehrer Unbefangenheit verschlossener eingesendet wer-den sollen: überdieß soll jenen, die wirklich practiciren, die Arbeit, so wie bey wirklich Angestellten und Besoldeten zugetheilt werden. München den 20. July 1793.

*) Vid. N. antec. 2.

Nro. VI.

Execution in Bau-und Kundschafts-sachen. In der Baustreitigkeit zwischen dem hiesigen bürgerlichen Bierbräu Maxim Keß-lerer, und dem Hofmusikus Glonner lassen es Se. Churfürstl. Durchläucht nach näher vorgelegten Umständen bey dem Landesregierungs-Gutachten vom 16. Decemb. vorigen Jahrs, daß die Execution der rei judicate lediglich der ersten Instanz in Bau-und Kundschaftssachen übergeben werde.

Und nachdem in den eingesendeten Acten sowohl aus der Zeugen Aussage, als dem Plane vom Jahre 1752 ersichtlich ist, daß das strittige Fenster nicht erst ein neu ausgebrochenes Dampfloch sey, sondern schon lange an diesem näm-lichen Platz existiert habe; so wollen Se. Churfürstl. Durchläucht das von der

Obern-

Obern-Landesregierungs-Commiſſion getroffene Proviſorium in Vermaurung dieſes Fenſters, welches nach Urtheil der 2ten und 3ten Inſtanz ausdrücklich nicht vermauert werden ſoll, hiemit aufzuheben, womit beyden Theilen ſofort überlaſſen bleibt, über die judicarmäßige ſchon getroffene, oder nicht getroffene Bauanſtalten, deren Zu- oder Unzulänglichkeit, und wie der Rei judicaræ Genügen geleiſtet, oder noch zu leiſten ſey, ihre Rechtsnothdurſt vor dem geeigneten Richter auszuführen.

    Auch haben Se. Churfürſtl. Durchläucht aus beſonderer Landesfürſtl. Gnade die privilegirte ſtädtiſche Bau's Inſtanzen noch ferner bey dem Herkommen zu belaſſen*), ſich dermal gnädigſt bewogen geſehen, welches nebſt Rückſendung der Actenten Churfürſtl. Obern-Landesregierung zur Nachachtung, und weitern Eröffnung an den hieſigen bürgerl. Magiſtrat ahdurch bekannt gemacht wird.
    München den 24. July 1794.

*) Vid. N. ſequent. 28.

Nro. VII.

    Da Se. Churfürſtl. Durchläucht wollen, daß bey dem Pflegamt der Herrſchaft Parsberg die Pfalzbaieriſche Geſetzbücher nebſt den dazu gehörigen Anmerkungen eingeführt, und mit Anhang den nächſt erfolgenden 1795 Jahres die inländiſchen Rechte angewendet werden ſollen. Als hat die Churfürſtl. gnädigſt angeordnete Adminiſtration der erwähnten Herrſchaft, das dortige Pflegamt hiernach gehorſamſt anzuweiſen. München den 27. Oct. 1794.

Nro. VIII.

    Se. Churfürſtl. Durchläucht haben aus dem, den 30ten May abhin erſtatteten Bericht und beverzirenden Akten Nro. 1. umſtändlich erſehen, was in Verlaſſenſchafts-Verhandlungsſachen des verſtorbenen Wechſel- und Merkantil-Gerichts-Aſſeſſor zwoter Inſtanz, Kaſpar Schaller, dabier für Differentien zwiſchen dem Stadt-Oberrichter, und Stadtmagiſtrat dabier, dann Franz Joſeph von Schab J. U. Cand. in puncto obſignationis &c. entſtanden ſind. Belangend nun jene Differenz zwiſchen dem gedachten von Schab, und dem Magiſtrat hat die von Schabiſche Prätenſion um ſo weniger ſtatt, als das Privilegium nobilitatis, in ſoweit es den Churfürſtl. wirklichen Räthen per clem. Reſcript. de dato 2. Dec. 1755*) anſchlüſſig beygelegt, und hiernach in dem Geſetzbuch beſtätigt worden, auf die pur allein aus dem bürgerlichen Handelsſtande gewählte, und eben darum den wirklichen Wechſelräthen nachſitzende Aſſeſſores dieſes Gerichts zwoter Inſtanz, zu keiner Zeit eine ausdehnende Anwendung leidet. Dahero iſt der bemeldte von Schab mit der vermeyntlichen Obſignation ex capita Nobilitatis abzuweiſen: hingegen ſind von dem Churfürſtl. Hofrathe die anderweite Obſignations-Differentien zwiſchen den übrigen Theilen, ſo bald möglich zu verſcheiden. München den 29. Auguſt 1796.

*) Vid. die Samml. v. J. 1784. S. 1311. N. 15.

    Se. Churfürſtl. Durchläucht haben in Ihro gnädigſtem Reſcript vom 29. Auguſt novis, deutlich erkläret, daß die hieſige Wechſelgerichts-Aſſeſores nicht als jene Churfürſtl. wirkliche Räthe anzuſehen ſeyen, welchen der clemencſiſimam Reſolutionem de 2. Dec. 1755. das Privilegium nobilitatis beygelegt, und hiernach beſtätigt worden iſt. In Rückbetracht deſſen hat der Churfürſtliche Hofrath die Frage: Ob das von demſelben über die Verlaſſenſchaft des abgeſtorbenen Kaſpar Schallers, in ſeinem Leben geweſenen Wechſel- und Merkantil-Gerichts-Aſſeſores zwoter Inſtanz prätendirte Obſignations-Recht ſtatt habe, allerdings für erlediget anzuſehen, und darauf gar nicht mehr hineinzu-

Sechster Band.   D   gehengeben, so daß ihm als Richter nichts anders, als die Entscheidung der Frage übrig bleibt: Ob nach dem Vorgeben des hiesigen Stadt-Magistrats dem gedachten Schaller den 4. May des Jahres 1786. das Bürgerrecht dahier unentgeltlich verliehen worden, folglich ob derselbe, als wirklicher Bürger, oder wie das hiesige Stadt-Oberrichteramt prætendiert, da er noch abgelegter Stelle eines Handlungs-Directors in dem Gebrüder Riekerischen Wechselhause in der Folge von seinen Mitteln lebte, als Privatmann anzusehen gewesen seye? Diesennach hat es bey der Eingangs erwähnten Höchsten Resolution sein vollkommenes Bewenden, und folgen demnach dem Churfürstl. Hofrathe die eingeschickte Acta mit dem Auftrage zurück, daß selbe seine an der Schallerischen Verlassenschaft angelegte Obsignation selbst abnehmen, und lediglich die ermeldte Differenz zwischen dem hiesigen Stadtmagistrat, und dem Stadt-Oberrichteramte richterlich beylegen, oder per Sententiam salvo Revisorio rechtlich entscheiden solle.　München den 9. Oct. 1796.

Nro. IX.

Der Churfürstl. O. L. Regierung wird auf ihren unterthänigsten Bericht vom 9. Jänner gnädigst angefügt, daß die Correspondenz-Art zwischen einer äußeren Churfürstl. Regierung, und einem Churfürstl. O. L. Regierungs-Commissär entweder mittels Schreiben oder durch pro Memoria und Notas, wechselseitig von beeden Seiten gegeneinander zu pflegen seye, um so mehr, da es eben in dergleichen Commissions-Sachen (wie es auch von Seite der Churfürstl. Hofkammer, gegen bemeldte Regierungen also gepflogen wird) nichts giebt, was die bemeldte Regierungen dem Commissario der Churfürstl. Obern Landes-Regierungs-Stelle in seinen Commissions-Verrichtungen zu befehlen haben solle. München den 16. Jänner 1797.

Nro. X.

Da die Regierung zu Neuburg v. J. unterthänigst vorgestellt hat, daß der, in der, wegen Vertheilung der Gemeinds-Waldungen unterm 4ten July gedachten Jahres*) erlassenen Verordnung zur Appellation von den Unter-Gerichten zur Regierung festgesetzte terminus fatalis von 14 Tägen besonders im Herzogthum Neuburg, in welchem keine Procuratoren angestellt worden, zu kurz sey; so wollen Se. Churfürstl. Durchlaucht diesen Termin für die 3 vereinigt oberpfälzische Herzogthümer abgeändert, und auf einen 30tägigen festgesezt, es aber in Fällen des Recurs von der Regierung zur höchsten Stelle bey den auf 14 Tag beschränkten Termin noch ferner belassen. Welches also der Regierung zu Neuburg zur gebührenden Nachachtung gnädigst eröfnet wird. München den 25. Februar 1797.

*) Vid. die Sammlung vom Jahr 1797. S. 863.

Nro. XI.

Se. Churfürstl. Durchlaucht haben aus den eingesehenen Acten über die Untersuchung der Bürger-Beschwerden zu Ingolstadt sich überzeugt, daß zu besserer Einleitung des Geschäftsganges, zu Vermeidung neuerer Beschwerden, und Ausführung der höchsten Befehle, die Herstellung eines erweiterten Wirkungskreises bey Höchstbero Raths-Collegium zu gedachtem Ingolstadt in Bezug auf dortigen Magistrat nöthig sey. Se. Churfürstl. Durchlaucht wollen daher 1mo. daß in allen jenen Gegenständen, welche auf das Stadt-Verwaltungswesen, sohin auf die ältere, so wie auf die neuere dißfalls erfolgende Judicata Bezug haben, der Stadtmagistrat zu Ingolstadt dem dortigen Raths-Collegio in ordine ad executionem förmlich untergeordnet, sofort gedachtes Collegium hiermit bevollmächtet seyn solle, auf Ansuchen der Bürgerschaft gegen den Magistrat, oder auch umgekehrt, auf der Stelle executive mit den dazu gewöhnlichen und entsprechenden Mitteln über jene Punkte des städtischen Verwaltungswesens fürfortzufahren, welche durch ältere Hofkommissions-Urtheile bestimmt, und zur ungesäumten Execution geeignet sind, oder es durch neuere Hofkommissions-Urtheile noch werden. Diese gnädigste Erweiterung des Wirkungs-Kreises des Raths-Collegii wollen Se. Churfürstl. Durchlaucht aber nur auf jene Gegenstände, quoad executionem, nicht aber quoad cognitionem oder decisionem erstrecken, welche in das städtische Verwaltungswesen einschlagen, und per Sententias abgeurtheilt, sohin zur Execution auf der Stelle geeignet sind, wonach also diese größere Auctorisirung eine Delegatio executionis ad causas specificas ist, folglich das mehrgenannte Raths-Collegium nicht in das Gleichgewicht der Unterregierungen, welche jurisdictionem delegatam et potestatem executivam ordinariam ausüben, erhoben, noch selben im Ansehen gleichgemacht wird, sondern es in allen übrigen bey der bisherigen Verfassungen dieses Collegii sein ferners Verbleiben hat. 2do. Schließen Höchstdieselbe alle Magistrats-glieder nebst dem Syndicus, auf immer, von den Assessors-Stellen bey dem Raths-Collegio aus, und wollen dabey nur allein und zur Ausnahme dem einzigen Stadt-Oberrichter belassen, welcher jedoch bey Propositionen in Stadt-Angelegenheiten jedesmalen abzutreten hat. Wonach also statt der ausgeschlossenen Rathsglieder ein Professor von der juristischen Facultät, und allenfalls auch einer von den vorhandenen Churfürstl. Salz- und Mauthbeamten in unterthänigsten Vorschlag zu bringen ist. 3tio. Erlauben Se. Churfürstl. Durchlaucht mehr benannten Dero Raths-Collegio die Führung eines kleinern Kanzley-Signets, und die Befugniß, künftighin nicht mehr mit bloßen Schreiben, sondern mittels Befehlen, doch nicht in stilo majori, sondern in dem Ton einer Ordonanz an den Stadt-Magistrat, nie aber an andere Stellen zu schreiben. 4to. Uebertragen Se. Churfürstl. Durchlaucht diesem hiemit neu authorisirten Raths-Collegio, gegen den ihm obern §. 1. subordinirten Magistrat die Handhabung und Exequirung der heute besonders erlassenen höchsten Entscheidungen in allen ihren Punkten über die untersuchte Beschwerden der Bürgerschaft bergestalten gnädigst, daß selbes aus seinem Gremio jedesmal einen wohlerfahrnen Rath, dermalen aber den dießfalls ohnehin vollkommen unterrichteten Commissaire von Kanzler, als beständigen Proponenten in allen magistratischen Stadt-Verwaltungssachen auf solche Weise bestellen solle, daß dieser bey vorkommenden Verlangen der beschwerden Bürger rücksichtlich der schon entschiedenen Local-Commissions-Punkten genaue Einsicht der Acten zu nehmen, hierüber in Pleno zu proponiren, und die geeignete Hülfsmittel zu veranlassen habe. Auf solche Art versprechen sich Se. Churfürstl. Durchlaucht die Erhaltung der Ruhe, und Ordnung in Ingolstadt zu erzielen, erinnern sofort Höchstdero Raths-Collegium auf die Erfüllung der selbigen hiemit aufgelegten neuen Pflichten, und haben übrigens auch dem Stadtmagistrat heute zum schuldigen Gehorsam dießfalls besonders angewiesen. München den 11. May 1797.

Nro. XII.

Se. Churfürstl. Durchlaucht haben aus den eingesehenen Kommissions-Akten über die untersuchte Beschwerden der Bürgerschaft zu Ingolstadt mit der herstem Befremden entnommen, welche auffallende Gebrechen der dortige Stadt-magistrat in Administrirung des städtischen Wesens überhaupt, und insbesondere sich habe zu Schulden kommen lassen. Höchstselbe haben daher dießfalls zur Herstellung der Ruhe und Ordnung die besondere höchste Entschließung heute zu erlassen, und Höchstdero Raths-Collegium hierüber nach Art und Weise der hier beygefügten Rescripts-Abschrift*), die Executions-Gewalt zu übertragen geruhet. Welches dem gedachten Stadt-Magistrat mit dem ernstlichen Auftrag hiemit eröffnet wird, künftighin seine sträfliche Unbeugsamkeit abzulegen, sich den höchsten Verfügungen zu unterwerfen, dem Raths-Collegio hierunter gehorsam zu seyn, und durch unermüdetes Hinarbeiten zum Besten des gemeinen Stadtwesens, das verlohrne gnädigste Zutrauen Se. Churfürstl. Durchlaucht und die Achtung der Bürgerschaft nach und nach wieder zu verdienen, und zu erringen. München den 11. May 1797.

*) Vid. N. antec. 11.

Execution in städtischen Administra-tions-Wesen

D 2　　　　　　　　　　Nro. XIII.

Nro. XIII.

Obliegenheit
der Dienstbe-
werber in
Baiern.

Da es durch die Erfahrung bestätigt, daß die Anstellung junger Leute, die
sogleich nachdem sie die vaterländische hohe Schule verlassen, sich um Rathsstellen bey den Churfürstl. Landes-Collegien bewerben, ohne vorher durch Gerichts-Praxin oder erworbene Kenntniße von dem Gange der Dikasterialgeschäfts-
Behandlung sich hierzu fähig gemacht zu haben, nur selten zu dem Zwecke, aus
solchen Individuen dem Staate, und dem gemeinen Wesen nützliche und geschickte
Mitglieder zu bilden, führet, und es in jeder Rücksicht von überwiegendem Vortheile ist, die Landes-Dikasterien mit solchen Mitgliedern besetzen zu können,
die durch stufenweise Vorbereitung sich mit dem Dienste, und der Anwendung
der Landesgesetze bekannt gemacht; so haben Se. Churfürstl. Durchlaucht auf höchstdenenselben gemachten Conferential-Vortrag gnädigst beschlossen, die für die
oberpfälzischen Herzogthümer bereits den 17ten Januar 1786*) entworfene, und
den 20ten July 1793**) bestättigte, und neuerlich erweiterte General-Verordnung wegen künftiger Anstellung Dero Raths-Personals, auf die allhiesige baierische Lande ebenfalls anwendbar zu machen; befehlen dahero, daß

1tens: Auf der hohen Schule in Ingolstadt, neben den allgemeinen und
vaterländischen Rechten aller Gattung, künftig auch den gleichwichtigern Wissenschaften der Staatswirthschaft, der Handlung, und der Polizey gleicher Eifer
gewidmet, und deßfallsige Zeugniße beygebracht, und

2tens: Nach Vorschriftmäßig geendigten Studien der Kanzley- und Aemter-Praxis in der Maaß angetretten werden solle, daß dasjenige Subject, so
sich um eine Rathsstelle bey einem Dikasterio bewerben will, zuerst in den Kanzleyen mit dem Kanzlistendienst anzufangen, und die Dienstverrichtungen bis zum
Secretariat einschlüßig stufenweis fortzusetzen hat, und zwar entweder bey der
Obern-Landes- oder einer auswärtigen Regierung, dem Churfürstl. Hofrath
oder Hofkammer, je nachdem er in Regierungs- Justiz- oder Kammeral-Dienste
befördert zu werden wünschet: bey gedachter Hofkammer ist die Praxis
in der Rechnungsstube ohnausbleiblich mit verstanden. Der Vorstand jedes
Collegi hat nach eines jeden Fähigkeit und Verwendung den Zeitraum zu bestimmen, wie lange sich im Practikant dieser oder jener Gattung Kanzleydienstes zu
widmen habe. — Auch muß der Vorstand vorzüglich Obacht tragen, daß der
Practikant nicht bloß den Zutritt nehme, sondern auch wirkliche Dienste mittels
Ablegung zeitlicher Pflichten verrichte, um über die erlangte Fähigkeit desto zu-
läßigere Zeugschaft ausstellen zu können.

3tens: Rücksichtlich der Amts-Praxis, welcher der Kanzley-Praxis vorgegangen seyn muß, ist zwar der höchsten Gesinnung angemessen, daß derselben
bey den Pfleg- und Landgerichten, der größte Fleiß, und die längste Zeit gewidmet werde: Allein der untrennbare Zusammenhang aller Staatsgeschäften,
deren eines jeden besonderer Zweck nur vereiniget, zu der allgemeinen höchsten
Absicht wirken kann, macht die Kenntniße auch von den übrigen Aemtern
als von Kasten- Mauth- Steuer- Umgeld- oder Aufschlag- Forst- so andern
Aemtern, zumal bey den eigentlichen Regierungs-Gegenständen, in so weit höchst
nützlich, daß man sich hierbey wenigstens durch eine kurze Zeitfrist praktische
Begriffe und Manipulations-Art zu erlangen suchen solle. Die Practikanten
haben daher auch hierüber mit Zeugnissen ihr Dienst-Gesuch zu belegen, desgleichen soll denselben unbenommen seyn, bey den Land- und Pfleggerichten, währender Praxi, den Parteyen per modum advocatiae beyzustehen, und sich in
mündlich- oder schriftlichen Recessirungen zu üben.

4tens: Nach zurückgelegter Kanzley- und Amts-Praxi wird denjenigen,
die sich hierbey besonders ausgezeichnet, dann Proben der Fähigkeit und anderer
guter Eigenschaften gegeben haben, gnädigst gestattet, den Access bey den Re-
gierun-

---

*) Vid. N. antec. 2.

**) Vid. N. antec. 5.

gierungen, Hofrath, oder Kammer, als die letzte Stuffe des Praxis, zu nehmen, und mit Raths-Arbeiten sich zu beschäftigen, sofort öffentliche Kennzeichen ihres Fleißes, Geschicklichkeit und Betragens zu leichterem Behufe ihrer künftigen Beförderung darzulegen. *)

5tens: Auch die Advocatie Praxis wird besonders anempfohlen, als wodurch eine Fertigkeit im Vortrag erworben wird, und haben die Practikanten sich hauptsächlich mit causis pauperum abzugeben. Alle diese, so wie selbst die Advokaten, so durch Rechtschaffenheit, durch Vertheidigung bloß gerechter Händel, durch Abkürzung der Prozessen, Vermittlung und Ausgleichung der Streitigkeiten ihrer Pflicht und Berufe Ehre machen, haben gerechten Anspruch auf Amts- und Rathsstellen.

6tens: Auf jene, die auch ihren Eifer auf Reichs-gerichtliche Praxin erstrecken, wird noch vorzüglicher Bedacht bey Rathsstellen gnädigst versichert.

7tens: Die Obliegenheit dieser stuffenweisen Praxis versteht sich von allen Dienstbewerbern ohne Unterschied des Standes, folgbar, und um so mehr auch auf jene des Adels ohne Ausnahm, als diese meistens der ansehnlichern Stellen sich zu erfreuen haben.

8tens: In Bezug auf oft erwähnte Zeugschaften, welche die Practikanten beyzubringen, ist der höchste Befehl dahin gerichtet, daß selbe nicht nur über den Fleiß und Fähigkeit, sondern auch, und zwar eben so strenge über die Sittlichkeit der Practikanten, über ihre religiöse und politische Grundsätze, dann Denk- und Handlungsart mit gewissenhafter Verläßigkeit ausgestellet, außerdem, und bey widrigem Befund, die Aussteller zur Verantwortung und Strafe gezogen werden sollen. Churfl. Hofrath hat sich nach dieser höchsten General-Verordnung gehorsamst zu achten, und diesem gemäß das Erforderliche zu verfügen. München den 15. May 1797.

*) Vid. N. sequ. 39.

Nro. XIV.

Se. Churfürstl. Durchlaucht haben all schon untern 17ten Jänner 1786*) für die Herzogthümer Neuburg und Sulzbach die Nothwendig- und Nutzbarkeit gnädigst zu erkennen gegeben, daß die nach höhern Staatsdiensten strebenden jungen Leute von den Universitäts-Jahren an durch aller Gattung Aemter- und Dikasterien-Praxi sich zu befähigen trachten sollen. Die dießfalls in neun Absätzen bestehende höchste Normal-Verordnung wurde untern 20ten July 1793**) und in gewissem Maaß auch auf die Oberpfalz ausgedehnt, und respect. erneuert: hatte aber das Schicksal selbst von den Collegien, die in ihren Gutachtens-Berichten am strengsten hierauf hätten halten sollen, in Vergessenheit gesetzet, von den Supplicanten aber ganz vernachläßiget zu werden. Höchstgedacht Se. Churfürstl. Durchlaucht wiederholen demnach sothane gnädigste Verordnungen ernstgemessenst dahin, daß

1tens: Auf den hohen Schulen neben den allgemeinen und vaterländischen Rechten aller Gattung, auch den gleichwichtigen Wissenschaften der Staatswirthschaft, der Handlung, und der Polizey gleicher Eifer gewidmet, und deßfallsige Zeugniße beygebracht werden; daß

2tens: Nach Vorschriftmäßig geendigten Studien der Kanzley- und Aemter-Praxis in der Maaß einzutretten habe, daß er in den Kanzleyen von dem Kanzelistendienst angefangen, und bis zum Secretariat einschlußig stuffenweis fortgesetzt werde, und zwar entweder bey der Regierung, oder bey der Hofkammer,

(margin: Den stufenweisen Praxin bey Aemtern und Dicasterien, berr. im Neuburg- und Sulzbachischen.)

*) Vid. N. antec. 2.   **) Vid. N. antec. 5.

Sechster Band.   C

mer, je nachdem einer in Kammeraldienste, oder zu Justiz- und Regierungs-Aemter befördert zu werden wünschet. Bey gedachter Hofkammer ist der Praxis in der Rechnungsstube ohnausnähmlich mit verstanden. Der Vorstand hat nach eines jeden Fähigkeit und Verwendung den Zeitraum zu bestimmen, wie lang sich einer dieser oder jener Gattung Kanzleydienstes zu widmen habe? Auch muß derselbe vorzügliche Obacht tragen, daß der Practikant nicht bloß den Zutritt nehme, sondern auch wirkliche Dienste mittels Ablegung zeitlicher Pflichten verrichte, um über die erlangte Fähigkeit desto verläßigere Zeugschaft ausstellen zu können.

2tens: Rücksichlich des Amts-Praxis ist zwar der höchsten Gesinnung angemessen, daß denselben bey den Ober- oder Justiz-Aemtern der gröste Fleiß, und die längste Zeit gewidmet werde. Allein der untrennbare Zusammenhang aller Staatsgeschäften, deren eines jeden besonderer Zweck nur vereinigt zu dem allgemeinen höchsten Zweck wirken kann, macht die Kenntnisse auch von übrigen Aemtern, als von Kasten-Mauth-Steuer-Ungeld- oder Aufschlag-Forst so andern Aemtern, zumal bey den eigentlichen Regierungs-Gegenständen in so weit höchst nützlich, daß man sich hievon wenigst durch eine kurze Zeitfrist praktische Begriffe und Manipulationsart zu erlangen suchen solle. Die Practikanten haben daher auch hierüber mit Zeugnissen ihr Dienstgesuch zu belegen, des gleichen ist denselben unbenommen bey den Oberämtern währenden Praxi den Partheyen per modum Advocatiæ beyzustehen, und sich in mündlich- oder schriftlichen Recessirungen zu üben.

4tens: Nach zurückgelegten Kanzley- und Aemter-Praxi wird denjenigen, die sich hiebey besonders ausgezeichnet, dann Proben der Fähigkeit und anderer guten Eigenschaften gegeben haben, gnädigst gestattet, einen Acceß bey den Regierungen *) oder Kammern als die letzte Stuffe des Praxis zu nehmen, und mit Raths-Arbeiten sich zu beschäftigen, sofort öffentliche Kennzeichen ihres Fleißes, Geschicklichkeit und Betragens zu leichteren Behuf ihrer künftigen Beförderung darzulegen.

5tens: Auch der Advocatie-Praxis wird besonders anempfohlen, als wodurch eine Fertigkeit im Vortrag erworben wird, und haben die Practikanten sich hauptsächlich mit Causis pauperum abzugeben. Alle diese, so wie selbst die Advokaten, welche durch Rechtschaffenheit, durch Vertheidigung bloß gerechter Händeln, durch Abkürzung der Prozessen, Vermittlung und Ausgleichung der Strittigkeiten ihrer Pflicht und Berufs Ehre machen, haben gerechten Anspruch auf Amts- und Rathsstellen.

6tens: Jene, welche noch überdieß ihren Eifer auf Reichs-gerichtliche Praxin erstrecken, wird noch vorzüglicher Bedacht bey Rathsstellen gnädigst versichert.

7tens: Die Obliegenheit dieses stuffenweisen Praxis versteht sich von allen Dienstbewerbern jedes Standes, folgbar und um so mehr auch des Adels ohne Ausnahme, als dieser auch meistens der vorzüglichsten Stellen sich zu erfreuen hat.

8tens: In Bezug auf oftermeldte Zeugschaften wird die vordere höchste Verordnung 3ten Absatzes nachdrücklich wiederholt, daß selbe nicht nur über den Fleiß und Fähigkeit, sondern auch, und zwar eben so streng über die Sittlichkeit der Practikanten, über ihre religiöse und politische Grundsätze, oder Denk- und Handlungsart mit gewissenhafter Verläßigkeit ausgestellt werden, außer dem, und bey widrigem Befund die Aussteller zur Verantwortung und Strafe werden gezogen werden. Die Churfürstl. Regierung hat diesemnach gegenwärtig erneuerte höchste Verordnung allenthalben kund zu machen, ihres Orts sich genauest darnach zu achten, und den sämmtlichen Ober- und andern Aemtern die Weisung beyzufügen, daß den sich meldenden Practikanten der Zutritt, und gehörige Anleitung keineswegs verweigert werde, wie man kann

auch

*) Vid. N. sequent. 18.

auch der Hofkammer die Nachricht zu gleichmäßiger Anweisung ihrer nachgeordneten Behörden gnädigst mittheilen lasset. München den 15. May 1797.

An die Regierung Amberg, und Regierung Neuburg,
    dann Hofkammer Amberg also ergangen.

Nro. XV.

Se. Churfürstl. Durchläucht lassen Ihro Hofrath auf die unterm 29ten März *Wenn die*
und 5ten April laufenden Jahres in Staabamts-Jurisdictions-Sachen er-   *Verlassen-*
stattete gehorsamste Berichte hiemit in Gnaden unverhalten, daß, gleichwie die   *schafts-*
jüngsthin abgelebte Freyin von Starzhausen eine seit 23 Jahren dahier domicilirte   *Verhandlung*
adeliche Person war, und deßwegen in ihren Lebzeiten unmittelbar unter der   *bey den zu*
Jurisdiction des Churfürstl. Hofraths gestanden ist, also auch diesem Letzteren   *München*
derselben Verlassenschafts-Verhandlung gebühren solle: zumalen, wenn auch   *domicili ten*
die von der Staabamts-Commission vorgeschützte Observanz, kraft welcher   *adeliche Per-*
alle bey Hofe aufgeführte fremde adeliche Personen unter derselben Jurisdiction   *sonen zustehe*
gehören sollen, gegründet seyn würde, selbige nur auf Fremde, und nicht solche
Personen, die das Domicilium dahier erlanget, und ersessen haben, ihre Anwendung finden, mithin auf bey Verhandlung der von Starzhausischen Verlassenschaft gegenwärtig nur die Jurisdiction des Churfürstl. Hofraths, und dieses
um so mehr statt haben kann, als bey den vor einigen Jahren consolidirten
Jurisdictionen der Staabämter mit dem Churfürstl. Hofrath die Churfürstl. höchste
Intention gewesen, die Jurisdictions-Conflicte zu supprimiren, und nicht sie
zu unterhalten. Hiernach hat man sich Churfürstl. Hofrathseits zu benehmen,
und die eingeschickte Acta samt dem Staabamtlichen Bericht ddto. 10. April nup.
zurück zu erhalten. München den 3. Juny 1797.

Nro. XVI.

Se. Churfürstl. Durchläucht haben sich auf den von Höchstdero Collegio me-   *Von den*
dico wegen der Beförderung der Wundärzte, Baader, und Apotheker   *Bärzarzmei-*
zu Bürgermeister und Rathsstellen; unterm 13ten März abhin erstatteten gutachtli-   *ster- u. Raths-*
chen Bericht, nach vorläufiger Vernehmung der Churfürstl. Ober-Landesregie-   *stellen der*
rung mit gutachtlicher Erinnerung vom 26ten vorigen Monats, wovon hier   *Apotheker rc.*
eine Abschrift anliegt, gnädigst zu entschließen geruhet: Bey der bisherig- in den
Churfürstl. Staaten alt üblichen Gewohnheit, die Wundärzte, Baber und Apotheker *) in Städten und Märkten zu Bürgermeister- und Rathsstellen zu befördern, durchaus bewenden zu lassen. München den 3ten July 1797.

  *) Vid. die Samml. v. J. 1797. S. 756. §. 3.

Nro. XVII.

Nimmer kann ein Rathsglied eines Churfürstl. Justiz-Collegii in einer pro-   *Wie lange*
ponirten Causa criminali, sonderlich wenn es de contemnatione eines   *jeder Rath*
Dellinquenten ad mortem zu thun ist, nachdem auch schon zum Rathsprotocoll   *sein Votum*
gediehenen Ausspruch des Urtheils, so lange dieser Ausspruch nicht aufgesetzt, in   *in causis cri-*
Pleno abgelesen, und approbirt ist, seine schon geäußerte Meynung abändern,   *minal abän-*
zumalen der Richter bey jedem erfindenden Zweifel, oder Anstand ohnehin gesetz-   *dern könne.*
mäßig verbunden ist, den Defensorem et Advocatum des Inquisiten hauptsächlich aus der Ursache zu machen, weil dem letztern nach einmal bestättigten Ausspruch des Pleni, kein remedium juris, wie den in causis civilibus succumbi-
renden Theilen, mehr zu statten kommt. Zu dieser Abänderung war in der   *den*
bey Churf. Pfleggerichte Haß in pcto homicidii verhasten Schuhmachersjung,
Mathias Kreuzmayr betreffenden, zum Abschluß getreffen Criminal-Sache, der
Churf. Regierungs-Canzler, wenn auch angenommen wird, daß derselbe ohne
sonderbaren Brysatz ad mortem votirt haben solle, ohnehin in regula allerdings
befugt. Hat aber hiernächst der gedachte Regierungs-Canzler am Ende mit seinem
obschon anfänglich ad mortem Delinquentis abgelegten Voto, noch sonderbar auf

einen Collegial-Bericht an die Churff. höchfte Stelle pro Clem^{ma}. ejusdem aggratiatione, wie von ihm behauptet wird, den Antrag gemacht, fo verordnet der Churff. Criminal-Codex, daß folchen Falls deffen Votum fingulare weder pro majoritate, noch pro minoritate mehr zu rechnen gewefen feye: Nun gleichwie mit Abrechnung diefes Voti die Majora pro pœna extraordinaria, und die Vota minora Collegii pro pœna mortis fich herauswarfen; fo war es allerdings wider die Ordnung, daß der dirigirende Rath in diefer fchweren Sache gleichwohl die majora ad mortem (nicht anders, als ob paria vorlägen) ganz fonderbar machen wollte. Und wenn fchon, wie der Churfürftl. Rath und Bannrichter in feinem peinlichen Referat behauptet, des Regierungs-Kanzlers fonderbare Meynung, wegen des in Pleno zur Zeit der Abftimmung herrfchenden großen Tumults gar nicht hat gehört werden können; fo hinderte dennoch diefer Umftand, nach der im Eingang diefes gnädigften Refcripts angeführten Regel dem wiederholten Regierungs-Kanzler an der Zurücknahme oder Abänderung feines anfänglichen Voti immer noch nicht: hätte aber dabey jedoch ein Zweifel obwalten können, fo hätte fich geziemet, entweder die ganze Caufam in der Ordnung zu reproponiren, oder an Se. Churfürftl. Durchlaucht das untertthänigfte Collegial-Gutachten einzufchicken. Indeffen, und da eines Theils, nach den vorliegenden Umftänden, wie gedacht, die majora offenbar pro pœna extraordinaria ausgefallen find, und bey allem deme anderen Theils ex actis de animo occidendi des Inquifiten zuverläßig nicht conftirt, fo refolviren Se. Churfürftl. Durchlaucht auch in der Hauptfache hiemit gnädigft, daß der Inquifit, Matbias Mayr, zur zehnjährigen Zuchthaus-Strafe condemnirt werden folle. Wornach dann die Churfürftl Regierung fich gehorfamft zu achten, das Verbührige zu beforgen, und die eingefchickte fämmtliche Acta zurück zu empfangen hat ꝛc. München den 4ten July 1797.

Nro. XVIII.

An die Churfürftl. Regierung Neuburg.

Von Ablegung der Prob-Relationen.

Diefelbe berichtet unterm 12. vorigen Monats, daß fie den Michael Aloys Schell, deme der Regierungs-Praxis mittels Acceff gnädigft bewilliget worden, zu Ablegung der Prob-Relation, und dem mit ihm vorzunehmenden Examen vorderfamft angewiefen habe.

Refolutio Sereniffimi.

Gedachter Schell ift zu den Regierungs-Praxis auch ohne vorläufige Prob-Relation um fo mehr zuzulaffen, als er während dem Praxi ohnehin mehrere Relationen abzulegen hat, woraus deffen Fähigkeit ermeffen werden kann, die bieher gewöhnlichen Prüfungen aber erft vor wirklicher Anftellung der Rhäten, oder Beamten einzutretten haben. Uebrigens wird die wegen Befähigung junger Leuten erlaffene Normal-Verordnung *) dahin erläutert, daß wo einer nach hintangelegten ftuffenweifen Aemter- und Kanzley-Praxi zu den Regierungs-Praxis zugelaffen zu werden fucht, hievon berichtliche Anzeige zur höchften Stelle gemacht, und die gnädigfte Refolution hierüber erwärtiget werden foll. München den 4. July 1797.

Notific. der Regierung, und Hoffammer Amberg.

*) Vid. N. antec. 14 §. 4.

Nro. XIX.

Nro. XIX.

Dem Churfürstl. Hofrath will man von jenem gnädigsten Rescript, welches *Von dem* wegen künftig ordentlicher Haltung der Protocollen bey Prüfungen der *Prüfung.* Dienst-Aspiranten unterm 29ten July jüngsthin anher erlassen worden ist, *Protocoll.* eine Copia zu dem Ende communiciren, daß auch ex pari ratione bey den dortselbst herkommlichen Prüfungen sich nach solcher höchsten Willens-Meynung benommen werden könne. München den 7. August 1797.

Extract Resolutionum Serenissimi de dato 29. Julii 1797.

Der Bericht der Churfl. Obern-Landesregierung in Betreff der mit dem abjungirten Landgerichtschreiber zu Neuburg vorm Wald und dermaligen Waarenbeschauer allhier, Johann Baptist Schwab, vorgenommenen Prüfung, wird mit der gnädigsten Weisung angeschlossen, gedachten Schwab gemeinschaftlich mit dortiger Hofkammer über die zu dieser Dienststelle erforderliche Kenntniß und Fähigkeit nochmal genau zu prüfen, die Fragstücke so, wie die Antworten, und zwar nicht nur in gegenwärtigen, sondern auch in allen künftigen Fällen wirklich ad Protocollum niederschreiben zu lassen, und solches mitgutachtl. Bericht unterthänigst einzusenden.

Nro. XX.

Auf die manche Anstände über das gnädigste Rescript de dato 15ten May*) *Die Stufen* wegen des Stufen-Praxis bey Aemtern und Dikasterien erhält die Churfürstl. *Praxis bey* Ober-Landesregierung folgende Entschliessungen, und zwar: Erstlich bleibt die Ge-*Aemtern und* stattung des Zutrittes bey den Kanzleyen, Registraturen, Rechnungsstuben, Se-*Dikasterien* kretariaten lediglich dem Directorio überlassen; da hingegen 2tens die Bewilli-*betreffend.* gung, daß ein Praktikant auch in Rathsgeschäften vorando et proponendo auf abgesonderten Tischen oder Bänken sich übe, oder den sogenannten Raths-Acceß nehmen dürfe, Sr. Churfürstl. Durchlaucht specialer Rescribirung auf vorgängiges Directorial-Gutachten gnädigst vorbehalten wird: Nichtsdestoweniger aber ist dieser Acceß nie für etwas mehr, als für eine bloße Praxis anzusehen, und wird dem Directorio sogar zur Pflicht aufgelegt, demjenigen Practikanten, der nicht in Bälde seine Geschicklichkeit und Fleiß wahrnehmen läßt, den ferneren Zutritt der Raths-Praxin noch frühzeitig zu untersagen. Selbst bey den Geschickten solle der Acceß, wenn sie in einem Raum von etwa zwey Jahren zu keinem Amt oder Rathsstelle befördert zu werden Gelegenheit hatten, aufhören, um entweder die Rathsstube nicht mit zu vielen Practikanten anzufüllen, oder andern die Gelegenheit zur nämlichen Praxis-Stufe zu entziehen. 3tens Was die Prüfungen, und Prob-Relationes betrift, wird die Prob-Relation für jedem, der eine Rathsstelle nachsuchet, und ehevor schon den Raths-Praxin genommen hat, um so mehr unnöthig, als derselbe während dem Acceß nicht eine, sondern mehrere Prob-Relationes ablegt, bey andern Dienststellen aber sind die Prob-Relationes ohnehin unzweckmäßig. Die Prüfungen quoad Theoriam und Praxin verschiedener Fächer hingegen bleibt für jede Dienststelle unvermeidlich, und wollen Se. Churfürstl. Durchlaucht rücksichtlich dieser Art Prüfung gnädigst, daß sie erst bey dem wirklichen Gesuch einer Raths- oder andern Dienststelle auf das strengste vorgenommen werde, damit die Aspiranten ihre theoretischen Studien während der Praxi nicht vernachläßigen, sondern vielmehr eben durch die praktische Uebungen sich nebenbey in Theoria noch stärker befestigen mögen. 4tens Was in Absicht der hohen Schule, der Dauer der Studien, so andern vorhin gnädigst verordnet worden ist, bey dem bleibt es so mehreres, als durch die Eingangs erwähnte Verordnung vom 15ten May desfalls keine Aenderung anbefohlen wurde. 5tens Wegen Ablage der zeitlichen Pflichten, und des Illuminaten-Eides hat es ohnehin den Sinn, wie im Bericht angetragen wird, indem die mehrfachen Stufen des Praxis keine Beförderungen sind, mithin auch die Wiederholungen unnöthig werden. 6tens Der Anstand oder Erinnerungen wegen Collegial-Vorschlag der Subjecten zur Ober-Landesregierung

und

*) Vid. N. Antec. 14.

und Revisorium (da gegenwärtig nur von der Stufen-Praxi die Rede seyn kann) ist eine überflüssige Ausdehnung des Berichts. Auch läßt sich die Praxis-Erholung von jenen höheren Dikasterien, wohin ohnedem erst Räthe anderer Collegien zu versetzen kommen, nicht in der Maaß, wie bey untern Collegien versiehen. 7tens Der letzte Anstand von der Advocatie-Praxi hebt sich anbey offenbar andurch, daß der Praxis bey einem angestellten Advokaten genommen werden müsse, und nicht daß einer auf seine eigene Person der Advocatie-Geschäften sich unterziehen könne. München den 21. August 1797.

Nro. XXI.

Die Siegel-mäßigkeit der Wechsel-Gerichts-Assessoren betreffend.

Se. Churfürstl. Durchlaucht haben auf die hier mit ihren Belegen beygefügte unterthänigste Vorstellung der Churfürstl. Wechsel- und Merkantil-Richter, und Assessoren dahier vom 25ten April d. J. den successive neu angestellten 5 Wechselgerichts-Assessoren, benanntlich Anton Müller, Sporer, Schmetterer, Riezler, und Hopfner, in mildester Beherzigung, daß dieselben bloß der Ehre willen, und um die Justiz in Wechselsachen zu befördern, und den allgemeinen Landes-Credit aufrecht zu erhalten, des Churfürstl. Gericht frequentiren, auch hierzu all ihren Fleiß verwenden, nach nähers überlegten Umständen, gleich ihren Vorfahrern an diesem Gericht vermög gnädigstem Rescripts de dato 5ten März 1782 *) angediehen, ebenfalls die Siegelmäßigkeit ad dies vitæ jedoch in der Maaß gnädigst zu ertheilen geruhet, **) daß sie sich dieses Prærogativs wegen in all übrigen Fällen der bürgerlichen Gerichts-Verfassung niemals entziehen dürfen: auch daß sonsten nach ihren zeitlichen Ableben die gerichtliche Verhandlungen, als Obsignation, Reseration, Verträge, und Vertheilungen ꝛc. der gebührenden ordentlichen Obrigkeit ohne Streit und Widerrede zustehen sollen. Welch höchste Entschliessung die Churfürstl. Ober-Landesregierung dem Churfürstl. Hofrathe, und dem hiesigen Stadt-Magistrat zu intimiren hat. München den 24. August 1797.

　*) Vid. die Samml. v. J. 1788. Seite 20. N. 30.
　**) Vid. N. sequ. 35.

Nro. XXII.

Rang der Hof- und Neuburgisch. Regierungs-Räthe.

Dem Churfürstl. Hofrathe will man anmit wegen des Rangs Churfürstl. Hofräthe, mit neuburgischen Regierungs-Räthen einen Extract des von höchster Stelle unterm 26. August anher erfolgten Rescripts zur Nachricht communiciren. München den 29. August 1797.

Churfürstl. Kriegs-Deputation.

Extract aus dem anher erfolgt höchsten Rescript de dato 26. Aug. 1797.

Uebrigens bemerken Se. Churfürstl. Durchlaucht aus dem eingesendeten Commissions-Protocolle, daß sich der Regierungs-Rath Dellagern den Vorrang von Höchstdero wirkl. und vormals frequentirenden Hofrathe von Mayr angemaßet habe; Gleichwie nun Höchstdieselbe dem hiesigen Hofraths-Collegio kein Præjudiz zugeben lassen wollen, indem erwähnter v. Mayr nicht als Beamter, sondern wegen des in seine Privat-Person gesetzten gnädigsten Vertrauen gleicherdingen als Special-Commissarius wegen Baiern abgeordnet worden ist: So hat die Churfürstl. Kriegs-Deputation in dem hiebro rückfolgenden Commissions-Bericht, und Protocoll mittels Bezugs den Rang zu ändern, anbey auch den neuerlich eingesendeten Commissions-Bericht vom 19. August hiebey zu empfangen. Actum ut supra.

Nro. XXIII.

Von dem stufenweisen Praxi der Dienst-Aspiranten.

Da es durch die Erfahrung bestättiget ist, daß die Anstellung junger Leute, die sogleich, nachdem sie die vaterländische hohe Schule verlassen, sich um Rathsstellen bey den Churfürstl. Landeskollegien bewerben, ohne vorher durch
Gerichts-

Gerichts-Praxin oder erworbene Kenntniſſe von dem Gange der Dicaſterial-Geſchäftsbehandlung ſich hierzu fähig gemacht zu haben, nur ſelten zu dem Zwecke, aus ſolchem Individuum dem Staate, und dem gemeinen Weſen nützliche und geſchickte Mitglieder zu bilden, führt, und es in jeder Rückſicht von überwiegendem Vortheile iſt, die Landesdikaſterien mit ſolchen Mitgliedern beſetzen zu können, welche durch ſtufenweiſe Vorbereitung ſich mit dem Dienſte und der Anwendung der Landesgeſetze bekannt gemacht haben; ſo haben Wir auf Uns gemachten Conferential-Vortrag anädigſt beſchloſſen, die für die Oberpfälziſchen Herzogthümer bereits den 17. Jäner 1786*) entworfene, und den 20. July 1793**) beſtättigte, und neuerlich erweiterte General-Verordnung wegen künftiger Anſtellung Unſers Rathsperſonals mittels an Unſere Ober-Landesregierung erlaſſenen höchſten Reſcripten vom 15. May, und 21. Auguſt dieſes Jahres auf die allhieſige baieriſche Lande ebenfalls anwendbar zu machen, befehlen daher, daß

Erſtens, auf der hohen Schule zu Ingolſtadt neben den allgemeinen und vaterländiſchen Rechten künftig auch den gleichwichtigen Wiſſenſchaften der Staatswirthſchaft, der Handlung und der Polizey gleicher Eifer gewidmet, und desfallſige Zeugniſſe beygebracht werden ſollen, und zwar dergeſtalten, daß nach Unſerer höchſten Verordnung vom 3. Februar 1775***) ein ſolcher Kandidat ausſchließlich des philoſophiſchen Curſes in eben beſagten Wiſſenſchaften den dreyjährigen Curs abſolvirt haben müſſe, und alle hier oder anderwärts bey Ober-Landesregierung erlaſſenen höchſten vorgeſchriebener Studierzeit abzuziehen nicht geſtattet werden ſolle.

Zweytens, ſolle nach dergeſtalt vorſchriftmäßig geendigten Stunden der Kanzley- und Aemter-Praxis in der Maaß angetreten werden, daß dasjenige Subject, ſo ſich um eine Rathsſtelle bey einem Dicaſterio bewerben will, zuerſt in den Kanzleyen mit dem Kanzeliſtendienſt anzufangen, und die Dienſtverrichtungen bis zum Sekretariate einſchlüßig ſtufenweis fortzuſetzen hat, und zwar (mit Ausſchluß Unſerer Obern-Landesregierung und Reviſorii) entweder bey Unſerm Hofrathe, oder Hofkammer, oder bey einer Unſern äußern Regierungen, je nachdem er in Regierungs-Juſtiz- oder Kammeraldienſte befördert zu werden wünſcht, und iſt bey gedachter Unſerer Hofkammer die Praxis in der Rechnungsſtube unausbleiblich mitverſtanden.

Drittens, die Direktoren eines jeden Collegii, welchen Wir die Geſtaltung des Zutrittes bey den Kanzleyen, Regiſtraturen, Rechnungsſtuben und Sekretariaten lediglich überlaſſen wollen, haben nach einer Billigkeit und Verwendung zu beſtimmen, wie lange ſich ein Practikant dieſer oder jener Gattung des Kanzleydienſtes zu widmen habe.

Es ſollen aber beſagte Direktorien vorzügliche Obacht tragen, daß der Practikant nicht blos den Zutritt nehme, ſondern auch wirkliche Dienſte verrichte, um über die erlangte Fähigkeit deſto verläßigere Zeugſchaft ausſtellen zu können. Die Practikanten müſſen daher gleich bey dem Antritte in die Kanzley-Praxis für ſämmtliche Stufen bis zur Rathe-Praxis von dem Vorſtande in Pflicht genommen werden, nachdem ſie den Illuminaten-Eid vorſchriftmäßig bey Unſerer Obern-Landesregierung werden abgelegt haben.

Viertens, was die Prüfungen, und Prob-Relationen betrifft, wird zwar die Prob-Relation für jeden, der eine Rathsſtelle nachſuchet, und ebevor ſchon den Rathe-Praxin genommen hat, um ſo mehr unnöthig, als derſelbe während den Acceß ein, ſondern mehrere Prob-Relationen ableget; bey andern Dienſtſtellen ſind aber die Prob-Relationen ohnehin unzweckmäßig. Die Prüfung quoad Theoriam et Praxin verſchiedener Fächer hingegen bleibt für jede Dienſtſtelle

F 2 unver-

*) Vid. antec. N. 2.
**) Vid. ibid. N. 5.
***) Vid. die Samml. vom Jahr 1784. Seite 1381.

unvermeßlich, und Wir wollen rücksichtlich dieser Art Prüfung gnädigst, daß sie erst bey dem wirklichen Gesuche einer Raths- oder andern Dienststelle auf das strengste vorgenommen werde, damit die Aspiranten ihre theorethischen Studien währender Praxi nicht vernachläßigen, sondern vielmehr eben durch die praktische Uebungen sich nebenbey in Theoria noch stärker befestigen mögen.

Fünftens, rücksichlich der Amts-Praxis, welcher die Kanzley-Praxis vorgegangen seyn muß, ist zwar Unserer höchsten Gesinnung angemessen, daß derselben bey Unsern Pfleg- und Landgerichten der größte Fleiß, und die längste Zeit gewidmet werde: allein der untrennbare Zusammenhang aller Staatsgeschäften, deren eines jeden besonderer Zweck nur vereinigt zu der allgemeinen höchsten Absicht wirken kann, macht die Kenntniße auch von den übrigen Aemtern, als von den Kasten-Mauth-Steuer-Umgeld- oder Aufschlag-Forst- so andern Aemtern, zumal bey den eigentlichen Regierungsgegenständen, in soweit höchst nützlich, daß man sich hievey wenigstens durch eine kurze Zeitfrist praktische Begriffe und Manipulations-Art zu erlangen suchen solle. Die Practikanten sollen daher auch hierüber mit Zeugnißen ihr Dienstgesuch belegen zu haben, desgleichen solle denselben unbenommen seyn, bey den Land- und Pfleggerichten währender Praxi den Partheyen per modum advocatiae beyzustehen, um sich in mündlich- oder schriftlichen Recessirungen zu üben.

Sechstens, nach zurückgelegter Kanzley- und Amts-Praxi wollen Wir denjenigen, welche sich hiebey besonders auszeichnen, dann Proben der Fähigkeit und anderer guten Eigenschaften gegeben haben, gnädigst gestatten den Access bey Unserm Hofrathe, Hofkammer oder äußern Regierungen als die letzte Stuffe der Praxis zu nehmen, und an Rathsarbeiten votando et proponendo auf abgesonderten Tischen und Bänken sich zu beschäftigen; doch wollen Wir Uns hierüber in jedem einzelnen Falle die höchste Bewilligung mittels Special-Rescribirung auf vorgängiges Directorial-Gutachten gnädigst vorbehalten haben.

Nichts destoweniger solle dieser Access nie für etwas mehr, als für eine bloße Praxis angesehen werden, und Wir legen den Direktoren hiemit zur Pflicht auf, demjenigen Praktikanten, welche nicht in Bälde seine Geschicklichkeit und Fleiß wahrnehmen läßt, den ferneren Zutritt oder Raths-Praxin noch frühzeitig zu untersagen. Selbst bey den Geschicktern solle der Access, wenn sie in einem Raum von etwa zwey Jahren zu keinem Amte oder Rathsstelle befördert zu werden Gelegenheit hatten, aufhören, um entweder die Rathsstube nicht mit zuvielen Praktikanten anzufüllen, oder andern die Gelegenheit zur nämlichen Praxis-Stuffe nicht zu entziehen. *)

Siebentens, Auch die Advokatie-Praxis wollen Wir besonders anempfohlen haben, als wodurch eine Fertigkeit im Vortrag erworben wird, und sollen sich die Praktikanten jedoch immer nicht für ihre Person, und ohne sich von Uns gnädigst angestellten Advokaten und Prokuratoren rechtlich zustehenden Mandati praesumpti praevaliren zu dürfen, sondern unter der Leitung eines angestellten Advokatens oder Prokurators vorzüglich mit Caussis pauperum abgeben. Alle diese, so wie selbst die Advokaten, so durch Rechtschaffenheit, durch Vertheidigung bloß gerechter Händel, durch Abkürzung der Prozeße, Vermittlung und Ausgleichung der Streitigkeiten, ihrer Pflicht und Beruf Ehre machen, haben gerechten Anspruch auf Amts- und Rathsstellen.

Achtens, jenen, welche auch ihren Eifer auf reichsgerichtliche Praxin erstrecken, wollen Wir noch vorzüglichern Bedacht bey Rathsstellen gnädigst versichert haben.

Neuntens, die Obliegenheit dieser stuffenweisen Praxis verstehet sich von allen Dienstbewerbern ohne Unterschied des Standes, folgbar, und um so mehr auch auf jene des Adels ohne Ausnahm, als diese meistens der ansehnlichen Stellen sich zu erfreuen haben.

Zehn-

*) Vid. N. sequ. 31.

Zehntens, in Bezug auf osterwähnte Zeugschaften, welche die Praktikanten beyzubringen haben, ist Unser höchster Befehl dahin gerichtet, daß selbe nicht nur über den Fleiß und Fähigkeit, sondern auch und zwar eben so strenge über die Sittlichkeit der Praktikanten, über ihre religiöse und politische Grundsätze, dann Denk- und Handlungsart mit gewissenhafter Verläßigkeit ausgestellt, außer dem, und bey widrigen Befund die Aussteller zur Verantwortung und Strafe gezogen werden sollen.

Wir wollen und befehlen demnach hiemit gnädigst, daß diese Unsere höchste Verordnung durchgängig beobachtet und befolget, mithin den nach solcher Vorschrift sich meldenden Praktikanten von den geeigneten Stellen und Aemtern der Zutritt und gehörige Anleitung keineswegs verweigert werden solle. Gegeben in Unserer Haupt- und Residenzstadt München, den 15. Sept. 1797.

Nro. XXIV.

Liebe ꝛc. Aus mehreren zu Uns in Scharwerks-Streitigkeiten gebliebenen Acten haben Wir mißfälligst ersehen, daß einige Advokaten sich ein besonders Geschäft daraus machen, unter mehrern Scheingründen, nicht den bestehenden Gesetzen gemäß zu arbeiten, und jene Scharwerks-Excesse bloß zu bekämpfen, deren Abstellung im wirklichen Erweisungs-Falle die Gesetze verordnen, sondern die existirende Gesetze selbst zu belasten, zu durchklügeln keinen Anstand nehmen, und das Recht Scharwerksdienste auch in gebührender Maaße zu fodern, anzustreiten kein Bedenken tragen.*) Wir nun aber hierdurch veranlasset wird, daß die Unterthanen, anstatt auf die Gesetze und ihre genaue Befolgung angewiesen zu werden, irre geführt, zum Ungehorsam, und den muthwilligsten Streiten aus Eigennuß verleitet werden, zuletzt allgemeine Disolsuion, Weigerung des Gehorsams, Störung der bürgerlichen Ordnung entstehen müssen, ja sogar gefährliche Aufstände erreget werden können, und durch dieses Verfahren der Advokaten ein wahrer Eingrif in die gesetzgebende Gewalt geschieht. Als habt ihr zur Abstellung dieses der Advokaten-Ordnung, den bestehenden Gesetzen und der Landesverfassung schnurgerade entgegenstehenden Unfugs sämmtlich euch untergeordnete Advokaten unausbleiblich vor euch zu fodern, und unter gebührenden Zuspruch ihnen zu eröffnen, daß derjenige, welcher sich mit einer so Rechts-Ordnungs-widrigen Patrocinanz mehrmals betretten lassen würde, unnachläßig, und ohne einzige Rücksicht, weder auf Weib noch Kinder, als ein dem Staate und der bestehend bürgerlichen Ordnung gefährlicher Mann, ab advocatia amovirt werden würde. München den 20. Sept. 1797.

An die sämmtlich Churfürstl. Kanzler-Aemter Baierns,
und der Oberpfalz also erlassen worden.

*) Vid. N. sequent. 32.

Von Rechts- ordnungswidriger Patrocinanz der Advokaten in Scharwerks- streitigkeiten.

Nro. XXV.

Die von dem Regierungs-Directorio zu Burghausen in seinem Anfrags-Berichte vom 27. v. M. selbst angeführte Gesetze, und Churfürstl. höchste Resolutionen verordnen schon klar und deutlich genug, daß kein Regierungs-Sekretär allein, und ohne Beyziehung eines Kanzlisten als Actuarii zu Besorge- und Vollziehung eines ihm committirten Geschäfts in Justiz-Sachen, ohne Gefahr zu laufen, daß es blernähst an der unmittelbar-erforderlichen Solennität eines Actus publici gebrechen würde, abgeschickt werden könne. Diesemnach wird das bemelde Regierungs-Direktorium, dessen, und des Regierungs-Präsidii W.Utür (so sich jedoch nie auf simple Abordnungen der Sekretarien, und Kanzelisten alleinig, sondern auch Höchstdero Räthe selbst, das ist auf die Frage der Eintrettung halber, oder ganzer Dicasterial-Commissionen versteht) vorzüglich durch die Höchste Verordnung vom 27. Februar 1793*) die Bestimmung

Die Besetzung u. Verordnungen der Commissions-Personalia betreffend.

*) Vid. die Sammlung vom Jahr 1797. S. 26. N. 57.

mung der abzuordnenden Commissionen überlassen ist, hiemit angewiesen, bey Abschickung eines aus einem Sekretär und Kanzelisten bestehenden Commissions-Personalis, jedesmal das zu verfügen, was dasselbe bey den in seinen oben allegirten Berichte angezogenen Fällen bereits beobachtet hat.　München den 23. September 1797.

Nro. XXVI.

Rang der Churfürstl. Beamten.

So wie die Churfürstl. Beamten vor einem Landschaftlichen immer den Rang behaupten; also auch verordnen Se. Churfürstl. Durchlaucht hiemit gnädigst, daß, durchaus genommen, die an andere, als die Churfürstl. Dienstleute gnädigst verliehene Titel oder Neben-Karakter dem Churfürstl. Beamten, oder ihren wirklichen Amts-Karaktern und Vorrange nie prejudiciren, sondern diesen Letzteren bey offenen Gängen, Rang, und Præcedenz allemal gebühren solle. Wornach dann der Rangstreit zwischen den Churfürstl. Rentamts-Gegenschreiber N., und dem mit dem Hofkammer-Secretärs Titel begabten landschaftlichen Aufschlagsbeamten N. zu verbescheiden, auch sich in all- und jeden derglei-chen Fällen zu achten, und den Churfürstl. Stellen davon die Notification zu ertheilen ist.　München den 6. Oktob. 1797.

Nro. XXVII.

Vorschlag zu Verbesse-rung des Justizwesens in Civil- und Criminalsa-chen.

Es wäre überflüßig zu erinnern, da es leider die tägliche Erfahrung bestättigt, welche Gebrechen in Verhandlung sowohl der Civil- als Criminal-Prozesse sich täglich veroffenbaren, worunter die in Rechtsstreitsachen, oder Criminal-Untersuchungen verfangene Partheyen, und einzelne Theile fortan zu leiden haben. Diesem Unwesen abzuhelfen haben Se. Churfürstl. Durchlaucht noch unterm 12ten Juny hujus anni Ihro Regierungen zu Amberg und Neuburg verschiedene auf die Verbesserung der Justiz-Pflege abzielende Fragen zur unterthänigst gutachtlichen Beantwortung gnädigst mittheilen lassen.

Nachdem aber die hier einschlagende Gegenstände in die allgemeine Justiz-Pflege auch der Churfürstlichen Staaten in Baiern den gleichen Einfluß haben, so schließen Höchstdieselben von eben gedachtem Rescript de dato 12. Juny eine Abschrift mit dem gnädigsten Befehl hinaus, daß der Churfürstl. Hofrath von selbigen jedem Collegial-Rath Copiam mit dem Auftrage zustellen solle, um sein hierüber führendes Votum, sobald thunlich, punktenweis zu verfassen, und selbiges an das Directorium zur Collegial-Deliberation, und gemeinsamen Schlußfassung zu überreichen, welcher Abschluß sofort mit unterthänigsten gutachtlichen Collegial-Bericht an die höchste Stelle nebst Beylegung der sonderbaren Gutachten sämmtlicher Votanten alsbald einzusenden ist.　München den 19. Oktober 1797.

Da die Glückseligkeit des Staats als dessen erster, und allgemeinster Endzweck größtentheils auf der Unpartheylichkeit, und Schnellheit der Rechts-pflege sich gründet, so fodern Se. Churfürstl. Durchlaucht alle Mitglieder Höchst-dero Regierung vertrauensvollest auf, ihr zu diesem Zweck nächst führende Gedanken und Vorschläge der höchsten Stelle mit edler Freymüthigkeit mitzutheilen, ohne durch die bisherige Art der Prozeß-Verhandlungen, durch die Allgemeinheit mehrerer Staaten, oder durch das hierdurch gleichsam geheiligte Vorurtheil sich zuviel hinreißen zulassen.

Nur wollen Höchstdieselben zur beefallsig sonderheitlichen Erwägung nachstehende aller Aufmerksamkeit würdige Berathungs-Gegenstände gnädigst vorlegen.

1. Ob es nicht Prozeß abkürzend, sohin räthlicher wäre, daß der erst-und zweyter Instanz-Richter seine Entscheidungsgründe in dem Bescheid kürzlich ausdrücke?

2.

2. Daß keine Unkösten mehr, aller Probabilität ungeachtet, recompensirt werden dürfen, sondern in jedem Falle dem in der letztern Instanz obsiegenden Theil seine während dem Prozeßlauf aller Instanzen gehabte Kösten ersetzt, der erscheinende Streitmuthwille aber noch mit einer besondern Strafe gezüchtiget werden müsse?

3. Ob in jenen Fällen, wo zwey Dikasterien als eine Churfürstl. Regierung von erster, und der Churfürstl. Hofrath von zweyter Instanz, wegen, in der Hauptsache ein gleichstimmiges Urtheil gefällt haben, ob alsdann noch eine dritte Instanz, oder das Revisorium eintreten zu lassen, für nöthig angesehen werden könne? denn die Beurtheilung dreyer Instanzen kann nur alsdann, als eine Wohlthat betrachtet werden, wenn die zwo ersteren Instanzen in ihren Urtheilen verschieden sind.

4. Ob, und welche Gattung Recurses in Malefiz-Sachen, wo es auf Ehre, Leib und Leben gehet, zu gestatten seyn möchte? ob nicht wenigstens besondere Defensionalien einzuführen wären?

5. Im Fall keine Recurs-Gestattung räthlich wäre, verdienet sodann wohl erwogen zu werden, ob nicht gesetzlich verordnet werden solle, daß Niemand zum Tod, oder Verlust seiner Ehre und Amtsstelle verurtheilt werden könne, wenn nicht zween Drittheile der anwesenden Räthe auf den Tod, oder den Verlust der Ehre und Amtsstelle stimmen?

6. Wie es bey den, mit der Criminal-Gerichtsbarkeit begabten Ständen und Magistraten, wo gar nur einer allein auf Leib- und Lebensstrafe zu sprechen berechtiget ist, obgleich in Dicasterien eine gewisse Anzahl von Räthen erfodert wird, hinkünftig zu halten seyn dürfte?

7. Ob zur Reife eines Entschlusses nicht vorträglicher seyn würde, die Abstimmungen in den Collegiis von unten auf, oder von dem jüngsten Rath an, fodern zu lassen, jedoch, daß der Kanzler, oder dessen Stellvertreter die erste Unterrichtsstimme, dann zuletzt erst auch sein Decisiv-Votum zu geben habe?

Ueber diese Punkten verlangen Se. Churfürstl. Durchlaucht von jedem Rathe seine schriftliche Meynung, welche ihm entweder offen, oder verschlossen zu übergeben freystehet, auch werden Höchstdieselben besonders wohl aufnehmen, wenn noch andere zur Abkürzung der Prozesse, und Abwendung der Streitsucht diensame Mittel in erwähnten Stimmen mit vorgeschlagen werden, ohne jedoch das wesentliche zu kränken, oder eine Rechts-Verkürzung, und Uebereilung zu veranlassen. München den 12. Juny 1797.

An die Churfürstl. Regierung zu Amberg und Neuburg also ergangen.

Nro. XXVIII.

Se. Churfürstl. Durchlaucht lassen Ihro Revisorio auf dem untern 12. des Brachmonats laufenden Jahres mit Gelegenheit der auf die Entscheidung liegenden Baustreitsache zwischen der Hofkammer-Sekretärs-Wittwe Temperer, und Garde-Robe-Dieners-Wittwe Brandin, erstatteten gehorsamsten Anfragungsbericht hiermit zur abschließenden höchsten Resolution in Gnaden unverhalten, und zwar wird zum voraus gnädigst erklärt, was massen das in Dampf-öffnungs-Streitsachen zwischen dem hiesigen Bücherbräu, Adam Kellerer, und dem Hofmusikus Gloner ergangene höchste Rescript vom 24. July 1794°) nur pro hoc casu zu verstehen, und keinesswegs als Lex derogatoria des vorigen gesetzlichen Rescripts vom 27. August 1791°°), welches das hiesige städtische Privilegium Albertinum de anno 1500°°°) erläuternd an sämmtl. Churfürstl. Justiz-Collegien in vim legis et publicationis ordentlich ausgeschrieben worden ist, anzusehen seye. Gleichwie nun ad quaest. 1mam. die erst angeführte Verordnung von 1791 die klare Anweisung giebt, daß nach erschöpften beeden ersten ständi-

°) Vid. N. antec. 6. °°) Vid. die Samml. v. J. 1797. S. 902. N. 181.
°°°) Vid. ibid. Seite 20.

Erläuterung des hiesigen Städtischen Privilegii Albertini in Bau- und Kaufschafts-Sachen.

G 2

städtische Instanzien, das ist alsdann, wenn der Magistrat in Bau- und Kund-
schaftsachen, so Polizey-Gegenstände betreffen, bey seinen von dreyen nun auf
zwo reducirten Instanzen gesprochen haben wird, der weitere Recurs zur Churfürstl. Obern-Landesregierung, in jenen Fällen aber, worinn absolute nur
das punctum juris einschlägt, und darüber gestritten wird, zum Churfürstl.
Revisorium statt haben könne; also solle auch, um künftig allen ungleichen Aus-
drückungen, und Mißverstande auszuweichen, bey allen jenen Bauprozessen, da es
sich ex titulo pacti vel servitutis streitet (in welchen Fällen der bürgerl. Magistrat nach dem wieder allegirten Albertinischen Privilegio vorhin sehr ungeräumt
remota omni appellatione ganz alleinig gesprochen hat) der Appellationsgang
ad Revisorium, als zwoter und letzter Instanz fürohin ebenfalls offen stehen,
welchen Sinn auch das höchste Rescript von 1791 ohnehin schon in sich begreift,
bey welcher eben angeführten Verordnung es dann ad quæst. 2dam. (außer der
schon beendigten Privat-Streitsache zwischen dem Bierbräu Kellerer, und Hofmusikus Cloner, als worinn das neuere Rescript vom 24ten July 1791 eine
Ausnahme gemacht hat) sowohl bey der gegenwärtigen zwischen obenbenannten
beeden Wittwen, Temperer und Brandin, als bey allen künftigen andern Bau-
Streitigkeiten sein unabänderliches Bewenden haben muß, wenn nicht allenfalls
bey der Ablebigung der über alle andere vorgeblich magistratischen Privilegien
de non appellando eingeleiteten Untersuchung ein anderes seiner Zeit beschlossen,
und ausgeschrieben werden sollte, womit sich denn auch der ad quæst. 3tium. genommene Anstand von selbst hebt: und werden sofort die eingeschickten Temperer
und Brandische Acten gegenwärtig mit dem endlichen gnädigsten Auftrage remittirt, daß das Churfürstl. Revisorium sothane Causam, und alle künftig in
Bau- und Kundschafts-Sachen erscheinen mögende ohne weitern Anstand so verbescheiden solle, wie hier in diesem Rescript ausdrücklich erklärt worden ist; wovon denn auch von hieraus sowohl dem bürgerl. Stadtmagistrat, als dem Churfürstl. Hofrath zur gehorsamsten Nachachtung Abschriften ertheilt worden sind.
München den 24. November 1797.

Nro. XXIX.

Se. Churfürstl. Durchläucht sind durch die von der Churfürstl. Hofkammer zu
Amberg unterm 18ten August berichtlich vorgestellte Umstände gnädigst
bewogen worden, die Vermehrung der Deputaten für die Beamte der obern
Ober-Pfalz, und des Herzogthums Sulzbach in der begutachteten Art, jedoch nur
provisorisch auf 3 Jahre dergestalt gnädigst zu bewilligen, daß den Gerichts-
auch Kasten-Beamten, und zwar:

einem Gerichts Ober- und Kastenbeamten　　　　　　5 fl. – kr.
einem Gerichtschreiber　　　　　　　　　　　　　　3 fl. 30 kr.
einem Amtschreiber　　　　　　　　　　　　　　　　2 fl. – kr.

täglich, und zwar ohne Unterschied, ob die Reise inner- oder außer Gerichte, und
von dem Gerichtschreiber mit- oder ohne Haber-Besoldung geschieht, zukommen
sollen, doch, daß die Beamte die Gefährtgelder davon selbst zu bestreiten haben;
desgleichen soll den Forstbeamten auf nemliche Art, und zwar:

dem Oberst-Forstmeister einschlüßig des Bedienten　　6 fl. – kr.
dem Gejaids-Gegenschreiber　　　　　　　　　　　　4 fl. – kr.
einem Oberforst- und Forstmeister　　　　　　　　　4 fl. – kr.
einem Amts-Ober- oder Unterförster　　　　　　　　1 fl. – kr.
einem verpflichteten Forstknecht　　　　　　　　　　– fl. 36 kr.
und einem unverpflichteten Forstknecht täglich　　　　– fl. 30 kr.

verreicht, diejenigen aber, die bisher bestallungsmäßig größere Deputaten bezogen haben, von diesem provisorischen Reglement ausgenommen werden, und
es bey dem bisherigen Bezug ferners sein Verbleiben haben. München den
28. November 1797.

Nro. XXX.

Da sich öfters füget, daß Beamte auswärtiger Staaten, oder von innländischen Hofmärkten und Magistraten in Churfürstl. Dienste befördert wer-
　　　　　　　　　　　　　　　　　　　　　　　　　　　　　　　　　den,

ben, ohne daß sie über ihr aufgehabtes Amt jedesmal ehevor Richtigkeit geflossen haben; so wollen Se. Churfürstl. Durchlaucht für die Zukunft gnädigst, daß die Dienstbewerber mit Amts - Absolutorien, und Zeugnissen über ihr rechtschaffenes Betragen sich legitimiren, und oder nicht befördert, minder von Collegial - Stellen hiezu begutachtet werden sollen. Welches demnach zu jedermanns Wissenschaft durch die Churfürstl. Regierung kund zu machen, von den Collegien aber selbst darob genau zu halten ist. München den 28. November 1797.

Nro. XXXI.

Sowohl nach dem Regierungsbericht vom 2ten August, als auch nach jenem des Directorii vom 6ten d. M. scheint die höchste Absicht des Stufenweis Praxis *) keineswegs in ihrem ganzen Umfang eingenommen zu werden. Es ist nicht zweckgemessen jede Stufe mit ein- und zwey-oder gar nur halbmonatlichen Verwendung durchzuellen, wie gegenwärtig bey dem von N. geschabe. Der Kanzley-und Registraturs-Praxis dienet nicht bloß zur Erlernung desfallsiger Manipulation, Angewöhnung leserlicher Handschriften, und zur Registrirung der Akten, sondern hiebey muß absichtlich die günstige Gelegenheit benutzet werden, aus den vielen Akten verschiedener Gattung und Materien mit dem Gang und Behandlung verschiedener Geschäften sich nähers bekannt zu machen, sofort jene Erfahrung vorläufig zu erlangen, welche bey wirklicher Dienstanstellung die Zeit nicht mehr gestattet. Eben so ist bey dem Secretariat die Erlernung eines kurzen, pünktlich und leicht verständlichen, dann zugleich schönen und kraftvollen Schreibvortrages kein Werk eines flüchtigen Zeitraumes. Nicht weniger befiehlt die Normalverordnung. 3ten Absatzes, daß dem Oberamts - oder Justiz, Praxi der größte Fleiß, und die längste Zeit gewidmet — dann wegen untrennbaren Zusammenhang aller Geschäften auch der Kammeral-Praxis bey dem Kammeraldämtern mit verbunden werden solle, besonders von jenen, die nach einer Beförderung zu Regierungen streben, allwo die Kammeral-Polizey-und andere Regierungs-Wissenschaften sich vereinigen müssen. Nun aber steht der von N. bey dem Oberamt erst zwey Monate in Praxi — und bey den Kammer-Aemtern hat er noch gar keinen Zutritt genommen. Die Verschiedenheit der Stufen — die längerzeitige Verwendung hat bey jungen Leuten noch ferners zur höchsten Absicht, daß nicht nur ihr Geist, sondern auch das Alter zu einer Reise gelange, welche dem untergebenen Volk das erhabene Vertrauen eines Raths oder Beamten einzuflößen vermag. Und selbe werden in der Zeitfolge die nun vermeynte Strenge mit Dank erkennen, daß sie zu jenen Männern gebildet worden, von denen der Staat für die wohltätigsten Wirkungen zu versprechen hat. Uebrigens wird hier noch gnädigst angefügt, daß bey dem Raths-Accefs-Praxi kein Unterschied von Ritter- oder Gelehrter - Bank statt habe. München den 5ten Dezember 1797.

An die Regierung Neuburg, Amberg, und den
    beeden Kammern ergangen.
  *) Vid. N. Antec. 23.

Nro. XXXII.

Se. Churfürstl. Durchlaucht haben aus mehreren innländischen Zeitungsblättern mit besonderm gnädigsten Wohlgefallen ersehen, welche zweckmäßige Verordnung Churfürstl. Hofrath in Rücksicht der von einigen Advokaten in Scharwerksstreitigkeiten gebrauchten Schreibart erlassen.*) Da aber Höchstdieselbe hieraus auch zugleich entnommen, daß verschiedene der Advokaten sich unterstanden, das Recht der Herrschaft-Scharwerksdienste in gebührender Art von ihren Unterthanern zu fordern, anzustreiten, und die Unterthanen durch ihre grundlose und falsche Vorschreiben zur Weigerung aufzumuntern, ihre Absicht hiezu aber auf nichts anders, als auf gefährliche Unordnungen und Störung der bürgerlichen Ordnung gerichtet seyn kann: So befehlen Se. Churfürstl. Durchlaucht erwähnt Dero Hof-

  *) Vid. N. antec. 24.

Hofrath hiemit gnädigst, diejenige Advokaten, die sich dieses Vergehens bereits schuldig gemacht, durch eine zu ernennende Commission über die Ursachen, die sie zu Aufstellung solcher Grundsätze verleitet, und über ihre Absicht dabey consti- tuiren zu lassen, und falls sie sich nicht diesfalls hinlänglich rechtfertigen können, zum warnenden Beyspiel für andere mit aller Strenge zu bestrafen. München den 9ten Dezember 1797.

Nro. XXXIII.

Die Vor- mund - Bey- stand - und Executor- schaft der Ju- stizräthe betr.

Der Churfürstl. Regierung Amberg können jene Gebrechen, Unfug, und oft nachtheiligste Mißbräuche nicht entgangen seyn, welche daraus entstehen können, wenn Räthe, die bey einem Justiz-Collegio angestellt sind, mit Vor- mund-Beystand*) und Testaments-Executorschaft, dann Güter-Administra- tionen sich abgeben: Unausweichlich sind die Fälle, wo die Gegenparthey, ober deren Sachwalter sowohl, als auch selbst die Miträthe in die unangenehme Verle- genheit kommen, gegen einen solchen Vormund, Beyständer, Executorn und Ad- ministratorn mit pflichtmäßiger Freymüthigkeit zu verfahren; Andern noch üb- leren Folgen nicht zu gedenken. Um also die Unbefangenheit der Justiz gegen diese Gefahren und Fehltritte sicher zu setzen, erneuern Se. Churfürstl. Durchlaucht die hierin falls schon theils erlassene höchste Verordnungen, erklären, und erwei- tern solche bestimmt dahin gnädigst, daß von nun an kein Justizrath mehr einer Vormundschaft, oder anderer der vorgedachten Geschäfts-Gattungen sich unter- ziehen dürfe; so wie man auch höchsten Orts keine Dispensation desfalls er- theilen werde. München den 26ten Febr. 1798.

*) Vid. die Samml. v. J. 1797. Seite 854. N. 193. et Seite 32. N. 67.

Nro. XXXIV.

Von Ab- hanoung der einfachen Ehebrüchen.

Liebe G. Auf euren an Unsern Hofrath wegen Bestrafung der einfachen Ehe- brüchen, so andern unterthänigst erstatteten Anfragsbericht, bedeuten Wir euch hierüber pro Resolutione gnädigst, daß zumal alle Ehebrüche ohne Aus- nahme nach den ältesten Landesgesetzen unter das Crim.-Recht gezogen, sohin malefizisch abgehandelt worden sind, fort erst durch das Generale vom 13ten Febr. 1735.*) dieserhalben rücksichtlich der Landeskindern, und jener, welche Jurisdictionem Bassam, jure proprio, ac Patrimoniali, sive privilegiato gaudiren, eine Ausnahme gemacht, bey den Churfürstl. Gerichten es aber noch immer fort bey der alten Einschickung der diesfalls ventilirten Akten zu denen geeigneten Criminal-Stellen eo ipso belassen wurde, weil auch dennenselben diese Abwandlung in obermeldten Generali nicht eodem modo zugestanten ist, Wir euch hiedurch zu dem unterthänigst angesonnenen Aufschluß unter dem Anhang gnädigst unterhalten lassen, daß ihr euch, bis nicht hierin von Unserer höch- sten Stelle eine anderweitige Verordnung einstens erfolgt, derne schuldgebo- samst nachdehnen sollet. München den 5ten März 1798.

Vom Churfürstl. Hochlöbl. Hofrath an das Gericht
Aibling also abgegangen.

*) Vid. die Samml. v. J. 1788. Seite 121.

Nro. XXXV.

Siegelmä- sigkeit der Wechselge- richts-Asses- soren.

Se. Churfürstl. Durchlaucht haben auf die unterm 25ten April des auslaufen- den Jahrs unterthänigst eingereichte Vorstellung der Churfürstl. Wechsel- und Merkantil-Richter, und Assessorn den succesive angestellten neuen fünf Wechselgerichts-Assessorn, benanntlichen Anton Miller, Sporrer, Schmetterer, Riezler und Hopfner in mildester Beherzigung, daß dieselben bloß der Ehre we- gen, und um die Justiz in Wechselsachen zu befördern, und den allgemeinen Landes-Kredit aufrecht zu erhalten, das Churfürstl. Gericht frequentiren, auch hiezu allen Fleiß verwenden, gleich ihren Vorfahrern, vermög höchsten Rescripts vom 5ten März 1782 angebrieften, ebenfalls die Siegelmäßigkeit ad

dies

dies vitæ in der Maaß gnädigſt zu ertheilen geruhet, daß ſie ſich dieſes Prærogativs wegen in all übrigen Fällen der bürgerl. Gerichtsverfaſſung niemals entzieben dürfen, auch daß ſonſten nach ihrem zeitlichen Ableben alle gerichtliche Verhandlungen, als Obſignation, Reſeration, Verträge und Vertheilungen ꝛc. der gebührenden ordentlichen Obrigkeit ohne Streit und Wiederred zuſtehen ſolle. Demnach wird dem Wechſel-und Merkantilgerichte erſter Inſtanz gegenwärtiges unter Churfürſtl. höchſten Handzeichen gefertigtes Dekret hiemit zur behörigen Wiſſenſchaft und Legitimation der betheiligten Aſſeſſorn, auch der ingroſſirungs willen mit dem Beyſatz in Gnaden mitgetheilt, daß von dieſer höchſten Entſchlieſſung ſchon vorläufig unterm 24ten Auguſt des jüngſt verwichenen Jahrs *) der Churfürſtl. Obern-Landesregierung, um ſie gehörig auszuſchreiben, die Intimation zugegangen ſeye. München den 7ten März 1798.

*) Vid. N. antec. 21.

Nro. XXXVI

Der Churfürſtl. Regierung zu Neuburg wird auf ihrem, wegen Beobachtung der Courtoiſie gegen den Churfürſtl. Hofrath allhier, unterm 26ten Febr. abhin erſtattet unterthänigſten Bericht die gnädigſte Reſulution dahin ertheilet, daß ſie lediglich in Juſtizſachen, wo von ihr die Berufungen an den Churfürſtl. Hofrath geben, an dieſem Berichte mit der Titulatur Durchlauchtigſter Churfürſt ꝛc. zu erſtatten, in Regierungs-Polizey- und Criminal-Sachen aber als eine ſelbſtſtändige Regierung die Correſpondenz mit gedachtem Hofrath mittels Schreiben, und der Courtoiſie Churfürſtl. Hochlöbl. Hofrath anzugeben, und der Churfürſtl. Hofrath in eben ſolcher Art ſeine Schreiben an ſie zu erlaſſen habe, wornach derſelbe auch ſub hodierno angewieſen worden iſt. München den 7ten März 1798.

Correſpondenz der Regierung zu Neuburg mit dem Churfürſtl. Hofrath.

Nro. XXXVII.

Se. Churfürſtl. Durchlaucht haben höchſt mißfällig vernommen, daß nicht nur bey Ihro Hofrath, ſondern auch bey allen übrigen Dikaſterien die Autoritas prætoria ſowohl in den Rathsverſammlungen, als auch den hiezu geeigneten Collegial-Verrichtungen im gröſten Grade vernachläſiget werde, da einzelne Individuen derſelben ſich erlauben, nicht nur bey Commiſſionen und ſonſtigen ämtlichen Verrichtungen, ſondern ſelbſt in Raths-Seſſionen der unanſtändigſten, für einen Rath äuſſerſt auffallenden Kleidung ſich zu bedienen; wore durch das Anſehen eines die geſetzgebende Gewalt, und den Landesherrn ſelbſt präſentirenden Dicaſterii gänzlich zuſammen fallen, und ſohin auch die Ehrfurcht und Subordination der Unterthanen ſich entfernen muß, und endlich dieſe Unordnung ſchon ſoweit angewachſen, daß auch auf Directorial-Erinnerungen ſelbſt von den Collegial-Räthen keine Rückſicht mehr getragen werden will. Se. Churfürſtl. Durchlaucht wollen aber dieſen Unfug mit allem Ernſte entfernt wiſſen, und befehlen daher, daß in Zukunft jeder Collegial-Rath nicht allein im Rathe ſelbſt, ſondern auch bey Collegial Verrichtungen, und Commiſſionen jedesmal mit einem Degen, und wie ſich's von ſelbſt verſteht, mit Hinweglaſſung langer Beinkleider, runden Hut und Bändiſchuhen ꝛc. erſcheinen, auſſer dem Rathe aber, und in der Stadt, auch jederzeit alle ungebührlichen Kleidungsſtücke vermeiden, und ſich einer anſtändigen, ſeinem begleitenden Stande angemeſſenen Tracht bedienen ſolle. Würde ein, oder das andere Individuum in dieſem gnädigſten Auftrage ſich nicht fügen wollen; ſo befehlen Se. Churfürſtl. Durchlaucht weiters, daß daſſelbe alſogleich beym erſten Ueberrettungsfalle mit einer Geldſtrafe von 24 Reichsthaler ad fundum pauperum belegt, im zweiten Falle dieſe Strafe verdoppelt, oder deſſen Beſoldung, wenn ſelbe eine zu genieſſen hat, eingezogen; im dritten Falle aber ohne weiters ſuſpenſio ab Officio, ſive Caſſatio gegen ſolche Ungehorſame eintreten ſolle. Welchen gnädigſten Beſehl demnach das Directorium eines jeden Collegii in Pleno zu publiciren, auf deſſelben Beobachtung genau, und ſtrenge zu achten, auch von einem Vierteljahre auf das andere über die Befolg- oder nicht Befolgung deſſelben mit Ver-

Kleidungs-tracht der Räthe ꝛc.

O 2   wennennung der Uebertreter Bericht ad Manus zu erstatten hat. Die Churfürstl. Ober-Landesregierung hat sofort diese gnädigste General-Verordnung an sämmtliche Churfürstl. Stellen zu derselben schuldigsten Befolgung auszuschreiben, sich selbst aber auch hiernach gehorsamst zu achten. München den 3ten April 1798.

Nro. XXXVIII.

Von den Effekten der Delinquenten. Nachdem sich seit einiger Zeit öfters bey Entlassung jener Delinquenten, welche von Churfürstl. Land-und Pfleggerichtern in das Churfürstl. Zuchthaus oder Falkenthurm geliefert werden, hinsichtlich der Ausfolglassung der ihnen bey ihrer Verhaftnehmung abgenommenen Effekten unangenehme Anstände von dessentwegen ergeben, weil derley Gerichter solche mit der Verhaftnehmung des Delinquentens auch zum Amt gekommene Effekten oder gar nicht, oder wenigst nicht mit den erforderlich förmlichen Designationen, auch lediglich zur Falkenthurms-Fronveste, oder zum Zuchthaus, keineswegs aber zum Churfürstl. Hofraths-Expeditions-Amt ordentlich eingesendet, und um erforderliche Recognition gemacht haben; so hat man von Seite eines Churfürstl. Hofraths zur Vermeidung aller dieser Unordnung und daraus entstehenden Irrungen für nöthig gefunden, hiemit die Verfügung zu treffen, daß künftighin in allen jenen Fällen, wo derley Delinquenten hieher, oder in den Falkenthurm, oder Zuchthaus abgeliefert werden, mit selben auch allemal alle jene Effekten, so mit ihren Verhaftnehmungen zu den Aemtern gekommen sind, directe zum Churfürstl. Hofraths-Expeditions-Amt mit einer doppelten Anzeige, deren eine jederzeit von besagt Churfürstl. Amte recognosciret, die andere aber ad Acta rückbehalten werden wird, eingesendet werden sollen. Es wird also solch Churfürstl. Hofräthliche Verfügung sämmtlichen Churfürstl. Land-und Pfleggerichtern Rentamts München mit dem ernstgemessensten gnädigsten Befehl kund gemacht, um sich diesem künftighin in so gewisser schuldgehorsamst nachzuachten, als man außer dessen die hierinn Fehlende nicht allein zu behöriger Verantwortung ziehen, sondern den hierinfallsigen Mangel auch allemal gleich auf der säumigen Beamten Kösten mit eigenen Bothen ersetzen, und am Ende solche wohl gar zum Ersatz der zuletzt sich beziegend abgängigen Effekten ex propriis anhalten lassen werde. Act. München den 3ten April 1798.

Nro. XXXIX.

Extract

aus dem gnädigsten Rescript vom 9ten July 1798.

Cameral-Aspiranten. Es wird dahero gnädigst verordnet, und ist künftig fest darauf zu halten, daß von den Aspiranten zu einer Kameralstelle jede Stufe von Kanzley-Praxi einschlüßig der Rechnungs-Revision ein halbes Jahr, und jene der gesammten Aemter-Praxis wenigst ein Jahr lang ausgehalten, und daß außerdem keine Attestaten mehr ertheilet, diese auch anders nicht, als nach wahren Befund der Befähigung und nach dem Sinn der höchsten Verordnung vom 15ten May 1797. §. 8. *) bey Vermeidung schwerer Verantwortung und Strafen ausgestellt werden sollen.

An die Churfürstl. Hofkammer, und Regierung zu Amberg also ergangen.

*) Vid. N. antec. 13.

Nro. XXXX.

Von der Praescription der Kaufmanns-und Handwerksvätern. Nachdem Wir Uns aus erheblichen Beweggründen veranlaßt gefunden haben, unterm 12ten Juny 1790 *) in Betreff der Kaufmanns-dann Handwerks-Conten eine Generalverordnung in öffentlichen Druck zu erlassen, dann selbe sub dato

*) Vid. die Samml. v. J. 1797. Seite 24. N. 33.

dato 12ten Novemb. 1791 *) hierauf zu erläutern; ſelbten aber ſich wiederholt einige Anſtände, und Schwierigkeiten eräußt haben; ſo finden Wir Uns gnädigſt bewogen, dieſe in vorbemerkten Jahren erlaſſene Verordnungen dahin zu erklären, daß

a) Der Terminus praeſcriptionis dergleichen Kaufmanns- und Handwerks-Conten nicht auf ein, ſondern auf drey Jahre feſtgeſetzt werden ſolle,

b) Soll die Ausſtellung eines Conto, als der Anfang der Präſcriptionszeit einer ſolchen Forderung bey Verluſt derſelben längſtens innerhalb eines Jahrs nach contrahirter Schuld geſchehen:

c) Soll dem Creditori, wenn er befürchtet, die Praecluſion zu incurriren, freyſtehen, von dem Debitore ſich einen förmlichen Schuldſchein, oder Obligation, oder andere ſchriftliche Verſicherung ausſtellen zu laſſen, wo ſodann ſeine Forderung in ein förmliches Mutuum degenerirt.

d) Sollen derley Forderungen, wenn ſie eingeklagt werden, und zu den executiviſchen Prozeſſen geſetzlich geeignet ſind, von den Juſtizbehörden durch weitläufige Inſtruirung nicht aufgehalten, ſondern ſummariſſime nach Vorſchrift der Geſetze unterſucht, verbeſcheidet, und exequirt werden.

Damit ſich nun alle jene, welchen daran gelegen iſt, hiernach achten mögen: iſt dieſe Unſere höchſte Leuterations-Verordnung auf gewöhnliche Art öffentlich zu verkünden, und zu affigiren.

Gegeben in Unſerer Haupt- und Reſidenzſtadt München den 6ten Monatstag Auguſt im Jahre 1798.

*) Vid. die Samml. v. J. 1797. S. 22. N. 46.

XLI.

Das Betragen eines deren Churfürſtl. Landes-Collegien allhier, welches nach ~~Rang der Polizey-Ober-Commiſſarien.~~ geſchehener unterthänigſten Anzeige den Polizey-Ober-Commiſſarien bey einem gemeinſchaftl. Zuſammentritt den Rang, der ihnen als Collegial-Räthen in Seſſione et voto nach Verordnung, und Herkommen gebührt, zu geſtatten ſich geweigert, iſt ganz der höchſten Willensmeynung entgegen, da durch das gnädigſte Zutrauen, ſo Höchſt-Sie den Polizey-Ober-Commiſſarien in Uebertragung dieſes Geſchäfts-Zweiges öffentlich bezeigen wollten, denſelben in keinem Fall, und in keiner Rückſicht einiger Nachtheil zugehen, folglich der ihnen zukommende Rang als Dicaſterial-Räthen, auch wenn ſie in der Eigenſchaft als Polizey-Ober-Commiſſarien auftretten, unweigerlich eingeräumt werden ſolle. Von dieſer höchſten Geſinnung hat Churfürſtl. Ober-Landesregierung ſammentl. Behörde zu unterrichten, und dabey zu erkennen zu geben, daß Se. Churfürſtl. Durchlaucht erwarteten, es werde ſich genau darnach geachtet werden. München den 14ten September 1798.

Nro. XLII.

Schon mehrere Jahre wird von dem Directorio des Churfürſtl. Reviſorii ~~Arbeitstabellen beym Reviſorio.~~ die ſonſt gewöhnlich geweſene Einſendung der Arbeitstabellen unterlaſſen, wodurch Se. Churfürſtl. Durchlaucht in gänzlicher Unwiſſenheit bleiben, wie die Geſchäften dort behandelt werden, ob jeder Rath ſeine Obliegenheit erfülle, und was das Jahr hindurch gearbeitet wird. — Um dieſen Unterlaß der urſprünglich anbefohlenen Tabelle-Einſendung abzuſtellen, befehlen Se. Churfürſtl. Durchlaucht dem Directorio Dero Reviſorii hiemit gnädigſt, nach Verlauf der gegenwärwärtigen Raths-Ferien die Bemerkung der vorkommenden Gegenstände in jeder Raths-Session, wer solche proponirt, wie viel Gegenstände jeder Rath erhalten, was davon noch rückständig, wie oft mit — und wie oft ohne Erlaubniß abwesend, wieder einzuführen, und die hierüber verfaßte Tabelle nach dem bereits erhaltenen Exemplar mit Ende gegenwärtigen Jahrs nebst Beyfügung ihres Directorial-Gutachtens einzusenden, und damit von Quartal zu Quartal fortzufahren. München den 26ten Oktobr. 1798.

Zweyter Theil.
Von Finanz-Sachen.

Nro. I.

Zu vernemmen, welchergestalten sich von dem Churhaus Baiern, mit dem Hochstift Passau wegen Pänigmachung des zwischen dem Churfürstl. Lande Bergleich wegen dem Biberbach de Ao. 1691. gericht Pernstain, und dem Hochfürstl. Passauischen Pfleggericht Fürstenegg liegenden Gränizwassers, der Biberbach genannt, über von beederseitden eingenommenen Augenschein, und beschehene Verabredung der darinn sich ziehenden Perlmuschel, wie auch der Fischerey halber verglichen, und veraint worden, wie folgt:

Nemlichen sollen auf der Churbaierischen Seiten, an jenem Ort, wo sich der Pach anfängt, pänig zu sein, mitte- und endt drey gewöhnliche Perltafeln, neben deuen Schnellädigen aufgericht, ain gewisse Person auf die Aufsicht aidlich verpflicht, und an solches auf der Pauffauischen Seiten gleichmäßig beschehen, und nachdem dieses vollzogen, die ersten drey Jahr Churbaiern 2c. nit allein zur gewöhnlicher Zeit die Fischnuzung, jedoch mit solchermaß, und discretion als in der Churbaierischen Polizeyordnung. 9. Titl. cum sequentibus enthalten, auch den orten gebräuchig, sondern auch den würklichen Perlbesuch haben, nach Verfliesung deren, solches auch gleichmäßig Passau zuständig sein, mit diesem Anhang, daß wann durch den verpflichten Perl-Obseher, oder Gerichts-Amtleut auch jemand andern, ain Perldieb, oder auch verbotner Fischer betreten, und angezeigt, selbiger aber aintweders vom Baierisch. ins Passau oder von diesem ins vermeldte Baierische sein Flucht nehmen wurde, daß auf sothane Begebenheit jeder thail (jedoch ohne präjudiz des antern) befugt sein solle, solchen Delinquenten nachzusezen, und selbigen handfest zu machen, jedoch dergestalten, daß die Rechtfertigung, und zu solchem Ende erforderliche überlassung, auch sowohl über die Einfang- als Lieferung dergleichen Personen ergehent billigmäßige uncosten, jenem thail zu bezahlen, obliegen und gebühren, welcher selbiger Zeit die Fischung und den Perlbesuch hat, und damit um soviel mehreres hierauf gehalten, und mäniglich sich darnach zu richten, auch vor schaden zu hüten wisse, wäre es offentlich verrufen zu lassen. Consten, und obschon dieser Pach weiter entlegenheit, auch schlechter importanz willen, keinerseits nacher Hof zu fischen, so wäre selbiger doch gleichwollen, um Verhütung allerband widerwärtzens, anderst nit zuverbstänten, als mit gesammter Hand, und daß jener so hierüber ohnedem die Obsicht zu tragen, jederseits an- und aufgestellt würdet, zum fischen gebraucht, oder doch ohne dessen beysein, und Vorwissen nit: auch nur gleich antere Perlbäch sechs Monat des Jahrs gefischt werden solle. Zu Urkund dessen, ist dieser Vergleich in duplo geschrieben: und beederseits von Commissions wegen verfertiget und eigenhändig unterschrieben worden im Churfürstl. Salzamt zu St. Nicola den 10ten November 1691.

(L. S.)	(L. S.)	(L. S.)
Franz Maria Freyherr von Guidebon Cavalchino.	Franz Felix Freyherr von Scharffsed.	Ignaz Cardinaler.
(L. S.)	(L. S.)	(L. S.)
Paris Freyherr von Herr zu Peyrsperg.	Peter Freyherr von Spilsperg.	Ruprecht Krävogl.

Nro. II.

sie bey Gericht hinterlegt worden ist, (damit auch bey einer allenfallsigen Münz-
valvation niem-und zu kurz komme) und die Münzsorten angezeigt sind, einzusenden.

Von dieser Einsendung sind einzig und allein ausgenommen a) jene
Deposita, welche ganz aus sogenannten Schatzgeldern oder fremden Münzen
bestehen; wenn sie aber nur zum Theil aus solchen Geldern bestehen, ist nur
dieser Theil rückzubehalten, das Currentgeld entgegen einzusenden. b) Jene,
deren Hinausbezahlung offenbar schon in ungefähr 4 Wochen wieder eintreffen
würde, und c) jene, welche nicht authoritate judiciali ad Depositum genommen, sondern von Personen sui juris aus besonderm Vertrauen freywillig gegen
vorbehaltene stündliche Rücknahme hinterlegt worden sind, als wofür auch niemalen Wir, sondern nur die Depositarii zu haften haben. d) Bey jenen Geldern aber, woraus von Zeit zu Zeit der Unterhalt der Pupillen, oder sonstige Unkosten zu bestreiten sind, ist ein angemessenes Quantum rückzubehalten.

Bey der Einsendung dieser Gelder habt ihr neben der bleiben anbefohlenen Haupt-Specification auch für jede einzelne Post mit Vermerkung des Ei-
genthümers und der Münzsorten abgesonderte Blätter beyzulegen, damit Unsere
Hauptkassa zur Beschleunigung des Geschäftes gleich auf jedes dieser einzelnen
Blätter den Empfang bescheinen, und ohne mindesten Aufenthalt zu Verwahrung in der Depositions-Kassa remittiren könne.

Sobald nun eine solche einzelne Post wegen erlangter Volljährigkeit, wegen geendigtem Prozesse, oder anderer legaler Umstände halber den Eigenthümern hinaus zu bezahlen eintrist, so habt ihr ohne aller weiterer Rückfrage
die bedetreffende Geldsumme aus den wie immer Namen habenden Amtsgeldern
herzunehmen, den Deponenten auf der Stelle zu befriedigen, fortbin die
geschehene Hinausbezahlung auf Unsern Original-Hauptkassa-Schein mit den erforderlichen Legalitäten attestiren zu lassen, und den solchergestalten quittirten
Hauptkassaschein mit nächster Geldlieferung statt baar Geld zu Unserer Hauptkassa
einzusenden. Sollte aber eine heimfällige Post so groß seyn, daß ihr eben
nicht im Stande wäret, selbe auf der Stelle mit dem benöthigten baaren Gelde
abzulösen, so habt ihr euch, wenn sich im Orte eures Gerichts noch ein anderer Beamter mit einer Salzamts-Kastenamts-Bräuamts-oder Mautamtskassa befindet, an selben zu wenden, und dieser soll in Kraft dieses ihme vorzüglichen
gnädigsten Befehls schuldig und gehalten seyn, Unsern Hauptkassaschein gegen
darauf zu notirende legale Quittung über alle Widerrede mit baarem Gelde abzulösen, dann selben mit nächster Geld-Rimess zu Unserer Hauptkassa statt baar
Geld einzusenden. Im Falle aber endlich selbst auf diese Art nicht auf der
Stelle mittel gemacht werden kann, so sollen von diesem Augenblick an, und
bis zum Tage der Rückbezahlung (destwegen ihr schleunigste Anzeige zu Unserer
Hauptkassa zu machen hättet) die Interesse moræ Landgesetzmäßig nach 5 pro Cent
zu laufen anfangen. Damit jedoch ein derley Verzug, und folglich die Unserm
Ærario beschwerliche Verzugszinsen selten oder nie eintretten mögen, befehlen
Wir euch hiermit ernstgemessenst, und bey selbsteigner Verantwortung Obacht zu
halten, wenn eine große Post in Bälde zur Rückbezahlung heimfällig wird,
(welches ihr von Gerichtsobrigkeits wegen wohl und am besten wissen könnet)
damit ihr mit dem hinlänglichen baaren Geldvorrathe gefaßt bleibet, oder an Unsere Hauptkassa um Unterstützung mit baarem Gelde in Zeiten berichten möget.

Uebrigens sollen neben Unserer, vor wie nach gegen jeden Eigenthümer
verbleibender Landesfürstlicher Haftung, und dieserwegen stillschweigend verpfän-
deten Landesfürstl. Gütern und Renten nicht nur allein den Eigenthümern jederzeit alle Rechte contra Fiscum um Hauptsache, Zinsen, dann Schäden und Kösten seperlich vorbehalten seyn und bleiben; sondern Wir wollen und werden auch,

soll

sobald der dermalen nur gehemmte Einfluß der Staats- und Kammergefälle wieder im Gange ist, diese zu einer bloßen Aushilfe in Umlauf gesetzte Gelder, auch vor der eintrettenden Rückbezahlzeit wieder zurückzusenden.

Wir versehen Uns des schleunigst gehorsamsten Vollzugs dieses Unsers gnädigsten Befehls bey Empfang dessen, und verbleiben euch. München den 24ten Oktober 1796.

Beyliegende Verordnung wegen Einsendung der Depositengelder ist im Rentamte München an sämmtlich-Churfürstl. Land- und Pfleggerichter durch die Churfürstl. Hofkammer, in den äußern 3 Rentämtern aber durch die hiezu beauftragende Rent-Deputationen alsogleich auszuschreiben, und soviel die Gelder bey den äußern 3 Rentämtern betrift, sind selbe zwar vorerst zu den Rentzahlämtern, und dann erst durch diese an die Churfürstl. Hauptkassa zu übermachen, allein die Rentzahlämter haben den Gerichtern nur eine Interims-Quittung über den ganzen summarischen Betrag eines jeden Land-oder Pfleggerichts auszustellen, weil die anbefohlene Einsendung einzelner, von der Churfürstl. Hauptkassa selbst zu bescheinigender Blätter für jede einzelne Post, sich auch auf die äußern 3 Rentämter versteht, nur mit dem Unterschiede, daß die Churfürstl. Hauptkassa diese einzelne Bescheinigungen nicht gerade an dortige Gerichter, sondern an das Rentzahlamt zu senden hat, welches selbe sodann, gegen Einziehung ihrer Interims-Quittung, den Gerichtern überschickt. Bey der Heimzahlung einzelner Posten haben die Rentzahlämter von den Gerichtern die Original-Hauptkassascheine statt baar Geld anzunehmen, und so wieder statt baar Geld zur Churfürstl. Hauptkassa einzusenden, auch bey allenfalls eintrettender Gelegenheit eines Pfleggerichts, selben eben auf solche Art mit baarem Gelde zu unterstützen, wie es im Rentamte München von der Hauptkassa geschehen muß. Auf welch ein so anderes dann die Rent-Deputationen ihre Ausschreibungen einzurichten, und respective abzuändern haben. München den 24ten Oktober 1796.

Nro. IV.

Aufnahm und Revision der Oberpfälzischen Städt- und Märktrechnungen. Se. Churfürstl. Durchlaucht haben in Belang der Revision und Aufnahme der Oberpfälzischen Städt- und Märktischen Kammer-Kirchen- und milden Stiftungsrechnungen nach hierüber vorläufig angehörten Prüfung und aufgenommenen umständlichen Vortrag durch ein unter höchsten Handzeichen erledigt höchstes Rescript vom 19ten dieses gnädigst zu entschließen, und zu verordnen geruhet, daß

1mo nach wiederholt in Ueberlegung gezogenen für und wider vorgelegten Gründen es dießfalls bey der unterm 27ten Hornung 1795 erlassenen höchsten Verordnung ferner wiederum verbleiben,*) sohin die Kammerrechnungen der Städte und Märkte, ingleichen die Rechnungen der unter dieselben gehörigen Kirchen, und milden Stiftungen und eben so auch die unmittelbar gerichtlichen Spitäler, und andern dergleichen milden Stiftungen von der hiesig Oberpfälzischen Hofkammer revidirt, und aufgenommen, auch die Gegenstände selbst von eben bemerkter Kameralbehörde geleitet, da Höchstgedacht Se. Churfürstl. Durchlaucht mit der dießfortigen Geschäftsführung zufrieden, auch die befraaten Gegenstände nach Kameralwissenschaftlichen Grundsätzen behandelt werden müssen, weil solche selbst in mancher Rücksicht mit den Churfürstl. Staatsgefällen in Verbindung stehen, und überhaupts die gedachte Administration, Regie und das Rechnungswesen unmittelbar zur Kameralbehörde geeignet ist, daher denn auch

2do nicht nur sogleich nach Empfang des vor allegirt gnädigsten Rescripts, die allenfalls von den Städt- und Märkten bereits schon eingesendete Rechnungen an sich übernommen, sondern auch die noch rückständigen abgefodert, und bey dem mindesten Verzug eigene Boten auf Kosten der Säumigen abgeordnet, sofort die Leitung aller in ermeldter Administration und Regie einschlagende Gegenstände mit

*) Vid die Samml. v. J. 1797. Seite 881. N. 165.

mit Eifer beforget, auch die Rechnungen ordnungsmäßig revidirt, und aufgenommen werden sollen.

Die nachgesezt sämmtliche Churfürstl. Oberpfälzische, und Landgrafschaft
Leuchtenbergische Land- und Pfleggerichte, dann Städt- und Märkte haben demnach solch höchster Verordnung pünktlichst zu genügen, fort die zu sothaner Revision nach Maßgabe Rescripti Clementißimi geeignete rückständige Rechnungen sogleich anher zu befördern, und hiedurch der anfonst unmittelbar eintret-
tend gnädigst bestimmten Verfügung zu entgehen. Amberg den 30ten Jänner
1797.

Nro. V.

Durch den Mißbrauch, den einige der Churfürstl. Dienerschaft theils mit Ge-   Von der
such- Zudringlichkeit, theils mit zu langer Entfernung von ihren Dienst-   Erwei-
stellen sich erlauben, finden sich Se. Churfürstl. Durchlaucht gedrungen, so gerne   weisenheit.
jeder gegründeten Beschwerde und Gesuch gnädigstes Gehöre gestattet wer-
den will, die vorgebenden ältere, und jüngere Verordnungen zu erneuern, vermög welcher keinem Rath, Beamten, oder sonstigen Diener (selbst die Vorstände
mit begr.ffen) erlaubt ist, *) ohne vorläufig höchster Hofrebewilligung sich bie-
hero nach München zu begeben.**) Wenn jemand Privatgeschäften halber,
oder Unterhaltungswillen hieher verlanget, ist in den Erlaub- Gesuch desfallßige
Ursache anzugeben. Wer hinkünftig ohne gnädigster Erlaubniß hieher kommet,
oder über die erlaubte Zeit sich verweilet, macht sich ipso facto der Strafe von
10 Rthlr. schuldig, welche bey jenem der über die Erlaubzeit sich aufhält, von
jeder Woche zu entrichten kommet. Churfürstl. Regierung und Hofkammer, besonders die Vorstände haben darauf zu achten, und bey Selbsthaftung zu sorgen,
daß jeder Strafsall ohne weiters b.y den Besoldeten mittels Abzuges — bey
Unbesoldeten mittels Execution erholet, dann zu Neuburg und zu der Wittwenkaßa zu
guten verrechnet, zu Amberg aber für einen noch zu bestimmenden Fend eins-
weil zu depositum geleget werde. Was übrigens die Entfernungen der Dienerschaft auf andere Orte betrift, laßet b.y man es jenen Verordnungen ferner bestehen, welche bestimmen, auf welchen Zeitraum die Collegien den Beamten,
und die Collegial-Vorstände ihrem nachgeordneten Personali die Abwesenheits-
Erlaubniß zu ertheilen ermächtigt — und auf welchen Fall sorbane Ertheilung
der höchsten Stelle vorbehalten ist: Nur wird gnädigst anbefohlen, die nemliche
obige Strafe, und deren Verwendung hiebey ebenfalls eintretten zu laßen.
Churfürstl. Regierung hat demnach ein — wie andert überall kund zu machen,
und auf strenge Befolgung festzuhalten. München ex jnt. den 15ten März 1797.

An die Regierung und Hofkammer zu Amberg, dann
   Regierung zu Neuburg also abgangen.
   *) Vid. die Samml. v. J. 1797. Seite 46. N. 12.
   **) Vid. die Samml. v. J. 1788. Seite 312. N. 109.

Nro. VI.

Se. Churfürstl. Durchlaucht rc. rc. haben bey Gelegenheit angeordneter Unter-   Städte und
suchung verschiedener von einigen Bürgern wider ihren Stadtmagistrat ein-   Märkte kön-
gereichten Beschwerden mit Mißfallen gefunden, daß der dortige Magistrat ohne   nen ohne
mindestes Vorwissen der Stadtgemeinde, und ohne vorher erholt-gnädigsten   landesherrl.
Consens mehrere tausend Gulden zur Stadtkammer aufgeboret habe. Da sich   Consens keis
nun der nämliche Unfug bey genauer Untersuchung anderer Städte, und Märkte   ne Kapitalien
ebenfalls bezirgen dürfte; So haben Höchstdieselben vermög eines von Dero   mehr auf-
höchsten Stelle unter selbstig gnädigsten Handzeichen sub dato 11ten May abhin   nehmen.
an auch Dero Obere-Landesregierung alhier erlaßenen gnädigsten Rescripts
ausdrücklich anbefohlen, ernstlich, und generaliter zu verordnen, daß alle Magistraten der Städte, und Märkte in Höchstdero biesigen baierischen Landen von
nun an ohne vorher erholt-landesherrlicher Bewilligung einige Kapitalien mehr
aufzunehmen, und die Gemeindsämter, wovon die Magistraten nur Admini-
                           R 2   stra-

stratvrten sind, damit zu beschweren sich nicht mehr unterfangen sollen, widrigen Falls nicht nur die Justizstellen hierauf niemal zu sprechen, sondern auch die bisszu stimmenden Rathsglieder mit ihrem eigenen Vermögen selbst zu haften haben.

Diese gnädigste Generalverordnung wird also hiemit zu Jedermanns Wissenschaft, Nachacht, und Gewarnung kund gemacht, folglich demjenigen Magistraten, die unter der Rentmeisterischen Oberrechnungs-Aufsicht stehen, daß sie jedesmal solch erforderlichen Consens anvor durch die Rentämter bey der hiesig Churfürstl. Hofkammer, jene Hauptstädte aber, welche bisher den Rentmeisterischen Umritte nicht untergeben waren, directe bey der hiesig Churfürstl. Obern Landesregierung nachsuchen sollen, anbefohlen. München den 10ten Juny 1797.

Nro. VII.

Die Hofkammer zu Neuburg betreffend.

Seine Churfürstl. Durchläucht haben gelegenheitlich der unterm 15ten May gnädigst beschlossenen Wiederherstellung der Hofkammer zu Neuburg verschiedene darauf Bezug habende Weisungen theils an die Hofkammer Amberg, theils an den Hofkammer-Präsidenten Grafen von Obrndorf zu Neuburg erlassen, und über den Innhalt der hierüber eingekommenen Berichte, und darinnen gemachten Anträge sich an heute umständlichen Vortrag gnädigst machen lassen, fort hierauf gnädigst zu entschließen geruhet, daß 1mo. nachdeme die sämmtliche von Neuburg nach Amberg versetzte Räthe, und Kanzley-Verwandte, benanntlich die Hofkammerräthe Ferdinand Freyherr von Rumel, Raymund Freyherr von Weittenau, Franz Mathias Seel, Franz Xaver Bruckmeyer, Joseph Ludwig Docker und Johann Nepomuk Seel, der Sekretaire Joseph Bacherle, die Revisores Ignaz Göbel und Franz Joseph Reisch, die Registratores Franz Streng, und Aloys Morasch, der Protocollist Balthasar Grauvogel, dann der Kanzelist Rudolph Gevipurger in die Hofkammer nacher Neuburg rückkehren zu wollen sich erklärt haben, diesen sämmtlichen die Rückkehr gnädigst verwilliget, nicht minder jenen in Neuburg rückgebliebenen Räthen, welche die Hofkammer vorhin frequentirt haben, als Aloys Freyherr von Haade, Franz Freyherr von Reigersberg, Freyherr von Geiswester, Christoph von Delhafen, Joseph Arnold, Joseph Bacherle, und Heinrich Girtel, wie auch den Maltheser Ordens Freyherrn von Weveld, die Frequentirung auch dermalen wieder, jedoch letzterm ohne einigen Gehalt gestattet, von denen dermal bey dem Landschafts-Commissariat angestellten Räthen aber der Xaver Girtel als Fiscal, und der Ignaz Pichler als Landschreiber oder Kassier einstweilen neben der Landschafts-Commissariats-Frequentirung wieder angestellt seyn, denjenigen Räthen aber, so Nebenbedienstungen bekleiten, als dem Oberstjägermeister Freyherrn von Haade, dem Baudirektor Freyherrn von Reigersberg, dem Burgvogt Bacherle und Hofkammer Girtel, dann dem Landschreiber Pichler die Rathstizungen nur unter der Beschränkung verwilliget seyn sollen, daß sie in ihren eigenen Dienstlichen Entscheidungs-Stimme zu führen, auch wo sie etwas vorzutragen hätten, es nicht mündlich, sondern jedesmal schriftlich mittels Berichts bewerkstelligen sollen. Da es nun an der Zahl der Hofkammerräthen nicht gebricht, auch der Präsident in der Person des Joseph Grafen von Obrndorf ebenfalls schon vorhanden ist, und nur noch die Stelle eines Hofkammer-Direktors zu besetzen kommt, so haben Se. Churfürstl. Durchläucht hierzu Dero Regierungsrath Freyherrn von Schatte mittels darüber ausgefertigten besonderen Dekrets gnädigst ernennet, und soll es wegen der Praesidial- und Directorial-Verrichtungen bey der bisherigen Instruktion und Observanz belassen werden. Das Kanzley-Personale aber soll aus folgenden bestehen Secretarii Franz de Paula Böhaim, welcher von der Regierung wieder zur Kammer rückzukehren hat, Joseph Bacherle. Revisores, Ignaz Göbel und Franz Joseph Reisch, diesem wird zur Aushilfe beygegeben der bisherige Regierungs-Kanzley-Accessist Konrad Hermann, den Se. Churfürstl. Durchläucht zugleich mittels ausgefertigten Rescripts zum Kassa-Controlleur, und wirklichen Rechnungs-Revisorn gnädigst bestimmt haben. Registratores Franz Streng und Aloys Morasch. Kanzelisten, Ru-

Rudolph Geyspurger, Joseph Anton Strobel, Leonhard Hofmann, Michael Helmhofer, welch letzte zwey, da sie in die Besoldungen der Hofkammer-Kanzelisten Amsperg und Pfefferer eingetretten sind, von der Regierungs-zur Hofkammer-Kanzley übersetzt werden; da auch bey der Hofkammer kein besonderer Protokollist nöthig ist, und diese Obliegenheit von je em Sekretair selbst zu besorgen ist, so hat sich auch der bisherige Protokollist Grauvogel zu Kanzleyarbeiten gebrauchen zu lassen; das Expeditions- und Siegelamt, wegen welch letzterm besondere gnädigste Weisung nachfol en wird, ist übertragen dem Kanzelisten Joseph Anton Strobel, und die Controlle des Siegelamts dem Balthasar Grauvogel, für welch beyde rücksichtlich dieser ihnen übertragenen Nebenämtern die Churfürstl. Hofkammer fördersamst noch eine gemäßigte Zulage zu begutachten hat; zum Kanzleydiener haben Höchstdieselbe den Andreas Merkl in Rücksicht seiner Fähigkeit, und guten Conduite vermög besondern Dekrets gnädigst ernennt. Bey nun solchergestalten bestimmten Hofkammer-Personale haben 2do. der Präsident und Direktor mit den schon anwesenden obbenannten Räthen und Kanzley-Verwandten die Kammersitzungen nun ehestens anzufangen, die von Amberg einzuberufen, die in die Regierung zur dort stabilirten Rent-Deputation überbrachte Tische, Stühle, Kästen ec. wieder zurückzunehmen, das erfoderliche repariren, und das höchstnöthige neu anschaffen zu lassen. Was nun 3tio. den Zeitraum der zu schließenden Neuburgischen Kameral-Aemter-Rechnung betrift, ist zwar die oberpfälzische Hofkammer per majora für den Abschnitt pro 1797 eingenommen, Se. Churfürstl. Durchlaucht finden aber sicherer, und bequemer, schon mit Ende des Jahres 1796 den Abschluß, und zwar auf die von dem Ambergischen Haupt-Kassier vorgeschlagene Art zu machen, ohne jedoch nöthig, und billig zu finden, daß aller Geld- und Materialvorrath, oder Rechnungs-Rest pro 1796 zur oberpfälzischen hinüber gegeben werden müße; die Hofkammer hat demnach die Ausschreibung an die Kameralämter mit dem Auftrage zu erlassen, ihre Berichte von nun an nacher Neuburg zu schicken, dann von daher künftig die Befehle anzunehmen: auch die Amtsgefälle in die Landschreiberey Neuburg zu liefern, und so viel die pro 1797 schon angefallene, und bereits nach Amberg abgelieferte Gefälle betrift, hierüber sowohl, als auch über die empfangene Vorschüsse getreue Anzeigen unter Allegirung des Dati der ihnen ausgestellten Hauptkassa-Quittungen zu den beyden Hofkammern Amberg und Neuburg einzusenden, damit alsdann die oberpfälzische Hauptkassa unter Anlegung sämmtlicher für bestrittene Neuburgische Ausgaben eingehobener Papiere der Hofkammer zu Neuburg über die 1797 Neuburgische Gefälle und Ausgaben, eine förmliche Rechnung ablegen, dann den bestehenden Rest hinein, oder Rest heraus baar ersetzen, oder sich ersetzen lassen könne. Um nun auch 4to. das Concurrenz-Ratum für die Hofkammer zu Neuburg desto verläßiger bestimmen zu können, werden der Churfürstl. Hofkammer Neuburg die Berichte der oberpfälzischen Hofkammer, und des Hauptkassiers ddto. 12. et 16. July zur ausführlichen Erinnerung erga remissionem zugeschlossen. 5to Was endlichen die Akten-Transportirungskösten anbelangt, deßfall meldet die Hofkammer Amberg jm Berichte der von 28ten Juny die Einleitung zu der unkostspieligsten Transportirung pr. Wasser mittels der Amberg- und Neuburgischen Salzschiffen bereits getroffen zu haben, und wird daher der Hofkammer zu Neuburg, so wie auch an jene zu Amberg die Weisung ergangen ist, gnäd gst anbefohlen, diesen Akten-Transport möglichst zu beschleunigen, wobey Se. Churfürstl. Durchlaucht gnädigst gestatten, daß die von Amberg rückkehrende Dienerschaft ihre Meubles mit denen Akten pr. Wasser transportiren lassen dürfe, so wie Höchstdieselbe auch jedem der rückkehrenden Räthen 50 fl. — jedem der Kanzley-Verwandten aber 25 fl. als ein Reisegeld mildest bewilligen, und wegen derselben Vorschuß an die Hofkammer Amberg das nöthige erlassen haben; dahingegen sollen sowohl diese Akten-Transport als Reisekösten nach einem anheut an die Regierung Neuburg erlassenen besondern gnädigsten Rescript, denenjenigen 1400 fl. — welche auf den Transport der Regierungsakten von Amberg erlossen, und von der Landschaft zu Neuburg vorgeschossen worden sind, ebenfalls beygeschlagen, und von sämmtlich Pfalzneuburgischen Unterthanen, weil allen an der Wiederherstellung

lung der Hoffammer gelegen ist, nach dem Steuerfuße erhollet, und an die vor-
schirstende Kassen rückersetzt werden. Die Churfürstl. Hoffammer zu Neuburg
hat sich in ein- wie andern dieser höchsten Verordnung gemäß schuldgehorsamst zu
achten. München den 4ten August 1797.

Nro. VIII.

Von Reise-
Licenzen.
An Churfürstl. Hoffammer zu
Amberg.

Dieselbe zeigt mittels Bericht vom
17ten v. M. unterthänigst an, daß sie
den dortigen Registrator Joseph Weiß
die gebethene Reise-Licenz nacher
München zu Unterstützung seines in
Melancholie verfallenen Bruders, unter anhoffend höchster Genehmigung
ertheilt habe.

Resolutio Serenissimi.

Churfürstl. Hoffammer stehet in keinem Fall zu, jemanden eine Reise-
Licenz nach dem höchsten Hoflager zu
ertheilen, dieselbe hat sich also solcher
Eigenmacht künftig bey Vermeidung
unanghälster Ahndung zuenthalten.

München den 10ten August 1797.

Notif. Der Regierung Amberg, dann der Regierung
Neuburg, und Hoffammer zur Nachricht.

Nro. IX.

Kammer-
rechnungs-
wesen der
Städt- und
Märkte im
Neuburgi-
schen.
Seine Churfürstl. Durchlaucht haben zwar in dem wegen Wiederherstellung der
Regierung Neuburg erlassenen gnädigsten Normal-Rescript vom 5ten November 1795 *) gnädigst verordnet, daß nach der im Herzogthum der Obern
Pfalz bestehenden Einrichtung das Kammer-Rechnungswesen der Städte und
Märkte, dann das Kirchen-Rechnungswesen derselben, wie auch jenes der Gerichtsgemeinden, durchaus von der Oberpfälzischen Hoffammer besorgt werden
solle; da aber Höchstdieselbe mittels eines nachgefolgt jüngern Rescripts vom
19ten August 1796 **) der Regierung Neuburg die Justifikation der sämmtlichen Kirchen- und Milden-Stiftungsrechnungen dieses Herzogthums wiederum
gnädigst übertragen haben, und ehevor auch das Rechnungswesen der Städte
und Märkte, dann der Gerichtsgemeinden der Oberaufsicht derselben anvertraut,
auch die ober-pfälzische Einrichtung in dem Herzogthum Neuburg niemal in Uebung
gewesen; so sind Höchstdieselbe auf den von gedachter Regierung unterm 20ten
Junn d. J. unterthänigst erstatteten Bericht gnädigst bewogen worden, bey zumal
nunmehr von den Oberpfälzischen wieder getrennten Neuburgischen Kammeral-
wesen, und hergestellt eigener Hoffammer zu Neuburg, die Besorgung des
Städt- und Märktischen Kammerrechnungswesen, so wie jenes der Gerichtsgemeinden mehrbesagter Regierung Neuburg wie ehevor wiederum gnädigst zu
übertragen, und haben sub hod. der dortigen Hoffammer aufgetragen, die
sämmtl. vorbenannte Rechnungen, sammt einschlägigen Akten an die Regierung
gegen Recognition auszuhändigen. Mehrgenannte Regierung hat demnach das
weiter nöthige hienach zu verfügen. Fort nunmehr rücksichtlich der ihr von der
hiesig Obern-Landesregierung communicirten Höchstlandesherrlichen Verordnung, in Betreff der Kapitalien-Aufnahm bey Städt- und Märkten, das gehörige zu beobachten. München den 3ten September 1797.

*) Vid. die Samml. v. J. 1797. Seite 814.
**) Vid. ibid. S. 881. N. 165.

Nro. X.

Besorgung
der Deposi-
tengefälle
bey der Re-
gierung
Landshut.
Aus dem von der Churfürstl. Regierung zu Landshut wegen Einrichtung des
dortigen Depositenamts eingekommenen Bericht dd. 27ten Oktober abhin,
dann denselben beygelegten Erinnerungen ihres Kanzlers, wie nicht minder aus
den von selbigem erstatteten besondern Bericht dd. 26. ejusdem, haben Se.
Churfürstl. Durchlaucht so unerwartet als mißfällig vernommen, daß bey ersag-
ter

ter Regierung nicht allein die von der Obern-Landesregierung in Ansehung des Depositenwesens ausgeschriebene, in der Mayrischen Generalien-Sammlung 5ten Bands pag. 73 *) enthaltene — ja selbsten den Regierungs-Akten beygelegte höchste General-Verordnung auf eine so ahntungswürdige Weise beseitigt, sondern auch noch überdies sogar von dem Kanzler ganz dreiste angetragen worden seye, deßfalls immer auf einer alten - der Collegial-Verfassung doch augenfällig zuwider laufenden, und längst abgewürdigten Observanz noch ferners bestehen zu dürfen. Höchstgedacht Se. Churfürstl. Durchlaucht wollen aber diesem sträflichen Unwesen ernstliche Schranken gesetzt — und der bezogenen höchsten General-Verordnung genau und pflichtmäßig nachgelebt wissen; befehlen daher Dero Regierung zu Landshut hiemit nachdrucksamst, sogleich durch das Gremium zwey - Depositen-Oberaufsichts-Kommissarien, denenselben sämmtliche Depositengelder und Papiere von dem Directorio respect. Kanzler (welcher sowohl, als der bisher qua Depositen-Kommissarius mitbestandene Regierungs-Rath Graf v. Deuring vermög besondern Rescripts sub hodierno dazu angewiesen wird) und von dem Expeditor von Schneider auszuantworten — und solche in die Depositenkassa hinterlegen zu lassen, wo alsdann dem ermeldten von Schneider die alleinige Führung des Depositenkassa-Buches nach der in dem General-Mandat bemerkten Form aufgetragen — die Kassa mit drey verschiedenen Schlössern versehen — und solche unter dreyfacher Sperre, nämlich der ernannten zween Kommissarien und des Expeditors gehalten werden solle. Uebrigens bleibt solchergestalt dem Kanzler nichts anders mehr übrig, als das durch die Collegial-Verfassung ihm ohnehin eingeräumte Recht, von der Depositen-Verwaltung so, wie von allen Zweigen und Aemtern der Regierung nöthigenfalls Einsicht zu nehmen. Mehr ersagte Regierung hat also deme gemäß uneinseitige Verfügung zu treffen, und wie ein so anders gehörig im Vollzug gesetzt worden ist, berichtliche Nachweisung ad Manus gelangen zu lassen. München den 13ten Dezember 1797.

*) Vid. Ibid. N. 49.

Nro. XI.

Löblich auf die vermochte ten Umstabe kontrirungs-Strafgelder.

Da Graf N. Landrichter sich hieher begeben hat, ohne erst vor abzuwarten, daß ihm die höchste Ertheilung der unterthänigst nachgesuchten Erlaubniß durch die vorgesetzte Regierung kund gemacht werde; so hat er allerdings die darauf gesetzte Strafe verdienet, *) doch wollen Se. Churfürstl. Durchlaucht solche dermal aus besonderer Rücksicht gnädigst nachsehen; befehlen dahingegen, daß, wenn selber die Erlaubnißzeit überschreket, die auf diesem Fall eintretende Strafe erhoben werde. Damit derley Strafgelder nicht in Vergessenheit kommen, ist jemand aufzustellen, der auf Beytreibung sothaner Gelder, und deren Verrechnung gegen Bezug 5 pro Cent zu sorgen hat. München den 20ten Jänner 1798.

An die Churfürstl. Regierung und Hofkammer zu Neuburg, dann Regierung und Hofkammer zu Amberg also abgegangen.

*) Vid. N. antec. 5.

Nro. XII.

Von Nachlaß-Freyjahren - und Güter-Mederationsgeschäften.

Es ist allschon durch die General-Verordnung vom 7ten Herbstmonats 1757 *) nach dem 13. Punkt der Auftrag geschehen, daß, was den armen Unterthanen, um sich wieder zu erhollen, zum Nachlaß verwilliget wird, denselben auch wirklich in Handen verbleiben solle. Auch die weitere höchste Verordnungen vom 13ten November 1778. und 19. Hornung 1779 vermög einer neuerlich erfolgten Ausschreibung vom 23ten August 1784 drucken **) klar aus, wornach alle Nachlaßgeschäfte als Causæ pauperum betrachtet, und sogar die erblichen Abschätzungen ohnentgeltlich vorgenommen werden sollen.

*) Vid. die Samml. v. J. 1771. Seite 172. §. 13.
**) Vid. die Samml. v. J. 1788. Seite 182. N. 52.

L 2

sollen. Es sind diese höchste Anbefehlungen auch durch die Steuer-Verordnung vom 29ten April 1794 *) nach dem 13. Punkt wiederholt, sohin neuerlich eingebunden worden, daß bey derley Nachlaßgesuchen alle Tar- und Sportel-Gebühr als Landesgesetzwidrig abgeschafft sind. Nun aber giebt die Erfahrung, daß ohngeacht mehrfältig vorgegangenen Untersuch- und Bestrafungen sich den ersagt höchsten Verordnungen unter allerley der Sache gebenden Wendungen bey ein so andern Amt noch nicht gefügt werde, daher neuerdings erklärt wird, daß unter den Nachlaßgesuchen auch jedes Gesuch sich versteht, welches wegen Güter-Moderation vorkömmt, — nach der Natur der Sache aber das Gesuch über Freyjahre, bey welch sämmtlichen Geschäftsverhandlungen keine Tar oder Sportel genommen werden darf, folglich alles ohnentgeltlich zu behandeln kömmt, eben deßwegen die Entschuldigung wie bisher, als ob bey Schadens-Bestätigungen nur Rittgelder, oder eigentlich selbige Kösten-Vergütungen erholet, oder nur Schreibgelder eingebracht worden wären, auch fernerhin, so wie noch jed'anderweit zur Beschönigung vorbringender Vorwand nicht angehört, sondern in Gemäßheit der General-Verordnung vom 31ten May 1793 **) jedesmal ohne Nachsicht verfahren werden wird, wornach in der ersten Uebertretungsfall dreyfacher Rücksatz, im zweyten hingegen die ohnfehlbare Dienstentsetzung bestimmt ist; indem alle Nachlaß-Freyjahr- und Güter-Moderationsgeschäfte sowohl Churfürstl. als Landschaftlich ohnentgeltlich zu behandeln kommen. Es ist auch das Churfürstl. Hofkammer-Expeditions-Amt sich in Vorkommnissen pünktlich zu achten anbey sonderbar angewiesen, in der Haupt-Sache aber gegenwärtige Verordnung durch öffentliche Zeitung-Mittwoch- und Intelligenz-Blätter mehrmal zu dem Ende bekannt zu machen beschlossen worden, daß, da die Churfürstl. Hofkammer in derley Nachlaßgeschäften nach der wiederholten General-Verordnung vom 19ten Jänner 1780 die Erkenntniß und Verbescheidungen allein über sich hat, der Unterthan, welchem bey bemerkten Gesuchen von Nachlaß-Güter-Moderation, und Freyjahr unter dem Vorwand von Tar-Sportel-Schreibgebühr, oder welch sonstigem Vorwand von den Aemtern etwas abgenommen wird, zur rechtlichen Untersuch- und Bestrafung die erforderliche Anzeige hierorts machen könne. München den 23ten Februar 1798.

*) Vid. die Samml. v. J. 1797. Seite 93. §. 13.
**) Vid. die Samml. v. J. 1797. Seite 5. N. 11.

Nro. XIII.

Sperrgeld
zu München
wird aufgehoben.

Wenn auch die Zeiten und Umstände es Sr. Churfürstl. Durchläucht nicht immer gestatten, jeden sehnlichen Wunsch für das Wohl, und die glückseligkeit ihrer Unterthanen in Erfüllung zu bringen, so läßt doch diese stets wachsame, und wohlwollende Sorgfalt Höchstihrer landesväterlichen Aufmerksamkeit keine Gelegenheit entgehen, wodurch diese Gesinnungen thätig bewiesen, und dem Publikum irgend eine Erleichterung, ein Zuwachs an Bequemlichkeit, Ruhe, und Zufriedenheit verschaffet werden könne. Von solcher Absicht geleitet haben Höchstgedacht Sr. Churfürstl. Durchläucht sich die Beschaffenheit und den Betrag des an den hiesigen Stadtthoren seit unvordenklichen Zeiten eingeführten und zu Höchstdero Hofkammer gehörigen Sperrgeldes vorlegen lassen, *) und hierauf in gnädigsten Anbetracht, daß diese Entrichtung vor den ärmern und arbeitsamsten Theile des Volkes, und besonders auch den hier zur Nachtszeit ankommenden Fremden lästig, für die innere Sicherheit der Stadt aber, weil es blos auf die Bezahlung einiger Kreuzer ankömmt, ganz unwirksam, und auch bey wo bisamer Polizey unnöthig ist, dieses Sperrgeld an allen hiesigen Stadtthoren vom Tage der Publizirung dieses gnädigsten Befehles an gänzlich aufzuheben beschlossen, so, daß zwar der Schluß der Thore nach der bisherigen Ordnung bestehen: niemand aber wer er immer seye, beym Ein- und Ausgange um einiger Geldentrichtung wegen angehalten werden solle. Da aber der nicht unmerkliche Betrag dieses bisher eingenommenen Sperrgeldes dem hiesigen Armeninstitut zugewendet ware, so erwarteten Sr. Churfürstl. Durchläucht auch gnädigst, daß besonders diejenigen, welche durch diese Befreyung an ihrem ländlichen Abendver-

*) Vid. die Samml. v. J. 1771. Seite 233.

vergnügungen gewinnen, nunmehr defto freygebiger ihrer armen Mitbürger gedenken, und durch eine willkührliche Zugabe an Almosen ihre Erkenntlichkeit gegen diese aus wohlmeynender landesfürstlichen Absicht entsprungene Zwanges-Erledigung an Tag legen werden. München den 18ten April 1798.

Nro. XIV.

Seine Churfürstl. Durchläucht haben auf den in ordentlicher Conferenz erhaltenen umständlich-schriftlichen Vortrag nach allen angehörten und reiflich erwogenen Gründen und Umständen gnädigst zu beschließen geruhet, das Recht das weiße Weizenbier zu sieden an die sämmtliche Bräu-Berechtigte gegen eine angemessene, individuele Abkommung, und gegen ein verhältnißmäßiges jährliches Kammer-Surrogat, auf Art und Weise, wie hier näher bestimmt wird, jedoch noch zur Zeit mit Ausnahme der hiesigen Haupt-und Residenzstadt, gänzlich frey zu geben, und auf beständiges Eigenthum zu überlassen, und in der Folge auch die sämmtliche Churfürstl. Bräuhäuser selbst, jedoch ebenfalls mit Ausnahme des hiesigen Bräuhauses, unter denselben Bedingungen auf Eigenthum zu verkaufen.

Höchstdieselbe befehlen daher gnädigst, daß die Churfürstl. Hofkammer dahier sogleich nach Empfang dieses gnädigsten Rescripts den Bräu-Berechtigten Klöstern und geistlichen Ständen, den adelichen Besitzern eigener-oder grundbarer Bräuhäuser, und den sämmtlichen Magistraten der Städte und Märkte (die hiesige Hauptstadt ausgenommen) diese gnädigste Willensmeynung ex Commissione speciali eröffnen, und ihnen zugleich erklären solle, daß

1mo. Außer der für dieses Recht nach Verhältniß der Lokal-Umständen zu behandelnden baaren Abkommung von jedem Eimer ein jährliches Kammer-Surrogat von 40 kr. festgesetzet seye; und

2do. Weil vor der Hand der Umfang des Sudwerkes, und der Absatz bey jedem Orte nicht so genau zum Voraus angegeben werden kann, von den Bräu-Berechtigten, welche sich nun gemeldet haben werden, nach ihrer eigenen vorläufig-muthmaßlichen Angabe auf 3 Jahr lang eine nach Umständen zu regulierende Composition angenommen, und

3tio. Erst nach dieser Zeit ein ordentliches Reglement nach obigem firirten Vertrag von 40 kr. per Eimer eingeführt, oder nach dem sich bis dahin jeden Orts ergebenden Umfang des Sudwesens eine neue Composition auf einige Jahre geschlossen, das Reglement, oder die Composition des Kammer-Surrogats aber

4to. Allzeit, und immer nur nach obigem Maaßstab der 40 kr. vom Eimer bemessen, und das Kammer-Surrogat, so lange der Aufschlag, und der Bierpfennig bey dem braunen Bier nicht erhöhert wird, niemal, und auch dann nur in demselben Verhältniß, und nicht anderst vermehrt werden solle. Hiebey ist

5to. Die höchste Absicht, daß die Bräuschaften in den Städten und Märkten zu ihrem eigenen Besten vorzugsweise in Concreto und in Corpore das Recht das weiße Weizenbier zu sieden, an sich bringen möchten; sollten sich aber diese in einem oder andern Orte nicht zusammen verstehen, so soll

6to. Dieses Recht den sich aus dem Mittel derselben einzeln meldenden Bräu-Berechtigten gegen die erwähnte Abkommung, und unter der schon festgesetzten Bedingung verliehen werden, und

7mo. Alle diejen'gen, welche sich von den ebengedachten Bräuschaften nicht jetzt herbeylassen, von Erlangung dieser Concession gänzlich, und auf immer ausgeschlossen bleiben. Was

Das weiße Weizenbier-sieden wird gegen gewisse Bedingnisse verdingnißlich verkauft-geboten.

3va.

8vo. Den Verschleiß des Weißenbiers betrifft, so soll es analogisch mit diesem seben Orts, wie bey dem braunen Bier gehalten werden.

9no. Soll das auf obige Art abgelöste Recht, das weiße Weißenbier zu sieden, zwar nicht beständig, und unzertrennlich bey derjenigen braunen Bierbräustätte verbleiben, von welcher nun die Erwerbung geschehen ist; doch solle solches Recht nie wieder an einen schon Berechtigten veräußert werden.

10mo. Soll nicht verhalten bleiben, daß die Churfürstl. Bräuhäuser mit der im Schluße bezeichneten Ausnahme, noch zur Zeit, und bis auf weiter, obgleich das Sudwesen bey diesem nun geringer ausfallen muß, beybehalten, dabey aber nach in jenen Gegenden abgeschlossenen Verhandlungen alle Lägstätte sogleich aufgehoben werden, wobey

11mo. Erklärt wird, daß dieses zu verleihende weiße Weißenbier-Sudwesen rücksichtlich seines Sates, dann daß das Publikum aller Orten mit hinreichendem und Pfenning-vergeltlichen Trunk versehen werde, stets der Polizey unterworfen werde.

In Folge alles dessen hat also die Churfürstl. Hofkammer sogleich alle Bräu-Berechtigte, nämlich alle gefreyte und ungefreyte geistliche Stände und Klöster, so wie die Adelichen unmittelbar und schriftlich, die bürgerlichen und Landbräuer aber durch ihre Magistraten und respective gerichtliche und hofmärkische Obrigkeiten zu vernehmen, und vernehmen zu lassen, wie viel sie für das eigenthümliche Recht, weißes Weißenbier zu sieden an Kapital, und wie viel sie nach Maaß des vermuthlichen Sudwerkes nach dem schon eröffneten Maaßstab der 40 kr. vom Eimer 3 Jahr lang als jährliches Kammer-Surrogat zu reichen sich verbindlich machen wollen.

Wobey sich ohnehin von selbst verstehet, daß die des bloßen Haustrunks, oder sonst nur eines beschränkten Bierverschleißes berechtigten Klöster auch den weißen Bierverschleiß in keiner mehr erweiterten Maaß daburch erlangen. — Auch sind die Bräuschaften in den Städten und Märkten, in welchen dermal Churfürstl. weiße Bräuhäuser sind, nämlich Traunstein, Kellheim, Vilshofen, Kam, Regen, Grafenau und Weilheim zugleich und besonders zu vernehmen, was sie für Ueberlassung der daselbst bestehenden Churfürstl. weißen Bräuhäuser, und der Material-Vorräthe zu bezahlen erbiethig sind?

Alle diese Erklärungen und Protokollen, welche längst in Zeit vier Wochen einlaufen sollen, hat sobann die Churfürstl. Hofkammer dahier, in eine tabellarische Uebersicht zu bringen, und diese mit den Belegen ad Manus unterthänigst einzusenden, sofort barüber sowohl, als wegen den Churfürstl. Bräuhäusern überhaupt die weitere höchste Entschließung zu erwarten. München den 6ten August 1798.

Nro. XV.

Die Einforderung aller Depositen ohne Subnahme zur Churfürstl. Hauptcassa.

Da die kundbare Kriegs- und Zeit-Umstände, die Lage der Churfürstl. Staaten, die durch den Drang der allerseitiger Staats-Bedürfnissen progressiv steigenden Ausgaben, so wie die landesväterliche Rücksichten auf die Lage der Unterthanen, und die daraus entstandene geringe Einfluß der Gefälle plötzlich eine Stockung in der Staatskassa herbeygeführt haben, welche, bis die bereits entworfene Finanz-Operationen mit Erfolg ausgeführt werden können, vor der Hand und in diesem bringenden Augenblick nicht anders als durch eine schleunige Verschaffung des numeraiten, und durch die unrückschielichste Aushilfe gehoben werden kann; so haben Se. Churfürstl. Durchlaucht während Höchstdieselbe zu gleicher Zeit zu wesentlichen und der Unterthanen keinwegs drückenden Hilfsquellen die landesväterliche Einleitung getroffen haben, und Höchstselbst mit allmöglichen Aufopferungen vorangehen, gnädigst beschlossen, daß ohne mindesten deſſen Verzug alle Depoſiten ohne Ausnahm von den Regierungen, und Churfürſtl. Aemtern, alle gerichtliche bereit liegende Kirchen- und Bruderſchafts- Baarſchaften, und ſo auch alle bey den Churfürſtl. Aemtern bis dieſen Augenblick eingegangenen, aber noch nicht ganz eingeſendeten Amtsgefälle ohne mindeſten Rückbehalt, oder Vorwand zur Hauptkaſſa einbefördert, und dieſes alles durch Ausſendung eigner Commiſſionen betrieben, und beſorgt werden ſolle. Höchſtdieſelbe haben auch zu gleicher Zeit zu Ausführung dieſer gnädigſten Willensmeynung, ſoviel den Rentbezirk Landshut betrift, in der Perſon Höchſtdero Hofkammerrath N. aus beſonderm Vertrauen die Wahl genommen, und ertheilen daher demſelben hiemit unter Höchſt eignem Handzeichen den gnädigſten Auftrag, und das Commiſſorium, daß derſelbe ſich ſogleich nach Empfang dieſes in den genannten Rentbezirk begeben, ſich mit Zuziehung des dortigen Rentſchreibers von Okel von Gericht zu Gericht, von Stelle zu Stelle verfügen, und

1mo. Alle Depoſiten-Bücher bey der Regierung und bey den Churfürſtl. Aemtern genau einſehen, die vorhandene Judicial-Depoſiten ſelbſt ohne Ausnahm des mehr oder wenigern Betrages, und ohne mindeſte Rückſicht in ein Verzeichniß bringen, ein Duplicat hievon zu ſich nehmen, und die Anſtalt treffen ſolle, daß die in dieſem Verzeichniß enthaltene Gelder ſoviel möglich noch während der Anweſenheit der Commiſſion, oder bey ſchwereſter Verantwortung gleich darnach durch die erſte fahrende Gelegenheit ohnmittelbar zur Churfürſtl. Hauptkaſſa bahier eingeſendet werden, welche bereits den Auftrag hat, den Aemtern für jede Poſt nach der bereits eingeführten Form ordentliche Kaſſaſcheine auszuſtellen. Zugleich erklären Se. Churfürſtl. Durchlaucht hiemit gnädigſt, und der Commiſſär hat ſolches auch den reſpectiven Stellen zu eröffnen, daß es in Rückſicht der Landesfürſtl. Verſicherung und der Rückbezahlung art vollkommen bey der Höchſthuldigen General-Ausſchreibung vom 24ten Oktober 1796*) verbleiben ſoll.

2do. Hat der Commiſſär bey dieſer Gelegenheit die aerztliche Kirchen- und Bruderſchafts-Manualien einzuſehen, ſie mit den Baarſchaften der Zechſchreine zu vergleichen, und zu verfügen, daß dieſe mit alleiniger Ausnahm der bereits ratificirten Baukoſten, Declmation, und anderer zur Fortſetzung des Gottesdienſtes unmittelbar nothwendigen Geldern, ſoweit dieſe nicht durch die Verfallzeit eingehende Gelder ohnehin nicht gedeckt ſind, ſammt einem Verzeichniß, wovon der Commiſſär ein Duplicat zu ſich zu nehmen hat, auf die vorhin bey den Depoſiten ſchon bemerkte Art unmittelbar zur Hauptkaſſa bahier, welche für jedes Amt eine ordentliche ſpecifiſche Beſchlnung auszuſtellen beauftraget iſt, ſchleunigſt eingeſendet werden, wobey der Commiſſär um ſo weniger einen andern Vorwand anzunehmen hat, als ohnehin den Zech-Pröbſten in Handen das bände Geld belaſſen wird, und die einzuſendende Baarſchaften zur Hälfte in drey Monaten, und die andere Hälfte in 6 Monaten zu bezahlen beſchloſſen worden iſt. Auch bey einem inzwiſchen eintrettenden dringenden Bedürfniß, worunter auch die allenfalls nothwendige Anlehen an die Unterthanen begriffen ſind, entweder durch Aushilfe anderer Kirchen und Bruderſchaften mittels der noch in den Handen der Zechpröbſten belaſſenen Vorräthe, und inzwiſchen eingehenden Geldter, oder auf Einbringung des Amts zum Churfürſtl. geiſtl. Rath mittels früherer Zurückbezahlung Mittel geſchaft werden können.

3tio. Wird die Commiſſion angewieſen, alle Gerichts- Kaſten- und andere Amts-Manualien genau zu durchgehen, ſolche abzuſchließen, die unratificirte Ausgabe-Poſten, und Vorſchüſſe zu durchſtreichen, auch den Getreid-Vorrath, jedoch ohne förmlichen Umſturz zu beſichtigen, und dieſen mit den Geld-Manualien zu vergleichen, ſofort zu verfügen, daß die Geldreſten, die nach allen dieſem vorhanden ſeyn ſollen, auf gleiche Art wie ſchon bey den vorigen Geldern vorgeſchrieben worden iſt, unmittelbar zur Hauptkaſſa bahier gegen Quittung, die bey der Abrechnung ſtatt baar Geld dienet, eingeſendet werden. Auch iſt hier eben ſo wenig ein Vorwand bey dringenden Zahlungen oder Vorſchüſſen anzunehmen, indem ohnehin bald wieder neue Gefälle eingehen, und auch die nöthigſte

M 2

*) Vid. N. antec. 3.

nöthigste Ausgaben in diesem Augenblick verschoben werden müssen. Die Salz-Bräu- und Bergämter werden von dem gegenwärtigen Geschäft gänzlich ausgenommen, doch hat der Commissär bey den sämmtlichen Mautämtern und andern ihm auf den Weg liegenden größern Maut-Stationen den ganzen Auftrag zu vollziehen, und insbesondere streng darauf zu sehen, daß die bey den Maut-Aemtern nicht selten unverhandelt, oder wenigst nicht verrechnet in der Kassa liegende Confiscations-Gelder bey dieser Gelegenheit mit eingesendet werden. Wann endlich bey dem einen oder andern Amt Saumsal, Unordnung, oder wohl gar Kassa-Unrichtigkeiten befunden werden, so hat der Commissär mitunter über diesen Gegenstand das geeignete Protokoll abzuhalten, sich aber in Geschäfte selbst keineswegs hindern zu lassen. Auch hat diese unmittelbare Commission keinen Einspruch irgend, was immer für eine Stelle Platz zu geben, oder sich stöhren zu lassen. Se. Churfürstl. Durchlaucht versehen sich demnach gnädigst, daß dieses Geschäft auf das schleunigste und mit den eingeschränktesten Kösten besorgt, mithin für die ganze Commission nur ein 2 spänniger Wagen gebraucht, auch kein Aktuar beygezogen, sondern der Commission von den Beamten und ihren Schreibern in die Hand gearbeitet werde. Schließlich erwarten Se. Churfürstl. Durchlaucht über den Fortgang des Geschäfts alle 8 Tage mit Anlegung des Diariums ad Manus einen Interims-Rapport und am Schluß des Geschäfts einen umständigen Bericht. München den 6ten August 1798.

Nro. XVI.

Die inulän-dische reiche Salz-Preis-Erhöhung betreffend. Seine Churfürstl. Durchlaucht haben sich nach vorgängiger Vernehmung Höchstero Hofkammer respect. des dortigen Separati Salinaris gnädigst entschlossen, sowohl an den beeden Haupsalz-Aemtern zu Reichenhall und Traunstein, als allen übrigen innländischen reichen Expeditions-Aemtern eine zeitliche allgemeine Höherung der reichen Salzpreise inner Lands per Centner mit 25 kr. und pr. Sack mit seinem Netto Gewichte à 132 tt. mit 33 kr. zu machen. Nachdeme nun diese Vermehrung der innländischen reichen Salzgefälle vorzüglich den dermaligen dringenden Staats-Bedürfnissen gewidmet ist, und diesem höchsten Endzweck durch Einschwärzung fremden Salzes, oder auch in andere Weg vereitelt werden könnte, so weiß die Churfürstl. Hofkammer vorzüglich dafür zu sorgen, und zu wachen: a) Daß nach der ganzen Salzburgischen Gränze von Reichenhall bis Troßburg durch einen genauen und fleißigen Maut-Cordon dem Einschwärzen des Salzburgischen Salzes von den dortigen Maut-Aemtern mit mehr Ernst und Thätigkeit, als bisher, begegnet. b) Eben diese Vorsicht nach der ganzen Salzach, und innern Gränze von dem ersten Berührungspunkt des erstgemeldten Flußes mit dieselftigem Territorio bis nach St. Nicola vor Passau pflichtmäßig getroffen, und c) am Leche, vorzüglich an den Stationen Füssen, Landsperg und Friedberg dafür gesorget werde, daß das denen Contrahenten einmal abgegebene Salz nicht wieder zurück in das Land zu Hemmung oder gar zu Hebung des Amts-Verschleißes geben. d) Was die zu Friedberg vorkommende Brüchdärner betrifft, so sollen diese ebenfalls ihre Salzsäck von den erhöheten Preis bey der Abnahm zwar bezahlen, doch soll selben die betreffende Höherung pr. 33 kr. pr. Sack in soweit wieder vom Amt vergütet werden, als sie den wirklichen Ausgang des abgenommenen Salzes über die Landesgränze durch Maut-ämtliche unentgeltliche Attestaten beweisen können; Die Churfürstl. Hofkammer wird also diese höchste Entschließung mit Anfang des kommenden Herbstmonats respect. der 35ten Salzwoche an allen innländischen reichen Salz-ämtern in genauen Vollzug bringen, und bey den betreffenden Mautstationen die nöthige Vorsichts-Vorkehrungen einleiten, jedoch im Fall einer durch diese Preißhöherung entstehenden Hemmung des innländischen reichen Salz-Verschleißes ungesäumt nachrichtlichen Bericht erstatten. München den 6ten August 1798.

Nro. XVII.

Salzpreis. Nachdem sich Se. Churfürstl. Durchlaucht bey sämmtlich-innländischen reichen Salz-Verschleiß eine Preiß-Höherung pr. 25 kr. pr. Centner mit Anfang des künftigen Herbstmonats respect. der 35ten Salzwoche, also mit den 26ten August

August zu verfügen gnädigst entschlossen haben, dabey aber mittelst gemeynet seyn, daß diese an sich geringe Höherung des Salzpreises um 1 Pfennig pr. tt. dem gemeinen Mann durch die Betrückung der Minuto-Salzkrämer und Körner nicht widernatürlich lästiger gemacht werde; so hat die Churfürstl. Ober-Landesregierung durch die ihr untergeordnete Polizeystellen vorzusorgen, daß von genannten Minuto-Krämern, und Körnern bey dem Pfund im Preise nicht mehr als um diesen einzigen Pfennig, zumal er auf die Manns-Nahrung keinen beträchlichen Einfluß haben kann, aufgeschlagen werde. München den 6ten August 1798.

Nro. XVIII.

Beförderung des Salz- und Eisen-fuhrwesens. Zur Beförderung und Erleichterung des für den Staat so wichtigen Salz- und Eisenfuhrwesens haben Se. Churfürstl. Durchlaucht unterm 12ten May 1796 *) gnädigst verordnet, daß allen, diese Produkte zu Lande transportirenden Unterthanen, die Befugniß und Freyheit ertheilet seye, daß sie während ihrer Fracht-Transporte auf den hiezu bestimmten Straßen, und mit den zu dieser Fracht gehörigen Fuhrwerken, und Mennat überall und in jedem Hause, wo man sie gerne aufnehmen und beherbergen will, nach Noth- und Gut-befinden einkehren, auch sich, und ihr Fuhrwesen mit allen Bedürfnissen, soviel ihnen, und dem Hauswirthe anständig und bekömmlich seyn mag, versehen lassen können. Nachdem aber diese höchste Entschließung in viele Wege gemißbraucht, und zu gerechten Beschwerden der hiedurch in ihren herkömmlichen Rechten gekränkten Tafernwirthen Anlaß geben würde; So verordnen wiederholter Se. Churfürstl. Durchlaucht anmit gnädigst, daß durch obige Entschließung weder den Churfürstl. Salz- und Eisenfuhrleuten, noch sonst einem Anwohner der Straße ein neues Befugniß oder Wirthschaftsbetrieb einzuräumen gemeynt seye, sondern lediglich den besagten Fuhrleuten, nicht aber den mit obigen Produkten handelnden Eigenthümern oder Privat-Commissionärs (welche, wenn sie auch ihre Waaren selbst verführen, doch nie mit der Benennung von Fuhrleuten belegt zu werden pflegen) die Erlaubniß gestattet sey, daß sie nach Noth und Nutzen, ohne Tafernzwang, auch in Privathäusern einkehren, übernachten, und sich mit den in solchen Herbergen herkömmlichen, das heißt, gewöhnlichen vorräthigen Bedürfnissen, respect. trockner Herberge versehen lassen können. Wenn daher demnach ohngeachtet dieser nunmehr gemachten Erläuterung der gegenwärtig permissiven Verfügung irgend eine polizeiwidrige Anmaßung gefolgert, und entweder, von wem es immer seye, außer der trocknen Herberge, unbefugte Wirthschaft getrieben, sich gar durch besondere Erbauung von weitschichtigen Ställen, so andern zu einer ungeeigneten Wirthschaft einzurichten angemaßt, oder von den Eigenhändlern, und sogenannten Salzkärnern ein Unterschleif unternommen werden solle; So ist solches von den einschlägigen Behörden nach der bestehenden Landes- und Polizeyordnung eben so uunachsichtlich, und zwar auf der Stelle abzustellen, und die Renitenten auf das verfänglichste zu strafen, als anderer seits die wohlthätige Absicht der obernannten Verordnung vom 12ten May 1796 gegen alle gegründete Beschwerden zu handhaben ist. München den 8ten August 1798.

*) Vid. die Samml. v. J. 1797. Seite 829. N. 130.

Nro. XIX.

Die zerstreut liegenden Churfürstl. Waldungen. Seiner Churfürstl. Durchlaucht ist gehorsamst vorgetragen worden, daß mehrere Höchstdero kleinere Wald-Distrikte in verschiedenen Gegenden Baierns zerstreut liegen, welche, da sie von dem Hauptforste abgesondert, einer wahren Aufsicht nicht unterworfen sind, meist den Entwendungen der Angränzenden, dann Gefährden der Holz- und Waid-berechtigten, oder auch der hierauf bestellten Holzwarten ausgesetzt sind, ohne daß das Aerarium von diesen im Ganzen nicht unbeträchtlichen Strecken, einen wesentlichen Nutzen ziehet. Churfürstl. Hofkammer

gehet

gehet daher der Auftrag zu, nach ehebevor von der hievon benachrichtigten Forstkammer hergestellten Anzahl, Ausdehnung, Lage, und Qualität dergleichen
Wald-Distrikte, und hierauf ruhenden Gerechtsamen mit letzterer Stelle ge-
meinsam zusammen zu treten, und ein reifes und gegründetes gemeinsames
Gutachten abzugeben, wie diese Waldungen zum Nutzen des Ærarii mehr benutzt, ob selbe nicht nach Lage der Orte, und hierauf haftenden Dienstbarkeiten an eine — oder die andere Unterthanen, oder einer Servitut Berechtigte
gegen Freylassung vor andere mit dergleichen Servituten belästigen Distrikten
angelassen, oder ob, und welche allenfalls wegen ihren geringe abwerfenden
Nutzen an die berechtigte Unterthanen selbst gegen Bezahlung eines equivalenten
Kaufschillings auf Erbrecht, oder andere dem Ærario nützlichere Bedingnisse
verkauft, oder zum Arrondissement größerer Waldungen vertauschet werden könnten. Churfürstl. Hofkammer hat daran zu seyn, daß dieser Bericht so bald möglich einbefördert werde. München den 25ten August 1798.

Nro. XX.

Die uneins-
trägliche Fi-
schereyen.

Da Sr. Churfürstl. Durchlaucht unterthänigst vortragen worden ist, daß die
Regie-Kösten bey den Churfürstl. Seen, Weyhern, und übrigen Fisch-
wässern den Ertrag allenthalben übersteigen, und statt eines Gewinns, vielmehr
einen entschiedenen Ærarial-Schaden hervorbringen, so empfängt die Churfürstl.
Hofkammer dahier den gnädigsten Auftrag, sogleich nach Empfang dieses gnädigsten Rescripts einen 10jährigen Auszug von allen Fischerey-Rechnungen, sie
mögen abgesondert geführet worden seyn, oder in andern Rechnungen vorkommen, mit specifischer Bezeichnung aller Einnahms- und Ausgabs-Rubriquen
durch die Justifikation herstellen, und die Gattung, den Umfang, und die Benennung des Fischwassers jeden Orts beysetzen zulassen, und sodann mit Anlegung
dieses Auszugs ohnfehlbar in Zeit 4 Wochen ad Manus einen umständlichen
Bericht zu erstatten: 1mo. Woran es eigentlich gebreche, daß die so ansehnliche
Fischereyen nicht nur allein nichts ertragen, sondern sogar jährliche Resten hinaus
verursachen. 2do. Ob, und auf welch Art zu Ersparung der Regie-Kösten
die entfernten schlecht zu benutzenden, oder in sich minder beträchtliche Churfürstl.
Fischereyen, als solche, oder ausgetrocknet gänzlich zu veräussern. 3tio. Welche
Fischereyen noch ferner mit Nutzen, und zum nöthigen Beschlag der Hoftafel
beyzubehalten seyn möchten, und 4to. wie bey diesen die Regie vereinfacht, und
die Kösten vermindert, und wie überhaupt eine bessere Einrichtung getroffen
werden könne. München den 27ten August 1798.

Nro. XXI.

Eintheilung
der Uben-
spergischen
Waldungen.

Seine Churfürstl. Durchlaucht haben aus dem Bericht Ihrer Forstkammer
vom 7. Jul. d. J. die Vermessung, Taxation und Einleitung der Kosten-
Untischen Ubensspergischen zu der Revier gleichen Namens gehörigen, und in dem
Forstmeisteramt Gelsenfeld gelegenen Waldungen betreffend, mit mehrern ersehen,
daß diese Waldungen fünf an der Zahl zusammen 789⅞ Tagwerk, 1266 Quadratschuhe enthalten, darunter aber 61⅘ Tagwerk, 491 Quadratschuhe Blößen
und holzleere Flecke sich befinden. In dem Anbetracht nun, daß die vorbenannte
Waldungen hauptsächlich aus Fichten, und Forchern bestehen, daß jene allenthalben nur einen kümmerlichen Wuchs haben, daß Erdreich meistens durch das übermäßige Streurechnen viel an seiner absoluten Güte verlohren habe, in Anbetracht dieser und anderer in der dritten Anmerkung detaillirten Gründe genehmigen wiederholt Se. Churfürstl. Durchlaucht,

1mo. Den auf 70 Jahr vorgeschlagenen Turnus, und wollen, daß er
zur nachhaltigen Benutzung als Grundlag angenommen werde, da ferner der
Bestand der berührten Waldungen zwar gut und geschlossen seyn solle; das Alter
des Holzes aber in keinem ordentlichen Verhältniß stehe, die Klafter des gegenwärtig wirklich, dann binnen 20 und 30 Jahren baubaren Holzes sehr gering,
und mehr dann die Hälfte dieser sämmtlichen Waldungen, erst zwischen 30, 40
und

und 50 Jahre alt ist, und folglich ein perpetuirlicher gleicher Klafter-Etat nicht auszumitteln war, so lassen sich Höchstdieselbe aus diesen und in der gedachten dritten Anmerkung angeführten Gründen den Antrag gnädigst gefallen, daß

2do. Die Eintheilung nach dem Flächeninnhalt hier immer nach einer bestimmten Klafter-Anzahl gemacht werde; jedoch dergestalten, daß nicht in jedes Jahr eine ganze gleiche Tagwerk-Anzahl, sondern in schlechten Distriften etwas mehr, in bessern etwas weniger genommen werde, um sich dadurch, soviel es nur immer thunlich ist, einem gleichen jährlichen Ertrage zu nähern. Deßwegen wollen wiederholt Se. Churfürstl. Durchlaucht auch

3tio. Die in der 4ten Anmerkung vorgeschlagene, auf das Lokale gegründete Eintheilung der verschiedenen Waldungen, und derselben Distrikte, wie solche nach und nach zum Hieb kommen sollen, genehmigen, und verordnen haben, daß in den ersten 42 Jahren jährlich 10, in den letztern 30 Jahren aber jährlich 9 Tagwerke gefällt werden sollen, als wodurch mit Einschluß der nächst zu kultivirenden Blößen eine hinlängliche Reserve von 119 ⅔ Tagwerk gesichert wird. Bey dieser Gelegenheit und durch die in Mitte liegende Beyspiele bey der Churfürstl. Landwaldung Kramerau veranlaßt, wollen und befehlen Se. Churfürstl. Durchlaucht, daß bey Eintheilung auch anderer Waldungen, wo solches die Umstände und der Zustand derselben begünstigen, vorzüglich auf einen Flächen-Etat Rücksicht genommen werde, weil ein solcher am sichersten die nachhaltige Benutzung der Wälder erzwecket.

4to. Die Kultur der vorhandenen Blößen soll nach und nach jedoch mit möglichster Kösten-Sparung, da diese Waldungen kaum den Ertrag derselben Administrations-Kösten gewähren, vorgenommen werden; und hat die Churfürstl. Forstkammer hiezu die zweckdienlichsten Mittel anzuwenden: da übrigens

5to. Bey einer jeden Gelegenheit über das so übermäßige als Wald verderbliche Streurechen geklagt wird, auch selbes dadurch hauptsächlich so sehr überhand genommen zu haben scheint, weil damit das Interesse des Forstpersonals, dem es meistens in partem Salarii zugestanden ist, verknüpft war, so soll dieses schädliche zweckwidrige Besoldungs-Accidenz fernerhin hier nicht mehr geduldet, sondern wie der Förster, auf eine andere anständigere Art besoldet werden möge, von der Churfürstl. Forstkammer nächstens ein erläuternder Bericht erstattet, das Streugeld aber zum Vortheil des Ærarii eingezogen werden. Nicht minder solle die oft gesagte Forstkammer die schicklichsten Mittel ergreifen, das Streurechen soviel immer möglich ist, jedoch Anfangs auf keine die ärmere Klasse der Unterthanen zu sehr drückende Weis, zuvermindern, deßwegen sind auch die Streupreise verhältnißmäßig zu erhöbern, damit dadurch die Indolenz, und der Schlaf des Landmanns erweckt, und er nach und nach auf eine schicklichere Düngungsart aufmerksam gemacht werde. Wegen dem Blumbesuch, wovon in der 7ten Anmerkung gehandelt wird, kann es

6to. In sofern er nach den bestehenden Forst-Polizey-Gesetzen benutzt, und die Kultur der öden Distrikte dadurch nicht gehindert wird, bey dem bisherigen belassen werden, doch hat das Forst-Personale bey strenger Verantwortung fleißig gegen Excesse zu wachen. Aus diesen hier in Mitte liegenden unbeträchtlichen Waldungen konnte aber auch Sr. Churfürstl. Durchlaucht die große Besoldung und Gratisholz-Abgabe nicht anders als sehr auffollend seyn, da hieraus der Churfürstl. Beamte zu Abensperg allein schon 80 gegen Erfaß von einer Kassa in die andere, die dortige Carmeliter aber 50 Klafter Holz jährlich zum Behuf ihres Bräuhauses ganz gratis erhalten. Zuvele Besoldungshölzer begünstigen nur Holz-Verschwendung, oder machen gar den Verkauf oder andere Verhandlungen des überflüßigen mit den Dienstverrichtungen und Bedürfnissen im strengsten Verhältniß stehen sollenden sogenannten Besoldungs-Holzes nothwendig; Höchstdieselbe sehen auch gar nicht ein, warum den benannten Carmelitern diese-

diese 50 Klafter ferner zu derselben Bräuhaus verreicht werden sollen, da sie selbst die schönsten Waldungen der ganzen Gegend besitzen. Diese bisherige nun aufgehobene Gratis-Holz-Abgabe, hat also hinkünftig nur auf Rechnung des Landes-Ärarii zu passiren, und die an den Beamten bis auf eine weitere höchste Entschließung. Da die befragliche Revier endlich

7mo. So einen geringen Betrag abwirft, daß er kaum zur Besoldung des Försters hinreicht; so hat die Churfürstl. Forstkammer nur darauf zu denken, wie sie seiner Zeit, nach dem Ableben des dermaligen Försters auf eine schickliche Weis andern benachbarten Rivieren zugetheilt werden könne, und deswegen auch von dem Churfürstl. Oberst-Jägermeister-Amt Bericht zu verlangen; so wie von dem auch bey dieser Arbeit Fleiß und Kenntniß bethätigten Forst-Commissario Unterlands hierüber die geeigneten Vorschläge abzufordern, um daduch sodann weiteres und bestimmtes Forstkammer-Gutachten ad Manus gelangen zu lassen. Die hiemit zurückgehende Original-Plane und Wald-Beschreibung, sollen wohl aufbewahrt, die nothwendige Copien für die Unterstellen im Bedürfungsfall hievon gemacht, dann das weiter Erforderliche nach Vorschrift der bevorstehenden Punkten geeignet verfügt werden. München den 8ten Sept. 1798.

Nro. XXII.

Den Verkauf der groß- und kleinen, dann Blutzehenden betreffend.

Da die, durch die dermalige Zeitläufe verursachte dringende Staats-Bedürfnisse die Ergreifung außerordentlicher Mittel, und selbst die Veräußerungen einiger Cameral-Revenuen gegen seiner zeitiger Herstellung eines Surrogats unumgänglich nöthig machen; so haben Se. Churfürstl. Durchlaucht bey Auswahl derselben, solche in Vorschlag bringen lassen, durch welche diesen Bedürfnissen nicht nur wirksam und sicher gesteuert, sondern auch das mehrere Aufnehmen der Landswirthschaft und Kultur, sohin der häusliche Zustand, und das Wohl der getreuen Unterthanen befördert wird. Unter denen diese Zwecke in sich vereinigenden Mitteln ist Sr. Churfürstl. Durchlaucht der Verkauf der großen, und kleinen, dann Blutzehende vorgelegt, und nach reiflich in Conferentia erwogenen Gründen, und Gegengründen genehmigt worden. Damit aber bey diesem Verkauf nach bestimmten Grundsätzen verfahren, und alle Vorsicht angewendet werde, daß selber nach dem möglichst wahren Werth, und zum Nutzen des Ärarii geschehe, so befehlen Se. Churfürstl. Durchlaucht Höchstdero Hofkammer vorläufig:

1mo. Ueber den bisherigen Ertrag der Zehenden, sowohl in der Natural- als Geld-Perception von einem jeden in der Zehend-Fangung oder Verstiftung separirten Zehend-Distrikt einen tabellarischen Auszug auf die letzte 18 Jahre zurück nach mit folgendem Formular aus den einschlagenden Rechnungen herstellen zu lassen.

2do. In eben diesen tabellarischen Auszug sind sodann noch besonders von Jahr zu Jahr die Preise einzutragen, um welche eine jede Zehend-Gattung laut der Kasten Amts-Rechnungen, im Durchschnitt verkauft werden.

3tio. Wornach durch Multiplikation dieses Preises (2do.) mit dem Natural-Quanto des Zehenden (1mo.) dann der Hinsetzung der Peccunial-Perception, oder des Geldbetrags für verstiftete Zehenden sich der jährliche Ertrag des Zehenden herauswirft, und in die letzte Columne zu setzen ist.

4to. Aus diesen Angaben wird sich sodann am Ende einer jeden Tabelle der 18jährige Durchschnitt, sowohl der Natural- als der Stift-Geld-Einnahme, dann des Preises von jeder Zehend-Gattung, und endlich des gesammten Zehend-Ertrags ergeben, und dadurch die Uebersicht der bisherigen ganzen Natural- und Geld-Perception von jedem Zehend-Distrikt einzeln, und durch deren Zusammensetzung sodann auch im Ganzen hergestellt werden.

5mo.

5to. Nach Vollendung dieser nothwendigen Vorbereitungen ist sodann zum wirklichen Verkauf der Zehenden selbst, durch Abordnung besonderer Commissarien, wozu jedoch von dem Kameral-Præsidio auch besonders fähige Beamte beauftragt werden können, vorzuschreiten, und sind denselben vorzüglich folgende Instruktions-Punkte zu ihrer Darnachachtung festzusetzen.

6to. Da Se. Churfürstl. Durchlaucht bey dieser Veränderung die Absicht erreichen wollen, daß die Zehenden mit den Gründen, wovon sie gereicht werden, selbst consolidirt werden, damit der Zehendhold dadurch zur Kultur ermuntert, und in den Stand gesetzt werde, die Früchte seines Fleißes ohne fremder Theilnahme zu genießen, so soll diese Rücksicht niemals außer Augen gesetzt, und daher die Behandlung nicht nach ganzen Zehend-Distrikten und Gemeinden, sondern mit den Individuen und den einzelnen Zehendholden selbst vorgenommen werden.

7mo. Obschon die oben No. 1. 2. 3. et 4. angeordnete Tabelle nicht den Zehend-Ertrag von einem jeden Zehendholde bestimmen, so wird doch der Commissair einen beyläufigen individuellen Ausschlag auf die Zehendholden durch eine Theilung des Ganzen nach dem Hoßfuß der zehendpflichtigen Unterthanen, oder nach der unter den Gemeinden selbst herkömmlichen und bekannten, oder aus den Zehendregistern zu entnehmenden Zehend-Antheil leicht treffen können.

8vo. Gleichwie aber die Berechnung des Werths nach den bisherigen Ertrag kein ganz verläßiger Maasstab ist, worauf sich ein Commissair allein verlassen kann, so hat derselbe bey den einzeln individuellen Behandlungen vorzüglich die No. 1775. von allen Kassendmtern mit vieler Mühe hergestellte Zehend-Beschreibungen, worinnen bereits der Flächeninnhalt der zehendbaren Gründen, dann der Aurbau, und Ertrag derselben, endlich die Condecimatores enthalten sind, als die eigentliche Hauptgrundlage vor Handen zu nehmen, und den Zehendwerth durch Berechnung der erstern drey Gegenständen, und dem Abzug desjenigen Theils, welcher Se. Churfürstl. Durchlaucht davon zukömmt, mit Rücksichtnehmung auf Brache, und zufälligen Ereignissen herzustellen.

9no. Wenn sodann die Zehendgattungen eines Zehendholdens mit dem durch 18jährigen Durchschnitt gefundenen Mittelpreis multipliciret worden, so ergiebt sich das Quantum des wirklichen Zehendbetrags in Geld, dessen Werth sodann nach dem No. 15. vorkommenden Grundsatz zu berechnen ist.

10mo. Durch Zusammensetzung der Zehendbeträge der einzelnen Zehendholden wird sich für den ganzen Zehend-Distrikt ergeben ob das No. 3. et 4. aus den Rechnungen gefundene Ertragniß sich dem Quanto welches jährlich hätte percipirt werden können, nähere, oder ob nicht vielleicht aus Gefährte, oder andern Ursachen der Ertrag geringer sich heraus geworfen hat, oder ob nicht etwa in der Zehend-Beschreibung selbst sich ein auffallender Mangel bezeiget.

11mo. Obschon sich nun Se. Churfürstl. Durchlaucht bey diesen Verrichtungen sehr auf die Einsicht und den Fleiß der zu diesem Geschäft zu ernennenden Commissarien verlassen, und in der zu ertheilenden Instruktion nicht alle mögliche sich ereignende Fälle determiniren können, so wollen Höchstdieselbe doch zur möglichster Beschränkung der Willkühr bey dem zu bestimmenden Anschlag des Zehends, um welchen Preis nämlich derselbe an den Zehendholden überlassen werden kann, folgende Regeln festsetzen.

12mo. Wenn bey einem Zehendholden das aus den Rechnungen gefundene Zehend-Ertragniß nach 18jährigen Durchschnitt mit dem aus den Zehend-Beschreibungen gefundenen Betrag des Zehendens übereinkommt, so kann solches zum Grund der individuellen Behandlung gelegt werden.

13tio. Wird aber das Ertragniß-Quantum von dem Betrag des Zehends nach den Zehend-Beschreibungen merklich übertroffen, so ist zwar letzterer doch die Norm der einzelnen Behandlung, doch soll Commissarius sich auf kein minderes Quantum herablassen, als das bisherige Ertragniß-Quantum beträgt, sohin dieses für das Minimum seiner Behandlung ansehen.

14to. Im entgegen gesetzten Fall aber, wo das Ertragniß-Quantum den Ertrag des Zehendens nach den Zehend-Beschreibungen übersteigt, soll Commissarius mit dem Anschlag hinauf rücken, und sein ganzes Augenmerk dahin richten, daß wenigstens bey dem ganzen Zehend-Distrikt die Total-Summe des vermaligen Ertragnißes wiederum erreicht werde.

Sechster Band.   O   15to.

15to. In jedem der vorgehenden drey Fälle ist der Werth des Zehends selbst darnach zu bestimmen, daß der Gulden des nach solchen Vorschriften zum Grund zu legenden Anschlages mit 30 multiplicirt werde, welches dem Zehendholden um so weniger beschwerlich fallen kann, als man den sich aus den Amts-Rechnungen herauswerfenden leidentlichen Durchschnittspreis von 18 Jahren bey der Berechnung angenommen, dann auch den Zehendholden das Stroh verbleibt, und durch die Bequemlichkeit der Ferzung die verlangte Qualität des freyen und ungebundenen Eigenthums, und Vermeidung der sonst mit den Zehend-Verstiftungen verbunden gewesenen Beschwernissen, so wie auch durch die dadurch erleichtert werdende Kultur wesentliche, und immer dauernde Vortheile zugehen.

16to. Die Zehendholden, welchen auf vorbesagte Art der Zehend käuflich überlassen wird, erlangen dadurch ein vollkommenes ungebundenes oder walzendes Eigenthum, welches mit keiner Grundgerechtigkeit, Stift, oder Grund-Gilt zu belästigen ist, dergestalt, daß ein solcher erlangter Zehend auch mit den übrigen Grundgerechtigkeits-Verhältnissen eines Zehendholden nicht vermischt, oder in die Anschläge gezogen werden kann, sondern von selben abgesondert bleiben, und auch von den einschlägigen Gerichts-Behörden bey Inventuren, Theilungen, Käufen, und andern Handlungen stets als ein freyes und ungebundenes Eigenthum gleich einem walzenden Stück behandelt, und als solches den Urkunden und und Gerichtsbüchern einverleibt werden solle, welches nur in demjenigen Fall eine Ausnahm leidet, wenn allenfalls der Grundherr selbst den Zehend an sich brächte, und ihn dem Unterthane zu seinem schon besitzenden Hauptgut auf Gunrdgerechtigkeit verleihen würde.

17mo. Doch wollen Se. Churfürstl. Durchlaucht, daß, wenn ein solcher zu den Gutsgründen acquirirte Zehend von dem Zehendholden, oder seinen Nachfolger auf dem Gute in der Folge wiederum veräußert werden wollte, solches doch niemal anders, als mit Vorbehalt der ewigen Reluition geschehen könne.

18vo. Sollten die Zehendholden die Zehende entweder nicht an sich bringen können, oder nicht wollen, oder ein zu geringes Angeboth schlagen, so tritt der Fall der öffentlichen Versteigerung dergestalt ein, daß der Zehend von einem Hof zum andern, und wo allenfalls einzelne Grundstücke zehendbar sind, auch bey diesen einzeln licitirt, und der Aufrufspreis nach obigen Regeln bestimmt werden solle.

19no. Jedoch solle auch im Falle einer solchen Versteigerung den Zehendholben für sich und alle nachfolgende Besitzer der zehendbaren Gründen das ewige Einlösungsrecht des solcher Gestalt an einen dritten gehandelten Zehends nach gütlichem Vergleichs-oder unpartheyischen Schätzungspreise vorbehalten bleiben, und dieses den Käufern bey einer solchen Versteigerung wohl merklich gemacht werden.

20ma. Ueber jede Behandlung eines Zehend, sie möge mit dem Zehendholden, oder einem dritten vorgenommen werden, behalten sich Se. Churfürstl. Durchlaucht die Ratification, so wie auch den Behörden die Belegung mit Steuern und Fourage-Beytrag bevor.

21mo. Was die Bezahlung anbelangt, so soll selbe sogleich nach erfolgter Ratification baar geschehen, kann aber auch auf den Fall, daß die baare Erlag den laufenden Unterthan zu schwer fiele, zur Hälfte baar mit dem Beding angenommen werden, daß die andere Hälfte in Zeit von 3 oder längstens 6 Monat bey Vermeidung des ansonsten nichtigen Kaufs geleistet werden solle.

22da. Sobald der Kauf auf vorstehende Art berichtigt ist, so ist den Erwerbern ein Eigenthums-oder Ankaufs-Brief von Churfürstl. Hofkammer auszufertigen, wofür der Unterthan die gewöhnliche Tax zu entrichten hat.

23tio. Da die dermalige Behandlung bloß die bisher bezogene Zehenden zum Zweck hat, so versteht sich von selbst, daß hiedurch das Recht, welches Se. Churfürstl. Durchlaucht auf den Neubrüchen zusteht, nicht aufgehoben, sondern zur Benutzung oder ähnlicher Behandlung mit den Zehendholden oder andern vorbehalten bleibe.

24to. Die aus dieser Zehendbehandlung eingehende Gelder sind, in sofern sie zu den dermaligen Staatsbedürfnissen verwendet werden müssen, als eine
wahre

wahre Staatsschuld, wofür bey eintrettenden bessern Zeiten ein Surrogat herbeyzustellen ist, zu betrachten, und die Churfürstl. Hofkammer hat die Verfügung zu treffen, daß diese Gelder durch die Aemter nach einer selben von den Commissarien zugefertigten Designation einkassiert, und zur Hauptkassa eingesendet werden.

23tio. Uebrigens wollen Se. Churfürstl. Durchlaucht, daß mit dieser Operation einsweilen nur bey einigen beträchtlichen Zehend-Aemtern in Ober- und einigen in Niederbaiern der Anfang gemacht, und der Erfolg von Zeit zu Zeit angezeigt werde. Höchstdieselbe versehen sich sowohl zu Ihrer Hofkammer als den à Prälidio zu ernennenden Commissarien, daß sie selbe hiebey eines thätigen und pflichtmäßigen Benehmens und Integrität befleißen, und solches Geschäft, sowol zur Zufriedenheit Sr. Churfürstl. Durchlaucht, als den dabey betheiligten Unterthanen bewerkstelligen. München den 24ten September 1798.

Nro. XXIII.

Dienst-Bereinigungs-Geschäfte der Churfürstl. Hof- und Forst-kammer.

Obgleich bisher schon mehrere Einleitungen zur Entfernung der zwischen der hiesigen Churfürstl. Hof- und Forstkammer sich zuweilen ergebenen Anstände getroffen worden sind, so konnte doch dieses bis nun zu noch nicht ganz erzielet werden. Zur Bewirkung dessen wird demnach vor allem über den Punkt des Holz-Verkaufs aus den Höchst-Churfürstl. Kameral-Waldungen auf Sr. Churfürstl. Durchlaucht beschehenen unterthänigsten Vortrag anmit gnädigst verordnet:

1mo. Daß das in den benannten Churfürstl. Forsten durch dasür eigends bezahlte Tagwerker gefällte, und zum Verkauf bestimmte Brenn- so anders Holz wie bisher nicht nur in den Zeitungs- und Wochenblättern in dieser Eigenschaft öffentlich angekündet, sondern auch in den Gemeinden nach dem Kirchendienste, auch sonstigen öffentlichen Gemeinds-Versammlungen so ausgerufen, und dadurch der allgemein freye öffentliche Weg zur Licitation an die Meistbietenden näher begründet werde. Und

2do. In eigner Bestimmung dieses Punktes wird weiter befohlen, daß von dem Tage der Versteigerung das darüber abgehaltene Protokoll längstens in Zeit von 8 Tagen zur Churfürstl. Forstkammer zur Genehmigung eingesandt, den sich angebothenen Käufern aber bekannt gemacht werde, daß von diesem Tage der Versteigerung oder Abzählung, wo eine Versteigerung nicht eingeführt ist, das Holz längstens nach 6 Wochen bezahlt werden muß, und sohin die Abfuhr dessen erst alsdann gestattet werden könne, wenn der Käufer über die richtig beschehene Bezahlung des erkauften Holzes vom einschlägigen Control-Amte eine Bescheinung beygebracht hat; in dieser Bescheinung muß sowohl die Gattung des Bau- oder Brennholzes, als auch die Zahl der Klafter und des Preises, und daß die Abfuhr desselben oder die Räumung des Waldes in einer gleichen Zeitfrist von 6 Wochen zu geschehen habe, bemerkt werden: wobey es sich natürlich eben so von selbst versteht, daß bey Abbrändlern, und andern außerordentlichen Fällen Ausnahmen statt haben müssen, als diese Fälle ohnehin besondere Einberichtung von Seiten der Unter-Behörden, und des Collegii in seinem Maß- und sodann mit höchster Genehmigung ex Intimo unterliege: und sollten sich auch Verkäufe größerer Quantitäten Holzes durch Contrakte oder sonsten ergeben, so hat die Bezahlung ebenfalls in Zeit 6 Wochen vor der Abfuhr baar zu geschehen; Wo bey etwaigen außerordentlichen Fällen Ausnahmen zu verwilligen nur allein der höchsten Stelle offen steht. Zur näheren Begründung obererwähnten Protokolls hat das Control-Amt gleich in dem Eingange desselben zu bemerken, daß die in den vorstehenden beyden Preisen enthaltene Bedingnisse über die Bezahlung des Holzes sowool, als über die Zeit der Abfuhr desselben den Käufern deutlich seyen eröffnet worden.

3tio. Wenn nun etwan nach Verlauf von 6 Wochen der Holzkäufer nicht bezahlen sollte, und sohin auch das Holz aus dem Walde nicht abgeführt werden darf, so hat das Control-Amt einen Auszug eines solch nicht bezahlten Holzes an die Churfürstl. Forstkammer zur Wissenschaft, zugleich aber auch eine Anzeige von den sonsten erhobenen Geldbetrag zur hiesigen Hofkammer, und was unter die Rentämter gehört, zu den Rentämtern einzuschicken, zu der nämli-

chen

chen Zeit aber auch dem betreffenden Forstamte den nämlichen Auszug mitzutheilen, welches Forstmeisteramt sodann alsogleich einen Bericht zu der Forstkammer mit den Vorschlag zu erstatten hat, was mit sothanem verfallenen Holze
weiter zu thun seyn möchte.

4to. Die von der Forstkammer geschehende Genehmigungen der Versteig-
gerungs- oder Abzählungs-Protokolle kommen durch die Forstkammer von den
Rentamt München der hiesigen Rechnungs-Justifikation, und was unter den
Rentämtern steht, diesen zu vernachrichten. Zur Beybehaltung der bisherigen
Rechnungs-Form, soll

5to. Soviel die Geldvorschüsse zu den Holzhauerlöhnungen, so andere besonders Forstzahlungen von Kultur und Einfangern betrifft, die Forstkammer
hinkünftig keineswegs mehr bey den Ämtern geradezu anzuweisen haben, weil
ansonsten die Aemter mit derselben Jahrs-Rechnung abzuschließen gehindert
werden; sondern sie haben allemal mit einem jeden Monate die Resten mit den
übrigen Amtsgeldern zu den betreffenden Kassen einzuschicken, und daher hat die
Churfürstl. Forstkammer nach Verschreibung der Wirthschafts-Berichten in
denselben für die obigen außerordentlichen Rubriquen genehmigten Summen
mit Benennung des Forstmeisteramts, der Forst-Revier, und des einschlägigen
Control-Amts zu der auch Churfürstl. Hofkammer zu benachrichten, von wo
aus sodann, wie bey andern Verlags-Aemtern entweder mittels Haftscheinen,
Anweisung- oder Baarsendungen die geeignete zeitliche Verfügung zu treffen ist;
und somit hat

6to. Die Mittheilung der Forstrechnungen nach Aufnahme derselben
ohnehin keinen Anstand. Diese Vorausschickungen bestimmen nun von selbst,
daß hinkünftig, und

7mo. Die Ausschreibungen sowohl ordentlich- als außerordentlicher Ge-
hälter in Geld und Natura der Hofkammer ausschlüßig gebühren; allenfalls
außerordentliche und unter den einzuberichtenden Summen strebende Auslagen
sind eben so, wie die oben bey den Wirthschaftsberichten genehmigten Summen
von der Forst- zu der Hofkammer zur Nachricht zu geben.

8vo. Ueber den zur Vermeß- und Taxirung der Förften, dann zu den
Diäten und Auslagen der Forstkommissarien à $\frac{1}{2}$ fl. bestimmten jährlichen
Fond ist von dem gegenwärtigen Jahre an keine eigene Rechnung mehr zu führen; sondern es sind die nach und nach nöthigen Vorschüsse auf von der Churfürstl. Forstkammer gut gebeißenen Haftschein praevia Signatione durch das
Churfürstl. Hofzahlamte zu leisten, und die einzelne Rechnungen von dem Em-
pfange zu der Forstkammer, von da aus aber zur Hofkammer zur Justifikation,
und zur weitern Verfügung zu übergeben. Und nachdem der Churfürstl. Forst-
kammer-Direktor Kling zu diesem Behuf für das gegenwärtige Jahr erst $\frac{2}{3}$ fl.
empfangen hat; so kömmt die von Forstkommissarien demselben ausgestellte
Quittung gegen die seinige bey dem Hofzahlamte auszuwechseln: um

9no. Bloße Einleitungen und verderbliche Vielschreiberen zu entfernen,
so wird befohlen, daß, wenn in gemeinsamen Fällen hinkünftig ein Forstkam-
merrath in der Forstkammer selbst den Vortrag macht, daß der Rathschluß
durch den Hofkammer-Sekretär aufgenommen, und auch durch die Hofkammer
ausgefertiget werde: die nämliche und gleiche Verfahrungsart versteht sich von
selbst, wenn ein Hofkammerrath dieser Ursache wegen, in der Forstkammer er-
scheint. Schlüßlich und

10mo. Soll das vorgeschriebene Holzmaaß*) hinkünftig richtiger als bisher zu beobachten und zu leistenden Behörden strenge aufgetragen, und somit
das allseits erforderliche weiter geeignete verfügt werden. Nach diesem nun sind
die bisherige Anstände der beeden Churfürstl. Collegien gehoben, und ein jedes
derselben zur Nachricht- und Befolgung der vorstehenden Vorschriften gnädigst
angewiesen. München den 13ten November 1796.

*) Vid. die Samml. v. J. 1797. Seite 210, N. 46.

Dritter

Dritter Theil.
Von landschaftlichen Gefällen.

Nro. I.

Gleichwie über eines Handwerck der Bierpräu allhier beschehen allerunter-
thänigstes Supplicieren, und von gemainer unser lieben und getreuen
Landschafft in Bayrn gethane Beglaptung, auch von Unserem Hof-Rath aller-
gehorsambist erstatten Bericht, umb das berührten Handwerck in denen Auff-
schlags-Gefällen das cedirte Ius Prælationis zugestanden werden möchte, Wir
schon unterm 2.ten August, Anni currentis allergnädigist resolviert, daß,
wann an Seyten Gemainer Landschafft, an die Präuschafften in Stätt: und
Märckten, welche derselben deß Bier-Auffschlags halber, mit jährlichen Com-
positionibus verfangen: und zugethan seynd, ordentliche Cessiones
deß Iuris Prælationis ertheilt werden, Sie sich deren in Vergantungs-Fällen
gegen ihren Mitmaistern so vil derley Auffschlags-Contingentien, und deren
Außstand betrifft, zugebrauchen: hierinnfalls in die Landschafftliche Berechti-
gungs-Fußstapffen zu tretten: mitbin derley Cessiones ihren rechtlichen Valor
haben: Und judicando sowol bey denen etwann allberyts in Sachen obschwe-
benden Strittigkeiten, als auch auff jedesmahl begebenden Fahl in Gantwesen,
auff ain: und anderjährlaen Außstand, mit ermeltem Iure Prælationis die Re-
flexion gemacht werden solle. Also es auch Unser allergnädigiste Intention dahin
hat, daß ebenfahls anderen Burgerlichen Präuschafften, welche sowol, als die
hiesige Münchnerische, Gemainer Unser lieben und getreuen Landschafft mit denen
Auffschlags-Compositionibus underworffen, gemeldtes Beneficium der von
derselben jhnen beschehenen Cedirung mehrernannten Iuris Prælationis zugestanden solle werden. Welchemnach Wir Unseren Hof-Raths-Præsidenten,
Bicethumben, Haupt-Leuthen, Pflegern, und allen Unseren Richtern in Stätt,
Märckt, und auff dem Land hiemit allergnädigist und zuverläsig befehlen, Unser oberhörte allergnädigiste Resolution, in vorgehenden Vergantungs-Fällen,
und Procesen nit nur allein bey Unseren Pfleg-und Land-Gerichtern, sondern
auch denen Stätt, und Märckten schuldigist nachzuleben: und hierinnfabls Unser
allergnädigiste Intention vollziehen zu lassen, Hieran geschicht Unser allergnädigi-
stes Heissen. Geben in München, den 25ten October, Anno 1713.

Ius Prohi-
bitionis der
Landschaff-
tes bey Brau-
gantzung
hiesiger Brau-
maister des
außständigen
Auffschlags
halber.

Nro. II.

Entbiethen allen, und jeden Unsern Oberlandes-Regierungs-Vice-Præsiden-
ten, Hofraths-Præsidenten, Vice-Præsidenten, Vizthomen, Pflegern,
Landrichtern, Verwaltern, und anderen Unsern Beamten, dann denen von
Unserer lieb-und getreuen Landschaft in Baiern, auch allen Ständen, und insgemein Unseren sammentlichen Unterthanen, nicht weniger denjenigen, welche
außer Unseren Landen seßhaft, hierinnen aber einige Rent-Gült-und Einkünften geniesen, Unsern Gruß und Gnade zuvor, und geben denselben zu vernehmen: Wasmassen Wir bey denen noch immer anhaltenden Kriegsunruhen für
nothwendig anersehen, Unser lieb-und getreuen Landschaft Verordnete Commissarien, und Rechnungs-Aufnehmere Ober-und Unterlandes hieher zu berufen,
um mit denselben gemäß deren altgebrachten Frey-und Gewohnheiten über
die im gegenwärtig laufenden 1796sten Jahre sowohl zu Bestritung der unver-
meid-

Steuer-
Mandat vom
Jahr 1796.

weiblichen gemeinen Staats- und Regierungs-Ausgaben, als Unterhalt- und Verpflegung des gestellten Reichs-Kreis-Contingents, dann zu gleichzeitiger Erhalt- und Vermehrung der Landes-Defension, und endlich zu gedeihlicher Fortsetzung des gemeinsamen Schulden-Ablebigungs-Werks erforderliche Mittel reife Berathschlagung, und ordentliche Behandlung pflegen zu lassen. Um nun Unsere Unterthanen rücksichtlich der vorjährig-mehrfältigen Unglücken an Getreid, und Viehe in denen nach den Reichs-Executions-Ordnungen vom Jahr 1555 bis 1594, dann jüngsten Reichsabschiede, und 1793sten Reichschluß von geistlich, und weltlich, exemt, und nicht exemt, gefreyt, und nicht gefreyt schuldig betreffenden Reichs-Armaturs-Kösten, so wie auch in denen nach erwähmten jüngsten Reichsabschiede, und der kaiserlichen Resulotion vom 12ten Febr. 1671 zur Landes-Defension sonderbar zu leisten schuldigen Beytrdgen eine mehrmalig so viel mögliche Schonung angedeihen zu lassen, haben Wir aus besondern gnädigst Landesväterlichen Mitleiden nicht nur Unser Herzogliches Regierungs-Einkommen, und die vorzüglich zu Unserem Hof-und Unsers Hof-Staabs-Unterhalt geordnete Kammer-Gefälle, sondern abermal auch einen großen Theil Unserer Fürstlichen Stammhaus-Güter-Gefällen zu den heurigen gemeinen Staats-und Regierungs-Ausgaben beygesetzt und angegriffen. Wornach dann zu Berichtigung der heurigen Landes-Praestationen mit Einwilligung Unserer universaliter versammelter lieben, und getreuen Landschaft nur folgende Stand-und Landsteuern einzuheben beschlossen worden sind, nämlich und

Erstens: Haben die drey gefreyte geistlich-und weltliche Stände, und deren Verordnete für sich, und ihre Mitstände, jedoch mit Vorbehalt, und ohne Nachtheil deren wohlhergebrachten Freyheiten, zu Bestreitung deren ordinarien heuer abermal einen freywilligen Beytrag von Zwey ganzen Stand-Anlagen, und zwar die Erste auf St. Georgi, und die zweyte Ganze auf St. Michaell an die Behörde zu entrichten übernommen, und noch überdieß zur sonderbaren Reichs-und Land-Defensions-Nothdurft einen angemessenen weiteren billichen Beytrag zu leisten eingewilliget, deren Repartition sich selbe jedoch unter gleichmäßig billiger Beyziehung der von denen inn-und ausser Landes liegenden Dom-und Collegiat-Stifts-Kapiteln, Klöstern und Spitälern, dann andern unbefreyten Grundherrschaften abreichenden Con-positionen, und Herrn-Gilt-Steuern mit Unserer höchsten Begnehmigung selbst vorbehalten, und worüber jedem Mitstand die betreffende Ausfertigung sonderbar zukommen wird.

Zweytens: Müssen die sammentliche Gerichts-und Hofmarchs-Unterthanen mit-und neben der durch Unsere Hofkammer, nach vorhin beschehen landschaftlicher Vernehmung unterm 18ten abgewichenen Monats Jänner auf das Ziel Maria Lichtmeß anticipando ausgschriebenen ganzen ordinari, und auf das Ziel St. Georgi zu erholen angeordneten ganzen extraordinari Land-Defensions-Steuer, zu welch letzter als Land-Defensions-Steuer wegen Bestreitung der im Eingang bereits gemeldet: für heuer mehrmal erforderlichen Kreis-und Reichshilfen all jene Unterthanen beyzuziehen sind, welche sonst in derley Fällen zu dergleichen Hilfen beygezogen worden, noch weiters drey ganze: sohin in allem 5 Unterthans-Steuern, und zwar die dritte ganze auf St. Johann des Täufers, dann die vierte ganze ordinari oder Herbst-Steuer auf St. Michaeli, und die fünfte ganze auf St. Martini abführen.

Drittens: Wollen Wir in Betreff der inn-und ausser Landes liegenden Dom-und Collegiat-Stifts-Kapiteln, Klöster, Spitäler, und anderer derley geistlichen Grundherrschaften, welche dem bieländisch gefreyten Prälatenstand nicht zugethan sind, und daher ab ihren aus diesen Unseren Landen zu Baiern ziehend-grundherrlichen Gefällen nach deren Betrag, und all Instruktionsmäßigen Anschlag die von Alters hergebrachte Herrn-Gilt-Steuern zu verrichten hätten, deßwegen aber mit Unserer lieb-und getreuen Landschaft in seiner Maaß eine gewisse Composition getroffen haben, und zwar mehrmaliger Allegirung des unterm 19ten September 1770 ausgefertigten Additional-Mandats einweilen gestatten, daß berührte Dom-und andere Stifts-Kapiteln, Klöster, Spitäler rc.

für

für-heuer deren verglichenes Contingent wiederum zweyfach, als auf den Termin
St. Georgi, und St. Michaeli, jedoch unter dem bleoben puncto primo gemachten Vorbehalt, in die hiesig landschaftliche Kanzley um so gewisser gutmachen
dürfen, als Wir ansonst bemüsiget wären, die getroffene Compositiones aufheben, sofort die treffende Steuer-Gebühr von denselben Landsverfassungsmäßig
einbringen zu lassen. Dahingegen

Viertens: Alle übrige geistlich-und weltliche Grundherrschaften, welche
unter die Drey gefreyte Stände nicht gehörig, noch sonst um deren Schuldigkeit
mit Unserer lieb-und getreuen Landschaft auf ein gewisses vertragen sind, von
ihren in Unseren Landen genießend grundherrlichen Nutzungen an Stift, und
Gilten, dann Zehend-Küchen-und Getreid-Diensten anheuer auf den Termin
St. Georgi Eine Ganze, und zu St. Michaeli ebenfalls Eine Ganze Herrgülts-
Steuer nach dem Instruktionsmäßigen Geld-Anschlag zu jenen Pfleggerichtern,
und Hofmärken, worinn die Grund-Unterthanen, und Zehendholden entlegen,
gegen Schein der gebührenden Verrechnungs-willen zu entrichten haben.
Gleich dann auch

Fünftens: Bey dem weltlichen Clero, als Pfarrern, Vikarien, Gesell-
Priestern, und Beneficiaten die alt übliche Widensteuer-Schuldigkeit im heurigen
Jahr auf St. Georgi mehrmalen zur Hälfte, und zu St. Michaeli völlig zu
erholen kommet; und zwar dergestalten, daß deren keiner, unter welcherley
Vorwand von Exemption oder geistlichen Ordinariats-Verboth hievon befreyet
seyn solle: gestalten Wir deren bisher eingereicht demüthigste Beschwerds-Vorstellungen in Gegenhalt der von jeher best gegründeten Widensteuer-Gerechtsame
kraft dieß für unstatthaft erklären, und hiermit befehlen, daß gegen jene, welche
die Bezahlung verweigern, sowohl Unsere Pfleggerichter, als die Hofmarks-
Innhaber sich ohne weitere Anfrage der Widume-Nutzung in so viel, als das
Steuer-Quantum abwerfen möchte, versichern, und anmit bey denen Landsteuer-
Aemtern all jährliche Richtigkeit pflegen sollen; maßen von den Landsteuer-Aemtern fürohin bey denen Final-Abrechnungen niemalen einiger Ausstand, und viel
weniger ein Abgang passieren zu lassen.

Sechstens: Ist über die in Unsern Gerichtern, und Hofmärken befindliche Handwerks-und Innleute, welche nicht anseßig, sondern ihre Wohnungen
von einem zum andern Ort wechseln, und neben dem Landschutz ihre Nahrung
mit Handwerken, und Taglohn genießen, auf St. Georgi, und zu St. Michaeli
jedesmal eine sonderbare verläßliche Spezifikation zu verfassen, und von jedem
dergleichen Innwohner 1 Schilling Pfennig, oder in weisser Münz 8 kr. 4 hl.
zu erfordern, und zu den landschaftlichen Landsteueramtern einzuschicken, sofort
diese Gebühr um so gewisser in getreue Verrechnung zu bringen, als sich in
denen eingesendeten Anzeigen geäussert hat, daß dieser höchstlandesherrlichen
Verordnung an vielen Orten die schuldigste Folge nicht geleistet worden, mithin
Wir auf den nächsten wiederumigen Befund bemüsiget seyn würden, die Ungehorsame mit Ungnaden, und gebührenden Bestrafungen ansehen zu lassen.

Siebentens: Sind die blossen Freystifter, und Beständner der adelichen
Sitz-und Schloßhöfen, dann der gemeinen Güter, und Grundstücken ihre lebendige Fahrniß zu versteuern schuldig; Derohalben Unsere Gerichtsbeamte, und
die Hofmarksrichter, wenn, und wo sich dergleichen Stifter, und Beständner
befinden, deren eigenthümliches Huf-und Kloh-Vieh zu beschreiben, und hievon
die Instruktionsmäßige Steuer-Gebühr zweymal, als auf St. Georgi, und St.
Michaeli einzubringen, und gehörigen Orts in Zugang zu verrechnen wissen.

Achtens: Bleibt es bey der vormalig gnädigst-und ernstlichen Verordnung, daß Unsere Pfleggerichter, und Landsassen nicht allein von denen Vormundschaften, sondern auch all andern geistlich-und weltlichen Personen (die
drey gefreyte Stände ausgenommen) ab deren sowohl bey ihnen Ständen selbst,
als

als in ihrem Gerichtszwang anliegenden Kapitalien anheuer ebenfalls zwey Steuern, als eine auf das Ziel St. Georgi, und die zweyte zu St. Michaeli, und zwar bey jeden Ziel den 20ten, sohin auf beydemal den 10ten Theil des Zins-Betrags einzubringen, und mit Beylegung gefertigter Registern zu denen landschaftlichen Landsteuerämtern übersenden sollen; Wobey jedoch jene Pflege-kinder, deren Hauptgut für jedes nicht 100 fl. erreichet, gänzlich, wie auch jene zum Theil, oder auch völlig zu verschonen sind, deren Vermögen zwar größer, annebens aber andere mitleidenswürdige Umstände zu erwegen kommen, wegen welchen dann die Beamte in vorfallenden Zweifeln nicht eigenen Gefallens zu disponiren, sondern bey Unserer lieb- und getreuen Landschaft sich beriefelich anzufragen, und deren Resolution hierüber zu vollziehen haben; mit beyfügend weiteren anädigsten Special-Befehl, wie bey Unserer oberen Landesregierung, dann Hofrath, und denen Regierungen, also auch andern mindern Gerichts-stellen allen deme, was wegen vorsetzlichen Verhalt der zinstragenden Kapita-lien, und folglicher Hinterschlagung der Interesse-Steuern in denen vorigen Mandaten de Annis 1765, 1766, et 1767, sub puncto 8vo in extenso unter angebrobter Strafe enthalten, eben so genau und beflissen nachzuleben, als ob es gegenwärtig von Wort zu Wort hieher angeführt worden wäre. Wie es dann auch

Neuntens: Mit denen bey all Unseren Stadt- und Märkten, dann deren Burgerschaft verzinslich anliegenden Kapitalien, so denen ungefreyet geistlich- und weltlichen Personen angehörig sind, ohne mindeste Ausnahm gleichzuhalten, sofort gedachte 2 Interesse-Steuern auf St. Georgi, und St. Michaeli derge-stalten zu erholen sind, daß von jedem Magistrat der Betrag mit einer separirt gefertigten Specifikation zu dem betreffenden Landsteuer-Amt eingesendet werden solle, welches nach dem kürzern Weg zeitig, und füglicher geschehen kann, wenn die Steuer-Gebühr, es möge solche inn- oder ausländische Gläubiger anbetreffen, von deren Debitorn ohnmittelbar eingebracht, und alsdann dem Gläubiger der Schein statt baaren Geld hinausgegeben wird. Wo aber nichts zu verrechnen angefallen, wäre dennoch ein Fehlregister einzuschicken, und da einige Ort-schaften in mora, die Nothdurft von denen Landsteuer-Aemtern zu Belegung der Rechnungen per Patent auf der Saumigen Kösten abzufordern.

Zehntens: Nachdem die Steuergefälle auf die ausgesteckte Zieler, und an gehörige Ort so richtig einlaufen müssen, als mit deren Vertheilung bey Un-sern Zahlämtern der sichere Antrag hierauf gemacht ist; So versehen Wir Uns zu deren drey gefreyten Ständen, auch auswärtigem Stift- und Klöstern, daß sie mit ihren Erlagen innerhalb 4 Wochen nach jed bestimmten Ziel richtig beyhalten, und es auf eine unbeliebige Ermahn- und Ahndung nicht ankommen lassen wer-den; Unseren Gerichtsbeamten, und denen Landsassen aber wird hiemit ernstlich aufgetragen, denen Unterthanen die Steuertäge so zeitig, daß sich selbe gefaßt machen können, öffentlich verkündigen zu lassen, und die Einnahm bald beinach dergestalten anzusetzen, daß der Betrag in gangbarer Münz zu denen landschaft-lichen Steuer-Aemtern, wohin selber gehörig, ebenfalls längstens nach Verfluß 4 Wochen, von dem gesetzten Steuer-Ziel angerechnet, um so gewisser geliefert werde, als nach Verfluß dieses 4wochigen Termins gegen die in einen sichtbaren Saumsal verfangene alsogleich mit denen verordneten Zwangsmitteln verfahren, und zu solchem Ende von denen Steuer-Aemtern ohne weitere Zuwart, und ge-ringste Rücksicht die militairische Execution auf die Saumigen Kösten hinausge-schicket werden soll; Wie dann anbey sie Unsere gerichtisch- und die hofmärkische Beamte sich zu keiner Zeit anzumassen haben, diese Gefälle unter einigen Vor-wand nur im mindesten anzugreifen, oder auf andere Ausgaben, oder Amtsbe-streitungen hiervon etwas zu verwenden, oder bis auf die öfters sehr spat einlen-tende Final-Abrechnung geflissentlich zurück zu halten, noch auch willkührlich so lang in Ausstand, bis die Restanten außer Zahlungsstand gesetzt sind, hangen zu lassen, sondern gegen die wissentlich zahlungsfähige Unterthanen anfangs die gerichtliche Zwangsmittel zu gebrauchen, da aber selbe nicht verfangen, alsdann mit der militairischen Execution (welche die Landsteuer-Aemter nach erfindenden

Um-

Umständen bey jedem Orts Regiments-Commendanten entweder selbst begehren, oder die Gerichts- und Hofmarksbeamte zu Gewinnung der Zeit hierum ansuchen können, und sollen) nothdürftig zu verfahren; beynebens auch die Einnahm der Steuer-Gelder unter einer ergiebig unfehlbaren Geldstraf, oder nach gestaltsame wirklich zu gewarten habender Dienstentsetzung, so wenig denen Schreibern als denen aufgestellten Gerichtsdienern, und deren Knechten anzuvertrauen; massen auf jenen Fall, wo ein Saumsal, Verdacht, oder Unrichtigkeit anscheinet, Unsere lieb- und getreue Landschaft des unterm 16ten Februar 1748 ausgefertigten Special-Decrets von selbst befugt, und bewaltet ist, durch deren Abgeordnete auf Kosten der hinlässigen Beamten, und Landsassen der Sache in loco ein- und auf den Grund sehen zu lassen; Wie dann überhin denen Landsteuer-Aemtern hiemit aufgegeben wird, nach jedem fruchtlos verstrichenem Steuer-Termin, und aus besonderer Gnadenmilde gesetzt 4wochigen Frist, die morose Beamte, und sonderheitlich jene, welche die Steuer-Schuldigkeit aus Eigennuß oder strafmäßiger Gewohnheit entweder gar nicht, oder nur einen Theil hiervon gut gemacht haben, sogleich eigne Bothen auf deren, und nicht der Unterthanen Kosten abzuschicken, und wenn es an der gezlemenden Folgleistung gleichwohl erwindet, Uns selbe der verdienend-empfindlichen Korrectionswillen ohne alle Rücksicht namhaft zu machen.

Eilftens: Was in denen ältern Mandaten, und benanntlich jenem de anno 1775 wegen den, denen Unterthanen von einigen Gerichts- und Hofmarks-Beamten, ohngeachtet geschehenen Verbochs, aufdringend sogenannten Ausstandsbatzen enthalten, bey deme hat es sein unabgeändertes Verbleiben, und wird allein denen Gerichtsdienern noch ferners erlaubet, daß diese, wenn sie nach mehrern gehaltenen Steuereinnahmstägen denen Restanten zu Haus gehen müssen, von jedem Unterthan, (obschon selbiger mit seinen Zubaugütern, und walzenden Stücken in denen Steuer- und Anlagsbüchern öfters einkommet) einige 4 Kreuzer, und bey Vermeidung schweren Einsehens kein mehreres nehmen dörfen; worauf Unsere Rentamts-Commissionen genaue Obsicht zu halten, und die frevelhafte Uebertretter der gebührenden Bestrafungswillen vorzuschreiben haben.

Zwölftens: Ist in denen vorjährigen Steuer-Mandaten die gleichmäßig deutliche Verfügung geschehen, daß Unsere Pfleggerichter, und die Hofmarken, über die von Zeit zu Zeit abgebrannt oder von denen Unterthanen gänzlich verlassen, mithin zu Dorf und Feld öd liegende Güter (inclusive jener, welche zwar kürzlich neu bemahret worden, hierauf aber die von Unsrer lieb- und getreuen Landschaft verwilligte Steuer-Freyjahre noch nicht ausgelaufen sind) eine eigene, oder besondere Designation mit Entwerfung des Hoffußes, und einfachen Steuerbetrags zu verfassen, und diese neben denen ordinari Nachlaßbeschreibungen zu denen Landsteuerämtern einzusenden haben; Entgegen hierunter andere entweder gandmäßig, oder überhäufter Schulden halber abhausende Unterthanen, (weil diesen mit Verlust des alleinigen Steuergefälls ohnedem nicht mehr aufzuhelfen,) keinesweges einmischen, sondern solch letzte sammt deme, was sie über bezahlter an Steuern noch restirend verblieben, zu denen Landsteuerämtern ebenfalls specificirt und von Jahr zu Jahr separirter, jedoch nur zur bloßlichen Auszeigung des endlichen Steuerabrechnungsrests in so lang übergeben sollen, bis bey nächster Verkauf, Uebergab, oder Vergandung der Güter der völlige Ausstand erholet, und in gebührende Verrechnung gebracht werden kann;

Als haben die Landsteuerämter in dieser vorgeschriebenen Ordnung den mindesten Unterbruch zu gestatten, und sofern ein- oder anderes Pfleggericht, und Hofmark gleichwohl hierwider handeln, und beynebens die von Unser Hofkammer allein in denen Hofanlagen, oder von denen Hofmarksinnhabern, und anderen Grundherrschaften auch nur in deren grundherrlichen Foderungen bewilligte

Note 2 - 3, oder mehrjährige Befreyungen zugleich auf das Steuergefäll (ohne
vorher zu Unserer lieb- und getreuen Landschaft geschehener Berichtserstattung,
und darauf erfolgter Resolution) eigenmächtig erstrecken wollten, geringstes
passiren zu lassen, sondern alle dergleichen mit obererwähnten ordinari Schadensbeschreibungen unrichtig einsendende Freyjahrs-Designationes zur unvermei-
denlichen Correction, und Beobachtung der Nothdurft schleunig zurückzuschicken, und wegen dem sich hiedurch bey der Final-Steuerabrechnung allenfalls
höher ergebenden Hinleinrest sowohl, als auch jenen Unterthans-Steuerausständen, so nach berührt vorgenommenen Gant- oder anderen Curskäufen, ohnerachtet wissentlicher Prælation, aus Unachtsamkeit, und Saumsal der Gerichter,
und Hofmärken in gebühriger Zeit nicht erholet, und zu denen Landsteuerämtern
gutgemacht worden, sich ohnmittelbar an Unsere Beamte, und die Hofmarks-
innhaber zu halten; wo indessen von denen Unterthanen, welche wegen erlittenen
Brunstschäden die zuläßige 3 Freyjahre bereits genossen, die Steuern wiederum,
wie ebevor, einzubringen kommen, ob selbe schon ihre Häuser, und anderes noch
zumal gänzlich, oder zum Theil nicht auf- oder ausgebauet haben.

Dreyzehntens: Wenn im heurigen Jahre einige Gerichts- und Hof-
marksunterthanen an denen Feldfrüchten durch Schauer, Wassergüsse, und auf
andere Weise so empfindlich beschädiget wurden, daß sie die sammentlichen Steuern
zu entrichten außer Standes, und daher eines Nachlasses würdig, und bedürftig
wären, wobey doch Gutachten über geringe, und manchmal nicht soviel durch
Haus- oder Feldunglücke, als durch übles Haushalten der Gutsbesitzer vorkommende
Schäden zu vermelden sind; hätten selbe ohne ohnnöthig vorhin schon abgeschäftes
Suppliciren, noch, daß sie von jemand auch bey nur gering erlittenem Verlurst zum
Anhalten verleitet werden, sich bey ihren Obrigkeiten persönlich zu melden,
diese aber, da auf solche Anzeige der Augenschein mit Gelegenheit anderer ihrer
Amtsverrichtungen füglich, und ohne Kösten zwar nicht vorgenommen werden
kann, den angebenden Schaden durch zwey oder mehr beeydlich verpflichtete
Schätzmänner, respective Obleute von den nächstgelegenen Orten in ihrer selbst
Gegenwart: Bey der zu weiten Amtsentfernung aber mit Zulehung der Gerichtsdiener in jedem Falle, nach vorherig zweckmäßigen Lokal-Unterrichte der Schätzleute zu den vorhabigen Augenscheinen, und Schätzung, besichtigen zu lassen,
sofort hierüber nach pflichtschuldiger Ermäßigung ohne kennbarer, und gar nicht
vortraglicher Ueberspannung der Schäden, die Wir mit jenen, so die Gerichter,
und Hofmärken in Hof-Anlagen vorschreiben, conferiren lassen, eine
in 2- oder 3 Klassen abgetheilte Conscription unter Anmerkung des Hoffußes,
und der einfachen Landsteuer zu verfassen, und solche mit beygesetzten Gutachten
Längstens bis Michaeli (zumal hinnach mehr Amtsberichten, wo einschlägrige
Memorialien angenommen, sondern die Versäumniß einer, wie der andern Parthey zur eigener Schuld angerechnet würde) zu ersagten Landsteuerämtern der
Examinations- und weiterer Begutachtungswillen einzuschicken, damit die Nach-
läße bey Unsrer lieb- und getreuen Landschaft resolviret, und hinausgeschrieben
werden können, welche die Gerichts- und Hofmarksbeamte alsdann vor denen
Kirchen ohne geringsten Aufschub verrufen, jeden Unterthan das Seinige getreulich genießen zu lassen, und hierauf neben sothanem Nachlaß zugleich auch das,
was in den erlosenen Schadens-Besichtig- und Schätzungskösten der Schätzleute
(massen alle übrige Taxen, Sporteln, und Gebühren landesgesetzwidrig, und
abgeschäft sind) abgezogen worden, den unausbleiblichen Ahnd- und Bestrafung
in die Steuerbüchlen einzuschreiben wissen. Wie all solches in Unserm unterm
zisten May 1790*) sowohl der Steuern, als Hofanlags-, Stift- und Getreide-
Gilt-Nachlässen halber erlassenen General-Mandat nebst mehr andern neuerlich verordnet, und anbefohlen worden ist.

Vierzehntens: In Bedenkung, daß wegen den sogenannten Armuths-
Abgängen von denen Unterthanen der in Hoffuß höher stehenden Güttern, womit
ohngeachtet des schon öfters geschehenen Verboths nur theils Gerichts- und Hofmarksbeamte noch immer aufgezogen kommen, durch die in obig 12ten Punkten
gemachte Vorseh- und Verfügung bereits abhelfliche Maaß verschaffet worden;
                                                                      Haben

*) Vid. die Samml. d. J. 1797. Seite 57. N. 21.

Haben die Landsteuerämter dergleichen nicht mehr passiren zu lassen, wohl aber mit denen bettelarmen Häuslern, welche keiner Arbeit vorstehen können, (falls unter solchen Vorwand ein- und anderen Orts nicht zu viel, oder sehr auffallend, wohl gar alle abgeschrieben werden wollen) dergestalten zu dispensiren, daß die hierüber mit Anzeige des Hof- und Steuerfusses verfaßte Specificationes keinesweges erst mit denen Final-Abrechnungen, sondern sogleich mit denen Gerichts- und Hofmärkischen Schadens- respective Steuernachlaß-Beschreibungen längstens bis Michaeli eingesendet werden sollen, um selbe bey denen Landsteuerämtern vorhero nothdürftig examiniren, und das erfindende Steuer-Quantum dem ordinari Nachlaßprotokoll einverleiben zu können.

Fünfzehntens: Wird zur schuldigster Nachachtung der Pfleggerichter, und Hofmärkten, in welchen die baumäßig, und andere nutzbare Grundstücke der Oed, oder von denen abhausenden Unterthanen nicht mehr zu beschlagen vermögenden Gütern, jedoch mit vorheriger Vernehm- und Zuziehung des Abhausers, um ein gewisses jährliches Bestand-Geld verlassen worden sind, und zur künftig besseren Cultivierung wohl bedächtlich noch weiters zu verstiften getrachtet werden sollen, daß in dem 1768sten Steuer-Mandat sub puncto 14tens enthaltene gnädigste Geschäft gemäßnest wiederholt, bey Wertheilung sothanen pacirt jährlichen Bestand-Geldes die privilegirte Landsteuern keinesweges auszuschließen, sondern zwischen selbigen, dann der Hofanlags- und grundherrlichen Schuldigkeit unterdessen, bis derley Güter wieder zur Bemayrung gelangen, einen gleichzügigen Ausschlag zu machen, so fort jenes, was nach dem Gulden auf die Steuern berüher zu nehmen kommet, Unserer lieb- und getreuen Landschaft allwegen bey Einschickung der Steuer-Gelder in gebührende Verrechnung zu bringen; Worauf die Landsteuerämter gleichwohl behörigen Bedacht zu nehmen, und sonsten noch bey entstehenden Zweifeln, ob da, oder dort in denen Steuern nicht mehrere öd- und unbemayrte Güter, als in denen Hofanlagen abgeschrieben worden, von Unsern Pfleggerichtern ordentlich specificirt- und gefertigte Extract aus denen bey Unserer Hofkammer ratificirten Hofanlags-Libellen, von denen Hofmärken aber gleichmäßig gerichtliche Attestata abzufodern wissen, die man auch an Seiten der Gerichte denen mehr besagten Hofmärken auf beschehenes Ansuchen niemal zu versagen, sondern selbe zu dem Ende ex Officio ohnentgeltlich zu ertheilen hat, damit sie sich hiemit bey denen Landsteuerämtern, allwo von gänzlich öbliegenden Gütern die Steuern ebenfalls, wie die Hofanlagen pr. Abgang passieren sollen, nothdürftig neben einander legitimieren können. Und damit

Sechszehntens: Die Landsteuerämter in Verfaß- und Schliessung deren Hauptrechnungen nicht gehindert seyn mögen, haben alle Unsere Gerichter und Hofmärken, sobald ihnen die von Unserer lieb- und getreuen Landschaft resolvirte Steuer-Nachlässe zukommen, in Einbringung der noch bestehenden Restern mit allem Eifer zu setzen, und, da es bey saumigen Orten öfters noch im späten Jahr an denen Registern, und anderen ohnentbehrlichen Nothdurften ermangelt, wonach doch, wenn sonst nichts unpassierliches einlaufet, die eigentliche Schuldigkeit entworfen werden muß, selbe in gehöriger Zeit einzuschicken, folglich mit gefaßter Nothdurft endlich Richtigkeit zu pflegen, und dagegen zur künftigen Legitimation auf alle Steuer-Terminen eine ordentliche Quittung an sich zu bringen, und bey Unsern Rechnungs-Aufnahms-Commissionen gebührends vorzuweisen, ohne daß Unseren Pfleg- und Landgerichts-Beamten ins besondere jemal erlaubet seyn solle, sothane Rests-Erlagen, und gänzliche Richtigkeit bis in das nächst folgende Jahr unter einigem Vorwand zu verschieben, massen Wir absolute gnädigst wollen, und hiemit geschärfest verordnen, daß von all, und jedem derenselben bis Ende des Jahrs durchgehende Richtigkeit hergestellet seye; im widrigen, und da sich jemand dießfalls, wie überhaupts in dem Steuerwesen, als einer Unsere höchste Rechten, und Dienst betreffenden Sache etwas zu Schulden kommen lassen, und denen landsteuerämtlichen Erinnerungen, und Stimulationen zu fügen Anstand nehmen, oder mit Beysetzung der gebührenden Ach-

tung

fing gar widerspenstig erzeigen sollte, Wir auf ihre der Beamten Kösten eigene Untersuchungs-Commissiones ad locum abordnen, und nach erfundener Beschaffenheit die Amotion, und andere exemplarische Bestrafungen verhängen wurden; Und weil in den Hofmarken Unsere Landsassen ihre Richter vertretten, dafür stehen, und haften müssen; So werden dieselbe von ihren aufgestellten Hofmarks-Verwaltern nach jed verflossenen Steuer-Ziel die von denen Landsteuerämtern um die gemachte Erlagen erhaltene Abschlags-Quitungen zu selbstiger Sicherheit, und Ermäsigung der, nach dem bestehenden Steuer-Simplo, und der Unterthanen Vermögenheit hinlänglich, oder unhinlänglich geschehenen Abschlags-Zahlungen und mit Ende des Jahrs die Hauptquittung um so mehr in Originali abzuforderen wissen, als selbe im Fall eines ab Seite der Verwaltern sich ergebenden Steuer-Rückstandes, aller dagegen wie immer machenden Einwendungen ohngeachtet, jedesmal zum baaren Ersatz verfänglich angehalten werden wurden.

Wir befehlen demnach eingangs gemeldeten Unseren Beamten, Landsassen, und deren aufgestellten Verwaltern, wie auch denen sammentlichen Städts und Märkten, und insgemein all und jeden Unterthanen gnädigst, und ernstlich, diesem Unseren Landes-Geboth, und Ordnung bey Vermeidung Unserer höchsten Ungnade, und angedroheter Bestrafung, in einen, wie dem anderen, gezittmends nachzuleben; zu dem Ende dann Unser Hofrath, und die Regierungen auf jedmaliges Belangen Unserer lieb-und getreuen Landschaft, und deren Steuer-Aemtern, gegen dirjenige, welche dießfalls in mora, oder sich widersetzig zeigen, die Hand zu biethen, und, weil selbe vorhin schon stimulirt, und gewarnet worden, keine weitere Termine, oder Dilation zu ertheilen, sondern sogleich executive verfahren sollen, und zwar so mehr, als Wir in dem Steuerwesen, und dahin einschlagenden Geld-Verhalt, als einer zwischen Uns, und gedachter Landschaft vorhin reiflich überlegt, und abgemachten Sache keinen Verzug, Disput, oder Proceß, wie, wann, oder von wem, auch unter was Vorwand dergleichen immer gesuchet werden möchte, zu gestatten gedenken, sondern solche Partheyen ohne An-oder Innstand ab-und an gemelte Landschaft zu weisen, diese aber die vorkommende Zweifel, und Anstände zu erklären, oder auf nöthigen Fall an Uns gelangen zu lassen wissen wird. Gegeben in Unsrer Haupt-und Residenzstadt München, den 4ten May 1796.

Nro. III.

Von dem allgemeinen Landanlehen.

Embiethen Jedermann Unseren Gruß und Gnade zuvor. Bey der heurigen mit Unserer lieben und getreuen Landschaft in Baiern gepflogenen Postulatshandlung zu den vorliegenden Staatsbedürfnissen hat sich bezeigt, daß die in hiesigen Landen jüngst ausgeschriebene 5 Landsteuern, und 2 Standanlagen, sammt dem besondern büßlichen Beytrage der drey gefreyten Stände zum unausweichlichen Unterhalte des im Felde stehenden gemehrten baierischen Reichs-Contingentes, und der gemehrten Lands-Defension, wie auch zur Entrichtung der heuer vom heil. röm. Reiche ausgeschriebenen 100 Römermonaten, neben den gemeinen Hof-Staats-und Regierungsbedürfnissen nicht hinreichen. Wir haben Uns daher nach reifer Erwägung der Sachen mit Unserer lieben und getreuen Landschaft dahin einverstanden, daß zur Vermeidung höherer, oder neuerer Auflagen und Steuern der Weg eines allgemeinen Landanlehens, als der beste, schärfste, erträglichste, und am mindesten beschwerliche eingeschlagen, folglich damit die jährliche Interessen nicht ausser Landes fliessen, sondern wiederum den hiesigen Landes-Insassen zu guten gehen, dem ausländischen Credite vorgezogen werden solle.

Dieses allgemeine Landanlehen wird jährlich mit 4 pro Cent verzinset, und sogleich nach hergestelltem Frieden in möglichst kurzen Fristen heimbezahlt, auch werden bis dahin von Unserer lieben und getreuen Landschaft durch förmliche landschaftliche Obligationen mit Unserem bereits ertheilten Consens, und

der

der erholten Garantie Unserer Agnaten für dasselbe der ganze Land- und Stand-Steuer-Fond, alle Aufschläge, und die Fundi des gemeinsamen Schuldenabbildungs-Werkes verpfändet.

In Verfolg dieser mit Unserer lieben und getreuen Landschaft abgeschlossenen Handlung wird

Erstens: Zu diesem Anlehen der gesammte bieländische gefreyte Prälatenstand gezogen, welcher sich auch bereits (mit Beyziehung der Kollegiatstifter und des Maltheser-Ritterordens) zu einer überhauptigen doch ergiebigen, und daher von Uns mit besonderen Gnaden angenommenen Summe angebothen hat, deßwegen jedes individuelle Mitglied dieses Standes sich nach der, ihme von den Prälatenstand-Steuerämtern zukommenden besonderen Ausfertigung zu achten hat, wenn ein oder der andere nicht so eben mit so vielem baaren Gelde versehen wäre, gleichwohl anderswo Credit zu suchen hiermit die Landesfürstliche Bewilligung erhält, dagegen aber die repartierte Summe binnen 4 Wochen uneinstellig in die Landschaftskanzley Ober- oder Unterlandes zu erlegen, und das Recht zu genießen hat, die Interessen nach 4 pro Cent an der jährlichen Prälaten-Stand-Steuer abzuziehen, und innbehalten, folglich die Interesse-Scheine statt baar Geld übergeben zu dürfen.

Zweytens: Auf gleiche, Uns zu besonderem gnädigsten Wohlgefallen gereichende Art, hat sich der gefreyte Stand der Ritterschaft anerboten, von sammentlichen seinen Grund-Unterthanen, wovon derselbe eine jährliche Gült oder Stift einzunehmen hat, sie mögen nun in den Hofmärchen, oder in den Landgerichtern, oder in fremden Hofmärchen, liegen, dem Hoffuße nach, von jedem grundbaren Hofe 13 fl. 20 kr. als Grundherr zum gegenwärtigen Landanlehen beyzutragen, dagegen aber auch

Drittens: Sammentlich übrige, mit Hofmärchen oder Eigen nicht begüterte, folglich dem Ritterstande nicht zugethane Grundherrn, was Standes oder Würde dieselbe auch seyen, geistlich oder weltlich, Inn- oder Ausländer, ab jeden demenselben grundbaren ganzen Hofe ebenfalls mit 13 fl. 20 kr. zu gegenwärtigen Landanlehen beytragen sollen. Mit alleiniger Ausnahme

a) Der Prälaten, der Kollegiatstifter und des Malthefer-Ritterordens, welche für ihre sammentliche, folglich auch grundherrliche Einkünfte schon eine überhauptige angemessene Anlehens-Summe verreichen.

b) Der Pfarrer und Beneficiaten, welche ihr Landanlehen nach einem anderm Fuße repartiert wird, und welche folglich von ihren Grund-Unterthanen nichts mehr zu verreichen haben.

c) Der Gotteshäuser, welche auch schon zu einem besondern Anlehen gezogen worden, und hinnachfolgend bemerktermaßen die verunglückte Unterthanen zu subleviren haben.

d) Der Spitäler, Kranken- und Waysenhäuser, welche ihrer zum Besten der Menschheit nöthigen Baarschaft nicht entblößt werden sollen. Und endlich

e) Der bloßen Lehenherrn, welche bloß bey Lehenfällen die Relevia genießen, es wäre dann, daß ein oder anderer Lehenherr durch besonders Geding von seinem Lehen-Unterthan eine jährlich Gült oder Stift bezüge.

Es hat sich diesernnach

Viertens: Jeder vom bieländischen Ritterstande, und so auch jeder inn- oder ausländisch-geistlich- oder weltlicher Grundherr in Unseren Landen nach den von Unserer lieben und getreuen Landschaft erhaltenden Ausschreibungen zu achten, das Ratum seines Anlehens nach seinen in den verschiedenen Landgerichtern, oder Hofmärchen entlegenen Grund-Unterthanen, nemlich ab jedem ganzen Hofe 13 fl. 20 kr., von einem halben Hofe 6 fl. 40 kr. und so weiters nach Verhältniß des Hoffußes zu berechnen, und die betreffende Hauptsumme zu den Landschafts-Kanzleyen Ober- und Unterlands binnen 4 Wochen einzuschicken, dagegen die vom Ritterstande ihre betreffende Interessen an der jährlichen Ritterfteuer, die ungefreyten Grundherren an der Herrngiltsteuer, und die ungefreyten Klöster an ihrer jährlichen Decimation abzuziehen, und einzubehalten, folglich die Interesse-Scheine statt baar Geld zu übergeben befugt seyn sollen.

Fünftens: Aus den in den Jahren 1752 und 1760 eingesendeten Conscriptionen sind Uns zwar die damalige sammentliche Grundherra im ganzen Lande ohnehin bekannt, und Wir haben nur aus gnädigstem Vertrauen auf eines jeden Standes selbige Treue und Redlichkeit die Hinausschreibung der einem jeden betreffenden Quote doch mit Vorbehalt der Controlle unterlassen; allein außerhalb des eigentlichen Ritterstandes und der inn- und ausländischen Geistlichkeit, welche sammentlich von Unserer lieben und getreuen Landschaft abgesonderte Zuschriften erhalten, sind ohne Zweifel während dieser Zeit bey den die Edelmannsfreyheit, und folglich auch die Jurisdiktion nicht genießenden weltlichen Grundherrn verschiedene Veränderungen vorgegangen, weßwegen an die dermalige veränderte Grundherren keine Ausschreiben erlassen werden können; damit aber auch diese gleich allen anderen Grundherren in das Anlehen gezogen werden können, befehlen Wir hiemit gnädigst, daß jedes Land- Pfleg- oder Herrschafts-Gericht, und so auch jedes Hofmarchsgericht alsogleich das Hofanlagsbuch seiner Jurisdiktions-Unterthanen vorhanden nehme, hiernächst

a) Diejenige Unterthanen, welche im Jahre 1760 einem ungefreyten vom Adel, einer Privatperson vom Mittelstande, einer Bruderschaft, einer Zunft, oder auch einem Bürger, oder andern Bauern grundbar waren, mit dem Numero des Hofanlagsbuches in ein Verzeichniß bringe. Hiernächst

b) Sich bey demselben erkundige, wer dermaln ihre Grundherrn seyen, und diese jetzige Grundherrn beysetze.

c) Ersagten jetzigen Grundherrn den mit Unserer lieben und getreuen Landschaft gepflogenen Abschluß, daß also nach gegenwärtiger General-Verordnung jeder Grundherr von einem grundbaren ganzen Hofe 13 fl. 20 kr. und so nach Verhältniß des weiteren Hoffußes zum Landanlehen beyzutragen habe, bedeute; und endlich

d) Von diesem Verzeichnisse ein Duplicat in Unseren geheimen Rath, und ein Duplicat zur betreffenden Landschafts-Kanzley Ober- und Unterlands übersende, damit letztere von diesen Grundherrn die Anlehens-Beyträge gegen landschaftliche Obligation einbringen, und erholen können.

Sechstens: Da auch der Bürgerstand zu diesem allgemeinen Anlehen beyzutragen hat, und deßwegen jeder Stadt- und Markts-Magistrat von Unserer lieben und getreuen Landschaft abgesondertes Ausschreiben über das derselben Stadt, oder denselben Markt anreparirte Quantum erhält, so versehen Wir Uns gnädigst, daß jeder Magistrat, in so weit die Stadt- oder Marktskammer zur selbstigen Abführung des Quanti nicht hinreichende Mittel besitzt, denen Bürgern die Nothwendigkeit dieser allgemeinen, und zu Vermeidung mehrerer Auflagen gereichenden Vorkehr, wie auch die Eingangs erwähnte im Ueberflusse gewährte Versicherung des Kapitals begreiflich mache, daß fernere die Magistratsglieder als meistens der vermöglichere Theil durch einen ergiebigen Beytrag mit dem guten Beyspiel vorgehe, die übrige vermöglichere Bürger, als z. B. die vom Handelsstande, vom brauenden Stande u. d. gl. gebührende ermahnen, von den minder vermöglichen aber auch einen geringeren Beytrag annehmen, und folglich das auf jede Stadt oder Markt überhaupt anreparirte Quantum vollzählig machen sollen, damit Wir zu keiner selbstigen Subreparticion auf jeden Bürger Uns benöthiget finden.

Jeder zu diesem Anlehen contribuirende Bürger hat zwar seinen Beytrag zum Magistrate gegen Interims-Scheine zu erlegen, erhält aber sodann förmliche landschaftliche Obligationes und zugleich das Befugniß das jährliche Interesse an seinen bürgerlichen Abgaben einzubehalten, und den Interessen Schein statt baar Geld zu übergeben, wogegen sodann jeder Magistrat diese eingenommene Interesse-Scheine an seiner jährlichen Standsteuer statt baar Geld anzurechnen hat.

Siebentens: Neben obigen 3 Ständen haben auch die in Unseren hiesigen Landen befindliche Pfarrer und Beneficiaten ebenfalls zum Landanlehen zu concurriren, und gleichwie der Prälatenstand für die Kloster-Pfarreyen einen abgesonderten angemessenen Beytrag bereits zugesichert hat; so ist auch einem jeden Pfarrer oder Beneficiaten sein ihm zugetheilter Anlehensbeytrag mit speciellen gnädigsten Befehlen ausgeschrieben worden: wogegen aber dieselbe als Grundherrn von ihren grundbaren Gütern nichts weiters mehr zu entrichten haben. Endlich und

Achtens: Erstreckt sich dieß allgemeine Landanlehen auch auf das gesammte Landvolk in allen Gerichtern und allen Hofmärchen, es mag selbes mit seinen Gütern freyeigen, kastnamtisch urbar, oder sonst wem immer grund- oder lehenbar seyn.

Und zwar dergestalt, daß so wie nach dem obigen §ro die Grundherrn für sich selbst, also auch alle und jede Grund- und eigene Unterthanen ebenfalls für sich selbst dem Hoffuße nach zum Anlehen beyzutragen haben.

					fl.	kr.
Ein jeder ganzer Hof	.	.	.	.	13	20
Ein halber Hof	.	.	.	.	6	40
Ein Drittelhof	.	.	.	.	4	26⅔
Ein Viertelhof	.	.	.	.	3	20
Ein Sechstel	.	.	.	.	2	13⅓
Ein Achtel	.	.	.	.	1	40
Ein Zwölftheil	.	.	.	.	1	6⅔
Ein Sechszehntel	.	.	.	.	—	50
Und ein zwey und dreyßiger	.	.	.	.	—	25

Da nun dieses Anlehen bis zu seiner nach eintrettenden Frieden sogleich erfolgten Rückzahlung eben so, wie alle übrige zu 4 pro Cento verzinset wird, so genießet jeder Unterthan bis zur Rückbezahlung das Recht sein betreffendes Interesse vom künftigen Jahre anfangend beym dritten Hofanlangsziel an seinem sonst schuldigen Erlag allzeit abzuziehen und innzubehalten.

Nämlich ein ganzer Hof genießt	.	.	.	.	32 kr. Interesse.
ein halber Hof	.	.	.	.	16
ein Dritteltheil	.	.	.	.	10⅔
ein Viertelhof	.	.	.	.	8
ein Sechstheil	.	.	.	.	5⅓
ein Achtel	.	.	.	.	4
ein Zwölftheil	.	.	.	.	2⅔
ein Sechszehntheil	.	.	.	.	2
ein zwey und dreyßiger	.	.	.	.	1 kr. Interesse.

Dieses Anlehen hat jedes Land-Pfleg-Herrschafts- oder Hofmarksgericht von seinen Jurisdiktions-Unterthanen binnen 6 Wochen von Zeit der Publication dieser Verordnung einzubringen, die Hofmarksgerichte aber den eingebrachten gesammten Betrag zu dem Land- oder Pfleggericht, worinn selbe incorporirt sind, zu übersenden, dabey die Summe (weil die Beyträge genau nach dem

Hof-

Hoffuße repartirt sind) ganz genau mit der Hoffuß - Summa, nach welcher für das verflossene Jahr 1795 die Hofanlagen eingesendet worden sind, übereintreffen, widrigenfalls von den Land- und Pfleggerichtern gerügt, und der Zuschuß erholt werden muß.

Gleiches haben auch die Land- und Pfleggerichte bey Einsendung der Hauptsumme zu den betreffenden Landschaftskassen Ober- und Unterlands zu beobachten, wo folglich die Hauptsumme von ihren gerichtischen und den incorporirten hofmärktischen Unterthanen ebenfalls ganz genau mit dem Hoffuße vom Jahre 1795, nämlich jeden ganzen Hof zu 13 fl. 20 kr. gerechnet, übereinstimmen muß; denn er hat von diesem besagtermaßen richtigst verzinslichen, und für die Rückgablung überflüßig versicherten bloßen Landanlehen gar keine einzige Ausnahme, Entschuldigung, Nachlaß- oder Rückstand selbst nicht einmal bey denen durch Brand, Schauer oder Viehfall verunglückten Unterthanen statt, sondern damit das Ganze in Ordnung gehalten werde, und die Hauptsumme des Hoffußes auch die richtige Controlle von der Hauptsumme des Landanlehens seye, und bleibe, haben Wir nach Rath Unserer lieben und getreuen Landschaft beschlossen, daß dergleichen durch Brand, beträchtlichen Schauer, oder Viehfall verunglückten Unterthanen, wenn selbe diese ihnen anrepartirte geringe Anlehens- Summe zu entrichten wirklich außer Stand seyn würden, sie aus den Kirchengeldern, und zwar bey den Landgerichtischen Unterthanen von den gerichtischen Gotteshäusern, und bey den Hofmärktischen Unterthanen von den ständischen Gotteshäusern anlehensweise vorgestreckt werden solle und müsse, und zwar ohne daß selbe dieserwegen einen grundherrlichen Consens zu erholen, und für Tax, oder wie immer Namen habende Sportel das allerminbeste zu bezahlen haben, oder von ihnen gefordert und angenommen werden darfe.

Anbey verstehet sich von selbst, daß diejenige, deren Unvermögenheit nicht aus den hieoben ausdrücklich bemerkten 3 Ursachen herrührt, und welche folglich keinen Anspruch auf Kirchengelder haben, sich gleichwohl bey ihren vermöglicheren Nachbarn und Verwandten auf ihr eigenes Kredit sich um einen Vorschuß umsehen, oder widrigenfalls die unausbleibliche Execution befahren müssen.

Die Erhaltung der Ordnung bey einem so ausgedehnten Wesen erheischt, daß dieses Landanlehen bis zu seiner Heimbezahlung auf jedem Gute, es mag bey selben durch Kauf, Tausch oder Uebergabe, welch immer eine Veränderung vorgehen, liegen bleibe, mithin kann kein Unterthan seinen gemachten Beytrag an einen Dritten verschenken, verkaufen, oder überlassen, sondern dieß Anlehen wird Niemand andern, als bloß dem Nachfolger, auf dem Gute, wer der auch immer seye, heimbezahlt, wornach also jedermann seinen Antrag zu machen hat.

Auch erhält jedes Land- und Pfleggericht für die Hauptsumme des von den Landgerichtischen Unterthanen gemachten Anlehens, so auch jedes Herrschafts- und Hofmarchsgericht eine förmliche Landschaftliche Obligation mit der im Eingange des gegenwärtigen Generalmandates erläuterten Verständung, welche Obligationen in den Depositen- Kassen wohl verwahrlich aufzubehalten sind.

Wir befehlen aber auch hiemit gnädigst, daß jede Jurisdiktions- Obrigkeit sämmentlichen Unterthanen diese hinlängliche Versicherung und Verpfändung ihres Anlehens, und daß sich die Darleiher um die jährliche Zinsen alljährlich selbst, nämlich mittels Abzug beym dritten Hofanlagezziel bezahlt machen können, und dürfen, wohl und deutlich erkläre, ihnen auch begreiflich mache, daß nachdem der täglich fortlaufende schwere Unterhalt Unseres im Felde stehenden gemehrten baierischen Reichs- Contingentes, und der gemehrten hiesigen Landes- Defensions- Truppen, dann die von Sr. Kaiserl. Majestät sehr betriebene Abführung der 100 Römermonate zur Reichs- Operations- Kasse unvermeidlich, unausweichlich, und höchstdringend ist, auch der Vermögensstand im allgemeinen durch die oben wegen dem gegenwärtigen Reichskriege allenthalben so außerordentlich gestiegenen Preise ihrer erzielenden Getreid- und anderer Früchten beträchtlich zugenommen hat, selbe es auf die sonst eben so unvermeidliche Execution

cution nirgends ankommen lassen, sondern vielmehr in diesem eingeschlagenen
Weg eines verzinslichen allgemeinen Landanlehens, worinn niemand weder
geistlich noch weltlich, weder gefreyt noch ungefreyt ausgenommen ist, Unsere
Landesväterliche Sorgfalt zu Vermeidung mehrerer Steuern und Auflagen er-
kennen sollen. Gegeben in Unserer Haupt- und Residenzstadt München den 14ten
Juny 1796.

Nro. IV.

Steuer Man-
dat vom
Jahr 1797.

Entbiethen allen, und jeden Unsern Oberlandes-Regierungs-Vice-Præsiden-
ten, Hofraths-Præsidenten, Vice-Præsidenten, Visthumen, Pflegern,
Landrichtern, Verwaltern, und andern Unseren Beamten, dann denen von
Unserer lieb- und getreuen Landschaft in Baiern, auch allen Ständen, und insgemein Unseren sammentlichen Unterthanen, nicht weniger denjenigen, welche
außer Unseren Landen seßhaft, hierinnen aber einige Rent- Gült- und Einkünften genießen, Unsern Gruß und Gnade zuvor, und geben denselben zu vernehmen:
Wasmassen Wir bey denen noch immer anhaltenden Kriegsunruhen für nothwendig angesehen, Unser lieb- und getreuen Landschaft Verordnete, Commissarien,
und Rechnungs-Aufnehmere Ober- und Unterlandes hieher zu berufen, um
mit denselben gemäß deren althergebrachten Frey- und Gewohnheiten über die
im gegenwärtig 1797sten Jahre sowohl zu Bestreitung der gemeinen- als außerordentlichen Staats- und Regierungs-Bedürfnissen, dann zu gleichzeitiger Er-
halt- und Vermehrung der Landes-Defension, und endlich zu gedeihlicher Fortsetzung des gemeinsamen Schulden-Ablödigungs-Werks erforderliche Mittel
reife Berathschlagung, und ordentliche Behandlung pflegen zu lassen. Um nun
Unseren Unterthanen rücksichtlich der vorjährig-mehrjährigen Unglücken an Getreid, und Viehe, auch einiger Orten erlittenen schweren Kriegs-Drangsalen,
in denen zu leisten schuldigen Beyträgen eine mehrmalig so viel mögliche Schonung
angedeihen zu lassen, haben Wir aus besondern gnädigst Landesväterlichen Mitleiden nicht nur Unser Herzogliches Regierungs-Einkommen, und die vorzüglich
zu Unseren Hof- und Unsers Hofstaabs-Unterhalts geordnete Kammer-Gefälle,
sondern abermal auch einen großen Theil Unserer Fürstlichen Stammbaus-Güter-
Gefällen zu den heurigen gemeinen Staats- und Regierungs-Ausgaben beygesetzt, und angegriffen.

Wornach dann zu Berichtigung der heurigen Landes-Praestationen mit
Einwilligung Unserer universaliter versammleter lieben, und getreuen Landschaft
nun folgende Stand- und Landsteuern einzuheben beschlossen worden sind, nämlich und

Erstens: Haben die drey gefreyte geistlich- und weltliche Stände, und
deren Verordnete für sich, und ihre Mitstände, jedoch mit Vorbehalt, und ohne
Nachtheil deren wohlhergebrachten Freyheiten, zu Bestreitung der ordinarien
heuer abermal einen freywilligen Beytrag von Zwey ganzen Stand-Anlagen,
und zwar die Erste auf St. Georgi, und die zweyte Ganze auf St. Michaeli an
die Behörde zu entrichten übernommen, und noch überdieß zur Defensions-Nothdurft einen angemessenen weitern hilflichen Beytrag zu leisten eingewilliget, deren
Repartition sich selbe jedoch unter gleichmäßiger Beyziehung der von denen inn-
und außer Landes liegenden Dom- und Collegiat-Stifts-Kapiteln, Klöstern
und Spitälern, dann andern unbefreyten Grundherrschaften abreichenden Compositionen, und Herrn-Gült-Steuern mit Unserer höchsten Begnehmigung selbst
vorbehalten, und worüber jedem Mitstand die betreffende Ausfertigung sonderbar
zukommen wird.

Zweytens: Müssen die sammentliche Gerichts- und Hofmarchs-Unterthanen mit- und neben denen durch Unsere Hofkammer, nach vorhin beschehen
Landschaftlicher Vernehmung unterm 28ten Dezember 1796 auf das Ziel Maria
Lichtmeß, dann hienach unterm 5ten April, und 30sten Juny heurigen Jahres auf das Ziel St. Georgi, und den Sonntag nach Mariä Heimsuchung anticipando bereits ausgeschriebenen Dreyen ganzen, noch weiters Zwey ganze: sohin

Sechster Band.   G   in

in allem 5 Unterthans-Steuern, und zwar die vierte ganze ordinari oder Herbst-Steuer auf St. Michaeli, und die fünfte ganze als extra-ordinari Defensions-Steuer auf St. Martini abzuführen, zu welch letzter als Defensions-Steuer all jene Unterthanen beyzuziehen sind, welche sonst in derley Fällen zu dergleichen Hülfen beygezogen worden.

Drittens: Wollen Wir in Betreff der inn-und außer Landes liegenden Dom- und Collegiat-Stifts-Kapiteln, Klöster, Spitäler, und anderer derley geistlichen Grundherrschaften, welche dem bieländisch gefreyten Prälatenstand nicht zugethan sind, und daher ab ihren aus diesen Unseren Landen zu Baiern ziehend-grundherrlichen Gefällen nach deren Betrag, und alt Instruktionsmäßigen Anschlag die von Alters hergebrachte Herrn-Gilt-Steuern zu verreichen hätten, deswegen aber mit Unserer lieb-und getreuen Landschaft in seiner Maaß eine gewisse Composition getroffen haben, mit mehrmaliger Allegirung des unterm 19ten September 1770 ausgefertigten Additional-Mandats einstweilen gestatten, daß berührte Dom- und andere Stifts-Kapiteln, Klöster, Spitäler ꝛc. für heuer deren verglichenes Contingent wiederum zweyfach, als auf den Termin St. Georgi, und St. Michael, jedoch unter dem hiebey puncto primo gemachten Vorbehalt, in die biesig landschaftliche Kanzley um so gewisser gut machen dürfen, als Wir ansonst bemüßiget wären, die getroffene Compositiones aufheben, sofort die treffende Steuer-Gebühr von denenselben Landsverfassungsmäßig einbringen zu lassen. Dahingegen

Viertens: Alle übrige geistlich- und weltliche Grundherrschaften, welche unter die Drey gefreyte Stände nicht gehörig, noch sonst um deren Schuldigkeit mit Unserer lieb-und getreuen Landschaft auf ein gewisses vertragen sind, von ihren in Unseren Landen genießend grundherrlichen Nutzungen an Stift, und Gilten, dann Zehend-Küchen-und Getreid-Diensten anheuer auf den Termin St. Georgi Eine Ganze, und zu St. Michaeli ebenfalls Eine Ganze Herrngiltsteuer nach dem Instruktionsmäßigen Geld-Anschlag zu jenen Pfleggerichtern, und Hofmärkern, worinn die Grund-Unterthanen, und Zehend-Holden entlegen, gegen Schein der gebührenden Verrechnungswillen zu entrichten haben. Gleich dann auch

Fünftens: Bey dem weltlichen Clero, als Pfarrern, Vikarien, Gesell-Priestern, und Beneficiaten die alt übliche Wibensteuer-Schuldigkeit im heurigen Jahr auf St. Georgi mehrmalen zur Hälfte, und zu St. Michaeli völlig zu erholen kommet; und zwar dergestalten, daß deren keiner, unter welcherley Vorwand von Exemption oder geistlichen Ordinariats-Verboth hievon befreyet seyn solle; gestalten Wir deren bisher eingereicht demütigste Beschwerds-Vorstellungen im Gegenhalt der von jeher best gegründeten Wibensteuer-Gerechtsame kraft dieß für unstatthaft erklären, und hiemit befehlen, daß gegen jene, welche die Bezahlung verweigern, sowohl Unsere Pfleggerichter, als die Hofmarks-Innhaber sich ohne weitere Anfrage der Wibums-Nutzung in so viel, als das Steuer-Quantum abwerfen möchte, versichern, und anmit bey denen Landsteuer-Aemtern die jährliche Richtigkeit pflegen sollen; maßen von den Landsteuer-Aemtern fkrohin bey denen Final-Abrechnungen niemalen einiger Ausstand, und vielweniger ein Abgang passieren zu lassen.

Sechstens: Ist über die in Unseren Gerichtern, und Hofmärken befindliche Handwerks-und Innleute, welche nicht ansässig, sondern ihre Wohnungen von einem zum andern Ort wechseln, und neben dem Landschutz ihre Nahrung mit Handwerken, und Taglohn genießen, auf St. Georgi, und zu St. Michaeli jedesmal eine sonderbare verläßliche Specification zu verfassen, und von jedem dergleichen Innwohner 1 Schilling Pfennig, oder in weisser Münz 8 kr. 4 hl. zu erfordern, und zu den landschaftlichen Landsteuerämtern einzuschicken, sofort diese Gebühr um so gewisser in getreue Verrechnung zu bringen, als sich in denen eingesendeten Anzeigen geäußert hat, daß dieser höchstlandesherrlichen Verordnung an vielen Orten die schuldigste Folge nicht geleistet worden, mithin

Wir

Wir auf den nächsten wiederumigen Befund bemäßiget seyn worden, die Ungehorsame mit Ungnaden, und gebührenden Bestrafungen ansehen zu lassen.

Siebentens: Sind die bloßen Freystifter, und Bestandner der adelichen Sitz- und Schloßhöfen, dann der gemeinen Güter, und Grundstücken ihre lebendige Fahrnuß zu versteuern schuldig; Derohalben Unsere Gerichtsbeamte, und die Hofmarchsgerichter, wenn, und wo sich dergleichen bloße Stifter, und Bestandner befinden, deren eigenthümliches Huf- und Klob-Vieh zu beschreiben, und hiervon die Instruktionsmäßige Steuer-Gebühr zweymal, als auf St. Georgi, und St. Michaeli einzubringen, und gebührigen Orts in Zugang zu verrechnen wissen.

Achtens: Bleibt es bey der vormalig gnädigst- und ernstlichen Verordnung, daß Unsere Pfleggerichter und Landsassen nicht allein von deren Vormundschaften, sonderen auch all anderen geistlich- und weltlichen Personen (die drey gefreyte Stände ausgenommen) ab deren sowohl bey ihnen Ständen selbst, als in ihrem Gerichtszwang anliegenden Kapitalien anheuer ebenfalls zwey Steuren, als eine auf das Ziel St. Georgi, und die zweyte zu St. Michaeli, und zwar bey jedem Ziel den 10ten, sohin auf beydemal den 10ten Theil des Zins-Betrags einzubringen, und mit Beylegung gefertigter Registern zu denen landschaftlichen Landsteuerämtern übersenden sollen; Wobey jedoch jene Pfleglinder, deren Haupt-gut für jedes nicht 100 fl. erreichet, gänzlich, wie auch jene zum Theil, oder auch völlig zu verschonen sind, deren Vermögen zwar größer, annebens aber andere mitleidenswürdige Umstände zu erwägen kommen, wegen welchen dann die Beamte in vorfallenden Zweifeln nicht eigenen Gefallens zu disponiren, sondern bey Unserer lieb- und getreuen Landschaft sich berichtlich anzufragen, und deren Resolution hierüber zu vollziehen haben; mit beyfügend weiteren gnädigsten Special-Befehl, wie bey Unseret obersten Landesregierung, dann Hofrath, und denen Regierungen, also auch anderen minderen Gerichtsstellen allem deme, was wegen vorsätzlichen Verhalt der zinstragenden Kapitalien, und folglich Hinterschlagung der Interesse-Steuern in denen vorigen Mandaten de Annis 1765, 1766, et 1767, sub puncto 8vo in extenso unter angedroheter Strafe enthalten, eben so genau und beflissen nachzuleben, als ob es gegenwärtig von Wort zu Wort hieher angeführet worden wäre. Wie es dann auch

Neuntens: Mit denen bey all Unseren Stadt- und Märkten, dann deren Burgerschaft verzinslich anliegenden Kapitalien, so denen ungefreyt geistlich- und weltlichen Personen angehörig sind, ohne mindeste Ausnahm gleich zu halten, sofort gedachte 2 Interesse-Steuren auf St. Georgi, und St. Michaeli dergestalten zu erholen sind, daß von jedem Magistrat der Betrag mit einer separirt- gefertigten Specification zu dem betreffenden Landsteuer-Amt eingesendet werden solle, welches nach dem kürzeren Weg zeitig, und füglicher geschehen kann, wenn die Steuer-Gebühr, es möge solche inn- oder ausländische Gläubiger anbetreffen, von denen Debitorn ohnmittelbar eingebracht, und alsdann dem Gläubiger der Schein statt baaren Geld hinausgegeben wird. Wo aber nichts zu verrechnen angefallen, wäre dennoch ein Fehlregister einzuschicken, und da einige Ortschaften in mora, die Nothdurft von denen Landsteuer-Aemtern zu Belegung der Rechnungen per Patent auf der Saumigen Kösten abzufordern.

Zehntens: Nachdem die Steuergefälle auf die ausgestreckte Zieler, und an gehörige Ort so richtig einlaufen müssen, als mit deren Vertheilung bey Unsern Zahlämtern der sichere Antrag hierauf gemacht ist; So versehen Wir Uns zu denen drey gefreyten Ständen, auch auswärtigen Stift- und Klöstern, daß sie mit ihren Erlagen innerhalb 4 Wochen nach jed bestimmten Ziel richtig beyhalten, und es auf eine unbelieblge Ermahn- und Ahndung nicht ankommen lassen werden; Unseren Gerichtsbeamten, und denen Landsassen aber wird hiermit ernstlich aufgetragen, denen Unterthanen die Steuertäge so zeitig, damit sich selbe gefaßt machen können, öffentlich verkündigen zu lassen, und die Einnahm bald hernach dergestalten anzusetzen, daß der Betrag in gangbarer Münz zu den landschaftlichen Steuer-Aemtern, wohin selber gehörig, ebenfalls längstens nach

Ver-

Verfluß 4 Wochen, von dem gesetzten Steuer-Ziel angerechnet, um so gewisser geliefert werde, als nach Verfluß dieses 4wochigen Terminis gegen die in einem sichtbaren Saumsal verfangene alsogleich mit denen verordneten Zwangsmitteln verfahren, und zu solchem Ende von denen Steuer-Aemtern ohne weitere Zuwart, und geringste Rücksicht die militärische Execution auf der Saumigen Kosten hinausgeschicket werden soll; Wie dann anbey sie Unsere gerichtisch-und die hofmärkische Beamte sich zu keiner Zeit anzumassen haben, diese Gefälle unter einigen Vorwand nur im mindesten anzugreiffen oder auf andere Ausgaben, oder Amtsbestrelungen hiervon etwas zu verwenden, oder bis auf die öfters sehr spat einsendende Final-Abrechnung geflissentlich zurück zu halten, noch auch willkürlich so lang in Ausstand, bis die Restanten ausser Zahlungsstand gesetzt sind, hangen zu lassen, sondern gegen die wissentlich zahlungsfähige Unterthanen anfangs die gerichtliche Zwangsmittel zu gebrauchen, da aber selbe nicht verfangen, alsdann mit der militärischen Execution (welche die Landsteuer-Aemter nach erfindenden Umständen bey jeden Orts-Regiments-Commandanten entweder selbst begehren, oder die Gerichts-und Hofmarksbeamte zu Gewinnung der Zeit hierum ansuchen können, und sollen) nothdürftig zu verfahren; beynebens auch die Einnahm der Steuer-Gelder unter einer ergiebig unfehlbaren Geldstraf, oder nach gestaltsame wirklich zu gewarten habender Dienstentsetzung, so wenig denen Schreibern als denen aufgestellten Gerichtsdienern, und deren Knechten anzuvertrauen, massen auf jenen Fall, wo ein Saumsal, Verdacht, oder Unrichtigkeit anscheinet, Unsere lieb-und getreue Landschaft in Kraft des unterm 16ten Februar 1748 ausgefertigten Special-Decrets von selbst befugt, und begwaltet ist, durch deren Abgeordnete auf Kosten der hinläßigen Beamten, und Landsassen der Sache in loco ein-und auf den Grund sehen zu lassen; Wie dann überhin denen Landsteuer-Aemtern hiemit aufgegeben wird, nach jedem fruchtlos verstrichenen Steuer-Termin, und aus besonderer Gnadenmilde gesetzt 4wochigen Frist, die morose Beamte, und sonderheitlich jene, welche die Steuer-Schuldigkeit aus Eigennutz oder strafmäßiger Gewohnheit entweder gar nicht, oder nur einen Theil hiervon gut gemacht haben, sogleich eigne Bothen auf deren, und nicht der Unterthanen Kösten abzuschicken, und wenn es an der geziemenden Folgeleistung gleichwohl ermanglet, Uns selbe der verdienend-empfindlichen Korrektionswillen ohne alle Rücksicht namhaft zu machen.

Eilftens: Was in denen ältern Mandaten, und benanntlich jenem de anno 1775 wegen den, denen Unterthanen von einigen Gerichts-und Hofmärks-Beamten, ungeachtet geschehenen Verboths, aufbringend sogenannten Ausstandsbazen enthalten, bey deme hat es sein unabgeändertes Verbleiben, und wird allein denen Gerichtsdienern noch ferners erlaubt, daß diese, wenn sie nach mehrern gehaltenen Steuer-Tägen denen Restanten zu Haus gehen müssen, von jedem Unterthan (obschon selbiger mit seinen Zubaugütern, und walzenden Stücken in denen Steuer-und Anlagsbüchern öfters einkommet) einzige 4 Kreuzer, und bey Vermeidung schweren Einsehens kein mehrers nehmen dürfen; worauf Unsere Rentamts-Commißionen genaue Obsicht zu halten, und die frevelhafte Uebertretter der gebührenden Bestrafungswillen vorzuschreiben haben.

Zwölftens: Ist in deuen vorjährigen Steuer-Mandaten die gleichmäßig deutliche Verfügung geschehen, daß Unsere Pfleggerichter, und die Hofmärken, über die von Zeit zu Zeit abgebrannt-oder von denen Unterthanen gänzlich verlassen, mithin zu Dorf und Feld öd liegende Güter (inclusive jener, welche zwar kürzlich neu bemayert worden, hierauf aber die von Unser lieb-und getreuen Landschaft vertvilligte Steuer-Freyjahre noch nicht ausgeloffen sind) eine eigene, oder besondere Designation mit Entwerfung des Hoffusses, und einfachen Steuerbetrags zu verfassen, und diese neben denen ordinari Nachlaßbeschreibungen zu denen Landsteuerämtern einzusenden haben; Entgegen hierunter andere entweder gandmäßig, oder überhäufter Schulden halber abhausende Unterthanen, (weil diesen mit Verlurst des alleinigen Steuergefälls ohnedem nicht mehr aufzuhelfen,) keineswegs einmischen, sondern solch letzte sammt deme, was sie über bezahltes an Steuern noch restirend verbleiben, zu denen Landsteuerämtern ebenfalls specificirt,

und

und von Jahr zu Jahr separirter, jedoch nur zur blöslichen Auszeigung des endlichen Steuerabrechnungsrestis in so lang übergeben sollen, bis bey nächstem Verkauf, Uebergab, oder Vergabung der Güter der völlige Ausstand erholet, und
in gebührende Verrechnung gebracht werden kann. Als haben die Landsteuerämter in dieser vorgeschriebenen Ordnung den mindesten Unterbruch zu gestatten,
und so fern ein- oder anderes Pfleggericht, und Hofmark gleichwohl hierwider
handeln, oder bey nebens die von Unsrer Hofkammer allein in denen Hofanlagen,
oder von denen Hofmarchseinnhabern, und anderen Grundherrschaften auch nur
in denen grundherrlichen Forderungen bewilligte 2, 3, oder mehrjährige Befreyungen zugleich auch auf das Steuergefäll (ohne vorher zu Unserer lieb- und getreuen
Landschaft geschehener Berichterstattung, und darauf erfolgter Resolution)
eigenmächtig erstrecken wollten, geringstes passiren zu lassen, sondern alle deralei
chen mit obermähnten ordinari Schadensbeschreibungen unrichtig einsendende Freyjahrs-Designationes zur unvermeidentlichen Correction, und Beobachtung der
Nothdurft schleunig zurückzuschicken, und wegen dem sich bleburch bey der Final-
Steuerabrechnung allenfalls höher ergebenden Hinterrests sowohl, als auch jenen
Unterthans-Steuerausständen, so nach berührt vorgenommenen Sand- oder anderen Gutsläufen, ohnerachtet wissentlicher Prælation, aus Unachtsamkeit, und
Saumsal der Gerichter, und Hofmärkten in gehöriger Zeit nicht erholet, und zu
denen Landsteuerämtern gutgemacht worden, sich ohnmittelbar an Unsre Beamte, und die Hofmarchseinnhaber zu halten, wo indessen von denen Unterthanen,
welche wegen erlittenen Brunstschäden die zuläßige 3 Freyjahre bereits genossen,
die Steuern wiederum, wie ehevor, einzubringen kommen, ob selbe schon ihre
Häuser, und anderes noch zumal gänzlich, oder zum Theil nicht auf- oder aus-
gebaut haben.

Dreyzehntens: Wenn im heurigen Jahre einige Gerichts- und Hof-
marchsunterthanen an denen Feldfrüchten durch Schauer, Wassergüße, und auf
andere so empfindlich beschädiget worden, daß sie die sammentlichen Steuern zu entrichten außer Standes, und daher eines Nachlasses würdig, und bedürftig wären, wobey doch Gutachten über geringe, und manchmal nicht soviel
durch Haus- oder Feldunglücke, als durch übles Haushalten der Gutsbesitzer vorkommende Schäden zu vermeiden sind; hätten selbe ohne unnöthig vorhin schon
abgeschaftes Suppliciren, noch, daß sie von jemand auch bey nur gering erlittenen Verlust zum Anhalten verleitet werden, sich bey ihren Obrigkeiten persönlich
zu melden, diese aber, da auf solche Anzeige der Augenschein mit Gelegenheit
anderer ihrer Amtsverrichtungen füglich, und ohne Kösten zwar nicht vorgenommen werden kann, den angebenden Schaden durch zwey oder mehrere eidlich verpflichtete Schätzmänner, respective Obleute von nächstgelegenen Orten in ihrer
selbst Gegenwart: Bey der zu weiter Amtsentfernung aber mit Zuziehung der
Gerichtsdiener in jedem Falle, nach vorherig zweckmäßigen Lokal-Unterrichte der
Schätzleute zu den vorhabigen Augenscheinen, und Schätzung, besichtigen zu lassen,
sofort hierüber nach pflichtschuldiger Ermäßigung ohne kennbarer, und gar nicht
vorträglicher Ueberspannung der Schäden, die Wirt. mit jenen, so die Gerichter,
und Hofmärken in Hof-Anlagen vorschreiben, conferirt lassen werden, eine in
2, oder 3 Klassen abgetheilte Conscription unter Anmerkung des Hoffußes, und
der einfachen Landsteuer zu verfassen, und solche mit beygesetzten Gutachten längstens bis Michaeli (zumal hinnach weder Amtsberichten, noch einschichtige Memorialien angenommen, sondern die Versaumnis einer, wie der andern Parthey zur eigenen Schuld angerechnet wurde) zu erfagten Landsteuerämtern der
Examinations- und weiter Begutachtungswillen einzuschicken, damit die Nachs
lässe bey Unsrer lieb- und getreuen Landschaft resolviret, und hinausgeschrieben
werden können, welche die Gerichts- und Hofmarksbeamte alsdann vor denen
Kirchen ohne geringsten Aufschub verrufen, jeden Unterthan das Gefolge getreulich genießen zu lassen, und hierauf neben sothanen Nachlaß zugleich auch das,
was in den erlossenen Schadens-Besichtig- und Schätzungskösten der Schätzleute
(massen alle übrige Taxen, Sportuln, und Gebühren landesgesetzwidrig, und abgeschaft sind) abgezogen worden, bey unausbleiblicher Ahnd- und Bestrafung
in die Steuerbüchlen einzuschreiben wissen. Wie all solches in Unserem untern

Sechster Band.

31ten May 1790 *) sowohl der Steuern, als Hofanlags- Stift- und Getreid-
Gült- Nachlässen halber erlassenen General-Mandat nebst mehr andern neuerlich
verordnet, und anbefohlen worden ist.

Vierzehntens: In Bedenkung, daß wegen den sogenannten Armuths-
Abgängen bey denen Unterthanen der in Hoffuß höher stehenden Gütern, womit
obngeachtet des schon öfters geschehenen Verboths nur theils Gerichts- und Hof-
marktsbeamte noch immer aufgezogen kommen, durch die in obig 12ten Punkten
gemachte Vorseh- und Verfügung bereits abhülfliche Maaß verschaffet worden;
haben die Landsteuerämter dergleichen nicht mehr passiren zu lassen, wohl aber
mit denen bettelarmen Häuslern, welche keiner Arbeit vorstehen können, (falls
unter solchen Vorwand ein- und anderen Orts nicht zu viel, oder sehr auffallend,
wohl gar alle abgeschrieben werden wollen) dergestalten zu dispensiren, daß die
hierüber mit Anzeige des Hof- und Steuerfußes verfaßte Specificationes keineswegs erst mit denen Final-Abrechnungen, sondern sogleich mit denen Gerichts-
und Hofmärkischen Schadens- respective Steuernachlaß-Beschreibungen längstens bis Michaeli eingesendet werden sollen, um selbe bey denen Landsteuerämtern vorher nothdürftig examiniren, und das erfindende Steuer-Quantum
dem ordinari Nachlaßprotokoll einverleiben zu können.

Fünfzehntens: Wird zur schuldigster Nachachtung der Pfleggerichter,
und Hofmärkten, in welchen die baumäßig, und andere nutzbare Grundstücke der
Oed, oder von denen abhausenden Unterthanen nicht mehr zu beschlagen vermögenden Gütern, jedoch mit vorheriger Veruehm- und Zuziehung des Abhausers,
um ein gewisses jährliches Bestand-Geld verlassen worden sind, und zur künftig
besseren Cultivirung wohl bedächtlich noch weiters zu verstiften getrachtet werden sollen, daß in dem 1768ten Steuer-Mandat sub puncto 14tens enthalten
gnädigste Geschäft gemäßenst wiederholt, bey Vertheilung sothanen pacziert
jährlichen Bestand-Geldes die privilegirte Landsteuern keineswegs auszuschließen,
sondern zwischen selbigen, dann der Hofanlags- und grundbetreilichen Schuldigkeit
unterdessen, bis derlei Güter wieder zur Bemaurung gelangen, einen ähnlich zu-
gigen Ausschlag zu machen, so fort jenes, was nach dem Gulden auf die Steuern
herüber zu nehmen kommet, Unserer lieb- und getreuen Landschaft allwegen bey
Einschickung der Steuer-Gelder in gebührende Verrechnung zu bringen; Worauf
die Landsteuerämter gleichwohl gehörigen Bedacht zu nehmen, und sonsten noch
bey entstehenden Zweifeln, ob da, oder dort in denen Steuern nicht mehrere
öd- und unbemaurte Güter, als in denen Hofanlagen abgeschrieben worden, von
Unsern Pfleggerichtern ordentlich specificirt- und gefertigte Extract aus denen
bey Unserer Hoftkammer ratificirten Hofanlags-Libellen, von denen Hofmärkten
aber gleichmäßig gerichtliche Attestata abzufodern wissen, die man auch an Seiten
der Gerichter denen mehr besagten Hofmärkten auf beschehenes Ansuchen niemal
zu versagen, sondern selbe zu dem Ende ex Officio ohnentgeltlich zu ertheilen
hat, damit sie sich hiemit bey denen Landsteuerämtern, allwo von gänzlich völlig-
genden Gütern die Steuern ebenfalls, wie die Hofanlagen pr. Abgang passiren
sollen, nothdürftig neben einander legitimiren können. Und damit

Sechszehntens: Die Landsteuerämter in Verfaß- und Schließung deren
Hauptrechnungen nicht gehindert seyn mögen, haben alle Unsere Gerichter und
Hofmärkten, sobald ihnen die von Unserer lieb- und getreuen Landschaft resolvirte
Steuer- Nachlässe zukommen, in Einbringung der noch bestehenden Restern mit
allem Eifer zu setzen, und, da es bey säumigen Orten noch im späten Jahr an
denen Registern, und anderen ohnentbehrlichen Nothdurften ermangelt, wornach
doch, wenn sonst nichts unpäßliches einlauft, die eigentliche Schuldigkeit entworfen werden muß, selbe in gebührender Zeit einzuschicken, folglich mit gefaßter
Nothdurft endliche Richtigkeit zu pflegen, und dagegen zur künftigen Legitimation auf alle Steuer-Terminen eine ordentliche Quittung an sich zu bringen, und
bey Unsern Rechnungs-Aufnahms-Commissionen gebührende vorzuzeigen, ohne
daß Unseren Pfleg- und Landgerichts-Beamten insbesondere jemal erlaubet seyn
solle,

*) Vid. die Samml. v. J. 1797. Seite 57. N. 21.

solle, sothane Rests-Erlagen, und gänzliche Richtigkeit bis in das nächst folgende.
Jahr unter einigem Vorwand zu verschieben, massen Wir absolute gnädigst wollen, und hiemit geschärfest verordnen, daß von all, und jedem derenselben bis
Ende des Jahrs durchgehende Richtigkeit hergestellet seye; im widrigen, und da
sich jemand dießfalls, wie überhaupts in dem Steuerwesen, als einer Unsere
höchste Rechten, und Dienst betreffenden Sache etwas zu Schulden kommen
lassen, und denen landsteuerämtlichen Erinnerungen, und Stimulationen zu fügen
Anstand nehmen, oder mit Beyseitsetzung der gebührenden Achtung gar widerspenstig erzeigen sollte, Wir auf ihre der Beamten Kösten eigene Untersuchungs-Commissiones ad locum abordnen, und nach erfundener Beschaffenheit die
Amotion, und andere exemplarische Bestrafungen verhängen würden; Und
weil in dem Hofmärchen Unsere Landsassen ihre Richter vertretten, dafür stehen,
und haften müssen; So werden dieselbe von ihren aufgestellten Hofmarchs-Verwaltern nach jed-verflossenen Steuer-Ziel die von denen landsteuerämtern um
die gemachte Erlagen erhaltene Abschlags-Quittungen zu selbstigen Sicherheit,
und Ermäßigung der, nach dem bestehenden Steuer-Simplo, und der Unterthanen Vermögenheit hinlänglich, oder unhinlänglich geschehenen Abschlags-Zahlungen und mit Ende des Jahrs die Hauptquittung um so mehr in Originali
abzufordern wissen, als selbe im Fall eines ab Seite der Verwaltern sich ergebenden Steuer-Rückstandes, aller dagegen wie immer machenden Einwendungen
ohngeachtet, jedesmal zum baaren Ersatz verfänglich angehalten werden würden.

Wir befehlen demnach eingangs gemeldeten Unseren Beamten, Landsassen,
und deren aufgestellten Verwaltern, wie auch denen sammentlichen Städt-, und
Märkten, und insgemein all-, und jeden Unterthanen gnädigst, und ernstlich,
diesem Unseres Landes-Geboth, und Ordnung, bey Vermeidung Unserer höchsten Ungnade, und angedroheter Bestrafung, in einen, wie dem anderen, geziemends nachzuleben; zu dem Ende dann Unser Hofrath, und die Regierungen
auf jedmaliges Belangen Unserer lieb- und getreuen Landschaft, und deren
Steuer-Aemtern, gegen diejenige, welche dießfalls in mora, oder sich widersetzig erzeigen, die Hand zu biethen, und, weil selbe vorhin schon stimulirt,
und gewarnet worden, keine weitere Termine, oder Dilation zu ertheilen, sondern sogleich executive verfahren sollen, und zwar um so mehr, als Wir in dem
Steuerwesen, und dahin einschlagenden Geld-Verhalt, als einer zwischen Uns,
und gedachter Landschaft vorhin reiflich überlegt, und abgemachten Sache keinen
Verzug, Disput, oder Proceß. wie, wann, oder von wem, auch unter was
Vorwand dergleichen immer gesuchet werden möchte, zu gestatten gedenken, sondern solche Partheyen ohne Un-, oder Instand ab- und an gemelde Landschaft
zu weisen, diese aber die vorkommende Zweifel, und Anstände zu erklären, oder
auf nöthigen Fall an Uns gelangen zu lassen wissen wird. Gegeben in Unsrer
Haupt-und Residenzstadt München, den 6ten September 1797.

Nro. V.

Liebe rc. Wir übersenden Euch hiemit eine Abschrift des von der K. K. Gesandt-   *Aufschlag
schaft am 4ten dieß überreichten pro Memoria, und der sub hodierno er-   *von dem frü-
lassenen Rückantwort in Betreff des früheren Biersiedens in Ingolstadt respect.   *beren Bier-
des Extra-ordinären Aufschlags, damit dem Ansinnen, in so ferne es ohne Prä-   *Sieden.
judiz geschehen kann, willfahret, und hiernach an das Euch untergebene Auf-
schlagamt Ingolstadt das geeignete schleunigst erlassen werde. Verbleiben rc.
München den 10ten September 1797.

Pro Memoria.

Der Biervorrath in Ingolstadt ist in dem laufenden Jahre früher als gewöhnlich aufgezehrt worden, weil die zahlreiche Garnison und die allda vorbey
passirte viele Schifffüge die Consumption vermehrt haben, auch die Einfuhren
geringer gewesen sind, als sie sonst zu seyn pflegen. Dieser Mangel fällt dem
hiesigen Militär, dessen vorzüglicher Theil der Nahrung in dem besagten Getränkt   *beste-

bestehet, äußerst beschwerlich. Der Herr General Major von Dall'agio hat daher die bürgerl. Bräuer zu bewegen gesucht, die Suden wieder anzufangen; auf viele Zusprache haben sie auch einige vorgenommen, sie stellen aber die Unmöglichkeit vor, selbe fortsetzen zu können, weil eine jede Sud mit einer neuen, und sonst ungewöhnlichen Auflage von 15 fl. beschweret ist. Der Herr General Major findet sich daher verpflichtet, um den gemeinen Mann dieses unentbehrliche Getränk dermal nicht ganz zu entziehen, oder wenigst durch einen drückenden Preis nicht zu erschweren, sich um den Nachlaß dieser außerordentlichen 15 fl. für jede Bier-Sud zu verwenden, und die offenbare Billigkeit dieser Vorstellung läßt ihn voraus hoffen, daß ein Hochansehnlich-Churpfälzisches Ministerium hierauf die verdiente Rücksicht zu nehmen, und die höchste Churfürstl. Entschließung um so mehr zu beschleunigen belieben werde, als auch die Verzögerung der Garnison zu Ingolstadt die hiedurch bezielte Erleichterung nicht mehr zu statten kommen würde. München den 4ten September 1797.

Joseph Graf von Seilern.

Pro Memoria.

Auf das von der allhier substituirenden K. K. Gesandtschaft zu überreichen beliebte Pro Memoria vom 4ten dieß in Betreff des früheren Biersiedens zu Ingolstadt hat unterzeichneter die Ehre zu erwidern, daß die darinn erwähnte 15 fl. ab jeder Sud weder eine neue, noch eine ungewöhnliche, sondern alt Instruktionsmäßige Auflage seye, indem die ohnehin sehr geringe Bier-Aufschlags-Compositionen nur für dasjenige, was von Michaeli bis Georgi eingesotten wird, bestimmet sind.

Doch damit sowohl die bedrängte Bürgerschaft in Ingolstadt erleichtert, als auch dem K. K. Militär der benöthigte Trunk ohne aller Beschwerlichkeit verschaft werden möge, haben Se. Churfürstl. Durchlaucht unterm heutigen Tage an höchst Ihre Landschaft (als deren Administration hier zu Lande der Bier-Aufschlag anvertraut ist) das geeignete erlassen, damit nach Gestalt der Umstände und in so ferne es ohne Präjudiz geschehen kann, dem Ansinnen willfahret werde. München den 10ten September 1797.

An die allhier substituirende K. K.
Gesandtschaft also erlassen worden.

Nro. VI.

Sommer- und Winter-biersatz pro 1797. Auf den unterthänigsten Bericht der Churfürstl. Obern-Landesregierung vom 22ten November anni curr. die Regulirung des Biersatzes betreffend, befehlen Se. Churfürstl. Durchlaucht hiemit gnädigst, daß nachdem in gedachtem Berichte enthaltenen vereinten Hofkammer- und Ober-Landesregierungs-Gutachten der Satz beym Sommer- und Winterbier für gegenwärtiges Sudjahr gegen den vorjährigen Satz um einen Pfennig vermindert, folglich die Maaß heurigen Winterbiers mit Einschluß des Stadt-Bierpfennings statt vorjährigen 14. nun auf 13 Pfenninge, der Sommerbiersatz aber statt 16. auf 15 Pfenninge festgesetzet werden solle, weswegen die Churfürstl. Obere-Landesregierung an die Behörde das geeignete zu verfügen, hiernächst aber genaue Obsicht darauf zu tragen hat, damit allenthalben ein guter, und gesunder Trunk an das Publikum abgegeben werde; in Befund des Gegentheils aber ist mit der Execution der hierauf gesetzten Strafe gegen die Fehlerhafte, und schuldig Befundene unnachsichtlich fortzufahren. München den 17ten November 1797.

Nro. VII.

Aufschlag vom früheren Bier. Seine Churfürstl. Durchlaucht begnehmigen das unterthänigste Gutachten Ihro Ober-Landesregierung dato 22. v. M. die Vorkehrung wegen Aufschlags-Defraudation für heurig früheres Bier betreffend, und hat dieselbe zu verfügen, daß

daß die Landschaftliche Unter-Aufschlags-Beamte in sammentlichen Städten, und Märkten auf alle und jede von der bürgerl. Bräuschaft vor Michaeli erzeugende Suden genaue Obsicht tragen, solche fleißig Anmerken, und in ein Verzeichniß bringen, solches nicht nur zu den betreffenden Landaufschlags-Aemtern, der sonderbaren Erholungewillen, sondern auch an die gehörige Churfürstl. Gerichtsstellen um sich auf allen Fall von dem Betrag überzeugen zu können, einsenden. Was so geistlich- und adeliche Stände betrifft, so haben dieselbe sub fide Sacerdotali et nobili von ihrem frühe erzeugenden Bier eine getreue Anzeige zu verfassen, und selbige zu obiger Absicht an die betreffende Landaufschlag-Aemter und Gerichtsstellen einzusenden. Diesemnach hat sich die Churfürstl. Ober-Landesregierung zu achten. München den 6ten September 1798.

Nro. VIII.

Entbiethen allen, und jeden Unsern Oberen-Landes-Regierungs-Vice-Præsi- *Ernuet Mandenten, Hofraths-Præsidenten, Vice-Præsidenten, Vitzthumen, Pfle-* dat v. Jahr gern, Landrichtern, Verwaltern, und anderen Unseren Beamten, dann denen 1798. von Unserer lieb- und getreuen Landschaft in Baiern, auch allen Ständen, und insgemein Unseren sammentlichen Unterthanen, nicht weniger denjenigen, welche außer Unseren Landen seßhaft, hierinnen aber einige Rent-Gilt- und Einkünsten genießen, Unsern Gruß und Gnade zuvor, und geben denselben zu vernehmen: Wasmassen Wir in vorsorglicher Erwägung der gegenwärtig noch immer vorwaltenden bedenklichen Conjunkturen für nothwendig angesehen, Unsrer lieb- und getreuen Landschaft Verordnete, Commissarien, und Rechnungs-Aufnehmere Ober- und Unterlandes bieher zu berufen, um mit denselben gemäß deren althergebrachten Frey- und Gewohnheiten über die im gegenwärtig 1798sten Jahre sowohl zu Bestreitung der gemeinen- als außerordentlichen Staats- und Regierungs-Bedürfnissen, dann zu gleichzeitiger möglichster Erhaltung der Landes-Desension, und endlich zu gedeihlicher Fortsetzung des gemeinsamen Schulden-Abledigungs-Werks erforderliche Mittel, reife Verabschlagung, und ordentliche Behandlung pflegen zu lassen. Um nun Unseren Unterthanen rücksichtlich der vorjährig-mehrsältigen Unglücken an Getreid, und Viehe, auch andern schweren Transalen, in denen zu leisten schuldigen Beyträgen eine mehrmalig so viel mögliche Schonung angedeihen zu lassen, haben Wir aus besonderer gnädigst Landesväterlichen Mitleiden nicht nur Unser Herzogliches Regierungs-Einkommen, und die vorzüglich zu Unserem Hof- und Unseres Hofstaabs-Unterhalt geordnete Kammer-Gefälle, sondern abermal einen großen Theil Unserer Fürstlichen Stammbans-Güter-Gefällen zu den heurigen gemeinen Staats- und Regierungs-Ausgaben beygesetzt, und angegriffen.

Wornach dann zu Berichtigung der heurigen Landes-Praestationen mit Einwilligung Unserer universaliter versammelter lieben, und getreuen Landschaft nun folgende Stand- und Landsteuern einzuheben beschlossen worden, nämlich und

Erstens: Haben die drey gefreyte geistlich- und weltliche Stände, und deren Verordnete für sich, und ihre Mitstände, jedoch mit Vorbehalt, und ohne Nachtheil deren wohlhergebrachten Freyheiten, zu Bestreitung deren ordinarium heuer abermal einen freywilligen Beytrag von Zwey ganzen Stand-Anlagen, und zwar die Erste auf St. Georgi, und die Zwente auf St. Michaeli an die Behörde zu entrichten übernommen, und noch überdieß zur Defensions-Nothdurft einen angemessenen weiteren hilflichen Beytrag zu leisten eingewilliget, deren Repurition sich selbe jedoch unter gleichmäßiger Benziehung der von denen Inn- und außer Landes liegenden Dom- und Collegiat-Stifts-Kapitlen, Klöstern und Spitälern, dann andern unbefreyten Grundherrschaften abreichenden Compositionen, und Herrn-Gilt-Steuern mit Unserer höchsten Begnehmigung selbst vorbehalten, und worüber jedem Mitstand die betreffende Ausfertigung sonderbar zukommen wird.

Zweytens: Müssen die sämmentliche Gerichts= und Hofmarchs=Unter=
thanen mit=und neben denen durch Unsere Hofkammer, nach vorhin beschehen
landschaftlicher Vernehmung unterm 10ten Jänner auf das Ziel Maria Licht=
meß, dann hinnach unterm 1ten April, und 11ten July heurigen Jahres auf das
Ziel St. Georgi, und St. Jakobi anticipando bereits ausgeschriebenen Dreyen
ganzen, noch weiters Zwey ganze: sohin in allem 5 Unterthans=Steuern, und
zwar die vierte ganze ordinari oder Herbst=Steuer auf St. Michaeli, und die
fünfte ganze als bey dermaligen Conjunkturen noch nothwendige extra=ordinari
Defensions=Steuer auf St. Martini absühren, zu welch letzter als Defensions=
Steuer all jene Unterthanen beyzuziehen sind, welche sonst in derley Fällen zu
dergleichen Hilfen beygezogen worden.

Drittens: Wollen Wir in Betreff der inn=und außer Landes liegenden
Dom=und Collegiat=Stifts=Kapiteln, Klöster, Spitäler, und anderer derley
geistlichen Grundherrschaften, welche dem hieländisch gefreyten Prälatenstand
nicht zugethan sind, und daher ab ihren aus diesen Unseren Landen zu Baiern
ziehend=grundherrlichen Gefällen nach deren Betrag, und alt Instruktionsmä=
ßigem Anschlag die von Alters hergebrachte Herrn=Gilt=Steuern zu verreichen
hätten, deßwegen aber mit Unserer lieb=und getreuen Landschaft in seiner Maaß
eine gewisse Composition getroffen haben, mit mehrmaliger Allegirung des unterm
19ten September 1770 ausgefertigten Additional=Mandats einstweilen gestat=
ten, daß berührte Dom=und andere Stifts=Kapiteln, Klöster, Spitäler ꝛc.
für heuer deren verglichenes Contingent wiederum zweyfach, als auf den Termin
St. Georgi, und St. Michaeli, jedoch unter dem hieroben punctu primo ge=
machten Vorbehalt, in die hiesig landschaftliche Kanzley um so gewisser gutma=
chen dürfen, als Wir ansonst bemüßiget wären, die getroffene Compositionen
aufheben, sofort die treffende Steuer=Gebühr von denenselben Landsverfassungs=
mäßig einbringen zu lassen. Dahingegen

Viertens: Alle übrige geistlich=und weltliche Grundherrschaften, welche
unter die Drey gefreyte Stände nicht gehörig, noch sonst um deren Schuldigkeit
mit Unserer lieb=und getreuen Landschaft auf ein gewisses vertragen sind, von
ihren in Unseren Landen genießenden grundherrlichen Nutzungen an Stift, und
Gilten, dann Zehend=Küchen=und Getreid=Dienften anbeuer auf den Termin
St. Georgi Eine Ganze, und zu St. Michaeli ebenfalls Eine Ganze Herrngilt=
steuer nach dem Instruktionsmäßigen Geld=Anschlag zu jenen Pfleggerichtern,
und Hofmärken, worinn die Grund=Unterthauen, und Zehend=Holden entlegen,
gegen Schein der gebührenden Verrechnungs=willen zu entrichten haben. Gleich
dann auch

Fünftens: Bey dem weltlichen Clero, als Pfarrern, Vikarien, Ge=
sell=Priestern, und Beneficiaten die alt übliche Widensteuer=Schuldigkeit im
heurigen Jahr auf St. Georgi mehrmalen zur Hälfte, und zu St. Michaeli völlig
zu erholen kommet; und zwar dergestalten, daß deren keiner, unter welcherley
Vorwand von Exemption oder geistlichen Ordinariats=Verboth hievon befreyet
seyn solle; gestalten Wir deren bisher eingereicht demüthigste Beschwerds=Vor=
stellungen in Gegenhalt der von jeher bestgegründeten Widensteuer=Gerecht=
same kraft dieß für unstatthaft erklären, und hiemit befehlen, daß gegen jene,
welche die Bezahlung verweigern, sowohl Unsere Pfleggerichter, als die Hof=
marks=Innhaber sich ohne weitere Anfrage des Widums=Nutzung in so viel,
als das Steuer=Quantum abwerfen möchte, versichern, und anmit bey denen
Landsteuer=Aemtern all jährliche Richtigkeit pflegen sollen; maßen von den Land=
steuer=Aemtern fürohin bey denen Final=Abrechnungen niemalen einiger Aus=
stand, und vielweniger ein Abgang passieren zu lassen.

Sechstens: Ist über die in Unseren Gerichtern, und Hofmärken befind=
liche Handwerks=und Innleute, welche nicht ansässig, sondern ihre Wohnungen
von einem zum andern Ort wechseln, und neben dem Landschuh ihre Nahrung
mit Handwerken, und Taglohn genießen, auf St. Georgi, und zu St. Michaeli
                                                              jede=

jedesmal eine sonderbare verläßliche Specification zu verfassen, und von jedem dergleichen Innwohner 1 Schilling Pfenning, oder in schwarzer Münz 3 kr. 4 hl. zu erfodern, und zu den landschaftlichen Landsteuerämtern einzuschicken, sofort diese Gebühr um so gewisser in getreue Verrechnung zu bringen, als sich in denen eingesendeten Anzeigen geäussert hat, daß dieser höchstlandesherrlichen Verordnung an vielen Orten die schuldigste Folge nicht geleistet worden, mithin Wir auf den nächsten wiederumigen Befund bemüßiget seyn wurden, die Ungehorsame mit Ungnaden, und gebührenden Bestrafungen ansehen zu lassen.

Siebentens: Sind die bloßen Freystifter, und Bestandner der adelichen Sitz- und Schloßhöfen, dann der gemeinen Güter, und Grundstücken ihre lebenbige Fahrniß zu versteuern schuldig; Derohalben Unsere Gerichtsbeamte, und die Hofmarchsrichter, wenn, und wo sich dergleichen bloße Stifter, und Bestandner befinden, deren eigenthümliches Huf- und Kloh-Vieh zu beschreiben, und hiervon die Instruktionsmäßige Steuer-Gebühr zweymal, als auf St. Georgi, und St. Michaeli einzubringen, und gehörigen Orts in Zugang zu verrechnen wissen.

Achtens: Bleibt es bey der vormalig gnädigst- und ernstlichen Verordnung, daß Unsere Pfleggerichter, und Landsassen nicht allein von denen Vormundschaften, sonderen auch all anderen geistlich- und weltlichen Personen (die drey gefreyte Stände ausgenommen) ab deren sowohl bey ihnen Ständen selbst, als in ihrem Gerichtszwang anliegenden Kapitalien anheuer ebenfalls zwey Steuern, als eine auf das Ziel St. Georgi, und die zweyte zu St. Michaeli, und zwar bey jedem Ziel den 20ten, sohin auf beydemal den 10ten Theil des Zins-Betrags einzubringen, und mit Beylegung gefertigter Registern zu denen landschaftlichen Landsteuerämtern übersenden sollen; Wobey jedoch jene Pfleglkinder, deren Hauptgut für jedes nicht 100 fl. erreichet, gänzlich, wie auch jene zum Theil, oder auch völlig zu verschonen sind, deren Vermögen zwar größer, annebens aber andere mitleidenswürdige Umstände zu erwägen kommen, wegen welchen dann die Beamte in vorfallenden Zweifeln nicht eignen Gefallens zu disponiren, sondern bey Unserer lieb- und getreuen Landschaft sich berichtlich anzufragen, und deren Resolution hierüber zu vollziehen haben; mit beyfügend weiteren gnädigsten Special-Befehl, wie bey Unserer oberen Landesregierung, dann Hofrath, und denen Regierungen, also auch andern minderen Gerichtsstellen allen deme, was wegen vorzüglichen Vorhalt der zinstragenden Kapitalien, und folglicher Hintertschlagung der Interesse-Steuern in denen vorigen Mandaten de Annis 1765, 1766, et 1767, sub puncto 8vo in extenso unter angedrohter Strafe enthalten, eben so genau und beflissen nachzuleben, als ob es gegenwärtig von Wort zu Wort hieher angeführet worden wäre. Wie es dann auch

Neuntens: Mit denen bey all Unseren Städt- und Märkten, dann deren Bürgerschaft verzinslich anliegenden Kapitalien, so denen ungefreyt geistlich- und weltlichen Personen angehörig sind, ohne mindeste Ausnahm gleich zu halten, sofort gedachte 2 Interesse-Steuern auf St. Georgi, und St. Michaeli dergestalten zu erholen sind, daß von jedem Magistrat der Betrag mit einer separairtgefertigten Specification zu dem betreffenden Landsteuer-Amt eingesendet werden solle, welches nach dem kürzeren Weg zeitig, und füglicher geschehen kann, wann die Steuer-Gebühr, so innoge solche von- oder ausländische Släubiger anbetreffen, von denen Debitorn obunmittelbar eingebracht, und alsdann dem Gläubiger der Schein statt baaren Geld hinausgegeben wird. Wo aber nichts zu versteuern angefallen, wäre dennoch ein Fehlregister einzuschicken, und da einige Ortschaften in mora, die Nothdurft von denen Landsteuerämtern zu Belegung der Rechnungen per Patent auf der säumigen Kosten abzufordern.

Zehntens: Nachdem die Steuergefälle auf die ausgesteckte Zieler, und an die gehörige Ort so richtig einlaufen müssen, als mit deren Vertheilung bey Unseren Zahlämtern der sichere Antrag hierauf gemacht ist; So versehen Wir Uns zu denen drey gefreyten Ständen, auch auswärtigen Stift, und Klöstern,

U 2   daß

daß sie mit ihren Erlagen innerhalb 4 Wochen nach jed bestimmten Ziel richtig bevhalten, und es auf eine unbeliebige Ermahn= und Ahndung nicht ankommen lassen werden; Unseren Gerichtsbeamten, und denen Landsassen aber wird hiemit ernstlich aufgetragen, denen Unterthanen die Steuertäge so zeitig, damit sich selbe gefaßt machen können, öffentlich verkündigen zu lassen, die Einnahm bald hernach anzuseßen, und die jed=ortig betreffende Steuer=Beträge mit mehrerer Thätigkeit als bisher zu Unserm größten Mißfallen geschehen, und zwar Ziel für Ziel ohne gebrauchender Nachsicht dergestalten beyzutreib, daß nicht bey schon verfallenen zwey und drey Steuer=Zielen durch die unbedeutendsten Erlagen nur der Betrug einer einzigen Steuer, sondern bey jedem Ziel der bestimmte Steuer=Betrag mit alleiniger Ausnahm der Freyhäusern, und Armuths=Abgängen in ganabarer Münz zu den landschaftlichen Steuer=Aemtern, wohin selbe gehörig, ebenfalls längstens nach Verfluß 4 Wochen, von dem angeseßten Steuer=Ziel angerechnet, um so gewisser geliefert werde, als nach Verfluß dieses zwochigen Termins gegen die in einen sichtbaren Saumsal verfangene alsogleich mit denen verordneten Zwangsmitteln verfahren, und zu solchem Ende von denen Steuer=Aemtern ohne weitere Zuwart, und geringste Rücksicht die militärische Execution auf der Saumigen Kösten hinausgeschicket werden soll; Wie dann anbey sie Unsere gerichtisch=und die hofmärkische Bramte sich zu keiner Zeit anjumaßen haben, diese Gefälle unter einigem Vorwand nur im mindesten anzugreifen, oder auf andere Ausgaben, oder Amtsbest=reitungen hiervon etwas zu verwenden, oder bis auf die öfters sehr spat einsendende Final=Abrechnung geflissentlich zurück zu halten, noch auch willkürlich so lang in Ausstand bis die Restanten außer Zahlungsstand geseßt sind, hangen zu lassen, sondern gegen die wissentlich zahlungsfähige Unterthanen anfangs die gerichtliche Zwangsmittel zu gebrauchen, da aber selbe nicht verfangen, alsdann mit der militärischen Execution (welche die Landsteuerämter nach erfindenden Umständen bey jeden Orts=Regiments=Commandanten entweder selbst begehren, oder die Gerichts=und Hofmarksbeamte zu Gewinnung der Zeit hierum ansuchen können, und sollen) nothdürftig zu verfahren; bevnebens auch die Einnahm der Steuer=Gelder unter einer ergiebig unfehlbaren Geldstraf, oder nach gestaltsame wirklich zu gewarten habender Dienstentseßung, so wenig denen Schreibern als denen aufgestellten Gerichtsdienern, und deren Knechten anzuvertrauen, maßen auf jenen Fall, wo ein Saumsal, Verdacht, oder Unrichtigkeit anscheinet, Unsere lieb=und getreue Landschaft in Kraft des unterm 16ten Februar 1748 ausgefertigten Special=Decrets von selbst befugt, und bewaltet ist, durch deren Abgeordnete auf Kösten der hinläßigen Beamten, und Landsassen der Sache in loco ein=und auf den Grund sehen zu lassen: Wie dann überhin denen Landsteuerämtern hiemit aufgegeben wird, nach jedem fruchtlos verstrichenen Steuer=Termin, und aus besonderer Gnadenmilte geseßt zwochigen Frist, die morose Bramte, und sonderheitlich jene, welche die Steuer=Schuldigkeit aus Eigennuß oder kraxmäßiger Gewohnheit entweder gar nicht, oder nur einen Theil hiervon zur gemachten haben, sogleich eigne Vothen auf deren, und nicht der Unterthanen Kösten abzuschicken, und wenn es an der geziemenden Folgeleistung gleichwohl ermanlet, Uns selbe der verdienend=empfindlichen Korrektionswillen ohne alle Rücksicht namhaft zu machen.

Eilftens: Was in denen ältern Mandaten, und benanntlich jenem de anno 1775 wegen den, denen Unterthanen von einigen Gerichts=und Hofparks Beamten, ohngeachtet geschehenen Verbots, aufdringend sogenannten Ausstandsbaßen enthalten, bey deme hat es sein unabänderliches Verbleiben, jue wird allein denen Gerichtsdienern noch ferners erlaubet, daß diese, wenn sie nach mehrern gehaltenen Steuereinnahmstägen denen Restanten zu Haus gebrieg müssen, von jedem Unterthan (obschon selbiger mit seinen Zubaugätern, und walzenden Stücken in denen Steuer=und Anlagsbüchern öfters einkommet) einzige 4 Kreuzer, und bey Vermeidung schweren Einsehens kein mehrers nehmen dürfen; worauf Unsere Rentamts=Commissionen genaue Obsicht zu halten, und die frevelhafte Uebertretter der gebührenden Bestrafungswillen vorzuschreiben haben.

Zwölf=

Zwölftens: Ist in denen vorjährigen Steuer-Mandaten die gleichmäßig ordentliche Verfügung geschehen, daß Unsere Pfleggerichter, und die Hofmärkten, über die von Zeit zu Zeit abgebrannt, oder von denen Unterthanen gänzlich verlassen, mithin zu Dorf und Feld öd liegende Güter (inclusive jener, welche zwar kürzlich neu bemayert worden, hierauf aber die von Unser lieb- und getreuen Landschaft verwilligte Steuer-Freyjahre noch nicht ausgelaufen sind) eine eigene, oder besondere Designation mit Entwurfung des Hoffusses, und einfachen Steuerbetrags zu verfassen, und diese neben denen ordinari Nachlaßbeschreibungen zu denen Landsteuerämtern einzusenden haben; Entgegen hierunter andere entweder gangbarig- oder überhäufter Schulden halber abbauende Unterthanen, (weil diesen mit Verlurst des alleinigen Steuergefalls ohnedem nicht mehr aufzuhelfen,) keineswegs einmischen, sondern solch letzte samt deme, was sie über bezahltes an Steuern noch restirend verblieben. zu denen Landsteuerämtern ebenfalls specificirt, und von Jahr zu Jahr separirter, jedoch nur zur billichen Auszeigung des endlichen Steuerabrechnungsrests in so lang übergeben sollen, bis bey nächstem Verkauf, Uebergab, oder Vergandung der Güter der völlige Ausstand erholet, und in gebührende Verrechnung gebracht werden kann. Als haben die Landsteuerämter in dieser vorgeschriebenen Ordnung den mindesten Unterbruch zu gestatten, und so fern ein- oder anderes Pfleggericht, und Hofmark gleichwohl hierwider handeln, und beynebens die von Unser Hofkammer allein in denen Hofanlagen, oder von denen Hofmarksinnhabern, und andern Grundherrschaften auch nur in denen grundherrlichen Foderungen bewilligte 2- 3- oder mehrjährige Befreyungen zugleich auf das Steuergefäll (ohne vorher zu Unser lieb- und getreuen Landschaft geschehener Berichtserstattung, und darauf erfolgter Resolution) eigenmächtig erstrecken wollten, geringstes passiren zu lassen, sondern alle dergleichen mit obwohnten ordinari Schadensbeschreibungen unrichtig einsendende Freyjahrs-Designationes zur unvermeidentlichen Correction, und Beobachtung der Nothdurft schleunig zurückzuschicken, und wegen dem sich hiedurch bey der Final-Steuerabrechnung allenfalls höher ergebenden Hineinrests sowohl, als auch jenen Unterthans-Steuer-Ausständen, so nach berührt vorgenommenen Gand- oder anderen Gutsausdüsen, ohnerachtet wissentlicher Prælation, aus Unachtsamkeit, und Saumsal der Gerichter, und Hofmärkten in gehöriger Zeit nicht erholet, und zu denen Landsteuerämtern gutgemacht worden, sich ohnmittelbar an Unsere Beamte, und die Hofmarksinnhaber zu halten; wo indessen von denen Unterthanen, welche wegen erlittenen Brunstschäden die zuständige 3 Freyjahre bereits genossen, die Steuern wiederum, wie ehevor, einzubringen kommen, ob selbe schon ihre Häuser, und anderes noch zumal gänzlich, oder zum Theil nicht auf- oder ausgebauet haben.

Dreyzehntens: Wenn im heurigen Jahre einige Gerichts- und Hofmarks-Unterthanen an denen Feldfrüchten durch Schauer, Wassergüsse, und auf anderer Weise so empfindlich beschädiget wurden, daß sie die sämmtlichen Steuern zu entrichten außer Standes, und daher eines Nachlasses würdig, und bedürftig wären, wobey doch Gutachten über geringe, und manchmal nicht soviel durch Haus- oder Feldunglücke, als durch übles Haushalten der Gutsbesitzer vorkommende Schäden zu vermeiden sind; hätten selbe ohne unnöthig vorhin schon abgeschaftes Suppliciren, noch, daß sie von jemand auch bey nur gering erlittenen Verlurst zum Anhalten verleitet werden, sich bey ihren Obrigkeiten persönlich zu melden, diese aber, da auf solche Anzeige der Augenschein mit Gelegenheit anderer ihrer Amtsverrichtungen füglich, und ohne Kösten zwar nicht vorgenommen werden kann, den angebenden Schaden durch zwey oder mehrere eidlich verpflichtete Schätzmänner, respective Obleute von nächstgelegenen Orten in ihrer selbst Gegenwart: Bey der zu weiten Amtsentfernung aber mit Zuziehung der Gerichtsdiener in jedem Falle, nach vorherig zweckmäßiger Lokal-Unterricht der Schädleute zu der vorhabigen Augenscheinen, und Schätzung, besichtigen zu lassen, sofort hierüber nach pflichtschuldiger Ermäßigung ohne kennbarer, und gar nicht vortäglicher Uebertspannung der Schäden, die Wir mit jenen, so die Gerichter, und Hofmärken in Hof-Anlagen vorschreiben, conferiren lassen werden, eine in 2- oder 3 Klassen abgetheilte Conscription unter Anmerkung des Hoffusses, und der einfachen Landsteuer zu verfassen, und solche mit beygesetzten Gutachten längststens bis Michaeli (zumal hinnach weder Amtsberichten, noch einschichtige Memorialien angenommen, sondern die Versaumniß einer, wie der andern Partey zur eigenen Schuld angerechnet wurde) zu ersagten Landsteuerämtern der Examinations- und weitern Begutachtungswillen einzuschicken, damit die Nachlässe bey Unserer lieb- und getreuen Landschaft resolviret, und hinausgeschrieben werden können, welche die Gerichts- und Hofmarksbeamte aledann vor denen Kirchen ohne geringsten Aufschub verrufen, jeden Unterthan das Seinige getreulich genießen zu lassen, und hierauf neben sothanen Nachlaß zugleich auch das, was in den erloffenen Schadens-Besichtig- und Schätzungskosten der Schätzleute (massen alle übrige Taxen, Sportein, und Gebühren landesgesetzwidrig, und abgeschaft sind) abgezogen worden, bey unausbleiblicher Ahnd- und Bestrafung in die Steuerbücheln einzuschreiben wissen. Wie all solches in Unserem unterm 3ten May 1790 sowohl der Steuern, als Hofanlags-Stift- und Getreide-Gilt-Nachlässen halber erlassenen General-Mandat nebst mehr andern neuerlich verordnet, und anbefohlen worden ist.

Vierzehntens: In Bedenkung, daß wegen den sogenannten Armuths, Abgängen bey denen Unterthanen der in Hoffuß höher stehenden Gütern, womit ohngeachtet des schon öfters geschehenen Verboths nur theils Gerichts- und Hofmarksbeamte noch immer aufgezogen kommen, durch die in obig 12ten Punkten gemachte Vorseh- und Verfügung bereits abhelfliche Maß verschaffet worden; Haben die Landsteuerämter dergleichen nicht mehr passiren zu lassen, wohl aber mit denen bettelarmen Häuslern, welche keiner Arbeit vorstehen können, (falls unter solchen Vorwand ein- und andern Orts nicht zuviel, oder sehr auffallend, wohl gar alle abgeschrieben werden wollen) dergestalten zu dispensiren, daß die hierüber mit Anzeige des Hof- und Steuerfusses verfaßte Specificationes keineswegs erst mit denen Final-Abrechnungen, sondern sogleich mit denen Gerichts- und Hofmarkischen Schadens-, respective Steuernachlaß-Beschreibungen längstens bis Michaeli eingesendet werden sollen, um selbe bey denen Landsteuerämtern vorher nothdürftig examiniren, und das erfindende Steuer-Quantum dem ordinari Nachlaßprotokoll einverleiben zu können.

Fünfzehntens: Wird zur schuldigster Nachachtung der Pfleggerichter, und Hofmärkten, in welchen die baumäßig, und andere nutzbare Grundstücke der Oed, oder von denen abhausenden Unterthanen nicht mehr zu beschlagen vermögenden Gütern, jedoch mit vorheriger Vernehm- und Zuziehung des Abhausers, um ein gewisses jährliches Bestand-Geld verlassen worden sind, und zur künftig besseren Cultivirung wohl bedächtlich noch weiters zu verstiften getrachtet werden sollen, daß in dem 1768ten Steuer-Mandat sub puncto 14tens gnädigste Geschäft gemäßenst wiederholt, bey Vertheilung sothanen pactiert jährlichen Bestand-Gelds die privilegirte Landsteuern keineswegs auszuschließen, sondern zwischen selbigen, dann der Hofanlags- und grundherrlichen Schuldigkeit unterdessen, bis derley Güter wieder zur Bemayrung gelangen, einen gleichzügigen Ausschlag zu machen, sofort jenes, was nach dem Gulden auf die Steuern herüber zu nehmen kommet, Unserer lieb- und getreuen Landschaft allwegen bey Einschickung der Steuer-Gelder in gebührende Verrechnung zu bringen; Worauf die Landsteuerämter gleichwohl behörigen Bedacht zu nehmen, und sonsten noch bey entstehenden Zweifeln, ob da, oder dort in denen Steuern nicht mehrere öd- und unbemayrte Güter, als in denen Hofanlagen abgeschrieben worden, von Unsern Pfleggerichtern ordentlich specificirt- und gefertigte Extract aus denen bey Unserer Hofkammer ratificirten Hofanlags-Libellen, von denen Hofmärkten aber gleichmäßig gerichtliche Attestata abzufodern wissen, die man auch an Seiten der Gerichte denen mehr besagten Hofmärken auf beschehenes Ansuchen niemal zu versagen, sondern selbe zu dem Ende ex Officio ohnentgeltlich zu ertheilen hat, damit sie sich hiemit bey denen Landsteuerämtern, allwo von gänzlich ödliegenden Gütern die Steuern ebenfalls, wie die Hofanlagen pr. Abgang passiren sollen, nothdürftig neben einander legitimieren können. Und damit

Sechszehntens: Die Landsteuerämter in Verfaß- und Schließung deren Hauptrechnungen nicht gehindert seyn mögen, haben alle Unsere Gerichter und Hofmärken, sobald ihnen die von Unserer lieb-und getreuen Landschaft resolvirte Steuer-Nachlässe zukommen, in Einbringung der noch bestehenden Resten mit allem Eifer zu setzen, und, da es bey säumigen Orten noch im späten Jahr an denen Registern, und anderen ohnentbehrlichen Nothdurften ermangelt, wonach doch, wenn sonst nichts unpaßirliches einlaufet, die eigentliche Schuldigkeit entworfen werden muß, selbe in gehöriger Zeit einzuschicken, folglich mit gefaßter Nothdurft endliche Richtigkeit zu pflegen, und dagegen zur künftigen Legitimation auf alle Steuer-Terminen eine ordentliche Quittung an sich zu bringen, und bey Unseren Rechnungs-Aufnahms-Commissionen gebührendes vorzuzeigen, ohne daß Unseren Pfleg-und Landgerichts-Beamten insbesondere jemal erlaubet seyn solle, sothane Reste-Erlagen, und gänzliche Richtigkeit bis in das nächst folgende Jahr unter einigem Vorwand zu verschieben, maßen Wir absolute gnädigst wollen, und hiemit geschärfest verordnen, daß von all, und jedem derenselben bis Ende des Jahrs durchgehende Richtigkeit hergestellet seye; im übrigen, und da sich jemand dießfalls, wie überhaupts in dem Steuerwesen, als einer Unsere höchste Rechten, und Dienst betreffenden Sache etwas zu Schulden kommen lassen, und denen landsteuerämtlichen Erinnerungen, und Stimulationen zu fügen Anstand nehmen, oder mit Beyseitsetzung der gebührenden Achtung gar widerspenstig erzeigen sollte, Wir auf ihre der Beamten Kösten eigene Untersuchungs-Commissiones ad locum abordnen, und nach erfundener Beschaffenheit die Amotion, und andere exemplarische Bestrafungen verhängen würden; Und weil in den Hofmärchen Unsere Landsassen ihre Richter vertretten, dafür stehen, und haften müssen; So werden dieselbe von ihren aufgestellten Hofmärchs-Verwaltern nach jed-verflossenem Steuer-Ziel die von denen Landsteuerämtern um die gemachte Erlagen erhaltene Abschlags-Quittungen zu selbstigen Sicherheit, und Ermäßigung der, nach dem bestehenden Steuer-Simplo, und der Unterthanen Vermögenheit hinlänglich, oder unhinlänglich geschehenen Abschlags-Zahlungen und mit Ende des Jahrs die Hauptquittung um so mehr in Originali abzufordern wissen, als selbe im Fall eines ab Seite der Verwaltern sich ergebenden Steuer-Rückstandes, aller dagegen wie immer machenden Einwendungen ohngeachtet, jedesmal zum baaren Ersatz verfänglich angehalten werden würden.

Wir befehlen demnach eingangs gemeldeten Unseren Beamten, Landsassen, und deren aufgestellten Verwaltern, wie auch denen sammentlichen Städt- und Märkten, und insgemein all-und jeden Unterthanen gnädigst, und ernstlich, diesem Unseren Landes-Geboth, und Ordnung, bey Vermeidung Unserer höchsten Ungnade, und angedrohter Bestrafung, in einen, wie den anderen, gezielt mends nachzuleben; zu dem Ende dann Unser Hofrath, und die Regierungen auf jedmaliges Belangen Unserer lieb-und getreuen Landschaft, und deren Steuer-Aemtern, gegen diejenige, welche dießfalls in mora, oder sich widersetzlich erzeigen, die Hand zu biethen, und, weil selbe vorhin schon stimulirt, und gewarnet worden, keine weitere Termine, oder Dilation zu ertheilen, sondern sogleich executive verfahren sollen, und zwar um so mehr, als Wir in dem Steuerwesen, und dahin einschlagenden Geld-Verhalt, als einer zwischen Uns, und gedachter Landschaft vorhin treflich überlegt, und abgemachten Sache keinen Verzug, Disput, oder Proceß, wie, wann, oder von wem, auch unter was Vorwand dergleichen immer gesuchet werden möchte, zu gestatten gedenken, sondern solche Parthyen ohne An-oder Innstand ab-und an gemelte Landschaft zu weisen, diese aber die vorkommende Zweifel, und Anstände zu erklären, oder auf nöthigen Fall an Uns gelangen zu lassen wissen wird. Gegeben in Unserer Haupt-und Residenzstadt München, den 9ten Oktober 1792.

Nro. IX.

Entbieten allen, und jeden Unsern Oberen-Landes-Regierungs-Vice-Praesidenten, Hofraths-Praesidenten, Vice-Praesidenten, Viztbumen, Pflegern, Landrichtern, Kastnern, Verwaltern, und anderen Unseren Beamten, dann

Betrest Steuer-Maßgab pro 1792

dann denen von Unserer lieb- und getreuen Landschaft in Baiern, auch allen
Ständen, und insgemein Unseren sammentlichen Unterthanen, nicht weniger denjenigen, welche außer Unseren Landen seßhaft, hierinnen aber einige Rent- Gilt-
und Einkünften genießen, Unsern Gruß und Gnade zuvor, und geben denselben zu
vernehmen: Daß, nachdem die vermög des unterm 9ten Oktober erlassenen Generalmandats durch eine mit Unserer lieben und getreuen Landschaft gepflogene
Behandlung eingewilligte Standanlagen, dann Unterthans- und andere sonst gewöhnliche Steuern zur Bestreitung der Uns im heurigen 1798ten Jahre oblieg-
ben den ganz außerordentlichen Staats- und Regierungsbedürfnissen (ungeachtet der
sowohl Unsers höchsten Orts, als ab Seite der drey gefreyten baierischen Ständen zur Schonung der Unterthanen mit all möglichster Anstrengung geschehenen
sonderbaren Mit- und Einwirkung) das erforderliche Auslangen bey weitem nicht
verschaffen, Wir Uns mit Einverständniß Unserer Landschafts-verordneten Com-
missurien und Rechnungsaufnehmer Ober- und Unterlands Baiern in die Nothwendigkeit versetzt befunden, zur Ausrichtung der vorliegenden schweren Staats-
und Regierungsbedürfnissen, neben den ordentlichen und außerordentlichen Mitteln doch noch ein allgemeines Laudanlehen aller Grundherrn in
Baiern, geistlich, oder weltlich, innländisch, oder ausländisch, gefreyt, oder ungefreyt ohne alle Ausnahme zu erheben, und zu Unserer Landschaft in Baiern
erlegen zu lassen. Und zwar auf folgende Art:

Es haben nämlich

Erstens: Sammentliche Unterthanen im ganzen Lande neben den durch
Unser oben angezogenes Generalmandat bereits ausgeschriebenen fünf ganzen
Unterthanssteuern eine allgemeine weitere ganze, sohin eine Sechste Unter-
thanssteuer, und zwar neben der auf das Ziel St. Martini abführenden extra-
ordinarien Defensions- Steuer, mit und in dem nämlichen Ziele, jedoch dergestalt zu entrichten, daß dagegen

Zweytens: Jeder Grundunterthan nicht nur allein diese weitere Sechste
Steuer, sondern, damit selben alle nur immer mögliche Schonung und Erleich-
terung zugehe, auch an der Fünften ganzen, eine halbe Steuer, mithin anderthalbe Steuern, sovil selbe dem Geldbetrag nach abwerfen, seiner Grundherrschaft an der im gegenwärtigen Jahre abzureichenden Stift oder Gilt,
oder, wenn diese nicht erklecket, an den künftig fährigen Grundherrlichen Reich-
nissen abzuziehen, und innzubehalten befugt seyn solle.

Drittens: Damit aber der Grundherr über das Quantum dieser 1½
Landsteuern verläßiget, und im Ganzen eine richtige Controlle hergestellt, und
erhalten werde; so hat jedes Land- Pfleg- oder Hofmarksgericht, oder eigentlich
jene Stelle, welche die Steuer einbringt, einem jedem Unterthan, nachdem
er die für das heurige Jahr im ganzen zu entrichtende Sechs Steuern mit
passirlicher Anrechnung und Beyschlagung der an den erstern fünf Steuern
resolvirten ordinari Steuernachlässen, ohne Abgang richtig abgeführet haben
wird, hierüber ein Attestat unentgeltlich auszustellen, auch darinn zugleich
das Steuer- Simplum, und den nach solchem herausfallenden Betrag der 1½
Steuern bestimmt anzumerken, welches Attestat sodann der Grundunterthan seinem Grundherrn an der Stift, oder Gilt (letztere nach dem jeden Orts land-
läufigen Preise des Getreids gerechnet) statt baar Geld anzurechnen; folglich
dort um soviel weniger zu bezahlen, oder aber, wenn er die Stift, oder Gilt vor
Publicirung dieser Verordnung bereits ganz entrichtet hätte, sich den im Attestat ausgedruckten Betrag der 1½ Steuern von seinem Grundherrn rückvergüten
zu lassen hat.

Viertens: Sollte irgend ein Grundherr, welcher in Unserm landesfürstlichen baierischen Territorio ein grundbares Gut besitzt, sich nach solcher unausweichlichen landesfürstlichen Verordnung nicht fügen, mithin entweder seinem
Grundunterthan den Abzug der 1½ Steuern an der schuldigen Stift oder Gilt
nicht

nicht gestatten, oder falls der Unterthan die Stift oder Gilt schon abgeführt hätte, den Betrag der 1½ Steuern nicht zurückerstatten, oder sonst den Unterthan auf irgend einer andern Seite um desto härter halten wollen; so wollen Wir, daß der solchergestalt gekränkte Unterthan dieses alsogleich, ohne alle Scheu oder Rücksicht, und zwar, wenn die widerstrebende Grundherrschaft nicht zugleich die Jurisdiktion über ihn genieße, bey seiner ordentlichen Gerichtsobrigkeit anzeige, welche hiemit befehliget, und ermächtiget wird, dem solchergestalt gekränkten Unterthan beyzustehen, und durch alle in ihrer gerichtsobrigkeitlichen Gewalt stehende Executions-Mittel bey gegenwärtiger landesfürstlichen Verordnung handzuhaben; wenn aber die widerstrebende Grundherrschaft selbst zugleich die Jurisdiktion über den Unterthan hätte; so hat selber solchen Vorfall bey Unserm einschlägigen Land-und Pfleggericht anzuzeigen, damit dieses mit Unserer Landschaft berathene Verfügung unter Assistenz Unseres Hofrathes und äußern Regierungen, gleich einer Landsteuersache durch landesfürstliche Macht unterstützet, und executive ausgeführt werde. Wie dann überhaupt erste Land- und Pfleggerichter (wenn die und da einige Grundunterthanen aus Scheu, oder Rücksicht solche Kränkungen zu melden sich nicht getrauten) den allenfalls auf andere Art in Erfahrung bringenden derley Ungebühren auch von Amts wegen nachzuforschen, und die erprobte Beschwerde abzustellen befugt seyn sollen; indem Wir ausdrücklich wollen, daß der Unterthan die letzte anderthalb Steuern nicht aus seinem eigenen Säckel bezahlen solle, dagegen Wir aber die desto richtigere Abführung der übrigen 4½ Landsteuern bey Vermeidung der gesetzlichen Executions-Mittel erwarten.

Fünftens: Da es sich fügen kann, daß irgend ein Grundunterthan seinem Grundherrn eine so geringe Stift, oder Gilt zu verrichten hätte, daß den Betrag der 1½ Landsteuern hieran abzuziehen erst in 2, oder mehrern Jahren möglich würde; so hat die Grundherrschaft auf solchen Fall den Grundholden um solchen 2 oder 3jährigen Stift oder Giltbetrag, soviel nämlich die 1½ Landsteuern in Geld abwerfen, sogleich im voraus zu quittiren, und dieses in seine Büchel einzuschreiben.

Sechstens: Weil nun aber der in obigen Punkten angeordnete Abzug den Grundherrschaften nicht ohne Wiederersatz zu Last fallen, sondern nur als ein von ihnen zu den dringendsten Staatsbedürfnissen geschossenes Land anlehen behandelt werden solle; so hat jeder inn- und ausländische Grundherr von seinem Grundunterthan das von der betreffenden Jurisdiktionsobrigkeit der richtigen Steuerverlage halber ausgestellte Attestat obvermeldtermassen an sich zu bringen, über die von seinen sammentlichen Grundunterthanen erhaltene und eingezogene derley Attestaten eine specificirte Anzeige mit Benennung des Rentamts, auch Gerichts, oder der Hofmark, worinn der Grundunterthan entlegen, dann Entwerfung des von jedem seiner Grundunterthanen abziehenden Steuerbetrages, und hienach ab 1½ Steuer betreffenden Quanti zu verfassen, und sodann diese specificirte Anzeige mit Anlegung der sammentlichen Attestaten zu der oberländischen Landschafts-Kanzley einzusenden; wonach jeden Grundherrn für den durch diesen Abzug geleisteten Betrag eine förmliche landschaftliche Obligation ausgestellet, und mit Vier per cent à presentato der übergebenen Anzeige bis zur wiederumigen Rückzahlung, jährlich entweder baar in der landschaftlichen oberländischen Kanzley, oder mittels Abrechnung gegen seine sonstige dahin zu fordende jährliche Reichnisse verzinset werden wird.

Siebentens: Weil Wir von dieser gegenwärtigen allgemeinen Verordnung auch Unsere Kasten-Am:s- und andere Unsere mit Stift- und Gilt belegte Grundunterthanen nicht ausnehmen; so haben demnach auch unsere Kasten-ämter, Herrschaftspfleger, Hofmarksverwalter, und andere, denen Wir die Administration Unserer Grundunterthanen übertragen haben, vollkommen auf die nämliche Art zu verfahren, wie heroben bey andern Grundherrn verordnet ist, mithin die Attestaten der Steuerverlage, so Unsere Grundunterthanen bey der Kastenstift- und Gilt nach dem Betrag von 1½ Steuern statt baar Geld übergeben dürfen, zu sammeln, bey der oberländischen Landschafts-Kanzley mit einer landschaftli-

Sechster Band.   D   chen

sten Obligation auszuwechseln, und diese Obligation statt baar Geld zu Unserer Hauptkassa, oder zu den respectiven Rentzahlämtern einzusenden.

Achtens: Gleiche Beschaffenheit hat es auch bey den Grundunterthanen der Kirchen und milden Stiftungen, doch daß zur Vermeidung der hiernach ausfallenden zu vielen und zu kleinen Partial-Obligationen, jeder Gerichtsbeamte für alle unter seiner Verwaltung stehende Kirchen und milde Stiftungen (so ferne nicht hie und da wegen besondern Umständen eine Partial-Obligation nöthig seyn möchte) eine einzige Haupt-Designation entwerfe, und folglich eine Commun-Obligation für sammentlich dortige Kirchen und milde Stiftungen erhole, wonach in jedem einzelnen Zechschreine, oder vielmehr in jeder einzelnen Kirchenrechnung der Antheil an dieser Commun-Obligation vorzutragen kömmt.

Neuntens: Da bey den Ludeigenen, und so auch bey jenen lehenbaren Unterthanen, welche an niemand einige Stift oder Gilt zu verreichen haben, der Abzug der letzten 1⅓ Steuern an irgend einer Stift oder Gilt nicht statt hat, und doch zur allgemeinen Ordnung und Gleichförmigkeit auch diese die volle 6 Landsteuern bezahlen sollen und müssen; so wollen Wir diese Unterthanen auch nicht härter halten, sondern ihnen die nemliche Erleichterung, wie allen übrigen zufließen, folglich selbe eben so gut, wie die Grundherrn, als Darleiher ansehen lassen.

Wir verordnen daher, daß jedes Land-Pfleg- oder Hofmarksgericht ein namentliches Verzeichniß mit der Anzeige des von solchen mit keiner Stift oder Gilt belegten Unterthanen entrichteten 1⅓ Steuerbetrages zur Landschafts-Kanzley Oberlandes einsende, und dort eine Commun-Obligation für alle solche in seinem Gerichtsbezirk entlegene respective Darleiher erhole, sonach denselben sowohl das jährliche Interesse, als bey einer Heimbezahlung dieses Landanlehens ihren Antheil richtig zurück vergüte.

Doch soll und muß der Antheil, welchen jeder einzelne eigene oder lehenbare Unterthan an dieser Commun-Obligation hat, auf die nemliche Art, wie es beym Landanlehen vom Jahre 1796 verordnet worden ist, vom Gute unveräußerlich seyn, und ipso facto von einem Gutbesitzer auf den andern fallen, es mag in den Kauf- oder Uebergabsbriefen ausgedrückt seyn oder nicht.

Wir befehlen demnach eingangs bemeldten unsern Beamten, Landsassen, den sammentlichen inländischen, so wie den ausländischen Grundherrschaften, rücksichtlich ihrer in Unserm Territorio genießenden Rent-Gilt- und Einkünften, so wie insgemein allen und jeden Unterthanen gnädigst, und ernstlich, diesem Unsern Landgeboth, wodurch Wir die Erleichterung des dermalen verschiedentlich schwer bedrängten Unterthans beabsichtet, und doch den Grundherrschaften durch dieses gelindeste Aushülfsmittel andere lästigere Bürden entfernet haben, gebührends nachzukommen.

Zu dem Ende Unser Hofrath und die Regierungen auf jedmaliges Belangen Unserer lieben und getreuen Landschaft und der Steuerämter, rücksichtlich der einzubringenden, und dahin einzusendenden Sechs Landsteuern, oder auf Belangen der Land-Pfleg- und anderer Gerichtsobrigkeiten, rücksichtlich des den Grundherrschaften verordneten Abzuges, gegen diejenige, welche sich dießfalls saumselig oder widersetzig bezeigen, sogleich executive verfahren sollen. Gegeben in Unserer Haupt- und Residenzstadt München, den 5ten November 1798.

Vierter Theil.

Von Maut = Accis = Commerzien = Manufaktur = und Fabriken = Sachen.

Nro. I.

Seine Churfürstl. Durchläucht haben sich durch erstattete Berichte Höchstihro Obern = Landesregierung bewogen gefunden, zu verordnen, daß in Hinsicht auf die Ausfuhr des innländischen Eisensunters die vorige Accise wieder Eingeführt, sohin jeder auszuführende Zentner desselben mit 50 kr. belegt werden solle. Wornach sich daher Jedermann zu achten weiß. München den 16ten Dez. 1796. *Die Accise auf die Ausländischen Eisens betreffend.*

Nro. II.

Nachdem schon in der unterm 19ten Weinmonats 1788 *) gnädigst erlassenen General = Verordnung, unter andern deutlich enthalten ist, daß, wenn ein Mautamt aus dem Præventions = Rechte einen Polizeyfrevel entdeckt, und verhandelt, solches nach erfolgter Ratification den zum Churfürstl. Ærarium treffenden Confiscations = oder Strafen = Antheil an das nächst entlegene Churfürstl. Land = oder Pfleggericht der Verrechnungswillen übergeben, oder gelegenheitlich dahin überschicken, hingegen aber auch das Reciprocum die Jurisdictions = Obrigkeiten rücksichtlich der von ihnen verhandelnden Frevel, und Confiscations = Vorfälle in Mautsachen genau halten sollen, man aber mißfälligst erfahren müssen, daß dieser höchsten Verordnung keineswegs von einigen Aemtern schuldgehorsamst nachgelebt worden seye; so will man sämmtlichen sowohl Churfürstl. und ständischen, als auch Churfürstl. Mautämtern zu getreuen Beobachtung ob = allegirt = gnädigster General = Verordnung in seinem ganzen Umfange mittels dies nochmal, und zwar auch zu derley Ueberschickung des Sportel = Betrags ernst genießenst angewiesen haben, mit dem Anhange, daß man die Uebertretter dieser Verordnung unnachsichtlich bestrafen würde. München den 18ten Jänner 1797. *Confiscations = tionen = und Straf = Antheil theils in Polizei = und Mautsachen.*

  *) Vid. die Samml. d. J. 1797. Seite 106.

Nro. III.

Da durch Wiederherstellung der Churfürstl. Hofkammer zu Neuburg die Maut = Behandlungen des Herzogthums Neuburg vor jenen der obern Pfalz ebenfalls getrennt worden sind, und daher in Confiscations = Fällen die Appellationen gegen die Neuburgische Mautämter nicht mehr an die oberpfälzische Landesregierung, sondern an die Landesregierung Neuburg gerichtet werden müssen; So wird solches der Churfürstl. Regierung Amberg mit dem Auftrag anderweit eröffnet, die bey ihr von Neuburgischen Unterthanen oder Mautämtern in Confiscations = Fällen etwa noch unerörtert hinterliegende Appellations Gegenstände an die Regierung Neuburg zu remittiren. München den 30ten August 1797. *Appellationen in Neuburgischen Confiscations = Fällen.*

Nro. IV.

Da Vermög des unterm 12. et præl. 16. curr. anher gelangt gnädigsten Special = Rescripts die bisher bestandene Getreidsperr auf Weiz und Korn vom 20ten dieses Monats anfangend exclusive der Gersten, und Habern bis auf weiter folgende Verfügung auch gegen die oberpfälzische Herzogthümer aufzuheben, *Getreidssperre.*

D 2   ben,

ben, und von jedem außer Landes verführenden Schäffl Münchner = Mäßerey auch zum Accis 1 fl. 30 kr. eingefordert, und verrechnet werden solle; jedoch solle die Sperr mit sämmtlichen Getreid = Gattungen gegen die Erzstift Salzburg= gischen Landen noch in solange fortgesetzt werden, als lange Salzburg die seiner Seits angelegte Sperr nicht zurück genommen haben wird. München den 16ten September 1797.

Nro. V.

Extractus Resolutionum Serenissimi de 19. März 1798.

Amtsab-
wesenheit des
Mauthper-
sonals.
§. Ueberhaupt aber die Anstalt durch die Polizey zu treffen, daß die ohne Li= cenz anher kommende Mautner, Beschauer, Mautaufseher, und Confin= wächter, deren sich wirklich einige allhier befinden sollten, und weßwegen nach= zufragen ist, sogleich zu ihren Aemtern zurückgewiesen, und während ihrer Ab= wesenheit von Amt, und nicht leistenden Diensten kein Gehalt auf solche Zeit mehr passiret werden solle, wofür der das betreffende Mautamt respicirende Rath und Rechnungs = Justificant in solidum mit ihren Gehältern zu haften haben.

Nro. VI.

Pässe
Matrikul.
Seine Churfürstl. Durchlaucht zu Pfalzbaiern rc. haben von der Churfürstl. Hoffkammer unterm 1sten hujus erstatteten Anfragsbericht, vermög Rescript vom 26. ejusd. gnädigst zu verordnen geruhet, daß alle dießseits auszufertigen bewilligte Getreid= Oel= Hanfkörner = so andere sowohl Elsiro als Transiro=Pässe *) länger nicht als auf ein Jahr à dato geltend seyn, zu Verhütung aller Unter= schleife die auf ein Jahr à dato geltend seyn, zu Verhütung aller Unter= schleife bey keiner andern Station, als wohin selbe nach allmalig selbstiger Er= klärung des Paß= Acquirentens angewiesen, eine Behandlung vorgenommen, nach Verfluß des bestimmt einjährigen Termins allda von den Paßinnhabern zurück gefordert, und mittels sonderbaren Bericht hieher zu Belegung der Paß= Matrikul eingesendet werden sollen, damit man hierin sämmtlich jeden Jahrs ausgestellt werdende Pässe, sammt den hierauf beschehenen Aus = und Durch= fuhren mittels denen à tergo mit dato, Manuals = Folio et Numero, dann Quanto et Quali zu annotiren anbefohlenen Behandlungen übersehen könne, mit dem Vorbehalt, daß, wenn die ganze Aus = oder Durchfuhr solcher Trans= porten in dem bestimmt einjährigen Termin noch nicht ganz geschehen, somit ein einiges Quantum rückständig seyn soll, zu Erlangung neuer Pässe hiezu bey höchster Stelle neuerliche Bewilligungen nachgesucht werden müssen. Den sämmtlich Churfürstl. Maut = und Bromautämtern wird also obangeführt = gnä= digste Verordnung, der sicheren Darobhaltungswillen mit dem Beysatz communi= cirt, daß selbe auch hiernach die Innhaber derley Pässe gleich bey ihrer Vor= zeigung anweisen, und von dieser gnädigsten Verordnung deutlich belehren, den incorporirten Beystationen aber mittels zu nehmenden Abschriften hievon mit nächster Gelegenheit Nachricht ertheilen sollen. München den 31ten März 1798.

*) Vid. die Samml. v. J. 1797. Seite 159. N. 69.

Nro. VII.

Manipula-
tion der die
ferrages zur
k. k. Reichs-
Armée,
Vermög an Unsere obere Landesregierung erlassenen höchsten Rescriptes vom 24ten Jänner dieses Jahres ist bereits gnädigst verordnet worden, daß die zu der in Unseren beroberten Churlanden stehenden k. k. und Reichs = Contingents= Armée vom Auslande hereingehenden Erfordernisse am Brode, und Fourrage, Holze, Strobe, dann anderen Consumptibillen, und Viktualien, wenn selbe mit ordentlichen, nämlich für die Marquetänder, und Handelsleute mit Lebens= mitteln, und einfachsten Bedürfnissen des Soldatens durch den Hauptmann von Rollen vom Generalstaabe, die übrigen durch den kommandirenden General, Freyherrn von Staabr, oder durch den Oberstlieutenant von Probaska unters schriebenen, und gefertigten Pässen, worin auch die Waaren, welche unmit= telbar zum Gebrauche eines Generalstaabes, oder anderer k. k. Oberofficiers ge= hören,

hören, jedesmal in dem Passe ausdrücklich angeführet werden, versehen sind, von Entrichtung der Consumo - Mauth - und Accis - Gebühren befreyet seyn sollen.

Ferners haben Wir auch verordnet, daß alle durch den von dem k. k. und Reichs - Generalfeldmarschalllieutenant, Freyherrn von Staader, mit besonderer Erlaubniß dazu versehenen Handelsmann Daßer, oder zur Uniformirung, oder solch - eigenem Gebrauche der k. k. Offiziers eingehende, und mit ordentlichen Pässen des k. k. Generalstaabs - Kommando versehene Waarenartikel, und wenn sie von einzelnen k. k. Offiziers - Individuen selbst eingeführet, oder bestellet sind, gegen eine ihnen anbefohlene Anzeige bey Unseren Mauthämtern für diesmal von allen Abgaben frey hereinposirt werden sollen.

Nachdem aber ohnerachtet dieser, selbst nach der erhaltenen Aeusserung des Reichsgeneral - Armee - Kommando nöthigen Verordnung, aus häufig einlaufend - amtlichen Berichten sich zeiget, daß zum größten Schaden, und Nachtheile des höchsten Ærarii sowohl, als des ganzen inländischen Handels, solche auf alle Art vereitelt wird; indem

1) Unter dem Namen der Selbstnothdurft vielfältig Uebermaaß eintritt, und mit Letzteren Unterschleife getrieben werden.

2) Mehrere mit ganz anderen, als obenernannten Pässen versehene Individuen mit verschiedenen Waaren im Lande herumhausiren, und sogar schon an einigen Orten mit Auswürfeln, dann Dreh - und Ritterspielen sich haben betreten lassen. Endlich

3) Daß unter dem Vorwande der Armeelieferungen mehrere Individuen mit k. k. Civil - und gewöhnlich in Hinsicht der Artikel, und Quantität derenselben ganz unbestimmt lautenden Pässen in diesseitigen Landen auf - und verkaufen, sohin sowohl in Hinsicht der Transito - als der Consumo - Gebühren um so mehr den größten Ærarial - Entgang verursachen; da von dergleichen mit solch-unbestimmten Pässen versehenen Individuen nichts anderes beabsichtet wird, als unter dem Vorwande der Lieferungen zur Armee unerlaubte Schleichhändel auszuüben.

So wollen Wir zur ernstlichen Abstellung dieser so häufig vorkommenden Excesse anmit gnädigst verordnen, daß.

ad 1mum. Nur auf Producirung der auf obenbeschriebene Form und Art gefertigten Pässe die darinnen benannten Artikel Mauth - und Accis - frey hereinpasirt, gegen jede die Selbstnothdurft überschreitende Uebermaaß, oder etwa mit weiterem Handel getrieben werdenden Unterschleife aber mit Beobachtung gehöriger Beschiedenheit, die nöthige Vorsicht gebraucht, und solche Excesse jedesmal ohne Verzug an Unsere Kriegs - Deputation angezeiget werden sollen.

ad 2dum. Daß, nachdem nach dem von dem Reichsgeneral - Armee - Kommando an Unsern Oberst von Riebl unterm 28ten März abhin erlassenen Note bestimmt erkläret worden ist, daß dergleichen mit verschiedenen Waaren hausirende Leute keineswegs mit Pässen versehen, und zum Nachtheile der einheimischen Handelsleute unterstützet, noch weniger aber das Auswürfeln, Dreh - und Ritterspiele geduldet werden, folglich die betreffende Ortsobrigkeiten ohne weiters dergleichen Individuen das Hausiren mit Waaren, dann das Auswürfeln, Dreh- und Ritterspiele auf der Stelle untersagen, die etwa vorzeigenden Pässe einziehen, und wenn solche Leute hie und da bey einquartierten Militär widerrechtlichen Schutz finden sollten, sich an die betreffende Kommandanten wenden möchten; So haben sich sämmtliche Ortsobrigkeiten in solchen Vorfällen hiernach zu benehmen, und wenn keine Abhilfe erfolgen würde, sodann die berichtliche Anzeige zu Unserer Kriegs - Deputation machen sollen. Und obwohl Wir ad 3tium. Den Lieferungen zur k. k. und Reichsarmee, auch auf obenbeschriebener Art ausgestellten k. k. Civil - Pässen nicht entgegen seyn wollen; So verordnen Wir jedoch, daß in Zukunft, um allen hieraus entstehenden unübersehbaren Excessen und Unterschleifen vorzubeugen, alle jene Individuen, welche mit dergleichen Pässen versehen, mit zur k. k. und Reichsarmee vorgeblich zu führenden Waaren, Victualien, Weine, Brandweine rc. rc. bey einer Churfürstlichen Mauth - Eintritts - Station erscheinen, jedesmal nach Gestaltsame der Umstände entweders die betreffende Transito - oder Consumo - Mauth - respect. Accis-Gebühren bey solcher Einbruchs - Mauth - Station so lange hinterlegen sollen, bis sie sich mit hinlänglichen, ordentlichen Certificaten vom Reichsgeneral-Armee-Kommando legitimiret haben werden, daß die durch sie eingeführten Artikel wirklich zum Gebrauche der besagten Truppen abgegeben worden seyen; in welch letzterm Falle denenselben sodann die hinterlegte Gebühr wieder zurück zu erstatten ist.

Sollten sich dergleichen Individuen dieser selbst in den k. k. Erbstaaten gewöhnlichen Manipulation weigern; so ist ihnen die unabänderliche höchste Willensmeynung zu eröffnen, und im bestehenden Weigerungsfalle der Eintritt mit solchen Waaren ohne weiters zu versagen, und ungesäumte Anzeige anher zu machen.

Wir versehen Uns daher zu allen Unseren Pfleg - und Landgerichtern, Mauthämtern, und so anderen Unseren Ortsobrigkeiten, daß selbe sich genau, und bey Selbstverantwortung an gegenwärtige Verordnung halten werden. München den 11ten April 1798.

Nro. VIII.

Die Licitation der confiscirten Kaufmanns-Waaren. Nachdem sowohl die von Churfürstl. Hoffkammer vermög abgegebener Erinnerung vom 17. v. M. als auch die Churfürstl. Ober - Landesregierung in dem erstatteten Hauptbericht vom 30ten elapsi für die öffentliche Versteigerung der bey hiesigem Mauth - Amt anliegenden confiscirten Kaufmanns - Waaren solche triftige Gründe aufgestellt, daß dem Handelsstand in ihrem Gesuch, hierbey die Tändler, und Juden, gegen die Natur einer Licitation, gegen die Mauth - Ordnung, und gegen bisheriger Observanz, da derley unausschließbe Licitationen der Kaufmanns - Waaren sogar auf öffentlichen Rathhaus öfters vorgenommen worden sind, zu beseitigen, in Betracht der unterliegenden mehrers partheylichen, als für dem Nutzen des Aerariums genommenen Absichten keineswegs zu deferiren seyn könne. So gedenken auch Se. Churfürstl. Durchlaucht von dem einstimmigen Gutachten Höchstibro benannten Stellen nicht abzugehen, sondern genehmigen ihren Antrag gnädigst, wornach die Licitation der confiscirten Kaufmanns - Waaren, ohne jemand davon auszuschließen, vorgenommen, jedoch die vorgeschriebene Praecautionen mittels vorzunehmenden Waaren - Stemplung zu Abwendung anderer unterlaufender Trafiquen beobachtet, und für die Zukunft in derley Confiscations - und Licitations - Sachen die von Churfürstl. Ober - Landesregierung in 6 Punkten vorgeschlagene Maaßregeln in Ausübung gebracht werden sollen. München den 16ten May 1798.

Nro. IX.

Von der Haupt-Mautamts-Güter-Bestellerey zu München. Ohne Rücksicht auf den von Churfürstl. Hoffkammer um fernere Beybehaltung der hiesigen Hauptmauthamts - Güter - Bestellerey, und Anstellung eines eigenen Güter - Bestellers mit Aerarischen Kösten gemachten Antrag vom 5ten hiesses beharren Se. Churfürstl. Durchlaucht bey dem, den 19ten Märzen d. J. unabänderlich gefaßten Entschluß, vermög dessen besagte Güter - Bestellerey gänzlich aufgehoben, und die bisher hierauf verwendete 450 fl. jährlich ad Aerarium eingezogen, dann dem hiesigen Handelsstand ohnerachtet ihren wiederum zurückgebenden gegen Vorstellung der Bezug ihrer Güter von der Mauthball, da ihnen derselben Privat - Abstoß in ihren Häusern niemals gestattet, weder der freye Rücklieferungs - Favor auf Kösten des Aerariums, da derselbe mehreren Con-

fusio-

Ascarionen zu hintergeben offenbar zeugt, ferners bewilliget werden kann, auf eigene Kösten überlassen, der Härtlischen Wittib hingegen die zu fodern habende Abstands = Summe p. 950 fl. (um welch und keine mehrere Kösten der abgelebte Bierführer Härtl die Güter = Bestellerey übernommen hat) das ist, mit Ein= und Rückbehalt der 2 Pferden, Wägen, Schöse, und Geschirr, die, wenn die Härtlin es um den unpartheyisch = abzuschätzenden Werth nicht selbst behalten will, licitando zu verkaufen sind, aus denen Hauptmautamts = Gefällen hinaus bezahlt werden sollen. Was die Foderung der härtlischen Relicten auf ein bedungenes, und gnädigst ratificirtes Erbrecht dieser Güter = Bestellerey betrifft, kann selbe Rechtsgültig niemals bestehen, und hat Churfürstl. Hofkammer die entgegengestellte Gründe in ihrem Bericht vom 23ten April 1796 wohl anerkannt, daß der Güter = Besteller Ziser an den Härtl kein mehreres Recht, als Er, ursprünglich der erste, Sebastian Karl gehabt, überlassen können. Die erschlichene Ratification des Jserischen und Härtlischen Contrakts wird eben so wenig Behelf dazu geben können, als solche mit der Clausula erthellet worden, in gnädiaster Zuversicht, daß hieben alles pflichtmäßig beobachtet worden ist. Die Churfürstl. Hofkammer hat aber in den um Erholung der Ratification erstatteten Berichten vom 6. und 28. Oktober 1783 mit verweislichen Stillschweigen umgangen, daß man beym ersten Güter = Bestellerey = Contrakt, wie in solchem des Zisers jedesmal die halbjährige Aufkündung stipulirt, zu keiner Zeit aber ein Erbrecht zugestanden habe. Wie nun in besagten Berichten diese pflichtmäßige Erinnerung unterlassen worden, hat die hierauf konditionirte Bewilligung von sich selbst ihre Kraft verlohren. Sollten aber die Härtlische Erben dessen unangesehen im Rechtsweg einen Bestand ihrer Foderung zu erwirken glauben, so wird der Cammeral = Fiskus den Churfürstl. höchsten Entschluß aus vorbesagten, und mehr andern in Actis bestehenden Gründen zu vertretten, und zu schützen wissen. Nach solcher Voraussetzung, und anbefohlener Auflösung der Güter = Bestellerey versteht sich von selbst, daß mit Schluß dieses Monats für das Härtlische Fuhrwesen keine weitere Zahlung mehr statt haben solle; Dahingegen dessen der Churfürstl. Hofrath auf Härtlische Vorstellung wegen dem Erbrechts = Gesuch Instand verfügt hat, so ist der Härtlischen Wittib frey zu stellen, ob die selbe dieses Fuhrwesen auf ihre Kösten, worüber sie keine Entschädigung mehr zu hoffen, oder auf Rechnung des hiesigen Handelstandes, wovon man weder Cognition, noch einige Haftung zu übernehmen hat, fortsetzen, oder gänzlich einstellen will; auf jeden Fall sind die Pferde, Wägen, und Zubehörden unpartheyisch abzuschätzen, sodann zu ihrer Disposition zu lassen, um hienach bey erfolgenden Churfürstl. Hofraths = Spruch die Vergütung der 950 fl. berechnen zu können. Ueber diese ohnabänderliche höchste Entschließung solle Churfürstl. Hofkammer die nöthige Ausschreibung an die Mitbetheiligte verfügen. München den 16ten May 1798.

Nro. X.

Da Se. Churfürstl. Durchläucht zu Pfalzbaiern rc. vermög gnädigsten Rescripts vom 6. dieß zu resolviren geruhet haben, daß die inländische Handelsleute den Ausländern in Ansehung des Rückzolls vom Kaffee und Zuker einschließlich des 1 Kreutzer ad fundum pauperum völlig gleich gehalten werden, und es also bey der Mauthordnung durchgehends verbleiben solle; Als werden sämmtliche Mauthämter zur genauen Befolgung dieser höchstlandesherrlichen Verordnung hiemit angewiesen. München den 15ten Juny 1798.

Rückzoll vom Kaffee und Zuker.

Nro. XI.

Die Churfürstl. Ober = Landesregierung hat die weitere von allhiesigem Hausdelostand an die Churfürstl. Ober = Polizey = Behörde gestellte Beschwerde wider die anbefohlene Licitirung einiger confiscirten Kaufmanns = Waaren, und dem Bericht der Leztern ddto hod. lieben in Urschriften zu empfangen. Es ist irrig, wenn vorausgesezt wird, daß die licitirt werdenden confiscirten Waazen vorzüglich Tändler, und Juden (die auch öfters bloße Commissionärs seyn kön-

Die Licitirung einiger confiscirten Kaufmanns Waaren.

B a

können) zum Abbruch des Handelsstands kommen sollen, da selbige nach dem Innhalt des gnädigsten Rescripts vom 16ten May *) ohne jemand davon auszuschließen, an das ganze, gleich dazu von erster Hand berechtigte Publikum hinzugeben sind, wie solches schon mit vielfältigen Versteigerungen und dergleichen Kaufmanns-Waaren observirt worden ist. Ihro Churfürstl. Durchlaucht wollen also, daß es bey öffentlichen Versteigerungen nach Maaßgab des allegirten Rescripts vom 16ten May jedoch gegen Beobachtung der von Churfürstl. Ober-Landesregierung im Bericht vom 30ten April vorgeschlagenen Præcautionen, und zu nehmenden Maaßregeln mit dem Zusatz sein unabänderliches Bewenden haben solle, daß zu mehrerer Sicherheit, und damit die Tändler und Juden gegen die Ordnung dem bürgerlichen Handelsstand nicht durch unerlaubtes Hausiren beeinträchtigen mögen, gedachte Tändler und Juden angehalten werden sollen, die licitirte Waaren nicht en detail, sondern äußersten Falls nur stückweise inner Landes, sonst frey zu verkaufen, und sich deßfalls bey den Orts-Obrigkeiten jedesmal zu rechtfertigen. München den 18ten July 1798.

*) Vid. N. antec. 8.

Nro. XII.

Die Seiden-zeug-Manu-faktur zu Lechhausen. Von Sr. Churfürstl. Durchlaucht wird auf den Höchstselben über die Wirts-respect. Beschwerds-Punkten der Manufakturisten Belloux und Brentano gemachten Vortrag folgendes hiermit gnädigst entschieden. Das von ihnen nachgesuchte Lenthüten-Häuschen sammt dem daran stossenden Platz zu Lechhausen kann aus Gründen, welche die Churfürstl. Hofkammer in einer am 18ten September 1796 zur Churfürstl. Ober-Landesregierung gegebenen Signatur vorgetragen, und in einem unterthänigsten Bericht vom 8ten May v. J. noch bestimmter entwickelt hat, nicht angelassen werden: dagegen soll das von besagt Churfürstl. Hofkammer wiederholt gemachte Anerbieten, den Manufakturisten einen anderen für ihr Gewerb schicklichen Platz auszuzeigen, ohne weiteren Aufenthalt in Vollzug gesetzt, und hiernach die Ausfertigung des Erbrechtsbriefs nicht länger vorenthalten werden. Den Manufakturisten ist es sodann unverwehrt, auf den ihnen gehörigen Grund, jedoch unter genauer Polizey-Aufsicht ein Krankenhaus für ihr Personal herzustellen. Wenn sie aber mit dem oberwähnten Anerbieten sich nicht begnügen, und lieber den einmal in Anspruch genommenen Platz auf dem Rechtswege erkämpfen wollen, so ist auf ihr diesfallsige Erklärung das obige Anerbieten sowohl, als die gegenwärtige gnädigste Bewilligung für nicht geschehen anzusehen, und sonach bey dem erfolgenden Rechtsspruch salvo appellatorio gewärtigen zu beharren. Da Se. Churfürstl. Durchlaucht auch von dem Werth solcher Manufakturen, welche dem Land wenigstens eben soviel, als den Unternehmern nützen, ganz vollkommen überzeugt sind, so wären Höchstdieselbe, um den Betrieb der Lechhauser nur auf Taffet- und Halbseiden-Zeuge privilegirten Manufaktur zu erweitern, und hierdurch einen Landes-Vortheil bereits zu erzielen, gnädigst nicht abgeneigt, die nachgesuchte Ausdehnung des Privilegii auch auf andere Seidenzeuge, jedoch dergestalt, und unter keiner anderen Bedingung zu gestatten, als wenn die Manufaktur-Innhaber auf den im 4ten Punkt ihres Privilegii enthalten Ablaß, worinn ihnen die Accis- freye Landeinfuhr ihrer im Ausland nicht zum Verkauf gebrachten Taffet- und Halbseiden-Waaren gestattet wird, förderliche Verzicht leisten, und dieß um so mehr, als dieser Punkt der freyen Wieder-Einfuhr ohnehin nimmermehr auf die vermög des zu extendirenden Privilegii neu erzeugende Seiden-Waaren ausgedehnt werden könnte und würde. Uebrigens erachten Se. Churfürstl. Durchlaucht jedes Compelle, und auch jeden Anschein von Zwang, um die vollständige Ansiedlung der Manufakturisten Belloux und Brentano im Innland zu erzielen, für unschädlich, weil diese Ansiedelung nur dann von Nutzen seyn würde, wenn sie aus freyer Willkür, und mit dem Vorsatze nicht nur Vortheile von dem Land zu ziehen, sondern solche auch demselben zu verschaffen, oder die Lechhauser Manufaktur zu einer inländisch gemeinnützlichen Anstalt zu erheben, statt fände. Da aber die Churfürstl. Ober-Landesregierung nach dem Innhalt ihrer in Sachen erstatteten Berichte (wovon

die

die beygelegte Acta hier zurückgehen) die erwähnte Manufaktur, als eine dem Commerz, der Industrie und Nahrungs-Betrieb schon jetzt ersprießliche, jeder Landesfürstl. Unterstützung würdige Anstalt darstellt, so würde, es zum höchsten Wohlgefallen gereichen, wenn bey Gelegenheit des über vorliegende Gegenstände respect. über die von den Manufakturisten zu gewärtigende Erklärungen einzureichenden Berichts eine benehmlich mit Churfürstl. Hofkammer beyzustellende auf Facta gegründete Uebersicht der bey der Manufaktur bemerklichen Gewerbs-Zunahm, des ausländischen Verschleißes, der für Innländer dabey erweiterten Nahrungs-Quellen, und auch der im 8ten Punkt des Privilegii gesetzten Bedingung unterthänigst vorgelegt würde. München den 14ten September 1798.

Nro. XIII.

Verbot der fremden Feuer- und Flintensteine.

Da die vorzügliche Güte des seit zweyen Jahren in mehreren Gegenden Bayerns, der obern Pfalz, und des Herzogthums Neuburg glücklich entdeckten wahren Flintenstein, als eines neuen, und sehr seltenen Landes-Defensions-Artikels, durch Commissionen genugsam geprüfet, und dessen künstliche Bearbeitung für den Gebrauch des Publikums durch die über die Entdeckung, Einrichtung, und gänzliche Aus- und Fortführung am 17ten März vorigen Jahrs unter unmittelbaren höchsten Schutze bestättigte Oberdirektion in der Person des Churfürstlichen Kammerers, General-Majors und General-Quartiermeisters, Freyherrn von Hohenhausen, in der zu Burgklingenfeld wirklich schon errichteten landesherrlichen Fabrique zum höchsten Wohlgefallen genugsam dargethan, und erwiesen worden ist:

Da durch den bisherig fast ganz unbemerkten fremden Handel mit ausländischen, diese neu erfunden inländisch-weit nachstehen müssenden Feuer- und Flintensteine jährlich eine große Summe Geld zum Schaden des Staats aus dem Lande getragen worden, diese ausgetragene Summe aber für die Zukunft nicht nur im Lande bleiben, und durch den Verdienst der eigenen Innwohner, und Unterthanen bey derley inländischen Fabriquen, und durch den unmittelbaren Handel mit denselben, von Hand zu Hand herumläuft, sondern auch noch fremdes Geld zu noch mehrern Umlaufe, und Gewinn der Unterthanen ins Land gezogen werden kann:

Da hierndächst die Unterstützungen dieser inländischen Fabriquen gar nicht schwer, noch mit einigen Schaden oder Unbequemlichkeit der Unterthänen verbunden sind:

So haben Se. Churfürstl. Durchlaucht zu mehrerer Aufnahm, und Beförderung dieses inländischen Handels-Zweiges, und damit der bereits vorhandene beträchtliche Vorrath zum bäldern Verschleiß, jedoch in einem den ausländischen nie übersteigenden Local-Preis gebracht werden möge, gnädigst zu verordnen geruhet, daß von nun an die fernere Einfuhr und Eintragung aller Gattungen fremder Feuer- und Flintensteine in dießseitige Lande, unter was immer für einen Titel es seyn möge, somit auch alles Hausiren mit derley fremden Waaren auf zwey Jahr lang unter Confiscations-Strafe gänzlich verbothen, denen mit solchen ausländischen Produkt handelnden inländischen Krämern aber zu Verdeblirte- und Ablebigung ihres ausländischen Vorrathes annoch eine halbe Jahrs-Frist von heute angerechnet verstattet, sofort jeder Feuer- oder Flintensteine bedürftiger, oder damit handelnder Krämer und Hausirer an die Churfürstl. Flintenstein-Fabrique-Oberdirektion nach Angabe der von selber eigens darüber in Druck herausgegebenen Ankündigung, oder an die Fabrique selbst angewiesen werden soll.

Hierndächst wollen Seine Churfürstl. Durchlaucht zu Begünstigung der Ausfuhr, und um dadurch fremdes Geld für dieses einheimische Produkt auf

Sechster Band.　　　　　　　　K a　　　　leiche-

dichtere Art ins Land herein zu bringen, die Mautgebühr bisvon sowohl inner,
halb des Landes, als auch über die Gränzen durchgängig gegen bloße Anzeige
bey den Mautämtern, und Vorweisung eines legalen Fabriquenattestats gnä,
diglichst erlassen.

Gleichwie übrigens diese Flintensteine nur auf den schlechtesten Sand,
Ruß, und Steinböden, in steinichten Bergen, Wäldern, Hohlwegen, auf un,
fruchtbaren, und eben deßwegen, oder gar nicht, oder nur selten bebauten, und
betriebenen Feldern, und Viehzweiden gegraben, (denn auf guten Gründen ist
er selten, oder gar nicht zu finden) auch auf diesen schlechten Gründen nur zuvor
ein Sondierbrunnen geschlagen, selben bey Ergiebigkeit eines Schachtes nachzu,
graben, und nach vollendeter Stein, Ausbeute alles wieder so sorgfältig zugewor,
fen, und ausgeglichen wird, daß das Feld nichts an seinem Werthe verliert,
wozu noch kommt, daß dieses Graben, nicht wie das Salpeter, Graben, in ei,
nigen Jahren aufs neue wiederholt werden darf, sondern jener einmal gegrabene
Grund auf ewig davon frey bleibt;

So versehen sich Seine Churfürstl. Durchläucht zu sammentlichen Un,
terthanen und Innwohnern gnädiglichst, daß keiner derselben auf dessen schlechten
Grund etwa eine Flintensteingrube einzuschlagen wäre, Einwendungen, Hinder,
nisse, oder Versagungen sich zu Schulden, und zur Verantwortung kommen lasse,
vielmehr ein jeder sich behülflich um so mehr dabey zeigen werde, als für etwaige
erweisliche Beschädigungen ein billig mäßiger Ersatz hiemit gnädigst zugesi,
chert wird.

Um aber gegen fremde, und nur wühlende, dann eine Gegend, oder vielleicht
gar einen guten Grund muthwillig verwüstende, sich für Fabriquen, Stein Pio,
niairs ausgebende Personen auf alle Fälle zu sichern, ist an die Churfürstl. Ober,
direktion die Verfügung bereits getroffen worden, daß die wahren Fabriquen,
Gräber in Arbeitsgeschäften von vier Mann beysammen seyn müssen, welche vor
Einsetzung eines Grabschertes in einem Grund sich zuvor bey dem Ortsvorstände
mittels Vorzeigung ihres ordentlich, gedruckten, mit dem Fabriquen, Zeichen be,
merkten, und mit der Unterschrift, und Petschaft der Oberdirektion bekräftigten
Paß, oder Erlaubniß, Schein zu legitimiren haben.

Diese Churfürstl. höchste Verordnung ist daher zu jedermanns Wissenschaft
und Nachachtung, dann strackester Befolgung kund zu machen. Gegeben in der
Churfürstl. Haupt, und Residenzstadt München, den 31ten Dezember 1798.

Nro. XIV.

Von den
Herzogthum
Bergischen
Fabrique,
Waaren.

Die mannigfältige Irrungen, und Beschwerden rücksichtlich der Certificirung
der aus dem Herzogthum Bergen in Baiern, und in die obere Pfalz verein,
bet, werbenden Fabrique, Waaren haben Uns veranlasset, zum Behuf der bergi,
schen Fabrikanten, und Beförderung des dortigen Fabriquen, Handels in Ge,
mäßheit eines von Unserer höchsten Stelle an auch Unsre obere Landesregierung
allhier sub dato 3ten curr. gnädigst erlassenen Rescripti nachfolgende Modifica,
tion eintretten zu lassen, und zur allgemein schuldiger Nachachtung nicht nur in
Unserm Herzogthum Bergen, sondern auch in dießseitig baierisch, und oberpfäl,
zischen Landen generaliter zu verordnen, daß

1mo. Nachdem bisher bey Versendung deren in dem Herzogthum Bergen
erzeugenden verschiedenen Fabrique, Waaren nach Baiern zum Nachtheil, und
Schaden Unsers höchsten baierischen Mautregals mehrere in der Generalverord,
nung vom 15ten Februar 1788 *) vorgeschriebene zu Erhaltung des Accisnach,
lasses, und Sicherstellung Unsers Cameral, Aerarii ohnausweichlich erforderliche
Essential, Requisiten frevendlich unterlassen, und eine gar zu große Leichtigkeit
sowohl bey der Ausfertigung der erforderlichen Certificats, Attestaten, als in
Behandlung des Geschäfts selbst von Seite der Kaufmannschaft, und der Fabri,
kanten

*) Vid. die Samml. v. J. 1788. Seite 1057. N. 196.

kanten beobachtet werden, zur künftigen Richtschnur, und Abwendung aller dabey unterlaufen könnenden Unserm bairischen Mauthregale schädlich werdenden Gefahren, und deren redlichen Fabrikanten selbst nachtheiliger Unterschleife fremder ausländischer derley Waaren hinführo bestimmt, und genau folgende Ordnung eintretten solle. Nemlich sollen

2do. Die kleinere Fabrikats-Waaren eben nicht jedes Stück ins besondere mit dem Fabriquenzeichen gewappelt, oder signirt werden, sondern die sogenannte Päcke, worinn sich Leinen-oder Wollenband, Langetten, gewebte Spitzen, und dergleichen eingeschlagene kleinere Fabrikata befinden, nur ausserhalb auf dem Zuschlage des Papiers mit der Fabrikanten schon bekannten Handlungs-Petschaft dergestalten versiegelt seyn, daß ohne Erbrechung des Siegels, oder Unbrauchbarmach-und Verletzung des Einschlag-Papiers die Päcke nicht eröfnet werden können.

3tio. Sollen hingegen die gröstere Gattungen deren Fabrikats-Waaren, nemlich jedes Stück Zwilch, Siamosin, und seidene Tücher ꝛc. zur Schonung des appretirten Waaren bloß auf dem obern auswendigen Ende, oder der Einschlag mit dem Ende vorgeschriebenermassen dergestalten gestempelt, und gesiegelt werden, daß ohne Verletzung des Einschlagpapiers, und der Schnur, oder Korbel das Päckchen nicht erbrochen werden kann.

4to. Muß auf jeden hiezu auszustellen kommenden, und mandatmäßig der übersendenden Waare sogleich mitgebenden obrigkeitlichen Attestat, respective gedruckten Certificat zu mehrerer Sicherheit ebenfalls ein Abdruck des einschlägigen Fabriquen-Petschafts befindlich seyn, ohne welchem kein solches Attestat von wem immer auszustellen, oder für gültig anzusehen ist.

5to. Sollen die obrigkeitliche derley Attestata selbst nach beyliegendem Formular mit genauester Zuverläßigkeit künftig abgefaßt werden, und in selben   Lit. A.

  a) Die Bestimmung jedes Colli an Faß, Kisten, Päckchen.

  b) Dessen Bezeichnung.

  c) Die Bemerkung der darinn befindlichen Waaren.

  d) Des netto, und brutto Gewichtes, endlich

  e) Des genauen Werthes dieser sammentlichen Waaren überhaupts, und nur in Summa nach der an den Bezieher noch besonders abgegebenen Factura enthalten seyn. Damit aber

6to. Mit Ausstellung solcher Certificats-Urkunden künftig so leichterdings keine Verfälschungen, und sowohl Unserm höchsten Ærario, als denen berechtigtern bergischen Fabrikanten nachtheilige Unterschiebung unächter Attestaten gespielt werden könne;

So sollen von den Gerichtschreibern des Herzogthums Bergen, in deren Verrichtung die Ausfertigung der Attestaten einschlägt, nur für die in seinem Jurisdictions-Bezirk wohnende Fabrikanten, und keine andere, auch nur über die in demselben Bezirk fabricirt werdende Artikel durchaus mit pünktlichster Beobachtung obiger Vorschrift derley Attestata ausgefertiget werden, doch mag dasjenige, was in dem gedruckten Attestat mit der Dinte beygesetzt werden muß, von dem Gerichtschreiber (nur den Namen des Handelsmanns, an den die Waare spedirt wird, der aber allzeit in dem Certificat wirklich benennet werden muß, darf der Fabrikant selbst in eigner Person schriftlich in dem vorbemeldten Attestat inseriren) doch bey Vermeidungs-Strafe, und der Nullität von niemand andern eigenhändig eingeschrieben werden, und solle sodann das Attestat mit des Gerichtschreibers Namens-Unterschrift, und gewöhnlichen Amts-Signet bekräftiget, überhaupt aber alle falsche Attestirung bey Vermeidung schwerrester Ahndung, und nach gestaltsame der Umständen wirklicher Diensts-Entsetzung vermieden werden.

Weiters hat jeder Gerichtschreiber über solch seine ausstellende Attestata ein ordentliches Register, oder Protokoll zu seiner selbstigen Legitimation beständig zu halten, und aus selben quartaliter Abschriften nacher Düsseldorf zur Hofkammer einzusenden, woselbst sie sodann obunverzüglich alle miteinander zur nothwendigen Controlle an die hiesige baierische, respective an die Hofkammer zu Neuburg, und Amberg zu übermachen sind.

7mo. Ist bey mindest vorkommendem Unterschleif, oder Vernachläßigung solch wesentlicher Requisiten gegen die ungehorsame Uebertretter solch gnädigster Verordnung von dißseitigen Mautämtern die ohnnachläßige Bestrafung mittels Confiscirung deren eingeschwärzt- oder nicht legaliter certificirten derley Waaren vorzunehmen.

8vo. Bleibt es in all übrigen hier nicht modificirten Punkten besonders puncto 4to. jedoch in der erweiterten Maaß bey Unsrer gnädigsten General-Verordnung ddto 15ten Februar 1788, daß derley für das Consumo in Baiern, versendete Fabrikats-Waare nirgend anderswo, als für Baiern bey den Hauptmautämtern München, Ingolstadt und Regensburg, dahingegen für die Herzogthümer der oberen Pfalz, Neuburg, und Sulzach bey den Hauptmautämtern Neuburg- Sulzach und Amberg abgestossen werden dürfen, damit man von denen bereits instruirten dortigen Mautbeamten diesen besonderen Commerzials Gang leichter übersehen, und das landesherrliche Maut-Regale sicher stellen kann. Gegeben in Unserer Haupt- und Residenzstadt München, den 21ten Jänner 1799.

Lit. A.
N. N. Fabricant in Barmen versendet
An N. N. Kaufmann zu N. in Baiern

Faß
Eine Kiste   } gezeichnet — schwer — ℔.
Baalchen   } Brutto. — ℔ Netto.

Die darinn befindliche Waare besteht aus unten bemerkten Artikeln hiesiger Fabrik, hat den dabey bezeichneten Werth, und ist mit beygesetzten Betschaft des Fabrikanten versiegelt.

(Petschaft)   Specification | fl. | kr. |
(des   )   der
(Fabrikanten.)   Waare
                  in dem Colli.

Worüber gegenwärtiges mit Sr. churfl. Durchleucht zu Pfalzbaiern Gerichtschreibern Unterschrift, und Amts-Siegel versehenes Attestat mitgethailt wird.

(L. S.)   Barmen im Herzogthum Berg
                 den   Anno 17

Fünf-

Fünfter Theil.
Von Polizey - und Landkultursfachen.

***

Nro. I.

Verhaltungs - und Strafordnung
für die Züchtlinge im Churfürstl. Zucht - und Arbeitshaus in München.

1. **R**ubig zu - und von der Andacht, auch Arbeit zu gehen, wenn man sie zu* und abruft. <small>Das Zucht-
und Arbeits-
haus betref-
fend.</small>

2. Alle unzüchtig - ärgerlich - und verführerische Reden, auch Fluchen, Schelten und Raufen zu vermeiden.

3. Die Quatemberliche Beicht, Communion, und andere Gebether mit Andacht verrichten.

4. Alles Schreiben zu unterlassen, und keine Schreibmaterialien zu führen.

5. Keinen Versuch zum Entweichen, oder gar Ausbrechen, zu wagen.

6. Keine Beyhülf zum Ausbrechen mittels allerley Instrumenten zu leisten.

7. Wenn jemand Wissenschaft von einem vornehmenden Ausbrechen hat, solches anzuzeigen.

8. Die Entdeckung eines gefährlichen Anschlags zum Ausbrechen, wird belohnet.

9. Keine gefährliche Instrumente, als Eisenstangen, und anderes er* finden zu lassen.

10. Die Ausgeher haben sich des Aus - und Eintragen aller verdächtigen Sachen zu enthalten, und

11. Von der Entweich - und Ausbleibung zu hüten.

12. Keines hat sich an einem Bedenklichen Ort antreffen zu lassen.

13. Die aufhabende Spinnerey, oder andere Arbeit recht, und fleißig zu verrichten, oder den Abgang zu ersetzen.

14. Wer mehr spinnt, als in denen 6 Wintermonaten wöchentlich 30 kr., und in denen 6 Sommermonaten 35 kr., bekömmt das übrige in Geld auf die Hand.

15. Die Haspler haben sich des falschen Haspeln zu enthalten.

16. Das Striken sowohl von Baumwoll, als Garn, unter der Wegnahm schärfest verboten.

17. Das Waschen in den Zimmern zu unterlassen.

18. Weder Kleider, noch was anders zu verkaufen, oder vertauschen.

19. Auch hat sich jedes sowohl in der Kleidung, als dem Leib nach, reinlich zu halten, zu putzen, zu säubern, alle Tag früh zu waschen, auch sich vor anderen unerlaubten Vergehungen, die hierinn nicht enthalten, bey scharfer Bestrafung, zu enthalten. Actum München den 30ten Oktober 1788.

Nro. II.

Kartoffel-branntwein. Da der Pfarrer zu Rieden nicht als Seelsorger, sondern als Innhaber von seiner Bauernwirthschaft, von welcher er leben muß, aus seinen Kartoffeln Brandwein brennt, und durch diese Gattung Brandwein, auf welche in vieler Rücksicht die Pollzeyordnung, so wie die nachfolgenden Verbothe nicht ganz anpassend sind, das Brennen aus edlern Früchten vermindert, zugleich auch die Viehmastung merklich befördert werden kann, mithin der besagte Pfarrer eher eine Aufmunterung als Strafe verdient hätte, so solle die Obere Landesregierung ihr Verbot aufheben, ihn aber den Verschleiß in minuto verbiethen, wegen Einbringung des Umgeldes der Churfürstl. Hofkammer die gehörige Nachricht geben, um die geeignete Verfügung desfalls zu treffen, oder was sie nebst den in ihrem Bescheide vom 26ten August v. J. angeführten Beweggründe noch für andere erhebliche Anstände dagegen habe, berichtlich anzeigen. München den 19ten Februar 1794.

Nro. III.

Färben der Zeugmacher in der obern Pfalz. Die hiesig Churfürstl. Oberpfälzische Landesregierung hat in Streitsachen zwischen sämmtlichen Färbern, dann den sammentlichen Zeugmachern in der obern Pfalz wegen von letzteren behaupteter Färbung ihrer eigenen Fabrikaten mittels Bescheids ddto 6ten November 1793 von Ober-Pollzey wegen zu Recht erkannt, daß die Zeugmacher des Selbstfärbens ihrer eigenen Fabrikaten berechtigt seyn sollen. Dieser Bescheid ist auch seines ganzen Innhalts von Sr. Churfürstl. Durchläucht auf den von den Färbern ergriffenen Recurs vermög erfolgter höchster Hofsentschliessung vom 2ten May heurigen Jahrs gnädigst bestättiget worden. Es wird demnach solches zur erforderlichen Nachricht und Darnachachtung den sammentlich oberpfälzischen Gerichtsstellen hiemit kund gemacht. Amberg den 2ten Juny 1794.

Nro. IV.

Den Kartoffelbau und den aus selben zu brennenden neuern Brandwein. Nachdem die außerordentliche Vortheile des Kartoffelbaues in Ansehung ihrer ganz besonderen Fruchtbarkeit, worinn sie jede andere Frucht-Gattung übertreffen, ihrer Genügsamkeit mit jedem auch magersten Boden, ihres Gedeihens bey jeder Witterung, und ihres vielfachen Gebrauches, als ein beträchtlicher Nahrungs-Artikel für Menschen, und für Vieh meistens bekannt waren, so wurde diese Kultur in einigen Ländern durch Gesetze befohlen, andere lernten sie in unfruchtbaren Jahren durch Noth und Mangel kennen, und schätzen. Auf keines von beyden haben Wir es bey einer aufgeklärten, und bey einer von Uns geliebten Nation wollen ankommen lassen, sondern nach den durch die Erfahrung täglich bestättigten Grundsätzen, daß durch Vermehrung der Produkten nur auch Beförderung an Consumtion erzielet werde, haben Wir das Brandweinbrennen aus Kartoffeln nicht dem Pfarrer von Rieden allein, sondern allgemein erlaubt, vielmehr nicht verbothen, was zuvor ohnein nie verbothen war, und was Wir zu verbiethen nirgends hinreichenden Grund befunden haben. Wir erlauben es aber auch in einem Augenblick, wo ihr eben mit dringenden Vorstellungen und Besorgnissen wegen Theurung, und von euch ganz nahe befürchtenden gänzlichen Mangel des Getreides an Uns gekommen waret, und dieses war Uns ein Beweggrund mehr die Consumtion des Getreides in Brandwein vielleicht zu vermindern, oder doch wenigstens für den äusserst beträchtlichen Aufwand an Getreide bey der Mastung durch die Kartoffeln, und die davon sich ergebende Tröber ein weit ergiebigeres Surrogat herzustellen. Daß der Pfarrer von Rieden nicht als Seelsorger, sondern als Innhaber einer Bauernwirthschaft,

von

von welcher er leben muß, Kartoffel-Brandwein brennt, muß euch wohl von
ſelbſt einleuchten, und in dieſer Eigenſchaft betrachtet, wird es wohl von Seiten
der Moralität ſehr gleichgültig ſeyn, ob er Kartoffel oder Rüben anbauet, von
Seiten der Staatswirthſchaft aber iſt es ſo gleichgültig nicht, ob er ſein Vieh mit
edlen Früchten, oder mit Kartoffeln mäſte.

Ihr entlehnet zwar aus der Vorſtellung der bürgerl. Brandweiner die
Behauptung, daß in ganz Baiern kein Abgang an Brandwein ſey. wir können
euch aber aus der von Uns für die Zufuhr zu den Armeen gegebene Ausfuhr-Er-
laubniß verſichern, daß der Abgang auſſer Landes in dieſem Artikel wenigſtens
nicht abgenommen habe. Ihr glaubet auch, Uns dadurch aufmerkſam machen zu
müſſen, daß ihr uns den Schaden vorſtellt, welchen Wir an dieſem Artikel bey
Unſern eigenen Bräuhäuſern erleiden würden, ihr habt alſo bierinn eine Ueberzeugung mehr, daß Wir Unſer Intereſſe ganz gern dem Intereſſe, und Wohl unſerer Unterthanen aufopfern. Von einem Zwangsgeſetze, nach welchem die Brandweiner das Gläſer, und zwar mehr, als ſie Conſumiren können, von Unſern
Bräuhäuſern nehmen müßten, iſt Uns nichts bekannt ; daß aber diejenigen,
welche aus Kartoffeln Brandwein brennen, um ihn trankbar zu machen, Korn
darunter miſchen müſſen, iſt eine durch alle davon bisher bekannt gewordenen
Methoden widerlegte, von euch aber auch aus der Vorſtellung der Brandweiner
bloß entlehnte Behauptung, und die Mißbräuche, welche ihr daraus befürchtet,
würden ein für den Betrüger zu koſtbarer Betrug ſeyn, um eine Beſorgniß
zu erregen. Es mag ſeyn, daß bey zunehmendem Verbrauche des Kartoffel-
brandweins, der des Fruchtbrandweins abnehmen werde, und daß alſo, wie
ihr beſorget, die Aufſchläge, und das Umgeld von dieſer leßtern Gattung ſich vermindern könnten. In dieſem Falle würdet ihr euch ſelbſt erwiedern müſſen, daß
Accitſen eben kein zu allen Zeiten ſich gleich bleibendes Gefäll ſind, ſondern ſich
mit veränderten Sitten, Gebräuchen, und Lebensart der Nation verändern,
bald ſteigen, bald fallen, und in dem einen Artikel ſich mehren, während ſie
in dem andern ſich mindern. Allein auch da haben Wir geſorgt, indem Wir zu
gleicher Zeit, wo Wir das Brandweinbrennen aus Kartoffeln nicht verbothen haben, auch Unſerer Hoſkammer aufgetragen haben, *) wegen Einbringung des
Umgeldes die geeignete Verfügung zu treffen, und es alſo dermal an euch iſt,
euren Aufſchlag-Aemtern, wenn ſie es nicht von ſelbſt ſchon beobachtet hätten,
wegen Gleichhaltung des Kartoffel-Brandweins mit den andern Gattungen, die
gleichfalls geeigneten Weiſungen zu geben. Jener Grund, welchen ihr zu Gun-
ſten der bürgerlichen Brandweiner aus den entrichteten Staats-Abgaben hebet,
würde vielleicht für den Brandweinerſtand weit ſchicklicher angewendet werden
dürfen. Allein der eine, wie der andere ſind Unſere Unterthanen, beyden ſind
Wir Schuß, und Gerechtigkeit, keinem aber neue Gattungen von Monopolien
zum Schaden des andern ſchuldig. Die Sache in ſich ſelbſt iſt zu einfach, und
zu klar, daß ſie euch nicht bey Abfaſſung eures unterthänigſten Berichts vom
25ten April ſchon in dem Lichte hätte erſcheinen ſollen, in welchem Wir ſie euch
hier darſtellen. Auch waren Wir nur deßwegen in dieſer Unſerer gnädigſten
Rückantwort etwas ausführlicher, um euch darauf aufmerkſam zu machen, damit ihr euer und eurer Committenten Standes, und Würde eindenk, nicht immer ſo geradehin für jeder zu euch ſich wendenten Parthey die Anwälde machen,
und zuvor ſelbſt über den Gegenſtand denken möchtet, ehe ihr jeder vielmal mit
dem allgemeinen Wohl im Widerſpruch ſtehenden Privat-Behelligung euer Ohr,
und euere Feder leihet. München den 10ten Auguſt 1795.

*) Vid. N. antec. 2.

Nro. V.

Inſtruktion
für die Churpfalzbaieriſche Forſtmeiſter, Oberförſter, Revier- und Unterförſter.

In Gemäßheit gnädigſten Reſcripts ddro 14ten May a. c. die Behandlung der
Cameral-Waldungen betreffend *), wird den Churfürſtl. Forſtmeiſtern,
Oberförſtern, Revier- und Unterförſtern, nachſtehende Inſtruktion zur genaue-
ſten Befolgung und Beobachtung zugefertiget.

*) Vid. die Samml. d. J. 1797. Seite 833. §. 6.

Bb 2 §. 1.

Die Behandlung der Buch-Waldungen.

§. 1. Die Erfahrung hat gelehrt, daß sich die Buchwaldungen in neuern Zeiten um ein merkliches vermindert haben, und an vielen Orten in solchen Oertern, auf welchen Buchwaldungen gestanden, dermalen Feichtenholz vorhanden, zu welcher Verwandlung die üblig gewesene Behandlungs-Art Anlaß gegeben haben mag. Um nun diese edle Holzgattung nicht weiter zu vermindern, sondern wenigstens in der Maß beyzubehalten, als solche wirklich vorhanden ist, wird verordnet, daß

A Wenn ein alter Buchenwald gefället, und zu Schlag angelegt werden solle, ist solcher dem Nachsommer vor dem Fällen zu verschieben, und in Hegung zu legen, damit ihm von dieser Zeit an weder Laub noch Saamen entzogen werde.

B. Ist ein solcher Wald durch Laubscharren mißhandelt, und der Boden sehr entblöset, so wird der zum Fällen bestimmte Theil 3 auch 4 Jahre vor schon in Hegung geschlagen, damit der Boden mit Laube bedeckt, wund erhalten, und zur Aufnahm des Saamens geschickt, oder tauglich werde.

C Die erste Hauung wird mit großer Behutsamkeit dergestalt vorgenommen, daß der alte Wald nur Dunkel behaun, oder nur ganz mäßig ausgelichtet wird, damit die Kronen der stehen zu lassenden Bäumen den Boden beynahe ganz bedecken, und aller Orten hin Saamen werfen können. Zu den stehen zu lassenden Bäumen werden jene gewählt, welche die schönste und gesündeste Kronen haben.

D Diese alte Bäume bleiben so lange stehen, bis hinlänglicher Unterwuchs, oder Aufschlag von einem 4 bis 5jährigen Alter vorhanden, folglich stark genug ist, der Sommerhitze, und dem Frühjahrs-Frösten zu widerstehen, oder doch an den holzigten Theilen wieder ausschlagen zu können, wenn er vom Froste gedruckt werden sollte. Nach dieser Zeit werden die zum Saamentragen zum Schutz der Pflanzen, und zu Abhaltung des Weichenholzes bestimmt gewesene alte Mutter-Bäume bis auf wenige Laßreiser von mittlerer Stärke, und geringsten Kronen gefället, und das Holz behutsam, und mit Schonung des Aufschlags von dem Schlage gebracht. Selten tritt der Fall ein, daß ein junger Buchenschlag in ein und demselben Jahre gleichförmig mit hinlänglichem holzigten Unterwuchs so hergestellt ist, daß man das noch vorhandene Oberholz im Ganzen hinweg räumen könne. Gar oft geschieht es, daß nur mehrere kleinere Theile so beschaffen, andere hingegen noch nicht hinlänglich bestellt, oder daß der Aufschlag auf solchen noch zu jung ist: in diesem Falle bauet man auf jenen Theilen nach, wo die Umstände es erfordern, mit dem andern wartet man noch ein auch zwey Jahre zu, ehe man das Nachhauen unternimmt.

E Ist ein junger Buchenschlag auf solche Art hergestellt: so bleibt er in Rücksicht der Weidenschaft so lang in Hegung, bis das junge Holz durchgängig dem Vieh aus dem Maul gewachsen ist.

F Stellen sich unter dem Buchenholz auch welche Hölzer, als Aspen, Birken, Feichten u. s. w. ein: so hängt es von verschiedenen Umständen ab, ob, und wann solche heraus zu nehmen sind, von Seite der Forstbehörden sind in solchen Fällen die vorhandene Umstände und Beschaffenheiten jedesmal bestimmt, und genau einzurichten, und Resolution abzuwarten, ehe das mindeste unternommen wird.

Die Behandlung der Feichten-Waldungen, welche mit Buchen vermischt sind.

§. 2. Es sind viele Waldungen vorhanden, worin das Feichten-Holz die herrschende Gattung ausmacht, die dabey mehr oder weniger mit Buchen-Holz vermischt sind, in welchen aber, wenn man nicht besondere Vorsicht gebrauchet, letztere Gattung bey dem Schlaganlegen verdränget wird. Da nun Buchen-vor der Staats-Bedarf fodert die vorhandene Buchwaldungen als solche nicht nur zu erhalten, sondern nach Thunlichkeit zu vermehren, so wird verordnet. a) Je

sofern bey Anlegung eines Schlages in einem Feichten = mit alten Buchen un=
terstandenen Walde, unter und neben den Buchen schon holziger Buchen=Auf=
schlag vorhanden (welches oft der Fall ist) solchen zu schonen, die alte Buchen
aber mit dem Feichten=Holze hinweg zu hauen, sollte aber b) kein, oder nur
wenig, oder zu junge Buchen=Unterwuchs vorhanden seyn: so sind sämmtliche alte
Buchen bey dem Schlagbauen stehen zu lassen, damit solche Saamen werfen,
die junge Pflanzen schützen, und den Anflug der Nadelhölzer, wo nicht ganz,
doch zum Theile verhindern, und abhalten können. Ist aber auf solche Art der
verlangte Buchen=Aufschlag erhalten, und holzigt genug, daß ist, 4 bis 5 Jahre
alt, so sind die alten Buchen hinweg zu räumen. c) Bey all dieser Vorsicht
wird es doch selten gelingen, daß man auf solchen Plätzen, wo dergleichen alte
Buchen gestanden, ein reines Buchen=Holz nachziele, und oft wird solches mehr
oder weniger mit Feichten=Holz unterstanden seye. Hier können nun die
Fragen aufgeworfen werden? Wird das schnell aufwachsende Feichten=Holz das
Buchne nicht unterdrücken? Ist es daher nicht rathsam das Feichten=Holz in
jüngern oder spätern Jahren hinweg räumen zu lassen, um den Buchen Luft zu
machen? Diesen Fragen stehen andere an der Seite, hat im Gegentheil das
Buchenholz nicht das etwas später angeflogene Feichtenholz überwachsen? Wird
durch Hinwegnahm des Feichtenholz das Buchne nicht zu licht gestellt, so daß es
anstatt in die Höhe zu treiben, sich in Aeste ausbreitet, und einem Gesträuche ähn=
lich bleibt? Da es nun bleybt auf das Uebergewicht dieser oder jener Umstände
ankömmt, so ist jedesmal ehe etwas unternommen wird, ausführlicher Bericht
zu erstatten, und Resolution abzuwarten.

§. 3. Da der Fall eintretten könnte, daß das Buchenholz an vielen Orten
in größerer Menge verlanget würde, als es abgegeben werden kann, und nach
diesem das Birkenholz einen Vorzug verdienet, auch in kurzer Zeit einen reichen
Ertrag leistet: so wird verordnet auf Birkensaaten den Bedacht zu nehmen,
und wo solche nützlich unternommen werden können, mit Anführung der Um=
stände in Vorschlag zu bringen.

§. 4. Da die Eiche, als der König der in Deutschland wohnenden Bäume
die größte aufmerksamkeit verdienet, und auf deren Nachzucht vorzügliche Sorge
gewendet werden soll, so wird wegen derselben verordnet: a) Wird ein alter reiner Eich=
Eichwald zu Antragung eines Schlages im Ganzen oder zum Theile bestimmt; so
ist solcher bey einem sich ergebenden Deckel=Jahre im Monat Oktober in Hegung
zu schlagen, zu verschlieben, damit der fallende Saamen nicht entkomme. Stehen
die alten Eichen etwa so licht, daß der Saamen nicht aller Orten hinfallen kann:
so sind denselben Herbst auf die freye Plätze hinlängliche Eicheln einzutreffen, in
diesem Jahre in den ersteren 3 oder 4 Jahren die darauf folgen, bleibt sämmtli=
ches alte Holz stehen, um dem jungen, bis es hinlänglich gewurzelt, und einige
Stärke erhalten, Schutz zu verschaffen auch noch ferner Saamen zu werfen, wenn
durch den im ersten Hegungs=Jahre gefallenen, der Anwuchs eher als hinlänglich
erhalten worden seyn solle. Nach dieser Zeit aber werden die alten Bäume bis
auf seine, die der Wahrscheinlichkeit nach noch weitere 80 Jahre ohne zu ver=
derben anhalten können, gefället, und das Holz bey schicklicher Witterung be=
hutsam, und mit möglichster Schonung des Aufschlages hinweg gebracht. Unter=
stellet sich ein dergleichen junger Wald mit weichen Holzgattungen, so mag solches
nicht schaden, indem es den Eichen theils zum Schutze dienet, theils eine Mitursache
ist, daß solche desto schneller in die Höhe treiben, ohne viel beastet zu werden;
sollten aber Umstände eintretten, welche eine Verminderung des weichen Holzes
räthlich machen, so sind solche Umstände alsdann einzurichten, und Resolution
abzuwarten. b) In keinem Walde gedeihet die Eiche besser, als in einem Buch=
walde, in wie fern letztern durch zu starkes Streurechnen, seine Nahrung nicht
entzogen wird, und die Eichen=Pflanzen ein oder etliche Jahre eher als die Bu=
chenpflanze ihre Entstehung erhält, damit sie ihre Pfahlwurzel verstärken, und
dann mit der Buche in die Höhe geben könne. Finden sich nun in einem zu fäl=
lenden Buchenwalde auch Eichen vor; so find bey Auszeig seine, so noch ge=
fund, und nach Erkenntniß der Forst = Behörden noch weitere 80 Jahr gefund

Sechster Band.   G 5   aus=

aushalten können, auch dabey so beschaffen, daß sie zu Nutzholz taugen, als Oberholz zu bestimmen, welches bis zum Wiederhiebe stehen zu lassen, alle andere
aber, die diese Eigenschaft nicht haben, zum Fällen zu bestimmen; rücksichtlich
der Nachzucht hingegen wird verordnet, daß in jedem Buchwalde der zum Ab-
holzen bestimmt wird, er sey mit alten Eichen durchstanden oder nicht, den Herbst
vor der Fällung, und sobald er verfriedet ist, (vorausgesetzt, daß es in diesem
Jahre Eicheln giebt) eine hinlängliche Menge Eicheln durch den ganzen Schlag ein-
gestufet werde.   Dieses Einstufen ist auch die ersten 3 oder 4 Jahre besonders auf
Holzleeren Plätzen, wo nämlich kein Aufschlag vorhanden, zu wiederholen,
wobey nämlich den Förstern insbesondere aufgetragen wird, an ihrem Fleiße
nichts ermangeln zu lassen.

§. 5. Die Unter-
gang der
Eichen-
Schälwal-
dungen.
Vorhandene öde Waldbistrikte, dann Fülze, oder Moose, Wälde
wiesen, die besser und einträglicher als Wald benützt werden könnten: Ueber-
fluß an Thierhäuten im Lande, und Mangel an gegärbtem Leder, welches wenigstens aus dem Auslande erholet werden muß; vorhandene Gärbereyen und
Mangel an Lohe, solche gehörig betreiben und vermehren zu können, um daher
nur unzureichende Zuflucht zu ungarischen Knoppern; landesherrliche Verordnungen innländischen Leder statt ausländischen zu verkaufen und zu verarbeiten,
leichte Mittel Schälwaldungen zu erzielen, Vortrefflichkeit des Lohes von jungen
Eichenrinde, Güte des jungen geschälten Eichenholzes, das dem Buchen gleich
ist, treffliche Gelegenheit in solchen Schälwaldungen, Eichenstamm - Holz zu erziegeln, Kürze der Jahre, in welchen dergleichen Waldungen zum Wiederhiebe
gelangen, gaben Anlaß zu der nachdrücklichst - und ernstgemessensten höchsten
Verordnung, wo es immer thunlich, und schicklich ist, Schälwaldungen anzulegen, damit durch dieses Beyspiel die Unterthanen sich überzeugen mögen, daß
auch der Pflanzer eines Eichenwaldes, und zwar nach Umlauf weniger Jahre einen
beträchtlichen Nutzen davon erleben könne, und so durch Beyspiele mehr als bisher durch Zwangsesetze die Anpflanzung der Eichwaldungen befördert und vermehrt werde.   Die Anlegung der Schälwaldungen ist auch mit wenigen Umständen, und Beschwernissen verbunden.   Ist nämlich der anzupflanzende Ort
gehörig verfriedet, so wird der Boden mit einem Pfluge furchweis herum geris-
sen, und die Eicheln im Herbste gesäet.   Ist das Pflügen wegen allenfalls vorhandenen Baumwurzeln nicht thunlich: so werden mit einer Hacke in Schub weiter Entfernung kleine Löcher oder Kläute gemacht, in jedes zwey Eicheln gelegt,
und solches mit etwas Grund bedeckt; ist eine solche Anlage einige Jahre alt,
und die Pflanzen genüglich vorhanden, so ist es gut, den Ort mit Birken, oder
noch besser mit Förchen - Saamen zu bestreuen, damit die Eiche durch diese Hölzer,
leichter in die Höhe getrieben werden.   Geschiehet aber diese Förchen - Saat gleich
im ersten Jahr, so überwachsen, und ersticken die Förchen die Eiche; hat nun
die Eiche diesen Dienst geleistet, und die Eiche eine sichere Höhe erreicht, so kann
das Förchen - Holz nach findenden Umständen wieder heraus gehauen werden.
Forstmeister, Oberförster, Revier - und Unterförster haben daher bey Cultivirung
öder Plätze vorzüglich auf Eichenpflanzungen den Antrag zu stellen.   Se. Churfürstl. Durchlaucht wollen auch jenen Förstern, welche sich in Anlegung solcher
Schälwaldungen vorzüglich auszeichnen, besondere Belohnungen zugesichert haben, und soll derjenige, welcher den ersten größten, und schönsten nachhaltigen
Schälwald erzogen haben wird, von jedem Tagwerk ein Prämium von einem
Dukate erhalten.

§. 6. Die Behand-
lung der
Förchen-
Waldungen.
Das Förchen - Holz hat in mancherley Betracht Vorzüge vor dem
Feichten - Holz.   Auch ist es darinn von dem Feichten Holze unterschieden, daß
einzeln stehende Bäume nicht so leicht vom Winde umgeworfen werden, folglich
starkes Schneidholz durch Standbäume, sie stehen nun einzeln, oder auch mehrere
beysammen, erzielet werden kann.   Es wird daher verordnet a) das Förchen-
holz nach Thunlichkeit durch Einstreuung einigen Saamens auf Feichten-Schlägen,
und wo sonst thunlich (Laubholzschläge ausgenommen) zu vermehren. b) Bey
Schlagbauung eines Förchen - Walds immer eine verhältnißmäßige Anzahl wohl-
gestreeter Bäume einzeln, oder auf 3 bis 4 beysammen als Standbäume zu er-
ziege

gieglung starken Holzes bis zum Wiederhiebe stehen zu lassen, diejenigen aber, welche in den ersten Jahren doch etwa durch Winde umgeworfen werden sollten, mit Behutsamkeit vom Schlage zu bringen. c) Ist ein Feichten-Wald mit Förchen vermischt: so sind auch auf dergleichen Schläge einzelne wohlgestreckte Förchen-Bäume zu Standbäumen stehen zu lassen.

§. 7. Da es als Grundsatz angenommen ist, und für das beste erachtet wird, die Feichtenschläge in schmalen Riemen höchstens 60 Schritt breit, dergestalt von Osten gegen Westen anzulegen, daß der herrschende, oft in Stürmen ausbrechende Westwind den angebaurnen Wald nicht ergreifen, und Verwüstungen darinn anrichten könne, sofort kein feichternes Standholz auf dergleichen Schlägen stehen zu lassen; so wird diese Verfahrungsart im allgemeinen beyzubehalten hiemit verordnet, wobey um starkes Holz, oder Schnitt- und Schindlbäume zu erhalten, auf Reserve-Waldungen von verhältmäßiger Größe Rücksicht zu nehmen ist. Sollten sich jedoch Fälle ereignen, in welchen wegen Lage und Figur des Waldes auch Sicherheit der Stürme in bergigten Gegenden vorbeschriebene Schlag-Anlegung nicht wohl thunlich, auch nothwendig mehrere Saamen-Bäume um besto gewisser Anflug zu erhalten, stehen zu lassen, so werden zwar Ausnahmen von obiger Regel gestattet, jedoch sind solche vorher anzuzeigen, und Resolution darüber einzuholen.

§. 8. Es ist eine bekannte Erfahrung, daß die Förchen- und Feichten-Pflanzen schneller als die Eichen-Pflanzen wachsen, wenn solche in ein und demselben Jahre gesät worden, folglich wo diese drey Gattungen vorhanden, beyde erstere die letzte überwachsen und ersticken werden. Die Erfahrung lehret aber auch, daß oft ein Förchen- und Feichten-Schlag erst im 2ten und 3ten Jahre hinlänglichen Aufschlag erhält, und daß wenn in dem ersten Jahre eine Eichel gepflanzet und aufgenommen worden, sich solche so verstärke, daß sie alsdann mit dem später entstandenen Nadlhölzern füglich in die Höhe wachsen könne. Welche Förster nun mit Einstufung der Eicheln in Förchen- und Feichten-Schlägen, und zwar in dem Jahre, wenn der Schlag angelegt wird, einen besondern Fleiß beweisen, und in solchen junge in die Höhe wachsende Eiche erziegeln, dieselben sollen mit einer besondern Gratification begünstiget werden.

§. 9. Das wesentlichste Geschäft eines Forstmanns ist das Holzpflanzen und gute Besorgung der jungen Schläge, bis das junge Holz dem Wildpret und Vieh durchgängig aus dem Maul gewachsen, oder eine solche Höhe erhalten hat, daß das Vieh die Gipfeln nicht mehr erreichen und abbeißen könne. Sämmtlichen Forstbehörden wird daher nachdrucksamst aufgegeben, an ihrem Fleiße, an ihrer Thätigkeit und Geschicklichkeit nichts ermangeln zu lassen, folglich bey Anlegung eines Schlages, wo es nöthig befunden wird, die Verfriedung, Besaamung und hinlängliche Hegung, dann Auf- und Nachsicht bestens zu besorgen, wogegen man diejenigen, welche sich besonders hierinn hervorthun, mit Vorzügen auszuzeichnen, Nachläßigkeit jeder Art aber zu ahnden nicht ermangeln wird.

§. 10. Im Monat August eines jeden Jahres sollen sämmtliche Forstbehörden über eine jede Revier besonders verfaßte pflichtmäßige Berichte und mit solchen die Forstwirthschafts-Vorschläge von den einschlägigen Behörden unterschrieben zur Churfürstl. Forstkammer einschicken. *) Hierin soll enthalten seyn, was für das nächste Jahr in der Revier nach Maaß der Waldeintheilung (wenn schon eine vorhanden) oder nach einem ohngefähren jedoch pflichtmäßigen Ueberschlage (wenn noch keine Eintheilung vorhanden) zu fällen, was wegen den entstehenden Schlägen zu verfügen, ob und welche künstliche Besaamung erforderlich? Woher und wie theuer der Saamen zu erhalten; ob ein Einfang, und wie am leichtesten herzustellen; was derselbe kostet, nebst andern dergleichen Gegenständen, worüber die Ratification der Churfürstl. Forstkammer zu erwarten ist. In diesen Vorschlägen sollen alle Distrikte, worinn die Fällung, oder sonst etwas aus-

*) Vid. die Samml. v. J. 1797. Seite 834. §. 9.

E e 3

auszuführen eingetragen wird, nach dem im Plane darauf gesetzten Nummer (wenn nämlich ein numerirter Plan vorhanden) nahmhaft gemacht werden.

Die Fällung und Holzabgabe. §. 11. Ohne von der Churfürstl. Forstkammer ergangener Ratification darf weder ein Holz gefällt, noch in dem Forst während dem Jahre etwas geändert, oder hergestellt werden, nur in besonderen unvorgesehenen dringenden Nothfällen wird eine nicht beträchtliche Holzabgabe oder sonstige Verfügung erlaubt, doch solle auf der Stelle Bericht an die Churfürstl. Forstkammer erstattet, um auf diese Art die Ratification nachgeholt werden.

Die jährlichen Forstnutzungs-Tabellen. §. 12. Zugleich mit diesem im Monat August zu erstattenden Haupt-Berichten sollen auch von jeder Forstmeisterey die jährliche Forstnutzungs-Tabellen zur Churfürstl. Forstkammer eingeschickt werden, damit man solche die unterm 7ten Juny 1792 und 21ten December 1793 anbefohlene General-Forstnutzungs-Tabellen darauf verfassen, und zu höchsten Händen einbefördern könne.

Wenn der Rapport, von denen Forstmeistereyen über die Revier zu erstatten ist. §. 13. Ferner soll jeder Förster allemal den 20ten Oktober, den 20ten December, den 20ten Februar, den 20ten April, den 20ten Juny an die vorgesetzte Forstmeistereyen einen Rapport über seine Revier erstatten. Hierinn soll enthalten seyn, was er über den Zustand der Gränzen, über den Zustand und Wachsthum der Schläge, über die Wirkungen des Winters, der Frühejahrs-Fröste, grosse Tröckne, über den Zustand der Anfänge, über den Fortgang des Holzfällens, und den Holz-Abfuhr, über begangene Frevel an Holz, Wild und Streurechnen, über entstandene Schäden durch Brand, Windbrüche, Wild, oder Insekten zu bemerken, und zu berichten hat. Am 30ten des nämlichen Monats solle sodann der Forstmeister sämmtliche diese von seinem untergeordnete Förster erhaltene Rapporte mit einem darüber zuverfassenden Hauptbericht an die Churfürstl. Forstkammer einschicken, damit dieselbe über die nöthig findende Punkten ihm auf der Stelle Resolution ertheilen könne. Es soll und wird daher die Churfürstl. Forstkammer, wenn am 10ten dieß darauffolgenden Monats ein oder des anderen Forstmeisters Bericht nicht einkommen wäre, zu dessen Abholung auf des Säumigen Kösten einen eigenen Bothen abordnen.

Die Einrichtung bey Pflasterung einem Holzschlage. §. 14. Ehe und bevor das sämmtliche Holz auf einen Holzschlag aufgepflastert, und das Bau- und Werkholz gesondert ist, darf nichts davon abgegeben und abgeführt werden. Sobald dieses Aufarbeiten aber vollbracht ist, sollen die Forstbehörden sothanes Holz pflichtmäßig aufnehmen, abzählen, und nach seinen Gattungen in ein Verzeichniß bringen, dieses in duplo zu verfertigende Verzeichniß sämmtlich unterschreiben, und mittels Bericht ad Ratificandum zur Churfürstl. Forstkammer einsenden. In dem Bericht ist aber zu bemerken, wieviel von dem Holz zu Besoldung, wieviel an Forstzinsen, und wieviel verkäuflich abzugeben; worauf dann nach erhaltener Ratification die Abgabe und Abfuhr vorgenommen werden kann.

Die Berichts- und Unterordnung der Oberförster. §. 15. Jeder Oberförster, wo solcher vorhanden, soll in Dienstsachen dem Forstmeister untergeordnet seyn, und in Sachen seiner eigenen Revier, wenn ihm eine übertragen ist, an ihn Rapport machen. Uebrigens aber bey der Holz-Auszeig, Abmessung, und Abgabe gegenwärtig seyn, seinen eigenen Waldhammer zur Controlle führen, mit dem Forstmeister anschlagen, und auf diese Art die Controlle haben, daher auch die Rechnung und Forstregister gemeinschaftlich mit unterschreiben, dann in Abwesenheit, oder ehehaften Verhinderungsfällen des Forstmeisters dessen Stelle vertretten. Sämmtliche Forstmeister, Oberförster, Revier- und Unterförster haben diese Instruktion *) in soweit solche bey jedem einschlägig ist, auf das genaueste und pünktlichste zu befolgen, und sich gegen solche nichts zu Schulden kommen zu lassen. München den 23ten Juny 1796.

*) Vid. die Samml. v. J. 1797. Seite 176. §. 2. 3.

VI.

Nro. VI.

Der unterthänigste Antrag vom 12ten November v. J. nach welchem die Samm- **Haberlumpen Samm-lung.** lung, und Aufkaufung der Haberlumpen auf keine Bezirke sich mehr einzu-schränken haben, *) ist in der Maß gnädigst genehm, daß die Sammlungs-Patente für die obere Pfalz und Sulzbach durch die Regierung Amberg — jene für das Herzogtum Neuburg durch dasige Regierung ausgestellet, so folglich diese Patente nur für jeden Regierungs-Bezirk gültig erachtet — hiebey aber in der zu erlassenden Verordnung all jenes zur Nachachtung der Lumpen-Samm-lern und Papierern vorgeschrieben werden solle, was die Churfürstl. Regierung in erwähntem Bericht vom 12ten November unterthänigst anträgt. München den 22ten May 1797.

*) Vid. die Samml. v. J. 1788. Seite 715. N. 202.

Nro. VII.

Den Polizey-Verordnungen in Städten ist nicht angemessen, daß Bürger **Die Unstatt-haftigkeit der Erdrung bürgerlicher Zunft-Ge-rechtigkeiten betreffend.** durch Verallernirung ihrer Zunft-Gerechtigkeiten Nahrungs-los gesetzt — mit ihren Familien als arme Leute der Stadt, und zugleich als Fretter den Zünften zum Ueberlast fallen sollen, so lange sie selbst ihrem Nebele noch vorzu-stehen, und daraus ihren — und der Ihrigen Unterhalt, wie möglich zu verdie-nen im Stande sind, außer sie zeigen sonst für sich, und die Ihrige eine anderweit-chende Nahrungs-Quelle aus. Der Ursachen willen mögen Se. Churfürstl. Durchlaucht nicht zugeben, daß der bürgerl. Perüquenmacher Joseph Wibl dahier, dem Hofbefreyten Friseur Lussi seine Gerechtigkeit cedire, bevor er nicht, nach der ihm von Seite des bürgerl. Stadt-Magistrats beschehenen Eröffnung einen andern hinlänglichen Nahrungs-Zweig für sich und die Seinige aufgewiesen haben wird. Höchstdieselben schließen demnach Ihro Obern-Landesregierung den Be-richt des ermeldten Stadt-Magistrats ddto s. curr. nebst Innlage, und übri-gen Actis mit dem gnädigsten Befehl hinaus, demselben sothane erst bemeldte höchste Entschließung über diesen Gegenstand, zur gehorsamsten Nachachtung be-hörig zu publiciren, auch sich selbst für diesen, und künftigen Falle darnach zu benehmen. München den 17ten Juny 1797.

Nro. VIII.

Se. Churfürstl. Durchlaucht überzeugt, daß niemal eine große, sondern nur **Die Verge-bung der dimittirten und exclu-dirten Stu-denten an das Militär be-treffend.** eine wohlgesittete kleinere Anzahl guter Studenten dem Staate nützlich seyn kann, haben zu Einführung einer schärfern Disciplin bey der studirenden Jugend, und zu Entfernung des verdorbenen Theiles derselben schon mehrere höchste Verordnungen zu erlassen, und unter andern auch festzusetzen geruhet: daß die corriglette Studenten, wenn sie keine weitere Beschäftigung oder eine ihren vollständigen und sichern Unterhalt gebende Stelle auszuweisen können, zum Militär abgegeben werden sollen: Es wußten aber letzteres dergleichen di-mittirte und excludirte Studenten bisher größtentheils zu vereiteln, und sich un-ter verschiedenen Vorwänden, bald als Schreiber bey solchen Advokaten, die selbst nicht viel Arbeit haben, bald als Musikanten, deren Zahl ohnehin schon zu groß ist, bald als wären sich noch frequentirende Lehrlinge mittels Läugnung ih-rer Namen sich den Augen der Polizey und dem Ausheben zum Militär zu ent-ziehen, wodurch dann die noch studirende unverdorbene Jugend, durch den sich ihnen aufdringenden Umgang dieser ausgearteten Glieder der Verführungsgefahr immer ausgesetzt bleiben. Um nun diesem Nachtheile abzuhelfen, und die höchste Absicht ganz zu erreichen, machen Se. Churfürstl. Durchlaucht Höchstdero Po-lizey-Oberdirektion dahier den ernstlichen Auftrag: 1) Auf alle dimittirte oder excludirte Studenten, welche ihr jedesmal von dem Churfürstl. Lokal-Schul-Commissariat sogleich angezeigt werden, allsobald ein wachsames Aug zu haben, sofort sie nach drey Tagen vorzurufen, und im Falle selbe von hier sind, und ihren sichern und vollständigen Lebens-Unterhalt auszeigen, den Aufenthalt zu gestatten, jedoch sie stäts in Aufsicht zu behalten: wenn sie aber ihre Nah-
Sechster Band.   D b   rungs-

rungs-Quellen nicht hinlänglich ausjzeigen können, sie ohne all weiterer Rücksicht zum Militär abzugeben, oder ihnen, wenn sie hiezu wirklich unbrauchbar sind, wo möglich eine geeignete Beschäftigung anzuweisen. Im Falle aber 2) dergleichen dimittirte oder excludirte Studenten nicht von hier sind, so sollen selbe ohne weiters nach drey Tagen aus der Stadt geschaft werden, und wenn sie sich diesem nicht fügen wollen, oder noch hier betretten werden, alsogleich ohne Rücksicht zum Militär abgegeben, oder, im Fall der Untauglichkeit hiezu, an ihre Geburtsort zurück gebracht werden. 3) Hat die Churfürstl. Polizey-Oberdirektion mit Befolgung dieser höchsten Willensmeynung, bey den, im hier abschriftlich anliegenden Verzeichniß, benamten, theils dimittirten, theils excludirten Studenten sogleich den Anfang zu machen, und damit ferners pflichtmäßig um so unfehlbarer fortzufahren, als widrigenfalls der hierunter bezeugte Saumsal gewiß nicht ungeahndet, oder wohl gar ungestraft hingehen würde. Uebrigens ist diese höchste Weisung auch an sämmtliche Churfürstl. Regierungen heute erlassen, sofort auch dem Churfürstl. Hoftkriegsrath, und der Churfürstl. geheimen Schul-Curatel hievon Nachricht gegeben worden, letzterer mit dem Anhang, die vorhandene Disciplin-Gesetze neuerdings einzuschärfen, und dem wirklich frequentirenden Studenten allen Umgang mit den dimittirten oder excludirten bey der nämlichen Strafe zu verbiethen. München den 1ten July 1797.

Nro. IX.

Der bisherige bürgerl. Perüquenmacher Joseph Wibl dahier, macht mittels anliegender Vorstellung de praes. 23ten Juny noviss. die unterthänigste Anzeige, wie er einem gewissen Georg Rothammer dahier, die bürgerl. Wohlmachers-Gerechtigkeit abgekaufet, solche Profession erlernet habe, und sich hierauf ernähren werde, eben so, wie sich sein Vorfahrer darauf ernähret habe, mit dem Erbiethen, einen obrigkeitlichen Revers auszustellen, daß er als ausgetrettener Perüquenmacher niemals mehr einige Kundschaften annehmen, auch auf seine Hand keinen Menschen frisiren wolle. Bey diesen Umständen hebt sich das seinerto wegen unterm 17ten Juny erlassene Cessions-Verboth dergestalten *) auf, daß wenn er bey solch seinem Offert stehen bleibt, er aus der Confraternität der Perüquenmacher tretend, folglich als deßlrt anzusehen ist, und die erstbemeldte Confraternität gegen den vorhabenden Verkauf seiner Perüquenmachers-Gerechtigkeit mit Recht keinen Widerspruch mehr einlegen kann. Solchemnach verstatten auch Se. Churfürstl. Durchlaucht, daß wiederholter Joseph Wibl eben gehört seine Gerechtigkeit an den Friseur Lussi gegen Ausstellung des erbothenen Reverses verkäuflich überlassen, und cediren möge. Deswegen die Churfürstl. Obere-Landesrealgierung diese höchste Entschliessung an die Behörde ohne allen Einstand, der Vollführungswillen auszuschreiben, und die sämmtliche eingeschickte Acta hiemit zurück zu empfangen hat.

Belangend hingegen die gelegenheitlich sothaner freywilligen Gerechtigkeits-Cession von bemeldter Ober-Landesregierung beschehene Anfrage, ob durch die schon angeführte Churfürstl. Resolution vom 17ten Juny abhin, die in den notis ad Cod. civ. Bav. P. 5. C. 27. §. 21. enthaltene ältere Verordnung (vermuthlich das einzig daselbst allegirte Mand. Elect. de 29ten Oktober 1661) kraft welcher die aus der Zunft ausgeschlossene — hienach aber restituirte Handwerker auf ihre Hand wieder fort arbeiten dürfen, als aufgehoben, und widerrufen anzusehen seye? Wird selbige dahin gnädigst beantwortet, welcheroegestalten in so weit diese Verordnung von den Handwerkern disponirt, welche gezwungener Weise, so z. B. bey zu Schulden gebrachten Verbrechen mit erfolgter Landesfürstl. höchsten Restitution oder in Vergantungs-Fällen u. b. m. beschiehet, aus der Zunft tretten müssen, es dabey, daß nämlich diese bey so geartetet Austrettung aus der Zunft, um den Gemeinden nicht zu Laste fallen, forthin, jedoch lediglich auf ihre Hand arbeiten können, wie immer thunlich, sein Verbleiben haben solle. In so ferne es aber, wie bey dem Wibl-Lussischen Cession, um eine freywillige Abtrettung einer Handbetriebungs-Gerechtigkeit zu thun

*) Vid. N. antec. 7.

thun ist, fällt von selbst in die Augen; daß in solchen Fällen vieles in fraudem legis, und zum Nachtheil der Zünfte, z. B. daß jemand eine Gerechtigkeit bloß in der Absicht ankauft, um sie über kurz mit Profit wieder zu verkaufen, und dann auf seine Hand darauf zu arbeiten, u. d. m. unterlaufen könne: wie dann auch in der angeführten Stelle codicis, da von der Cession nur mit etlichen Worten Meldung geschiehet, sich auf kein Mandat, sondern nur auf eine vorgebliche Observanz mit Anziehung einer particular-Resolution bezogen wird. Diese Observanz, wenn sie anderst vim legis haben könnte, ist eben darum ihren großen Bedenklichkeiten unterworfen, so, daß Se. Churfürstl. Durchläucht allerdings Anstand finden, selbiger eine ausdrücklich gesetzliche Verbindlichkeit beyzulegen. Zu geschweigen der Unthunlichkeit bey all und jeden Handwerkern, daß austrettende Zünftler auf ihre Hand alleinig arbeiten können, ist auch noch zwischen Künstlern, Confraternität (dergleichen die Perükenmacher hergebracht) und den eigentlichen Handwerkern, ein Unterschied zu machen, und hienächst über eben die Thun- oder Unthunlichkeit der Vergünstigung: nämlich darüber, ob ein austrettender Zunftgenoß dabey auf seine Hand ungehindert arbeiten könne, oder nicht? eine nähere praktische Ueberlegung anzustellen: — welche zu veranlassen, und sodann gutachtlich einzuberichten der Churfürstl. Oberen Landesregierung hiermit gnädigst aufgetragen wird. Da es indessen, und bis ein anderes befohlen werden wird, bey dem Inhalt der mehranaezogenen gnädiasten Verordnung vom 17ten v. M. sein unbekümmertes Bewenden hat. München den 15ten July 1797.

Nro. X.

Nach dem ausführlich aktenmäßigen Bericht vom 29ten May wegen Errichtung einer Schmidtstatt zu Obersteinbach auf ausdrückliches Ansuchen dasiger Gemeind bewilligen Se. Churfürstl. Durchläucht gnädigst, daß alldort eine Gemeinds-Schmidstatt nach denen zwischen der Gemeind, und dem Schmidtgesellen Göhl für sich, und seinen Nachfolgern, obrigkeitlich, eingegangenen Verbindlichkeiten errichtet werde — doch solle ein zeitlicher Obersteinbacher Schmid keineswegs berechtiget seyn, in die Stadt Hirschau zu arbeiten. Gleichwie nun derley Ehehafte-Gerechtigkeiten bloß von der Verleihung höchster Landesherrschaft nach den vaterländischen Gesetzen abhangen; so ist an desfallsiger Berichts-Erstattung allerdings wohl geschehen. Bey Verleihung anderer Gerechtigkeiten hingegen liegt der Churfürstl. Regierung ob, nach jedmalig vorläufiger Vernehmung der interessirten Theilen, Handwerks-Zünften rc. mit der Hofkammer sich zu benehmen, und in Fällen, wo beyde Dikasterien entgegen gesetzter Meynung sind, der höchsten Stelle die Entscheidung zu überlassen. Ob aber die Churfürstl. Regierung Amberg auf die Ober-Landesregierungs-Instruktion de Ao. 1779 *) ausdrücklich angewiesen worden seye? Darüber wird wohl eine besondere Erwähnung gelegentlich jenes wegen der Regierungs-Instruktionen abgeforderten Berichts gnädigst erwartiget; inzwischen jedoch zur Abwendung alles Mißbegriffes angefüget, daß der Regierung durch die Benennung Landesregierung keine größere Gewalt zugelegt worden seye, als selbe vorhin schon gehabt habe; indem sie auch vorhin schon eine Landesregierung war, und keine Regierung ohne der Eigenschaft Landesregierung denkbar ist. Nur durch die gnädigste Anordnung ihrer Selbstständigkeit hat sich die Lage darinn abgeändert, daß anstatt vorhin die Recurse von ihren Regierungs-Weisungen zur hiesigen Ober-Landesregierung, und nach Gestaltsame zur hiesigen Hofkammer ergriffen werden könnten, diese numehro ohnmittelbar zur höchsten Stelle geben müssen. Und nicht daß ihre Regierungsmacht andurch größer geworden seye. München den 22ten August 1797.

*) Vid. die Sammt. v. J. 1784. Seite 393.

D 2

XI.

Wie sich die Regierungen bey Gesuchen um Erhebstätten und andere Gerechtigkeiten zu verhalten haben.

Nro. XI.

Beftättigung
der Normal-
Verordnung
vom Jahre
1781 im
Schulwefen.

Seine Churfürftl. Durchláucht haben fich über die vom Höchftdero Studien-
Direktorio unterm 31ten Auguft vorigen Jahrs unterthánigft überrelate
Vorftellung fowohl, als auch über die dießfalls eingefendete Beleuchtung ddo
31ten Oktober Höchftdero gehrimen Schulen-Curatel, nunmehr ganz eindrin-
genen Vortrag machen laffen, die von beyden Seiten angeführte Gründe geprüft, und die zu deren Unterftützung beygelegte Aktenftücke eingefehen.

So bereit nun Se. Churfürftl. Durchláucht find, in allen Fällen gegründeten Befchwerden abzuhelfen, und fo viele Beyfpiele Höchftdiefelbe davon
fchon gegeben haben, eben fo wenig können aber auch Höchftdiefelben jemals
Eingriffe in die landesherrliche Gerechfame geftatten, wie in der gegenwárti-
gen Sache gefchehen will, wo fich das General-Studien-Direktorium fehr ver-
weislich unterftanden hat, erft nach Verfluß von 3 Jahren wegen den dem Dominikanern in Landshut überlaffenen dortigen Schulen, und der Ernennung des
Priors zum General-Studien-Direktor von Verletzung einer wahren Convention, eines förmlichen Pakts, ja fo gar eines feyerlichen Vertrages zu fpre-
chen, über Kränkung des Normale vom 31ten Auguft 1781 und über erfchütterte
Grundverfaffung zu klagen, und am Ende fogar in der hier unpaffenden Ei-
genfchaft als Stände die Landfchaft zur Unterftützung aufzufodern.

Um rückfichtlich des Malthefer-Ritterordens, einer nähern Gütertaxa-
tion zu entgehen, bothen fich im Jahre 1781 fammentliche Klöfter in Baiern,
und der Pfalz felbft zur Uebernahme des Schulwefens im ganzen Lande an.
Seine Churfürftl. Durchláucht, Höchftwelche als Summus Protector Studiorum et Summus Advocatus Ecclesiae zu beftimmen haben, wie die Köften
zu erfteren hergeftellt, und wie die Güter der Geiftlichkeit dem Zwecke ihrer
Stifter für das Wohl der Kirche, und des Staates näher gebracht werden
follen, haben diefen Antrag des gefammten Klofterftandes angenommen, hierüber mit den abgeordneten Prálaten, als den Erften der regularen Landes-Geift-
lichkeit das Weitere eingeleitet, dann unterm 31ten Auguft 1781*) das damals
gerignete feftgefetzt, und hierin ausdrücklich erkláret, daß Höchftdiefelbe das
Supremum Protectorium des Schulwefens auf fich nehmen, das Ganze durch
Höchftdero angeordnete gehrime Schulen-Curatel beforgen, und nach Erfoderung der Zeiten, und Umftände die bevorftehende höchfte Entfchlieffungen weiters eröffnen werden.

Von Seite der Ordens-Geiftlichkeit ift daher die wahre von ihr felbft
auf fich genommene Verbindlichkeit vorhanden, den rühmlichen Zweck des Lan-
des-Schulen-und Erziehungswefens nach der erhaltenen Vorfchrift auszuführen, und hierinn nach den weitern durch die Zeit, und Umftände nothwendig
gewordenen Verfügungen pflichtmäßig fortzuwirken.

Sr. Churfürftl. Durchláucht ausgebreiteten Regenten-Sorge für das
Befte des gefammten váterländifchen Erziehungswefens bleibt es aber ftäts
unbenommen, in diefer auf keine Weife jemals befchránkbaren Polizeyfache folche
Maaßregeln vorzufchreiben, welche zum wahren Beften des Schulfaches hinwir-
ken, und keine neue Laften den dabey intereffirten Theilen verurfachen. Hienach bleiben Se. Churfürftl. Durchláucht ftäts berechtiget, zweckmäßige Abán-
derungen unmittelbar, oder durch Höchftdero gehrime Schulen-Curatel zu treffen, diefe, oder jene von den Mendikanten-Klöftern, welche gleich allen übrigen
nach ihren Verháltniffen zum lateinifchen Schulfond mitzahlen, und von den
Lehrftellen nirgends ausgefchloffen find, zum öffentlichen Lehramte zu berufen,
ja felbft nach Umftánden die perfönliche Ausübung des Lehrfaches den fammtli-
chen Klöftern ganz abzunehmen, und das Schulwefen gegen Erholung des
von ihnen jáhrlich zu erreichen fchuldigen Beytrages, auch allenfalls unausweichlich
erfoderlichen höhern Quanti von andern tauglichen Mánnern beforgen zu laffen.

Uebri-

*) Vid. die Sammil. v. J. 1784. Seite 977. N. 974.

Uebrigens iſt der gewagte Schritt des Studien-Directorii der Prälaten, die Landschaft als Stände zu Hülfe zu rufen, jederzeit ahndungswürdig, indem ſelbe in ſolcher Eigenſchaft hier nicht, ſondern ſo, wie alle andere begüterte Mönche zu betrachten kommen, welche ſich zur Schulen-Uebernahm, wie ſie verbunden haben, und deren Beſitzungen ebenfalls wie die ihrigen dem Staate gehören, und zu deſſen Beſten ohne Widerrede der bisherigen Nutznießer verwendet werden dörfen.

Bey dieſen ganz entſcheidend für die Gerechtſame Sr. Churfürſtl. Durchläucht ſprechenden Gründen beſtättigen Höchſtdieſelbe zwar.

1) Das weſentliche der Normal-Verordnung vom 31ten Auguſt 1781, jedoch nur in ſoweit als ſolche (durch die in den Churfürſtl. Schulhäuſern größtentheils vernachläßigte Diſciplin ſowohl, als durch die willkührlich, oder doch unförmlich geführte Oekonomie veranlaßt) nicht ſeit der nothwendig abgeändert, oder doch erweitert werden müßte, oder es noch ferners nach Zeit und Umſtänden werden wird.

2) Hat es bey dem höchſten Reſcript vom 20ten September v. J., worinn den Dominikanern zu Landshut das dortige lateiniſche Schulweſen, wegen den für ſolches bisher beſtimmten Betrag aus der allgemeinen Klöſter-Concurrenz überlaſſen iſt, noch ferners ſein unverrücktes Verbleiben, um ſo mehr, als auch die Mönche von andern als Prälaten-Klöſtern nirgendwo von den Lehrſtellen ausgeſchloſſen ſind, auch alle übrige Mönchs-und Nonnenklöſter ihre Schul-Beyträge liefern, und erſtern keineswegs Gelehrſamkeit abgeſprochen werden kann, da ſie in dem theologiſchen Fache vortrefliche Männer aufzeigen können, noch heute aus den Lehrbüchern ihrer Ordensbrüder vorgeleſen wird, und von ihnen ſchon lange die Lehrſtellen auf der hohen Schule zu Heidelberg mit Beyfall verſehen werden. Auch überhaupt der General-Schulen-Concurrenz, Kaſſa durch die Schulen-Uebernahm der Dominikaner keine neue Ausgabe zur Laſt fällt, und im Gegentheil dem General-Studien-Miſterio die Beſetzung der Lehrſtühle, welche bisher aus Abgang eines tauglichen, oder entbehrlichen Subjekts aus den Prälaten-Klöſtern nur zu oft die größten Anſtände hatte, um ein merkliches erleichterte.

Als eine Folge dieſer Schulen-Ueberlaſſung, dann der Gleichförmigkeit, und Ortsverhältniße von Landshut wegen, beſtättigen Se. Churfürſtl. Durchläucht hiemit

3) Den Prior der dortigen Dominikaner, Conrad Heldmayr, als General-Studien-Condirektor vom 29ten November 1794, wo ſelber in dieſer Eigenſchaft gnädigſt aufgeſtellt worden iſt, und wollen, daß ſolcher bey den ſchwereſten Einſehen, itzt, und in Zukunft in allen, und jeden vorkommenden Fällen, wie die Prälaten-Condirektoren angeſehen, und behandelt werden ſolle.

Da übrigens eben genannten Condirektor P. Conrad in obiger an ihn erlaſſenen, und höchſten Orts vorgelegten Original-Weiſung die zweyhundert Gulden Deputaten bloß aus dem Grunde verſagt wurden, weil ſie allen übrigen Direktoren in einem beſondern Reſcript eben damals abgeſprochen waren, dieſe letztere aber ſich deſſen ohngeachtet doch erlaubt haben, ſolche die ganze Zeit her ſelbſt zu beziehen, zugleich aber dem Dominikaner Condirektor, welcher die nämlichen Reiſen, und Geſchäfte, wie ſie hatte, doch vorzuenthalten, ſo befehlen Se. Churfürſtl. Durchläucht

4) Daß gemäß der mit allem Recht, und nach mehrern fruchtloſen Weiſungen erlaſſenen Extratel-Reſolution vom 19ten Auguſt v. J. dem mehrgenannten Condirektor aus den Dominikaner-Orden die für die Jahre 1795, 1796, 1797 rückſtändige ſechshundert Gulden in Zeit 14 Tägen aus der Gene-

val - Stublen - Direktorial - Kassa bezahlt, oder im weitern Ungehorsams - Falle
ohne alle Rücksicht executive erholet werden sollen.

Die Churfürstl. geheime Schulen - Curatel hat also für die Erfüllung des
höchsten Willens sowohl dießfalls zu wachen, als auch überhaupt in ihrem bisher so rühmlich bezeigten Pflicht - Eifer weiters fortzufahren, und hiernach
theils durch eigene zweckmäßige Verfügungen, theils durch Vorträge an die
höchste Person in wichtigen Fällen, das Beßte des Schulwesens jederzeit uner-
müdet zu befördern.

Uebrigens werden die von der eben genannten Curatel mit Eingangs angeführten Bericht vorgelegte Beylagen von A bis ZZ hierbey zurückgeschlossen,
und selber zugleich aufgetragen, das gegenwärtige höchste Rescript dem Gewe-
ral - Stublen - Direktorio zur schuldgehorsamsten Nachachtung in vidimirter Abschrift baldmöglichst zuzusenden. München den 12ten Jänner 1798.

Nro. XII.

Aufhebung
der Polizey-
Oberdirek-
tion.

Se. Churfürstl. Durchlaucht aus besonders hiezu bewogenen Ursachen sich
veranlasset gesehen, die den 12ten Januar 1796°) dahier errichtete Polizey - Oberdirektion nun wieder aufzuheben; Als wird solches derselben hiemit eröfnet, um sich nach dieser höchsten Vorschrift gehorsamst zu fügen, und all weiterer Einmischung in die Polizey - Geschäfte zu enthalten. München den 27ten
Jänner 1798.

°) Vid. die Samml. a. J. 1797. Seite 336. N. 158.

Nro. XIII.

Polizey - Di-
rektion des
Titl. Reichs-
grafen von
Rumfort.

Seine Churfürstl. Durchlaucht haben Höchstdero Kämmerer, wirklich geheimen
Rath, und Generallieutenant Reichsgrafen von Rumfort aus besondern
höchsten Zutrauen die Errichtung und Herstellung der Polizey, dann die Beior-
gung, und Handhabung der öffentlichen Ruhe und Ordnung in allen ihren ausgedehnten Umfange unmittelbar übertragen, und selben die nöthigen Verhal-
tungsbefehle darüber wirklich ertheilt.

Diese höchste Verfügung wird also der hiesig Churfürstl. Obern - Landesregierung zu dem Ende bekannt gemacht, damit gedachtem Reichsgrafen von
Rumfort in Erfüllung dieser höchsten Absichten nicht nur allein keine Hinternisse
in den Weg gelegt werden, sondern demselben auf jedmaliges Verlangen aller
mögliche Vorschub, und alle thätige Unterstützung hierinn geleistet werde. München den 28sten Jänner 1798.

Nro. XIV.

Bekanntmachung von Polizey wegen.

Die Ab-
schaffung
aus Bräu-
Bierwirths-
und Kaffee-
häusern.

Nach der bisherigen Polizeyverordnung wurde allhier in den Kaffeehäusern Abends
um 11, in Bräu - und Bierhäusern aber mit Ausnahme einiger wenigen, welche sogar durch besondere Vergünstigung bis um 12 Uhr Gäste setzen
durften, schon um 10 Uhr von den Patrouillen ausgeschaft. Da diese Ungleichheit weder in den Rechten dieser Gewerbe, noch in der Verschiedenheit der Gäste
einen Grund haben kann, indem auf den Kaffeestuben Abends auch meistens
Bier geschenkt wird, und die nächtlichen Wirthsgäste überall von gleicher Art zu
seyn pflegen; so sollen von heute an alle diese Unterschiede, Ausnahmen, und
Begünstigungen, woraus nur Mißgunst, Unzufriedenheit, Klagen, und Unordnungen entstehen können, gänzlich abgeschaft, und die 11te Abendstunde (außer
an den erlaubten Freystunden) zum gleichheitlichen Schluß aller Bräu - Bier-
wirths - und Kaffeehäuser bestimmt seyn. Weit entfernt, durch diese den Bier-
wirthen bewilligte Gleichstellung unter sich, und mit den Kaffeesiedern, das Publikum zu nächtlichern Gelagen, und zum längern Besuch der Wirthshäuser auf-
muntern zu wollen, versieht man sich vielmehr zu allen ordnungsliebenden Bür-

gern,

gern, und Einwohnern, daß sie ihre bisherige gute Gewohnheit, sich nach fleißig vollbrachter Tages-Arbeit um die 10te Abendstunde, oder noch früher zur Ruhe zu begeben, auch fortan beybehalten, und die Wirthshäuser wenn sie schon länger offen bleiben, nur um so eher verlassen werden, als man von Polizey wegen die nächtlichen Gewohnheitskunden mit doppelter Aufmerksamkeit zu beobachten, und gehörig zu bemerken wissen wird. Diese Aufsicht sowohl, als der von Seiten der Wirthe zu erwartende pünktliche Gehorsam gegen die Polizey-Befehle macht das fernere Ausschaffen der Gäste durch Militär-Patrouillen ganz überflüßig. Diese werden daher von heute an in keinem Wirthhaus mehr erscheinen, und ihre bisherige Verrichtungen theils von dem Glockenschlag 11 auf den Thürmen der zwey Hauptpfarrkirchen, theils von denen unter der strengsten Verantwortlichkeit hiezu verpflichteten Wirthen vollkommen ersetzt werden. Ueberhaupt haben die Wirthe für Ruhe, Ordnung und Sittlichkeit in ihren Häusern, so wie besonders auch dafür genauest zu haften, daß der Bettel unter keinerley Gestalt weder von Fremden noch Einheimischen, auch weder bey Tage noch bey Nacht sich darinn einschleiche, weil widrigenfalls jedes strafwürdige Vergeben, jede gesetzwidrige Duldung, oder gar brebhafte Aufmunterung des Bettels ohne weitläufige Untersuchung ihnen allein, als eine geflissentliche Verhehlung gefährlicher Gesinnungen, und Absichten zur unnachläßigen Schuld, und Ahndung zugerechnet werden wird. Schließlich hat es bey den herkömmlichen Frey-nächten, wie schon oben erinnert worden, nicht nur sein Verbleiben, sondern wenn ehrbare Gesellschaften in argloser Fröhlichkeit Nächte hindurch tanzen, oder sich sonst, jedoch mit bescheidener Achtung gegen die nachbarliche Ruhe vergnügen wollen; so soll dem hierum sich meldenden, und durch Benennung der Gesellschaft sich gehörig legitimirenden Wirthe die Erlaubniß hierzu von dem Polizeyamte allein ertheilt, und dafür, so wie für alle Musikerlaubnisse (außer der landesherrlichen Anlage) nicht die geringste Bezahlung, Erkenntlichkeit oder wie sonst Namen habende Entrichtung weder als Gebühr gefordert, noch auch Schankungsweise angenommen werden dürfen. München den 8ten Febr. 1798.

Nro. XV.

Die dermalige Anzahl der hiesigen Kaffee- und Bierschenken befindet sich in einem solchen Mißverhältniße mit der Bevölkerung, und dem Bedürfnisse solcher Gewerbe, daß ein grosser Theil derjenigen, welche damit ihre Nahrung suchen, entweder verderben, und dem Publikum zur Last fallen, oder durch Anwendung unsittlicher und gesetzwidriger Hilfsmittel sich auf Gerathewohl erhalten müssen. Durch reifliche Bemessung der hieraus entstehenden gefährlichen Folgen bewogen, haben nun Se. Churfürstl. Durchlaucht gnädigst beschlossen, daß wenigstens in so lange, als die gegenwärtige Zahl der hiesigen Kaffee- und Bierschenken nicht auf die Hälfte zurück gekommen seyn wird, keine neue derley Gewerbs-Bewilligung*) mehr ertheilt, und die darum etwa Sollicitirenden unmittelbar an die Polizey-Behörde gewiesen werden sollen. Da aber eben die wichtigen Gründe, welche einer Vermehrung der benannten Gewerbschaften entgegen stehen, auch die baldmöglichste Verminderung ihrer dermaligen so sehr überlegten Anzahl erheischen; so ist es der weitere ernstliche Befehl Sr. Churfürstl. Durchlaucht, daß durchaus keine auf den Verkauf einer Kaffee- oder Bierschenks-Personal-Concession gestellte Bittschrift mehr angenommen, und auch die bereits bestehenden Verstiftungen solcher Concessionen von heute an binnen 6 Monaten um so gewisser aufhören sollen, als eine jede dergleichen Concession, welche an besagten peremptorischen Termin nicht von den primo acquirente selbst ausgeübt wird, alsdann ohne weiters für annullirt, und eingezogen anzusehen kömmt. München den 20ten Februar 1798.

*) Vid. die Samml. v. J. 1788. Seite 587. §. 22.

Von Personen und Kaffee- und Bierschenke-Concessionen.

Nro. XVI.

Verſatzamt; ein beſonderes.

Da das hieſige Verſatzamt bey ſeiner dermaligen Einrichtung der gnädigſten Abſicht, die unvermöglichen Volksklaſſen in Fällen eines augenblicklichen Bedürfniſſes gegen den verderblichen Wucher zu ſichern, nicht entſprechen kann: ſo haben Se. Churfürſtl. Durchlaucht die gedachte zweckmäßige Einrichtung und Herſtellung dieſer zur Polizey gehörigen Anſtalt, jedoch unter Beybehaltung der bisherigen Beſtimmung des Gewinns, ſo wie der Sicherheit für die Intereſſenten, Höchſtdero Generallieutenant, Reichsgrafen von Rumfort zu übertragen geruhet. München den 19ten März 1798.

Nro. XVII.

Polizey-handlungs-Operationen in München.

Da zur gänzlichen Vertilgung der Raubereyen jeder Art, dann des ſchändlichen Wuchers im Kauf und Verkauf der unentbehrlichen Lebensbedürfniſſe, welcher ſo lange in der hieſigen Haupt- und Reſidenzſtadt iſt getrieben worden, eine nicht unbedeutende Geldſumme erfordert wird, um dieſen Rauberern in ihrem unerlaubten Handel kräftigſt entgegen arbeiten zu können; So haben Se. Churfürſtl. Durchlaucht zu dieſem Behufe der Polizey-Behörde zwanzig tauſend Gulden vorſchießen laſſen. Gleichwie es aber nicht allein unbillig, ſondern auch unſchicklich wäre, wenn bey den Operationen der Polizey, die immer wohlthätig, uneigennützig, und nur auf das allgemeine Intereſſe gerichtet ſeyn müſſen, auf Geldgewinn geſehen würde. So befehlen Se. Churfürſtl. Durchlaucht ausdrücklich und ernſtgemeſſenſt, daß der reine Gewinn aller von der Polizey unternommenen Speculationen und Handlungen von Kauf und Verkauf nach Abzug der Intereſſen zu jährlich 5 pro Cento gerechnet, von denjenigen Capitalien die in ſolchen Spekulationen wirklich gebraucht werden, ad pias Cauſas verwendet, oder zu irgend einem andern gemeinnützigen Gebrauche redlich und ohne den mindeſten Rückhalt hergegeben, und ausbezahlt werden ſolle. Damit nun jedermann zu allen Zeiten ganz überzeugt ſey, daß dieſer höchſte Befehl auf das pünktlichſte befolgt wird; ſo befehlen Se. Churfürſtl. Durchlaucht ferners, daß zur gänzlichen Beruhigung des Publikums, und zur öffentlichen Ueberzeugung über die Nothwendigkeit und Wohlthätigkeit der von der Polizey unternommenen Handlungs-Operationen, das Reſultat einer jeden ſolchen Kaufs- und Verkaufs-Handlung mit genauer Berechnung von Gewinn oder Verluſt gleich nach gänzlicher Vollendung derſelben öffentlich bekannt gemacht werden ſolle; welch öffentliche Bekanntmachung um ſo nothwendiger iſt, als dadurch am leichteſten und richtigſten erſehen werden kann, in wie weit in jedem Falle die Erhöhung der Preiſe der Lebensmittel oder ſonſtigen Bedürfniſſe durch Raubereyen, Wucher, oder übertriebene Gewinnſucht verurſacht worden, oder wer die meiſte Schuld daran hat. Endlich iſt auch, Se. Churfürſtl. Durchlaucht gnädigſte Willensmeynung, daß derley Speculationen nimmermehr oder ohne wichtige Veranlaſſung, oder zur Schmälerung einer billigen Mannsnahrung in den bürgerl. Gewerben, ſondern bloß in Fällen, wo Wucher und Gewinnſucht den Preis der Dinge übermäßig erhöbet, und auch dann nur ſo lange angewendet werden ſollen, bis durch dieſe wohlthätige Operation die Preiſe wiederum zu ihren natürlichen Verhältniſſen zurück gebracht worden ſind. München den 26ten März 1798.

Nro. XVIII.

Von dem Bau-Werk- und Brennholz.

Die hieſigen bürgerl. Kiſtler, und Zimmermeiſter beſchweren ſich nicht ohne Grund, daß das Holzmateriale nicht nur in ſchlechter Eigenſchaft, ſondern auch unter dem geſetzmäßigen Maaße von manchen Holzhändlern, Flößmeiſtern und Sägmüllern zum Verkauf geliefert werde. Dieſer Unfug iſt für das ganze Publikum zu bedeutend, als daß ihm nicht mit dem gehörigen Ernſte begegnet werden ſollte. Die Polizey-Behörde findet nun, daß die Weisheit des Landesfürſtl. Geſetze ihr hierin nichts, als die Aufſicht über die genaue Befolgung dieſer Geſetze übrig läßt, und ſie wird dieſer Pflicht mit unermüdetem Beſtreben genug zu thun trachten. Es wäre überflüßig den Innhalt des General-Mandats

daß vom letzten Februar 1768*), welches die Maaße alles zum Verkaufe
bestimmten Bau = und Werkholzes umständlich vorschreibt, hier zu wiederholen;
denn jedermann und jede Behörde soll die Gesetze kennen. Da aber dem unge=
achtet der erwähnten Landesfürstl. Verordnung so häufig und schädlich entgegen
gehandelt wird, so will man dieses noch lieber der Unwissenheit oder Vergessen=
heit, als der Nichtachtung des Gesetzes zuschreiben, und in dieser Hinsicht einen
dreymonatlichen Termin anberaumen, nach welchem alles zum öffentlichen Ver=
kauf gebracht werdende Bau = und Werkholz, welches nicht in dem im oben er=
wähnten General = Mandat vorgeschriebenen Maaße geschnitten und gearbeitet
ist, alsogleich und ohne alle Rücksicht auf den Eigenthümer, confiscirt werden
soll, und wird. Aehnliche Klagen sind auch wegen des Brennholzes, welches
allhier zu Markte gebracht wird, und fast niemals die gesetzlich vorgeschriebene
Scheiterlänge hat, vorgebracht worden. Die dermaligen hohen Preise dieses
Bedürfnisses machen es mehr, als jemals nothwendig, daß hierauf ernstlicher
Bedacht genommen werde. Die Polizey = Behörde wird also dafür sorgen, daß
nach Verlauf von einem Jahre eine hinlängliche Anzahl unbekannter Nach=
messer auf den hiesigen Holzmärkten gegenwärtig seyn, und alles zu kurz befun=
dene Holz ohne weiters confiscirt werden soll. Und diese Terminsbestimmung
von einem Jahre hat, wie leicht zu erachten, keine andere Absicht, als daß der
bereits ohne die gesetzmäßige Scheiterlänge gefällte Holz = Vorrath mittlerweile
um verhältnißmäßige Preise hinweggebracht; der neu zu arbeitende Vorrath
aber durchaus nach der gesetzmäßigen Länge gebauen werden müsse. Alle Holz=
händler und Holzbauern, Floßmeister, und Sägmüller haben sich um so fleißiger
hiernach zu achten, als die Polizey = Behörde ganz gewiß Wort halten wird.
München den 5ten April 1798.

*) Vid. die Samml. v. J. 1784. Seite 813.

Nro. XIX.

Gerechtig=
keits = Ver=
leihungen
des Magi=
strats zu
Landshut.

Liebe Getreue! Wir haben bey Unserer höchsten Stelle auf den unterm 21ten
April abhin erstatteten gutächtlichen Bericht, den 23ten hierauf wegen den
Gerechtigkeits = Verleihungen des bürgerl. Magistrats zu Landshut gnädigst zu
resolviren geruhet, daß derselbe nicht nur die Gerechtigkeiten zum Schaden der
schon vorhandenen Meister keineswegs übersetzen, sondern auch in Verleihung,
vielmehr abermaliger Bewilligung der schon vorhandenen Gerechtigkeiten nach dem
Inhalt des 21ten §. der Baron Kreitmayr. Anmerkungen 5ten Theils c. 27
so, wie noch eines diesfalls besonders vorhandenen gnädigsten Mandats ddto 25ten
Juny 1771 *) sich genau zu halten, sofort auf Wittwen und Kinder vorzüglich
zu reflectiren, nicht minder auch, wie es bey andern Städten und Märkten
gestattet wird, derley Gerechtigkeiten von dem Eigenthümer nach Umständen wei=
ters verkaufen zu lassen. Wie dann übrigens dem erwähnten Stadt = Magistrat
zwar unbenommen ist, geringe und Personal = Gerechtigkeiten auf sogenannte
Herrngunst zu ertheilen, in so fern hiemit kein Uebermaß getrieben, und der
übrigen Bürgerschaft kein Anlaß zu gegründeten Beschwerden gegeben wird,
auf welchen Falle der Magistrat bey Entstehung dergleichen Klagen jederzeit
hierüber bey der vorgesetzten Polizeystelle sich zu verantworten, und dero Aus=
spruch bey Verlust fernerer derley Befugniße abzuwarten schuldig und verbun=
den seyn soll.

Auch hat sich selber von der Ertheilung einer Handlungs = Gerechtigkeit
gänzlich zu enthalten, deren Verleihung vermög der Maurordnung de Anno
1765. §. 26, dann des Generalmandats vom 25ten Juny 1771 Unserer höchsten
Macht allein gebühret.

Auf welch höchste Resolution Ihr demnach oft gedachten Stadt = Landshu=
tischen Magistrat anzuweisen, und selben zugleich auch die Beobachtung der übri=
gen Polizey = Verordnungen nachdrücklich einzuschärfen habt. Sind euch rc.
München den 4ten May 1798.

*) Vid. die Samml. v. J. 1784. Seite 1264. N. 83.

Nro. XX.

Die Eröff-
nung der
Freybank-
Schabe be-
treffend. Es giebt keinen so wichtigern und zugleich auch keinen so unangenehmen Zweig der Polizey-Geschäfte, als die beständige Obsorge und Wachsamkeit, welche erfordert werden, um die Viktualien, und andere unentbehrliche Lebens-Bedürfnisse in gehöriger Quantität zu verschaffen, und in billigen Preisen zu erhalten. Dieses ist aber nirgends schwerer zu bewerkstelligen, als in Städten, wo die freye Concurrenz durch Zunftmonopolien gehemmt wird. Wenn zahlreiche und vermögliche Bürger ein gemeinschaftliches Interesse haben, welches dem Interesse des Publikums gerade entgegen läuft, so sind die Folgen einer solchen Ordnung der Dinge leicht einzusehen, und nur die kräftigsten Maßregeln sind im Stande, Mißbräuche und Uebervortheilung zu verhüten. Man hat daher überall, wo der Verkauf der Viktualien einer Zunft überlassen ist, die schlimme Wirkung, welche aus einer solchen Beschränkung der freyen Verkaufs-Concurrenz für das Publikum nothwendig entstehen muß, durch obrigkeitliche Bestimmung der Preise zu mildern gesucht, und so ist auch seit unvordenklichen Zeiten den hiesigen Ochsen-Metzgern ein Fleischsatz von der Behörde vorgeschrieben worden. Dieser Fleischsatz gründete sich auf den Preis des Ochsenfleisches zu Straubing, so, daß die billig berechneten sämmtlichen Kosten des Viehtriebes von Straubing bis hieher zu dem Straubinger Fleischpreise geschlagen den hiesigen Satz ausmachten. Eben diese Bestimmung des Fleischsatzes wird in mehrern baierischen Städten beobachtet, und überall besteht die Metzgerschaft sehr wohl dabey, in so fern sie auf keinen übermäßigen Gewinn anspruch macht. Nur hier in München allein war dieser Fleischsatz, aus leicht begreiflichen Ursachen, ein immerwährender Gegenstand von Beschwerden, und sogar lauten Unruhen. Die Metzgerschaft kehrte sich nicht an den Satz, sie verkaufte das Fleisch nach ihrem Gutdünken, und noch ist bangt die obrigkeitliche Vorschrift der Fleischpreise über der Bank zum Spott des Publikums, welches sein Lebens-Bedürfniß immer noch theurer bezahlen muß, als es dort vorgeschrieben steht. Was man bisher von Polizey wegen that, um solche Zunftanmaßungen in das Geleis der Billigkeit zurück zu bringen, ist zum Theil aus den Zeitungs-Blättern bekannt. Man beseitigte alle gerechte Beschwerden der Metzgerschaft, bewirkte die Abschaffung der Regiments-Metzger, hatte bisheran Nachsicht mit den dem Publikum so nachtheiligen, der Metzgerschaft aber einträglichen Einkellern: man errichtete mit schweren Kosten eine Unschlitt-Niederlage, um diese Hauptstadt mit einem hinlänglichen Vorrath dieses so oft und so gewissenlos übertheuerten Bedürfnisses zu versichern; man bezahlte den Metzgern ihr Unschlitt in selbst verlangten Preisen baar, um ihnen den Vieh-Ankauf zu erleichtern; man ließt ihnen die Freyheit, daß für die Stadt-Unschlittniederlage überflüßige Unschlitt an andere Käufer, jedoch, wie dieß unumgänglich nöthig ist, nur mit Vorwissen der Polizey zu veräußern; und der Erfolg vom allem diesen war, daß die Metzgerschaft sich noch ein Verdienst zu machen glaubte, als sie, zum Lohn des gesetzlichen Fleischsatzes, das Pfund Ochsenfleisch nur um 2 Pfenning über diesen Satze verkaufte. Dieß fiel dem ganzen Publikum auf, und der Polizey am meisten. Man wußte wohl, daß dieses Benehmen eine strenge und kräftige Begegnung verdient hätte. Allein um das Publikum keinesweges auch nur augenblicklichen Unbequemlichkeit oder Entbehrung auszusetzen, sah man sich in der Stille um eben so wirksame und dauerhaftere Maasregeln um, und fand sie in der durch Landesgesetze errichteten und bestätigten hiesigen Freybank. Diese wohlthätige und gemeinnützige Anstalt konnte bisheran die beabsichtigte Wirkung nicht leisten, theils weil sie nur von unvermöglichen, oder von solchen Leuten beschlagen wurde, welche den Einkaufs- und Verkaufsmonopol nicht zunähe treten konnten, wollten oder durften; theils auch, weil die Entsetzung dieser Fleischbänke außer den Stadtmauern für das Publikum zu unbequem seyn möchte; theils endlich weil es nicht allgemein bekannt war, daß das Schlachten, Ausbauen und Verlegtgeben gefunden und beschaumächtigen Viehes jedermann, er sey Bürger, Bauer oder wer immer, auf der hiesigen Freybank gegen einen sehr mäßigen Zins freystehe, und man sogar von Polizey wegen demjenigen, welcher von halb- zu halb Jahr den schwersten und besten

Ochsen dort aushauet, einen Preiß zur Aufmunterung zu geben bereit ist.
Die Polizey hat nun diese Hindernisse grossen Theils beseitigt. Sie ließ rein-
liche Verkaufsstände für die Freybänke in der Nähe des Polizeyamts herstellen, und den Ankauf gesunden und vortrefflichen Mastviehes besorgen. Noch
immer hoffte sie, die Metzgerschaft würde den Zweck dieser Veranstaltungen
bemerken, und dieselbe durch bescheidene Befolgung der gesetzlichen, nach einem
erprobtermassen sehr billigen Ansaz bestimmten Preisvorschrift überflüssig
machen: Allein auch diesem Zutrauen wurde nicht entsprochen. Es werden
daher am nächsten Sonnabend den 19ten d. M. die an dem Altenhofe nebst
dem Polizeyamte erbauten Freybänkstände zum erstenmal eröffnet, und das-
selbst das Pfund sehr guten und gesunden Ochsenfleisches vor der Hand, und
nachdem der Preis zu Straubing wirklich zu 9½ Kreuzer ist, um den obrigkeitlichen Sazz von 10 Kreuzer verkauft werden. Man hat dem Publikum
von dieser Einrichtung, und von den Umständen, welche dieselbe veranlaßt haben, diese kurze und vorläufige Nachricht ertheilen, zugleich aber versichern
wollen, daß man zu nichts bereitwilliger sey, als derley Unternehmungen zu
unterlassen oder aufzugeben, so lange und sobald es den Zunft= Gewerben
gefallen wird, auch auf die Bedürfnisse und Erwerbequellen ihrer Mitbürger redlich zurück zu sehen, und nicht angewöhnten Aufwand, Selbstliebe,
Luxus und Bequemlichkeit als den Maaßstab der Preise anzusehen. München den 17ten May 1798.

Nro. XXI.

Da die Schauspiele, welche bisher in Landstädten, Märkten und Dörfern
von herumziehenden Komödianten, oder auch von einigen Ortsbewohnern
unter sich aufgeführt worden, meistens in unanständigen Possen bestehen, wodurch Zeit=Verlust, Versäumniß im Gewerbe, und unnöthige Kösten, auch
nicht selten Excesse veranlasset, und der Unterthan manchmal gar auf gefährliche Irrwege hingeführt wird. So befehlen Se. Churfürstl. Durchlaucht gnädigst, daß all= und jede Schauspiele in Landstädten, Märkten und Dörfern
mit Ausnahm der Regierungs=Städten Amberg und Neuburg von nun an
gänzlich abgeschafft, und die dawider Handelnde abgestraft, auch gegen diejenige Ortsobrigkeiten, welche zu Aufführung solcher Komödien die Erlaubniß
entweder ausdrücklich oder stillschweigend ertheilen, auf jeden Fall eine Geldstraf zum besten der Wittib= oder Armen= Kasse unnachsichtlich fürgekehrt
werden solle. Churfürstl. Regierung hat daher diese höchste Verordnung ohnge-
säumt kund zu machen, und auf derselben genaue Befolgung stracket zu halten, fort die Uebertretter zur gebührenden Strafe zu ziehen. München den
19ten May 1798.

(Seitennote:) Das Verboth der Schau-spiele auf dem Lande betreffend.

Nro. XXII.

Demnach Se. Churfürstl. Durchlaucht laut anher erfolgten gnädigsten Rescripts vom 19ten dieses sich bewogen gefunden, die unter dem Titel: Neueste
Neueste Weltkunde erscheinende Zeitschrift, respect: Zeitung in Höchstdero
Landen zu verbieten; Als hat nicht nur Jedermann sich der fernern Haltung,
und Einbringung derselben in diesortige Lande zu enthalten, und von der
durch Entgegenhandlung dieses höchsten Verbothes unfehlbar sich zuziehenden
Ahndung, und unangenehmen Folgen von selbst sich zu büten, sondern auch
die gesammte hierländischen Postämter der Expeditions= Besorgung erwähnter
Zeitung ohne weiters sich zu enthalten, minder nicht die gesammten Churfürstl.
Mäuthämter auch die ihrerseits möglichste Sorgfalt gegen deren Einbringung
und Verbreitung zu tragen, fort bey Ankommung oder Entdeckung derselben,
solche unter Beymerkung, an wen sie adressiret gewesen, anher einzusenden.
München den 23ten May 1798.

(Seitennote:) Weltkunde, neueste, ist verbothen.

Churpfalzbaierisches Censur= Collegium.

XXIII.

Amtsberichte wegen Erbauung der Leerhäuser.

Nachdem bisher von einigen Churfürſtl. und ſtändiſchen Juriſdiktions-Beamten über dießorts eingereicht-unterthänigſte Bittſchriften,*) um gnädigſte Bewilligung neue Tagwerker- oder ſogenannte Leerhäuſer erbauen zu dürfen, die abgefoderte Gutachtens-Berichte ſehr unvollkommen, und mangelhaft erſtattet worden ſind; ſo ergeht die gnädigſte Verordnung dahin, daß künftig derley Berichte mit mehrerer, und zweckdienlicher Deutlichkeit, folgſam mit Anmerkung, und zuverläßiger Beantwortung all hinnachſtehenden Punkte abgefaſſet, und um ſo gewiſſer auf dieſe Art zu den einſchlägigen Churfürſtl. oberen Stellen unterthänigſt eingeſendet werden ſollen, als man außerdeſſen, wenn ein- oder der andere dieſer Vorſchriftspunkten ausgelaſſen ſeyn würde, derley unvollſtändigen Gutachtens-Bericht unreſolviter durch eigenen Bothen auf Unkoſten des nachläßigen Beamtens der Umänderungs-willen ſogleich zurückſchicken würde.

Es iſt daher in dem Amtsbericht umſtändlich zu bemerken:

1mo. Ob die einſchlägige Dorfsgemeinde, bey welcher ſolches Leerhaus erbauet werden will, damit verſtanden ſey, und dieſe neue Familie im Falle ihrer Verunglückung, oder Erarmung zur Alimentation übernehmen wolle, zu dem Ende vorher ein Gemeinds-Schluß nach der in der Polizey-Ordnung beſtimmten Form abzufaſſen, ſodann ein von den Gemeindsführern eigenhändig unterſchriebenes gerichtliches Protokoll hierüber dem Bericht beyzulegen iſt; deßgleichen

2do. Ob die Ortsgemeinde dem Supplikanten als ihrem künftigen Mitgemeiner die Theilnahme an allen Gemeindsnutzungen, ſoferne ſelbe der Gemeinde ohne Anſprache zugehörig ſind, doch auch gegen Tragung aller Gemeindsbürden geſtatten, wieviel, und was für Stücke Vieh (jedoch mit Rückblick der in Landeskulturoſachen wegen der Ueberwinterung gnädigſt erlaſſenen Verordnung de dato 24ten März 1762. §. 17. et 18.*) auf die Gemeindsweide austreiben laſſen, und woher die Behölzung für ſelben ausweiſen wolle? Welch vorſtehende beyde, wie auch hinnachfolgende Punkte auch in jenem Falle ad Protocollum genüglich zu inſtruiren, und im Gutachtensbericht zu berühren ſind, wenn keine ganze Dorfsgemeinde daſelbſt vorhanden iſt, ſondern ein ſolch neues Leerhaus zu einem Einödhof hinzubauet werden ſoll, worüber alſo der Einödbauer ſeine Erinnerung abzugeben hat.

3tia. Ob das neue Leerhaus im Dorfe ſelbſt, und wo allenfalls, oder auſſerhalb dem Dorfe, und wie weit von ſelbem entfernt, vielleicht gar auf einer gelegenen ſehr unſichern, oder an Waldungen anſtoſſenden Einöde, erbauet werden wolle, welche Entfernung genau zu beſtimmen iſt.

4to. Ob keine oder Gemeindsplätze, und wie viel Tagwerke dem neuen Leerhäuslein zur Kultur beygelegt werden könnten, ſo, daß dieſes Haus mit Zugebe als ein ½ᵗᵉᵐ, wo nicht als ¼ᵗᵉⁿ Hof angeſehen werden könne? Zu dem Ende der Dorfsgemeinde von Amtswegen eifrig zuzuſprechen iſt, daß ſelbe die allenfalls entbehrlichen Gemeindsplätze dem neuen Häusler zur Urbarmachung, und beſſeren ſeinem Fortkommen beylegen möchte. Es kommt ſonach anzuzeigen, wie viel von der Gemeinde überlaſſen werden, damit die Einhöfung darnach reguliret werden könne.

5to. Wie viele Schritte oder Schuhe, der dem Leerhäusler abzutretende Platz lang, und breit ſey, wobey zu bemerken, ob etwas, und wie viel zu einem Hausgarten übrig bleibe, oder wenn etwan in ein einſchlägig-walzendes Grundſtück, oder in eine, nach vorläufig erholtem Conſens, vom Hauptgut abzutrennende Point, oder, wie oben ſchon gemeldet worden, in einem größern zur Kultur überlaſſenen Platz gebauet werden will, wie groß dieſes neue Anweſen zuſamm

*) Vid. die Samml. v. J. 1797. Seite 274. N. 107.
**) Vid. die Samml. v. J. 1772. Seite 456. §. 17. 18.

samm an Jucharten, oder Tagwerken werde, um sodann den Hoffuß genau bestimmen zu können.

6to. Wohin der abzutrettende Plaß grundbar sey, und, wenn selber
noch keinen sicher decidirten Grundherrn hat, ob es ein wahrer cum Dominio
directo der Ortsgemeinde angehöriger Grund sey, oder ob er nicht etwa der
Gemeinde bloß mit dem Dominio utili, oder usufructu angehörig gewesen;
hingegen das eigentliche Dominium directum dem dort bestehenden Churfürstl.
Kastenamte, oder einem andern Grundherrn zustehe, in welch vorleztem Falle
der Beamte sogleich auch die kastenämtische jährliche Geldstift, respective Gilt
zu begutachten hat.

7mo. Ist die Beschaffenheit über bisherigen Leumuth, und Fleiß des Sup-
plikantens zu begutachten, auch mit was es sich (besonders, wenn gar kein,
oder nur ein kleines Hausgärtchen hinzukömmt) erndhren werde; endlich, wenn
er allenfalls Professionist wäre, im Bericht anzumerken, ob er schon Mandatmäßig seine Wanderejahre erstrecket, und das Meisterstück hergestellet habe,
auch bey was für einer Lade im Lande, als ordentlicher Meister eingezünft sey.

8vo. Muß der Supplikant vernommen, und im Amts-Berichte pflichtmäßig angemerkt werden, ob das neue Haus nach den vorhandenen gnädigsten
General-Mandaten durchgehends, oder wenigst der untere Stock des Hauses
von Steinen feuerfest aufgemauert, und die Dachung von gebrennten Ziegelta-
schen eingedeckt werde. Endlichen

9no. Ist gelegentlich dessen in solch-gutachtlichen Amtsberichte jederzeit
beyzusezen, wie viele ganze, halbe, drittel, viertel und achtel Höfler, dann besonders, wie viele Sechzehntler, und Zwey- und Dreyßiger, theils Landgericht-
lisch, theils hofmärktische in selbem Dorfe dermalen bereits schon vorhanden seyen,
damit die Zahl der leztern, welche in den meisten hofmärktischen Dörfern ohnehin schon weit übersezet sind, auf solchen Fall nicht noch mehr vergrößert werde.

Sammtlich Churfürstlich-landgerichtische, und übrig hofmärktische Beamte haben demnach in vorkommenden derley Fällen nach dieser Vorschrift ihre
abgeforderte Gutachtens-Berichte gleichförmig gehorsamst einzurichten, folglich
in selben ordnungsmäßig anzumerken ad Punctum primam, und so von Punkt
zu Punkt ohne einen auszulassen. München den 30ten May 1798.

Nro. XXIV.

Nachdem der hiesige Magistrat auf Veranlassung der Polizey-Behörde drey
besondere Trauerwägen hat verfertigen lassen, so wird solches hiemit dem
Publikum mit dem Anhang bekannt gemacht, daß selbe in dem Stadthause am
Anger zum Gebrauche bereit stehen, und der schönere für 30 kr., die 2 minder
schönern aber für 24 kr. für eine Fuhr abgelangt werden können. München
den 18ten Juny 1798.

In Betreff
der neu ver-
fertigten
Trauerwä-
gen.

Nro. XXV.

1mo. In den Ständeln, wo Ochsenfleisch verkauft wird, darf keine andere
Gattung, als bloß Ochsenfleisch verkauft werden.

2do. In den Ständeln, wo Rindfleisch verkauft wird, darf kein anderes
Fleisch, als Rind- und Kuhfleisch verkauft werden.

3do. In den Ständeln, wo Kalbfleisch, Schaffleisch, Lamm- und
Kitzfleisch verkauft wird, soll keine andere als diese 4 Fleisch-Gattungen verkauft werden.

Fleisch-Ver-
kauf in den
Freybänken.

4to. Keiner, der Fleisch in der Freybank verkauft, soll sich unterstehen, dasselbe anders als wenigst um 2 Pfenning unter dem Preise zu geben, wofür die hiesigen Metzger die nämliche Fleischgattung an das Publikum verkaufen.

5to. Jeder, der in der Freybank verleit giebt, ist verbunden, nicht allein gutes gesundes Fleisch feil zu geben, sondern auch das rechte Gewicht auf das gewissenhafteste zu beobachten, worüber die Polizey-Behörde die schärfeste Aufsicht tragen wird.

6to. Sollte jemand einen dieser Befehle übertretten, so wird selber aus der Freybank entfernt, und ihm nimmermehr erlaubt werden, Fleisch allort verleit zu geben.

7mo. In jedem der Freybank zugehörigen Stande wird in Zukunft eine schwarze Tafel aufgehangen werden, worauf die Gattung des Fleisches, die allort feil gehalten werden darf, nebst dem Preise desselben pr. Pfund angeschrieben werden wird. München den 10ten July 1798.

Erklärung

In Betreff der vermeyntlichen Rechte der Freybank-Metzger.

Nachdem einige Metzger, die in der Freybank Fleisch verleit gegeben haben, die Meynung hegen, als wenn sie hierdurch ein besonders Vorrecht, oder einen rechtlichen Anspruch, für beständig in der Freybank zu verbleiben, erworben hätten; so erklärt man von Polizey wegen hiemit öffentlich die Metzger als ganz irrig und grundlos: und macht bekannt, daß keiner durch Verleitgebung von Fleisch in der Freybank, es sey durch längere oder kürzere Zeit, einiges Recht erworben könne, länger allda zu verbleiben, oder bey Widerruf der Erlaubnuß, in der Freybank Fleisch verkaufen zu dürfen, auf eine Entschädigung oder anderwärtige Versorgung den geringsten Anspruch machen dürfe. München den 10ten July 1798.

Nro. XXVI.

Einkeller für das Fleisch sind nicht erlaubt.

Nachdem ad instantiam der von dem Publikum laut gewordenen allgemeinen Klage und Beschwerden veranlasset worden ist, daß, nachdem Kalb- und Lammfleisch, wenn dieses auf das Eis in den Keller gelegt wird, nicht nur unschmackhaft, sondern sogar eckelhaft zu werden pflegt, und anbey der Gesundheit des Menschen schädlich ist, diesen die abkühlende Maaß verschafft werde; so hat man sich veranlasset gefunden, diesen überhand genommenen Unfug durch den hiesigen Stadtmagistrat gleich auf der Stelle Einhalt zu thun, und die gnädigste Weisung zu erlassen, daß derselbe von Zeit zu Zeit durch das Oberrichter-respect. Bau-Amt, in der Metzger Häuser und Keller, öfters unversehene Visitationes vornehmen, und die Contravenienten auf Betretten zu gebührend, und empfindlicher Strafe ziehen lassen solle: wobey zugleich die Verfügung getroffen worden ist, daß die Thorwachten hinkünftig keine Einfuhren in die Stadt herein passiren lassen, sondern selbe sogleich zurückweisen sollen, wenn selbe nicht von Churfürstl. Polizey-Behörde ordentliche Passirzetteln werden aufweisen können. München den 3ten September 1798.

Nro. XXVII.

Die Ertheilung der Reis-Polleten.

Nach dem in anliegenden pro Memoria gestellten Ansuchen der Churfürstl. Hof-Musique und Theater-Intendance hat die allhiesige Polizey-Oberdirektion die Einleitung zu treffen, daß für die in Churfürstl. Diensten stehende Individuen sowohl, als für jene, so unter den Churfürstl. Stäben, oder bey der Churfürstl. Hof-Musique und Theater angestellt sich befinden, keine Reis-Polleten von Polizey wegen mehr ausgefertiget werden, wenn sie nicht vorher eine schriftliche Erlaubniß ihres Vorstandes beygebracht haben. München den 11ten Sept. 1799.

· XXVIII.

Nro. XXVIII.

Wiederholt wird hiemit öffentlich bekannt gemacht, daß jeder Einwohner der hiesigen Churfürstl. Residenzstadt, er seye vom Adel, Mittel- oder bürgerl. Stande, und bey welch immer einer Civil- oder Militär-Bedienung angestellt, dann sämmtliche Wein-, Gast- und andere Wirthe schuldig, und gehalten seyen, jeden bey ihnen ankommenden Fremden nebst etwa bey sich habender Dienerschaft beyderley Geschlechtes, er mag sich eine kurze oder lange Zeit allhier aufzuhalten gedenken, den Tag nach seiner Ankunft bey der hiesigen Polizey-Behörde nach dem hierorts bestehenden Formular namhaft zu machen, und gehörig anzuzeigen.*) Wer diesem hiemit nachdrücklich wiederholten Verbote zuwider handeln, und dessen überführt werden sollte, wird ohne Rücksicht des Standes und der Person auf der Stelle in ein Strafgeld von zehn Reichsthalern verfället, welche erforderlichen Falls selbst mit Anwendung nöthiger Executions-Mittel von den in die Strafe verfallenen erhollet, und an das hiesige Armeninstitut abgegeben werden wird. Hiebey aber will man denjenigen, der die Anzeige über den verschwiegenen Aufenthalt eines hier wo immer wohnenden, oder sich aufhaltenden Fremden machet, nebst Verschweigung seines Namens den dritten Theil von obigem Strafgelde hiemit zugesichert haben. München den 10ten Oktobr 1798.

*) Vid. die Samml. v. J. 1797. Seite 262. N. 58.

Nro. XXIX.

Es ist öfters der Fall, daß Personen, welche von hier wegreisen, sich fremder Polizeyzettel Lehenzettel, oder anderer Retourchaisen bedienen, und daher, ohne einen für Reisende, Polizeyzettel zu haben, die Thore passiren wollen. Gleichwie es nun aber zur Erhaltung der öffentlichen Ordnung erforderlich ist, daß Niemand weder mittels der Post, oder eines Lehenzettels, noch mittels einer Retourchaise die hiesige Stadt verlasse, ohne mit einem solchen Polizeyzettel (der jederzeit bey der Polizey-Behörde unentgeltlich abgelangt werden kann) versehen zu seyn; so ist durch hiesige Hauptkommandantschaft der Befehl an sämmtliche Thorwachen ergangen, keinen Abreisenden auch mit einer Retourchaise passiren zu lassen, welcher nicht mit einem solchen Polizeyzettel versehen ist. Wer also diese Vorschrift unterläßt, wird es sich selbst zuschreiben müssen, wenn er am Thore aufgehalten, und an seiner Reise auf einige Zeit gehindert wird. München den 5ten November 1798.

Nro. XXX.

Den 5ten April laufenden Jahrs*) wurde von der Polizey-Behörde erinnert, daß nach Verlauf von einem Jahre eine hinlängliche Anzahl unbekannter Nachmesser auf den hiesigen Holzmärkten gegenwärtig seyn werde, und alles zu kurz befundene Holz ohne weiters confiscirt seyn solle. Die Terminsverlängerung von einem Jahre wurde aus der Absicht gegeben, damit der bereits ohne die gesetzmäßige Scheiterlänge gefüllte Holzvorrath um verhältnißmäßigen Preis hinweg gebracht werden könne. Da nun der Zeitpunkt ist, wo in den Forsten der Holzschlag den Anfang nimmt, so will man obige Erinnerung um so mehr wiederholen, als nach Verfluß des bestimmten Termines das Angedrohte ohne Nachsicht gegen den Ungehorsamen exequirt werden wird. Uebrigens werden sämmtliche Holzmesser hiemit ermahnet, daß selbe, nachdem ihnen noch dazu der Lohn erst kürzlich erhöhet worden ist, nach ihren aufhabenden Pflichten auch darauf sehen sollen, daß das Holz ihm Maaße ordentlich geschichtet werde. Sollten die Holzmesser diese Obliegenheit vernachläßigt zu haben, angezeigt oder befunden werden, so stehet selben auch die unnachläßige Strafe nach aller Schärfe bevor. München den 5ten November 1798.

*) Vid. P. antea. a. N. 23 §. 10.

Nro. XXXI.

Beförderung des deutschen Schulfonds-Bücherverlags.

Nachdem Se. Churfürstl. Durchlaucht, vermög an Höchstdero Obern-Landesregierung unterm 29ten Oktober anni curr. erlassenen gnädigsten Rescripts zu verordnen geruhet haben, daß von nun an alle sogenannte Patentler oder Krärenträger verbunden seyn sollen, alle Jahr, zwölfe von ihnen selbst zu wählende Artikel des deutschen Schulfonds-Bücherverlages abzunehmen, und hierüber von solchen eine Bescheinung bey Erneuerung ihrer Patente, welche ohne diesem nicht mehr statt haben soll, aufzuweisen; Damit aber diesfalls kein Zwang obwaltet, diesen Patentlern gedachte Artikel nur auf Verrechnung gegeben, solche, wenn sie selbige nicht anbringen können, gegen andere auszuwechselnde, wieder angenommen, und ihnen für ihre Bemühung beym Absatz fünf und zwanzig Prozent bewilliget werden sollen: Als wird solches anmit kund, und hiebey allen Ortsobrigkeiten der Auftrag gemacht, daß sie denen in ihrem Gerichts-Bezirke sich befindlichen Patentlern oder Krärenträgern, welche mit derley Artikeln handeln, solches zu ihrer Nachachtung eröfnen sollen. München den 12ten Nov. 1798.

Nro. XXXII.

Wegen Haltung der verbothenen Eiskeller, von dem Jung-Metzgern.

Da zu vernehmen gewesen, daß die hiesige Metzger gegen das unterm 3ten September laufenden Jahrs*) erlassene, und sowohl gedachten Metzgern durch den hiesigen Stadtmagistrat, als auch mittels Avertissement in den Intelligenz- und Zeitungs-Blättern öffentlich kund gemachte Verboth der Eiskeller zu schädlicher Aufbewahrung des Kalb- und Lammfleisches sich nun beygehen lassen, entweder ihre außer der Stadt in den Burgfrieden allschon besitzend eigenthümlichen Keller zu gebrauchen, oder aber fremde in- und außerhalb des Burgfrieds gelegene Keller zu Fortsetzung dieses dem Publikum höchst nachtheiligen Unfugs in Erist zu nehmen; Als wird anmit verordnet, daß jeder Eigenthümer, der sich unterstehet, einen derley Keller an einen Metzger zu verstiften, neben Annulirung des Erist-Kontrakts per 25 Reichsthaler, der Metzger hingegen, der sich anmaßt, seinen außer der Stadt in- und außer dem Burgfried besitzend eigenthümlichen oder fremden Keller hiezu zu verwenden, per 50 Reichsthaler ohnnachläßig bestrafet werden solle. Welches also zu jedermanns Wissenheit, um bey eintretendem Straffälle mit der Unwissenheit sich nicht entschuldigen zu können, hiemit öffentlich kund gemacht wird. München den 26ten November 1798.

*) Vid. N. antea. 26.

Nro. XXXIII.

Kundschaften der Maurergesellen.

Wir können zwar von den bestehenden Landesverordnungen, daß einem nicht in Arbeit gestandenen Handwerks-Gesellen keine Kundschaft ertheilt, und daß keine Handwerkskundschaft nicht öfter als 14 Tage seyn solle,*) nicht abweichen; da aber diese beschränkte Zeit bey den Maurergesellen, welche mehrere Monate des Jahrs keine Arbeit finden, veranlaßt hat, daß denselben oftmals Kundschaften, obschon sie nicht in Arbeit gestanden, ausgestellt worden sind. So wollen Wir hiemit zwar zur Anmerkung der Kundschaften der Maurergesellen einen zweymonatlichen Termin gestatten, keineswegs aber zugeben, daß derley Kundschaften an solche Gesellen, welche gar nicht in Arbeit gestanden, ausgestellt werden sollen, sondern, wenn ein Maurergesell während seiner Wanderschaft in diesem Zeitraum von zwey Monaten keine Arbeit findet, oder durch Krankheit, oder einen andern Zufall daran gehindert wurde, so hat derselbe sich solches von der Ortsobrigkeit auf der Rückseite der Kundschaft attestiren zu lassen, und um seine Wanderschaft fortsetzen zu können, zu seiner erlöschenden Kundschaft einen obrigkeitlichen Rückpaß zu nehmen.

Damit aber diese Unsere Special-Verfügung beobachtet werde, so ist solche den Kundschaften des Maurerhandwerks selbst einzuverleiben, und es gebet euch hiemit der Auftrag zu, diese Einschaltung in selbe alsogleich zu verfügen. München den 21ten Dezember 1798.

*) Vid. die Samml. v. J. 1784. Seite 819. §. 8.

XXXIV.

Nro. XXXIV.

Da Se. Churfürstl. Durchlaucht auf beyliegenden Vorschlag Dero Polizey-Oberdirektion zu Verhinderung der durch die Ausstellung der Pässe für die Abreisende von verschiedenen Stellen entstehen mögende Unordnung in Bemerkung der Fremden, und sonstig sich entfernenden Innwohnern vermög eines sub dato 26. Dezember abhin anher erfolgten Rescripts gnädigst verordnet haben, daß in Zukunft weder von dießortiger Stelle, den Hof-, Oberrichteramte, noch dem Magistrat für abreisende Fremde, und Civilinnwohner Pässe ausgestellt, sondern sämmtlich solche Individuen zur Polizey-Oberdirektion, welche allein derley Pässe auszustellen befugt seyn solle, hingewiesen werden sollen: so ließ man unterm heutigen ein solches dem hiesigen Stadtmagistrat, Hof- und Stadt-Oberrichteramt mittels gnädigsten Befehl zur Nachachtung ohnverhalten, welches hier ebenfalls dem Churfürstl. Hofrath zur gefälligen Nachricht angefügt werden wolle. München den 2ten Jänner 1799.

Die Obern Polizey-Direktion hat die Pässe allein auszustellen.

Nro. XXXV.

Nach den Gründen des unterthänigsten Regierungsberichts vom 17ten July 1797, und nach der Aktenmäßigen Beschaffenheit ist der Joseph Schierf Tafernwirth zu Unterwiesenacker bey seiner Taferngerechtsame, somit bey der Befugniß, für die Wallfahrtsleute auf den Habsberg Fleisch auszukochen und zum gezieme Wein zu schenken, gegen den Fleischhacker Joseph Pürzer zu Oberwiesenacker allerdings zu schützen, und letzterer ein für allemal wiederholtes abzuweisen; so wie dessen Vorfahrer Johann Mayr allschon 1696 und 1697 durch alle Instanzen vermög Beylagen der anliegenden Schierffischen Vorstellung de praes. 3. November v. J. angewiesen worden ist. Sovil übrigens die Beschwerde des Churfürstl. Hofraths ddto 11ten Jänner 1797 betrifft, hat solcher zur Absonderung des Berichts und Akten sich berechtigt halten dürfen, weil vermög gnädigsten Rescripts vom 8ten April 1796*) demselben in denen ad forum contentiosum sich eignenden Polizeyfällen (sogar auch wo es nur zweifelhaft ist) die Erkanntniß zugestanden wurde. Obgleich nun in Zukunft die in Polizeysachen entstehende Streitigkeiten zwischen den Handwerkern, und sonst über einen das Publikum vorzüglich interessirenden Gegenstand niemals mehr ad forum Civile contentiosum gezogen werden sollen, auch selbst der Churfürstl. Hofrath erkläret, in derley Fällen keine Erkanntniß schöpfen zu wollen, so wird nichts destoweniger der Churfürstl. Regierung anbefohlen, auf Verlangen des Churfürstl. Hofraths die Auskunft mit Einsendung der Akten dorthin zu ertheilen, damit derselbe destomehr in Stand gesetzet werde, die unter dem Vorwand einer Justiz-Sache dahin recurrirende Partheien gleich ab- und an die einschlägige Polizey-Behörde (im Fall es dazu gehörig ist) anzuweisen. München den 11ten Jänner 1799.

Von der ad Forum contentiosum gezogenen Polizey-Fällen.

*) Vid. die Samml. v. J. 1797. Seite 345. N. 168.

Nro. XXXVI.

Liebe O. Wir haben Uns über euren, wegen fernerer Belassung der Eiskeller*) für die hiesigen Jungmetzger, unterm 18. et praes. 22. dieses anher erstatteten Bericht, und beygelegten Protokoll umständigen Vortrag machen lassen, und bedeuten euch pro Resolutione hinwieder gnädigst, das

Die Eiskeller betreffend.

1tens Zehn Eiskeller für die hiesigen Jungmetzger bestehen, jedoch diese Zahl nicht überschritten werden dürfe;

2tens Daß in solchen Eiskellern das Fleisch weder auf das Eis gelegt, noch an die Wand gelehnt, sondern frey in Rahmen aufgehängt, auch solches

3tens Nie über 8 Tage, und zwar bey Confiskations- und noch sonderbaren Strafe, in den Keller aufbehalten, sondern jederzeit innerhalb 8 Tage verließ

*) Vid. N. antec. 32.

Sechster Band.   Q q

verlek gegeben werden muß. Und damit keine Gefährde hiebey unterlaufen könne, so habt ihr

4tens   Durch euer Bußamt wochentlich bey allen 10 Eiskellern eine genaue, pflichtmäßige und strenge Visitation vornehmen zu lassen, und im Falle nach den bereits bekannten, und leicht zu erkennenden Merkmalen, und sonst hiebey einzuführen für gut befindender zweckmäßiger Manipulation erhellen sollte, daß das vorräthige Fleisch schon länger als 8 Tage im Eiskeller sich befinder; so habt ihr gegen derley Excedenten mit aller Schärfe, und ergiebiger Strafe zu verfahren, auch nöthigenfalls berichtl. Anzeige anher zu machen. Gleichwie nun der Schaden, und die Unzufriedenheit des Publikums durch Mißbrauch dieser Eiskeller nur durch obenernannte genaue Nachsicht gehoben und beseitigt werden kann; So versehen Wir Uns daher um so mehr gegen euch, daß ihr es an nichts ermangeln lassen, sohin euch der sonst gegen euch eintrettenden schweren Verantwortung nicht aussetzen werdet. München den 25ten Jänner 1799.

Nro. XXXVII

Die beym Versatzamt aussiegende Capitalien betreffend.

Se. Churfürstl. Durchläucht haben mißfälligst vernommen, wie daß sich ein Gerücht verbreite, als sollten die Kapitalien, welche in dem gnädigst privilegirten Pfand- und Leihhause dahier angelegt sind, mit einer Steuer belegt werden, wodurch dann nicht nur diejenigen, welche ein Kapital dort anzulegen gedachten, abgeschreckt, sondern auch jene, die wirklich ein Kapital angelegt hätten, gereizt würden, solches aufzukünden, welches zur Folge haben würde, daß diese zum Besten des Landes bestehende Einrichtung gänzlich in ihren Zerfall gerathen müßte. Gleichwie aber dieses Gerücht gänzlich ungegründet, und der höchsten Willensmeynung Sr. Churfürstl. Durchläucht entgegen ist, daß der Kredit und das mehrere Aufkommen des gedachten gnädigst privilegirten Pfand- und Leihhauses nur im mindesten geschwächt werde; Als wiederholen Höchstdieselbe den einschlägigen Theil des dritten Absatzes der, dem erwähnten Pfand- und Leihhause unterm 25ten Juny 1754 *) ertheilten Privilegien aufs neue dahin, daß wenn einer bey dem ersagten Pfand- und Leihhause respect. Versatzamte ein Kapital verzinslich angelegt hat, oder anlegen wollte, derjenige, oder alle dergleichen, wenn solche auch fremd- und Ausländer wären, das aus Sr. Churfürstl. Durchläucht höchsten Gnaden versichert zu halten haben, daß niemand befugt seyn soll, von solchen Kapitalien die geringste Summe unter was Namen es immer seyn möchte, zu fodern. München den 21ten Jänner 1799.

*) Vid. die Samml. d. J. 1771. Seite 580.

Sechster Theil.

Von Religions - Kirchen - und Geistlichkeits - Sachen.

Nro. I.

Wir Paulus Abbte zu Tegernsee, Johann Abbte zu Benedictbeyrn, und
Leonhard Abbte zu Ettal, auch andere zu nachgegraben sachen verordnete Executores, Entbieten denen Ehrwürdigen, Hoch: und Wolgelehrten, Unsern besonder lieben Herrn und freunden, allen Pfarrherrn, so in des durchleuchtigsten Fürsten und Herrn Herrn Maximiliani, Pfalzgrauens bei Rhein, Herzogens in Obern und Niedern Bayrn rc. Unsers genedigsten Herrn und Landsfürsten, Lands und Fürstenthümer, Seß: und Wohnhaft seyen, und darinn Pfarrkirchen, oder dergleichen Geistliche Einkommen, und Beneficia haben, und geniessen, zuvorderst dero Decanis, welchen diese Patent zukommen wirdet, Unser Gebett gegen Gott freundlich Grues, und alles Guts zuvoran. Geben benebens denselben zuvernemmen, daß der Allerheiligste in Gott Vatter und Herr, Herr Paulus der V. diß Namens aus göttlicher Fürsehung Pabste des Heilligen Stuels zu Rom, und Obrister Bischof der Catholischen Kirchen, Unser allergenedigster Herr, in Neulichkeit eine Bullam Apostolicam, allergenedigst ab: und ausfertigen lassen, welche Uns vor wenig tagen insinuirt, und wißlich gemacht worden; Und ist solche Ir Heil: schreiben, oder solche Bulla Apca; Hauptsächlich volgenden Innhalts, demnach aller Höchsternannt Ihr Heyl: in erfahrung gebracht, daß sich im Reich Teitscher Nation, vil unruhigkeit, sonderlich aber in Specie, daß auch Ihr Durchl. unsers genedigsten Herrn, und Landsfürsten, Herzogen Maximilians in Bayrn rc. Fürstenthum und Landen allerlai Gefahr, von der widerwertigen Religions-Verwandten, angethroet will werden, Ew. jezt, und Allerhöchstgedacht Ir Heilligkeit aus Vätterlicher fürsorg so diesem Catholischen Land, und Fürstenthum tragen, bewegt worden, und haben sich allergenedigst resolvirt, und entschlossen, Inmassen Sie anstatt, und in derselben nahmen, Uns ohne Weigerung, und weiterhunter sich bringen, zu verordnen, zu Exequiren, und zuvolziehen, anbeuehlen, und aufgetragen, da nemlich aus allen Pfarrherrn, so in Hechsternannt Irer Durchleucht Landt, und Fürstenthumen wohnen, auch Pfarren, und Einkommen haben, und geniessen, die ihenigen zwar, so des Vermögens seyn, ein jeder sonderlich, und für sie selb allain, aus den übrigen aber, welcher vermögen sich soweit nicht erstreckt, jedesmal zwey, und noch mer sammentlich miteinander ein gerüst Pferdt, und Raisigen Knecht stetig unterhalten, und denselben auf jedes Ir Durchleucht eruordern, in das Veld, oder Musterung stellen, daß auch solche Ordnung, so lang wehren, und in Creßten bleiben solle, als es der Bäbstlichen Heyl: gefallen, und die vor augen stehende Noth selbst erfordern wirdet. Und Wir uns in aller Unterthänigkeit schuldigst erkennt, in einer so Beschaffnen sach, welche ohne grosse Gefahr nit zeuerschieben gewest, auch allain und ainig zu dieser Landen und Fürstenthomen, unsers gemainen gelebten Vatterlands, dann des wahren allain Seeligmachenden Glauben, nottwendiger Beschüzung gemaint, und angesehen ist, Allerhöchsternannt Irer Heil: gemessnen Beuelh stracks Vollziehung zu thun. Als haben wir nit weniger, darneben in Obacht genumen, und in erwegung aller umbstendt befunden, daß der Geistlichkeit, und den Pfarrherrn, wo nit allen, doch etlich der gröste thail mit tauglichen abgerichten Reuttern, Pferdt, und Rüstungen,

uf zekommen, oder die so bald, als gegenwärtige Noth erfordert, abrichten zu laſſen, ſchwerlich fallen werden, thails dieſelben, in ihren Häuſern, und Wohnungen ſtettig zuunnterhalten, nit aller, ſondet der weniger theill Gelegenheit ſein mechte, thails auch und Beſchliesſlich, daß ſolches alles, ohne zuſehezung einer Nahmhaften Portion ihres Pfarrlichen einkommens, nit woll ins werth zu bringen, daher wir diſen, und anderen einfallenden ungelegenheiten, zu remediren auf ſolche mittel, die einen jedlichen Pfarrer und Beneficiaten allem Vermuetten nach, thuen und annemlich ſein, gedacht, auch obſtehendes alles mit mehrern umſtänden, und ausfierslicher an Ir Durchl. unterthänigſt gelangen laſſen, ob nun woll Ir Durchl. aus dem Inhalt der Bullæ nicht zu weichen, ſondern die Pferd zu ſtellen begert; So haben Sie doch uf Unſer diemüthigſte Erinnerung und Gehorſamiſt bitten, dahin geneigiſt bewegen laſſen, daß die Geiſtlichkeit und Pfarrherrn, nach inhalt Irer Heil: indulti und Ordnung, entwedets die Pferd und Knecht unterhalten, und ſtellen, oder da ſie wellen, Inen zugelaſſen ſein ſollte, mit paarer Bezahlung, und erlegung einer leidenlichen und gewiſſen Summa gelts abzukommen, und deſtwegen bei dieſe Form, und Weiſe, ſonſt aber Krſi ner andern Geſtalt, ziemlichen übtrag, und Vergleichung gethuen, daß ſolche Summa, in keines andern, als Unſer der Executorn-Gewald kummen, und bleiben, auch von Uns zu kainen andern Ende, als nach Mainung der Bäbſtlichen Bulla, uf die Pferd, die Ir Durchl. zu beſtellen, Verordnung thuen wellen, angewendet werden ſollen, welches daß es für eine hohe, ſonderbare Begnadigung ſeye, ein jedlicher erkennen würdet, der rechnen kann, was uf jerliche unterhaltung eines gerüſten Pferd, und Knecht nottwendig ergehet, iſt hierauf in Namen und anſtatt oft Allerhöchſternannt Irer Heyl: und in Craft von dero habenden Gewaltes, unſer Beſehl, und Verordnung, für uns ſelbſten aber unſer begehren, und geſünnen, daß alle Decani, ſobald ihnen dies unſer offen Patent zuekommt, deſſen Inhalt von Stund an, und ohne Verzug, ihren Capitularn, und zugethanen Pfarrern, eröffnen, und Publiciren, auch ſich mit, und neben ihnen, nit allein auf ein oder andern weeg, eines gewiſſen entſchlieſſen, ſondern auch dahin, und uf ſolche mittl trachten, daß ſie in einer kurzen Zeit, benanntlich vier Wochen, die ihnen hiemit fürgeſetzt, und zugelaſſen ſein ſollen, aintwedets die gerüſſte Pferd und Knecht ſtellen, und volgends hernach ſtettig dem inhalt der Bullæ Aplicæ gemeß, unterhalten, oder aber mit einer gewiſſen, und vor dieſen nit ungewöhnlichen Summa gelts, die einem jeglichen in Specie zu benennen, verfaßt machen, damit ſie dieſelbe innerhalb vorbenannter Zeit der vier Wochen auf vorgehende Abforderung, ohne andern geſuechten Verzug, paar erlegen, und bezahlen könndten. Alles bei Vermeitung ihrer Hayl: Ungnaden und der ſchweren Straff, ſo in Craft der Bullæ Aplicæ, gegen den ungehorſamen fürzunemmen. Daran wirdet allerhöchſternannt ihrer Hayl: allergnädigſter Will und Mainung vollzogen, der gemaine nuz, und nottwendige Beſchüzung dieſer Landen, und Fürſtenthomben befördert, und wir wellen unß gegen allen Herrn Decanis, und Pfarrherrn, denen wir mit freundlichen gueten willen, zugethan, zu geſchehen genzlich verſehen. Datum München den 23ten Auguſt 1610.

Nro. II.

Inventur bey der Pfarr zu Weiden.

Auf unterthänigſten Bericht wegen der durch die Regierung vorgenommenen Inventur bey dem verlebten Augſtan-Confeſſions-irrigen Stadtpfarrer zu Weiden wird gnädigſt rückbedeutet, daß, gleichwie bey der Katholiſchen Geiſtlichkeit die Sperr und Inventirung, wo ſolche in Rechten zuläſſig oder erforderlich iſt, durch die Ortsbeamten (jedoch cummulativ mit der Geiſtl. Behörde) vorgenommen wird, ein gleiches denen Beamten bey Sterbfällen akatholiſcher Geiſtlichkeit keineswegs entzogen, oder durch die Regierung, außer wo ſie in gerichtlichen Weg hiezu berechtiget würde, vorgegriffen werden ſolle. München den 15ten März 1786.

III.

Nro. III.

Bey der gnädigsten Entschließung vom 15ten März v. J. *) daß bey der aug. conf. Geistlichkeit die Sperr und Inventur in Rechts erforderlichen Fällen ebenfalls durch die Aemter vorgenommen werden solle, hat es der unterthänigsten Gegenvorstellung vom 19ten July, und mit angeschlossenen Vortrages ungeachtet, um da mehrers sein Verwenden, von welch immer Religion, sort deren Obsignation und Inventarisation nicht das mindest geistl. an sich haben, sohin der Einwand von Consistorial-Kränkung in berley Fällen von gar keiner Erheblichkeit ist.

Sperr und Inventur bey Pfarrern aug. conf.

Wird von Beamten in Sporteln excedirt, oder bey dürftigen Erben keine Diskretion gebraucht, bleibt Churfürstl. Regierung ohnehin unbenommen, auf Klagführung oberrichterliche Einsicht und Mäßigung vorzunehmen. München den 12ten May 1787.

*) Vid. N. antec. 2.

Nro. IV.

Seiner Churfürstl. Durchl. hat der unterm 29ten Jänner d. J. so gründlich erstattete Bericht Höchstdero geheimen Decimations-Commission zum ganz besonderen gnädigsten Wohlgefallen gereichet. Höchstdieselbe wollen hiernach gnädigst, daß ebengedachte Decimations-Commission den Deutschordens-Commenden Regensburg, Blumenthal und Gangkofen auf ihre neuerdings gegen die Decimations-Zahlung übergebene Vorstellung zurück bedeuten solle, daß die durch jene an die Churfürstl. Hoffkammer erlassene höchste Weisung vom 3ten May 1779 gnädigst zugestandene Nachsicht der vorhin Catastralmäßig abgemachten Decimation bloß als eine willkührlich höchste Gnade zu betrachten, und nur de praeterito zu verstehen sey. — Da nun Se. Churfürstl. Durchlaucht vermög der gnädigsten General-Ausschreibung vom 20ten August 1788. *) alle vorherige Decimations-Befreyungen für das neue Decennium 1788 bis 1797 aufgehoben haben, die obige drey deutsche Ordens-Commenden aber, wenn sie schon wie mal dem hiesigen Prälatenstand, sondern allzeit den Ritterstand beygethan gewesen, doch nicht aufgehört haben, den Deutschordens-Institut gemäß für geistliche Communitäten und corpora Ecclesiastica geachtet zu werden, indem die Beygesellung zum Ritterstand, welches ihrer Ordens-Regel selbst ganz angemessen ist, in der Hauptsache gar nichts abändert, und den dem deutschen Reich, und Se. Päbstlichen Heiligkeit selbst anerkannt, geistlichen Stand nimmermehr aufhebet, zu welchen der deutsche Orden sowohl in Corpore als Membris sich jederzeit bekennet hat. So können mehr gedachte Commenden ex ratione Status gleich den übrigen milden Stiftungen und geistlichen Communitäten zu den Landesherrlichen- und Staats-Bedürfnissen von ihren bieländischen Besitzungen, und Einkünften beyzutragen, sich keineswegs entschlagen, sondern selbe sind schuldig und gehalten, die treffende Decimations-Beträge, wie im ersten Quinquenio Anno 1759 unweigerlich geschehen, also auch für das neue Decennium und respecr. für das erste Decennal- und Provisional-Jahr 1788 ohne weiters und um so mehr zu entrichten, als der deutsche Ritterorden in dem Päbstlichen Decimations-Breve nicht ausgenommen worden ist. München den 13ten März 1789.

Decimation der Deutsche Ordens-Commenden.

*) Vid. die Samml. v. J. 1797. Seite 415. §. 4.

Nro. V.

Wie der Churfürstl. geistliche Rath den höchsten Auftrag vom 6ten September vorigen Jahrs wegen anbefohlener Verzeichnisse der bereits vorhandenen Churfürstl. Titulanten, und weiterer Verleihung solcher Titeln, dann derer bestehenden Anzahl, und künftig erforderlichen Regulirung Genügen geleistet, haben Se. Churfürstl. Durchlaucht aus dem hierüber erstatteten Bericht vom 14ten

Die Churfürstl. und Churfürstl. Eisenbische Titulanten betreffend.

August abhin sich umständlig referiren lassen, und über die concentrirte 4 Haupt-
punkten nachfolgende Resolutionen gnädigst zu ertheilen geruhet: ad 1mum. Da
die wahre Anzahl der unyräbendirten Titulanten, welche Ao. 1781 auf 432
Köpfe angenommen worden, durch die weitere Ao. 1791 beschehene Vorrufung
noch nicht erzielet worden, und damit in Zukunft, und sogleich vor nächstes Jahr
ein vollständiger Conspect des ganzen Baierisch-Weltpriesterlichen Cleri erlangt, dann fortan hierauf gehalten werden könne; so ist an sämmtliche baierische Ordinariaten inhaltlich berichtlichen Antrags sub hod. das Ansinnen gestellt worden; eine perpetuirliche Tabell gesammter Weltgeistlichen herstellen zu
lassen, wie mit mehrern Inhalt aus der abschriftlichen Anlage zu ersehen ist:
ad 2dum. Solle der jährliche Aufwand für den Titel-Genuß der erarmt, und
verunglückten Titulanten, welcher pro 1791 bey 5000 fl. betragen hat, dadurch wie möglich, geminnbert werden, daß man bey vakanten Canonicaten,
Pfarreyen-Beneficien-Cooperaturs-und Kaplaney-Stellen, vorzüglich die
brauchbare Titulanten in gutachtlichen Vorschlag bringe. Weiters wird der ohn-
maßgeblichste Vorschlag wegen erfoderlicher Anzeige der allhiesigen Weltpriester
bey dem Churfürstl. und Bischöflichen Commissäre, und auf dem Land bey den
Dechanten eryen, gnädigst bestätigt, und zur geeigneten Verfügung überlassen.
Ad 3. et 4tum. Genehmigen Se. Churfürstl. Durchläucht nach dem gezogenen
jährlichen Mortalitäts-Calcul, und der Zahl der für die Titulanten zur Versorgung sich jährlich öffnenden Stellen, daß alle Jahre 30 junge Priester Candidaten ad Titulum Electoralem begutachtet werden; hingegen sind zur Verminderung der Titulanten nur Landes-Kinder, und caeteris paribus vorzüglich
Söhne von den in Churfürstl. Diensten stehenden Vätern vorzuschlagen, diese
aber ehevor, wie die Ständische Titulanten zum rigorosen Examen aus dem
theologisch-und deutschen Schulfache zu ziehen, sodann erst, wenn sie fähig
befunden werden, bey allen Vakaturen der Landesherrlichen Pfründen in gutachtlichen Antrag zu bringen. Zu sicherer Erzielung des in dieser wichtigen
Sache absichtlichen Endzweck's ist unter heutigen wegen Beybringung der erfoderlichen Attestaten und Legitimationen circa Studia, et Mores das projectirte
Regulativ*) der geheimen Schul-Curatel zur behöriger Ausschreibung an alle
Schulhäuser-Rectorem zugefertiget, hievon auch gemeiner Landschaft Nachricht
ertheilt worden. In Betreff der Einschränkung des Studirens der Bauerns-
Söhnen, und armen Leuten wollen Se. Churfürstl. Durchläucht die Sache noch
unentschieden, und zu einer weitern Ueberlegung um so mehr übrig lassen, als
unter armen Aeltern Söhne nicht selten sehr fähig, fleißig, und fromme zu finden
sind. München den 24ten September 1792.

*) Vid. die Samml. v. J. 1797. Seite 477. N. 108.

Jahrs-Ka-
lender der
Ordinaria-
ten. Wir haben zwar immer gewünschet, und nach Thunlichkeit getrachtet, sowohl
die Bildung der Weltpriester in Unsern Staaten zu befördern, und selbe
mit Verleihung der Tischtiteln, und dessen Genuß, dann mit anderen Landesherrlichen Pfründen zu begnadigen. Da aber hiezu manche eingeschlichen, denen es
an gründlich-wissenschaftlichen Kenntnißen, und Auferbaulichkeit in wahrhaft
geistlichen Sitten gebricht; So kann Uns auch nichts mehrers anliegen, als in Zukunft den unbrauchbaren, und unfähigen Subjekten eine vorsichtliche Verordnung
entgegen zu setzen, um dadurch von dem gemeinen Wesen die schädlich-und gefährliche Folgen abzuwenden, sodann auch die übermäßige Zahl der Titulanten,
und auf derer Titel-Genuß jährlich erlaufend beträchtliche Kösten einzuschrän-
ken. Zu diesem Ende haben Wir Unseren geistlichen Rath bereits anbefohlen,
und dahin die Verordnung erlassen, daß alle, und jede Titulandi, sie mögen
um ihre Landesherrlichen, oder auch Ständischen Titulum Mensae nachsuchen,
fürohin ehevor die vorgeschriebenen Attestaten Studiorum et Morum beybringen, und dann zu einer rigorosen Prüfung angehalten werden sollen. Wie
Wir auch Unsere Titulanten, wenn sie die hinlängliche Fähigkeit, und gute
Sitten bewiesen haben, zu weitern Versorgungen vorzüglich zu präsentiren gedenken. Damit nun aber Unser bestimmt-bestgesinnter Endzweck vollkommen
erzielt, und durch noch mehrere nöthig, und hiezu geeignete Anstalten erreichet
werden könne; So ist ein genaues Verzeichniß, und vollständiger Conspect des
gan-

ganzen baierisch = Weltpriesterlichen Cleri erfoderlich; um welche Wir Euer ꝛc.
in der Zuversicht, daß Dieselben zu diesem allgemein nützlichen Vorhaben, aus
gleich, und mehr aufhabenden Pflichten für die allgemeine Geistliche Auferbaulichkeit mitwirken wollen, hiemit gesinnen, und das Ansuchen machen, in ihren
Bischöflichen Jahrs = Kalendern jedesmal ein alphabetisches Verzeichniß all und
jeder Diöcesan = Weltpriester beyzusetzen, und in selber a) die Anzeig des Tituli
Mensæ, b) Annum Sacerdotii, und c) der Ort des Aufenthalts, nebst dem
Officio eines jeden Geistlichen ausdrücken zu lassen, wodurch nicht nur eine perpetuirliche Tabell sammentlichen Weltpriester = Personal = Status erhalten, sondern
auch durch Unsere getroffene Prüfungs = Vorkehre die ächte Auswahl der zur
Sittenlehre und Seelensorger tauglichen Candidaten getroffen werden könne.
Wir sehen Euer ꝛc. standhafter Mitwirkung, und Erfüllung Unsers Ansinnen
um so verläßiger entgegen, als Denenselben die Nothwendigkeit der Besserung
des Clerical = Standes, um Herstellung besserer Beyspielen selbst vor Augen
liegt. Verbleiben ꝛc. München ut Supra.

An sammentlich baierische Ordinariaten also ergangen.

Liebe ꝛc. Nachdem Wir bey Unserer höchsten Stelle unter heutigen dato
zu Unseren geistlichen Rath, in Betreff der zum Weltpriester = Stand aspi-
renden Candidaten, wenn diese um Ertheilung Unseres oder Ständischen Tituli
Mensæ nachsuchen, die Verordnung erlassen, und anbefohlen, daß ein für allemal solche Candidaten ohne Ausnahm wenigst 3 Monate vor der nächst darauffolgenden Weihzeit bey Unsern geistl. Rath, oder aber bey den aufgestellten Lokal = Schul = Commissionen zu Burghausen, Landshut, Straubing, Amberg und
Neuburg zur Prüfung im deutschen Schulfache und theologischen Wissenschaften
sich gehorsamst stellen, zu Unserm geistl. Rath aber binnen gesetzten Termin a)
verschlossene Attestata Congregationis Marianæ von der Philosophie an; b) verschlossene Attestata Studiorum et Morum sowohl von den untern, als höhern
Schulen, wo bey letztern der erfoderliche Annus tertius theologicus zu bemerken, nebst dem Taufschein einsenden sollen: Und damit fürohin desto bestimmter
die Fähigkeiten und Verdienste eines jeden besonders beurtheilt werden können,
so ist die gnädigst verordnete Schul = Curatel angewiesen, in allen Schulhäusern
allgemeine gleichförmig beyzubehaltende Formularien der in den Testimoniis vorkommenden Noten herzustellen, wodurch die Absicht, die Beßte von den Guten,
diese von den Mittelmäßigen, und letztere von den Schlechtern zu unterscheiden, vollkommen erzielt werden kann. Diese gnädigste Anbefehlung habt ihr daher den
sammentlichen Studenten = Superioren zu eröfnen, und die Publikation dieser
Entschließung mit Anfang jeden Schuljahrs zu wiederholen ꝛc. München ut
Supra.

Gleichför-
migkeit der
Testimo-
nien.

Liebe ꝛc. Bey der immer mehrers anwachsenden Anzahl der sowohl um Unsern, als auch Ständischen Tischtitel sich meldenden Supplikanten, denen es
nicht selten an gründlich wissenschaftlichen Kenntnissen, und Auserbaulichkeit in
wahrhaft geistlichen Sitten gebricht, sind Wir, um fürohin alle von dem gemeinen
Wesen zufällige gefährliche Folgen abzuwenden, gnädigst bewogen worden, diesertwegen an Unsern geistlichen Rath eine vorsichtliche Verordnung sub hod.
zu erlassen, wodurch, und vermittels der anbefohlenen Prüfungs = Vorkehre
Wir für die Zukunft die ächte Auswahl der zur Sittenlehre und Seelensorge tauglichen Candidaten zu erzielen hoffen. Wir lassen euch besagte Verordnung aber
schriftlich in der Absicht hiemit gnädigst unverhalten, daß ihr auch der Ständischen Titulanten halber, derselben um so gewisser Nachkommen, und mit thäti-
ger Erfüllung hierauf zu halten Bedacht nehmen werdet, als auch gesammten
Ständen die Nothwendigkeit der Besserung des Clerical = Status angelegen seyn
muß, und Wir bey nicht Befolgung der gemachten Verfügung keinen Ständischen
ungeprüften Titulanten mit landesherrlichen Pfründen mehr zu begnadigen gedenken ꝛc. München ut Supra.

Stände sol-
len die näm-
liche Prü-
fungs = Vor-
kehre beob-
achten.

An die gemeinsame Landschaft also ergangen.

Nro. VI.

Installation der akathol. Geistlichkeit. Seine Churfürstl. Durchláucht haben bey der von Höchstdero oberpfälzischen Landesregierung in ihren Berichten ddto 28ten November 1792 und 22ten November 1793 vorgeschriebenen Beschaffenheit, und aus den von der Simultanischen Religions= und Kirchen= Deputation, in den hier zurückgebenen Regierungs= Akt Seite 9 bis 13 angeführten Gründen gnädigst zu beschließen geruhet, daß zu Hebung der Religions= Beschwerden die Installationes der aug. confens. Pfarrer in dem Landgericht Sulzbach, Pfleggamt Floß, und Richteramt Hohenstrauß nach der bisherigen Observanz durch einen ex Gremio der Simultanischen Religions= und Kirchen= Deputation abzuordnernden Commissarium, nebst dem zeitlichen Inspektor außer den Reise= Kosten, unentgeldlich: die Installationen in dem Landgericht Parkstein und Weiden aber ebenfalls nach bisheriger Gewohnheit, durch dieses Gericht vorgenommen werden sollen. Wo übrigens die Unkosten für dergleichen Installationen nicht aus dem Kirchenvermögen genommen, sondern von dem neuangehenden Pfarrer, welcher die Vortheile davon bezieht, bestritten werden sollen. Nach dieser höchsten Willensmeynung hat also die Churfürstl. oberpfälzische Landesregierung das weitere zu verfügen. München den 21ten August 1795.

Nro. VII.

Obsignation, Inventar, und Installation bey der akatholischen Geistlichkeit. Seine Churfürstl. Durchláucht haben sich nach eingeholter Erinnerung von Dero oberpfälzischen Landesregierung über den von Höchstdero Simultanischen Religions= und Kirchen= Deputation zu Sulzbach gehorsamst erstatteten Bericht de dato 14ten März vorigen Jahrs unterthänigsten Vortrag machen lassen, und die hierinn enthaltenen Gegenstände, die Obsignation und Inventur der akatholischen Geistlichkeit, dann derselben Installations= Kösten noch einmal in genaue Ueberlegung genommen. Nach dieser und nach vorgenommener unpartheyischer Prüfung aller Gründe und Gegengründe wollen nunmehro Se. Churfürstl. Durchláucht als Landesherr und höchstes Oberhaupt der Protestanten zu Beendigung aller Mißverständnisse, Zweifel und Widersprüche in obengenannten Gegenständen hiemit ein= für allemal festsetzen, daß es 1mo. in Betreff der Verlassenschaftsverhandlungen der akatholischen Geistlichkeit des Herzogthums Sulzbach bey den erlassenen gnädigsten Rescripten vom 15ten März 1786*) und 12ten März 1787**) sein vollkommenes Verbleiben haben, sofort hiernach die Sperr und Inventur bey den akatholischen geistlichen Verlassenschaften in rechtserfoderlichen Fällen jedesmal von den Churfürstl. Aemtern vorgenommen werden soll, um so mehr, als eine dergleichen Verlassenschaft, von was immer für einer Religion nichts Geistliches mehr an sich hat, folglich die eingewendete Consistorial= kränkung unerheblich ist,***) dann diesfalls eine Standesherabwürdigung ebenso wenig, als bey der ähnlichen Behandlung der katholischen Geistlichkeit mit Grund behauptet werden kann.

Damit aber der jenseits besorgten Sportelüberschreitung der Beamten auf alle mögliche Art vorgebeugt, auch der Churfürstl. Simultanischen Religions= und Kirchen= Deputation von dergleichen Commissions= Verhandlungen vollkommne Einsicht verschafft werde, so verordnen Se. Churfürstl. Durchláucht hiemit

2do. Und haben durch Höchstdero oberpfälzische Landesregierung allen Beamten des Herzogthums Sulzbach bedeuten lassen, daß diese die verhandelten Obsignationen und Inventuratten der akatholischen geistlichen Verlassenschaften jedesmal an mehrgenannte Deputation der Bestätigungs= oder allenfallsigen Moderirungs= wollen unweigerlich einschicken sollen.

Wa6

*) Vid. N. antec. 2.
**) Vid. N. antec. 3.
***) Vid. die Samml. d. J. 1797. Seite 413. N. 35.

Was ferners die Inſtallations - Köſten bey der akatholiſchen Geiſtlichkeit betrift, ſo ſollen

3tio. Dieſe nach dem höchſten Reſcript vom 29ten Auguſt 1795) nie mehr von dem Vermögen der ohnehin ſehr dürftigen Kirchen zu ihrem offenbaren Nachtheil, ſondern von den neuangehenden Pfarrern, welche den Vortheil davon haben, beſtritten werden. München den 19ten Jänner 1797.

*) Vid. N. antec. d.

Nro. VIII.

Es haben zwar Se. Churfürſtl. Durchlaucht vor einiger Zeit feſtzuſetzen geruhet, daß über die unterthänigſten Geſuche um Ertheilung des Landesherrlichen Tischtitels auch von der Churfürſtl. Hofkammer dahier, oder, bey oberpfälziſchen Candidaten von jener zu Amberg die Erinnerungen abgegeben, und mit dem geiſtl. Raths - Bericht eingeſendet werden ſollen. Es iſt aber ſeit dieſer gnädigſten Verordnung eine jährlich zu begutachtende Zahl der Tituli Menſæ - Candidaten (dermalen dreyßig *) beſtimmt, auch genau vorgeſchrieben worden, welche Eigenſchaften, die ſie zu dieſer höchſten Gnade würdigen, ſelb beſitzen ſollen. Da nun dadurch die Abgebung der obbemeldten Hofkammer-Erinnerungen nicht nur allein überflüßig, ſondern ſogar zur Verzögerung des Geſchäftsganges dießfalls geworden iſt: ſo wollen Se. Churfürſtl. Durchlaucht hierauf nicht weiters beſtehen, ſofort die Abſoderung dieſer Erinnerungen bey Tituli menſæ - Verleihungen von nun an wieder aufhören laſſen. Dagegen es aber bey derſelben Abgebung, in jenen Fällen wo der Tituli menſæ-Genuß nachgeſucht wird, noch ferners ſein Verbleiben haben ſolle. Wonach ſich alſo der Churfürſtl. geiſtl. Rath in Zukunft zu achten hat, und auf ſein Gutachten vom 10ten März 1795 und mehrere ſeitdem gelegenheitlich wiederholte Anträge hiemit verbeſchieden wird, auch bei Churfürſtl. Hofkammer und in Amberg heute ebenfalls angewieſen worden iſt. München den 27ten April 1797.

*) Vid. N. antec. 5. ad 3. et 4.

Nro. IX.

Nachdem Se. Churfürſtl. Durchlaucht in einem unterm höchſten Handzeichen anhero erfolgten höchſten Hofs-Reſkript vom 1ten July laufenden Monats auf wiederholte dringende Berichte Höchſtdero geiſtlichen Raths in München anmit zuerklären geruhet haben, daß Höchſtdieſelben von nun an auf Dero in dem gnädigſten Reſkript de dato 19ten Auguſt vorigen Jahrs erklärten höchſten Willensmeynung unabweichlich beſtehen, ſofort, ohne eine weitere Gegenvorſtellung mehr zuerwarten, ein - für allemal wiederholt feſtſetzen wollen, daß ſämmtliche Kirchen, milde Stiftungen, und Spitalrechnungen der Gerichte, dann der Pfalz-Städte und Märkte *) in der obern Pfalz bey Höchſtdero oberpfälziſchen Landesregierung, reſpect. Kirchen - Deputation juſtificirt, und aufgenommen, ſofort die zu dieſem Ende bey der oberpfälziſchen Hofkammer angeſtellten zwey Reviſoren zur oberpfälziſchen Kirchen - Deputation verſetzt, und ſolcher, gleich den dort ſchon beſtehenden, untergeordnet ſeyn ſollen.

Als wird ſolches den ſämmtlichen nachgeſetzten Churfürſtl. Aemtern, dann Städt - und Märkten mit dem Auftrag hiemit unverhalten, daß ſie ſich von nun an biernach genaueſt achten, und ihren untergeordneten Aemtern, und Incorporations - Ortſchaften hievon Notification ertheilen. Amberg den 11ten July 1797.

*) Vid. den zweyte Theil N. 4.

Sechſter Band.   K t   X.

Die wegzubleibende Erinnerungen der Churfürſtl. Hofkammer bey Tituli menſæ - Ertheilungen betreffend.

Von den Städt - und Märktiſchen Kirchen, und milden Stiftungs-Rechnungen ꝛc. der erbern Pfalz.

Nro. X.

Den Aktuars-Gebrauch der Archidiaconate bey geistlichen Verlassenschaften.

Seine Churfürstl. Durchlaucht haben in Betreff der Archidiaconaten Gars, Chiemsee und Baumburg wegen Beyziehung eines Aktuars bey Verlassenschafts - Verhandlungen der prädendirten Priester die von genannten Erzdiaconaten angeführte Gründe geprüft, und solche von den, in Höchstdero geistl. Raths - Bericht ddto 9ten dieses, berührten Gegengründen allerdings widerlegt befunden, indem der Erzdiacon bey solchen Gelegenheiten seine Sportuln ohnehin selbst bezieht, und seiner übrigen Vorzüge und Verrichtungen in andern Fällen unbeschadet, bey dergleichen Verlassenschaften ein Aktuar um so mehr wegbleiben kann, als es unbillig ist, daß den größtentheils armen Erben das Ihrige durch diese Sportelmehrung noch mehr verkleinert, und die ohnehin wohl bestallte und hierauf nie anzuweisende Klosterrichter damit bereichert werden. Bey dieser Beschaffenheit wollen Se. Churfürstl. Durchl. die wegen der Anwesenheit des Commun-Actuarii ohnehin unnöthige und überflüßige Beyziehung noch eines Aktuars bey den Verlassenschaften prädendirter Priester weder den Archidiaconaten Baumburg und Thiemsee gestatten, noch damit, wegen Gleichförmigkeit der Gründe und Folgen bey dem Archidiaconat Gars,*) ferners eine Ausnahme erlauben, sondern verordnen hiemit, daß sich eben genannte drey Archidiaconate von nun an der Beyziehung eines Aktuars in mehrgenannten Verlassenschafts - Fällen enthalten sollen, und daß ihnen und den sonst nöthigen Behörden diese höchste Willensmeynung von dem Churfürstl. geistl. Rath zu gehorsamster Nachachtung eröfnet werde. München den 18ten Aug. 1797.

*) Vid. die Samml. v. J. 1797. Seite 502. N. 180.

Nro. XI.

Die jährliche Titulantens-Zahl betreffend.

Seine Churfürstl. Durchlaucht haben Höchstdero geistl. Raths Antrag vom 9ten dieses gnädigst gut zu heißen, und hiernach zu beschließen geruhet: daß 1) die jährlich auf 30 festgesetzte Zahl*) der zu begutachtenden Tituli Mensæ-Candidaten für dermalen noch ferners bestimmt verbleiben solle, doch auf solche Art, daß wenn sich über die 30 würdigen Candidaten noch ein und anderer besonders wohlverdienter melden sollte, auch diese, zur Ausnahme begutachtet, und auf ein anderes Jahr, wo allenfalls nicht 30 würdige Candidaten zu finden wären, wieder eingerechnet werden dürfen. Damit aber der Churfürstl. geistliche Rath den Unterschied der Subjekte und ihrer Fähigkeiten desto gründlicher beurtheilen könne: so sollen 2) künftighin die in dem Regulativ vom 24ten September 1792**) vorgeschriebenen Requisiten der Candidaten im zweyten theologischen Jahrgange von der Churfürstl. theologischen Facultät zu Ingolstadt, und von dem Rektor eines jeden Churfürstl. Schulhauses nach dem Oster - Examen in eine förmliche Tabelle gebracht, sofort hierinn der Geburtsort, das Alter, die Sittlichkeit, und der Fortgang eines jeden in den untern, und obern Schulen, dann die Nota Congregationis in abgetheilte Rubriquen eingetragen, und Zeugnissen wegen der Prüfung im deutschen Schulwesen, und dem bey dem Churfürstl. Lokal - Schul - Commissaire, oder in Ingolstadt bey der Facultät abzulegenden Illuminaten Reinigungs - Eid, mit dem wegen der Seelsorge auf dem Lande auszustellenden Revers unmittelbar an den Churfürstl. geistl. Rath, (nicht aber wegen zu vielen Zeit - Verlurst, an die einschlagende Kirchen - Deputation) eingesendet werden, wo dann die Beste auszuwählen und auf oben bestimmte Art zu begutachten sind. Hiernach ist die Churfürstl. geheime Universitäts - und geheime Schulen - Curatel heute zur Ausschreibung bereits angewiesen worden, und hat sich auch der Churfürstl. geistl. Rath seines Orts hiernach gehorsamst zu achten. München den 18ten August 1797.

*) Vid. N. antec. 5.   **) Vid. die Samml. v. J. 1797. S. 477. N. 108.

Nro. XII.

Zehend-Vertstiftungen der Kirchen.

Seine Churfürstl. Durchlaucht sind aus den von hiesiger Kirchen - Rechnungs-Stube in beyliegenden Akt Zif. 3. angeführten Gründen, und auf das hierüber abgegebene Gutachten Höchstdero geistlichen Raths ddto 27ten vorigen

Mo-

Monats zu dem gnädigsten Entschlusse bewogen worden, die bisher auf ein Jahr eingeführt gewesene Verstiftung der Kirchenzehenden künftighin auf Sechs oder Neun Jahre allenthalben, doch dergestalt zu bewilligen, daß den Zehendholden cæteris paribus, wenn sie den Stifts-Betrag in quanto et quali abführen, der Zehend vor andern überlassen werden solle. Wo übrigens jedesmal pflichtmäßig darauf zu sehen ist, daß ein den Umständen angemessenes Stift-Geld erzielet, und auch in Unglücksjahren, rücksichtlich der Erholung in besseren folgenden entrichtet werde. München den 30ten August 1797.

Nro. XIII.

Dem sicheren Vernehmen nach sollen die Churfürstl. Unterthanen, welche zu Von Dispen- sationen-Ger suchen. Rom Dispensationen in Ehesachen oder sonst, nachzusuchen haben, und dießfalls die gehörige Wege nicht wissen, von geldgierigen Rechts-Beyständern und anderen Gehülfen mißbraucht, und in Deserviten- und Taxen-Zahlungen ꝛc. sehr übernommen werden. Die Churfürstl. Ober-Landes-Regierung hat daher in den bieländischen Zeitungen bekannt machen zu lassen, daß man sich mit allen dergleichen Dispensations-Gesuchen, jedoch mit Ausnahme derjenigen des dritten, und vierten Grades in Ehesachen, welche die Bischöfe, vermög der Päbstlichen Quinquenalien ertheilen mögen, künftighin unmittelbar an die dahier bestehende Päbstliche Nunciatur wenden, und sich hiernach sonderlich die Pfarrer und Seelsorger achten sollen. München den 9ten September 1797.

Nro. XIV.

Venerabili fratri Emidio archiepiscopo Damasceno, Nostro et sedis Apostolicae apud dilectissimum in Christo Filium Nostrum Carolum Theodorum Comitem Palatinum, et Sacri Romani Imperii Principem Electorem, et Bavariae Ducem Nuntio.

PIUS PP. VI.

Venerabilis Frater Salutem et Apostolicam Benedictionem. Exponi Breve Pii PP. VI. pro ulteriori Decimatione ad Decennium ab anno 1797. Nobis nuper fecit Dilectissimus in Christo Filius Noster Carolus Theodorus Comes Palatinus S. R. I. Princeps Elector, & Bavariæ Dux, quod cum Status Bavaro-Palatini, cæterique ejus hæreditarii jam multis abhinc annis ita pluribus Immo et gravissimis oneribus subjacerent, ut neque Aerarium Principis, neque Laicorum Bona tot, tam variis, tamque samuosa impensis ad sustentanda Principatus onera, et solvendum æs-alienum necessariis sufficiant, eaque de causâ Dictus Carolus Theodorus Comes, et Dux opportuno ex Rebus, et Bonis Ecclesiasticorum in dicta sua temporali Ditione-Bavarica-Palatina existentium (sint-ea neq ne à quocumque onere exemta, et libera) subsidio juvari plurimum desideret. Nobis propterea humiliter supplicari fecit, ut sibi in præmissis opportune providere, et, ut infra, indulgere de Benignitate Apostolica dignaremur. Nos igitur plurimorum Romanorum Pontificum Prædecessorum Nostrorum Exemplo insistentes, qui ex certis tunc expressis causis unam integram Decimam omnium et quorumcumque Fructuum, Redituum et Proventuum super Bonis omnibus Ecclesiasticis in Ditione Bavarica existentibus ad Quinquennium indixerunt, ac respective imposuerunt; quam ipsam Taxam, seu Decimam Nos etiam per Nostras in simili forma Brevis die VI. Novembris MDCCLXXXVII *) expeditas Litteras ob validissimas vigentes rationes ad Decennium pariter indiximus, atque imposuimus; Eundem Carolum Theodorum Comitem, et Ducem, specialioribus Gratiis, et Favoribus prosequi volentes, Eumque à quibusvis Excommunicationis, Suspensionis, et Interdicti, aliisque Ecclesiasticis Sententiis, Censuris, et Pœnis à Jure, vel ab homine quavis occasione, vel causâ latis, si quibus quomodolibet innodatus existit, ad Effectum præsentium duntaxat consequendum, harum

R l 2 serie

*) Vid. die Samml. v. J. 1797. Seite 409. N. 19.

serie absolventes, et absolutum fore censemus, Supplicationibus Ejus Nomine Nobis super hoc humiliter porrectis inclinati; justissimus itidem nunc urgentibus rationibus idipsum suadentibus de Nobis attributæ Potestatis Plenitudine tenore præsentium indicimus, atque imponimus ad aliud Decennium ab Exspiratione ultimi dicti Decennii, à mense scilicet Januarii proximi futuri anni MDCCXCVIII. numerandum, unam integram Decimam omnium, et quorumcunque Fructuum, Redituum, et Proventuum quarumcunque Ecclesiarum, Archiepiscopalium, Episcopalium, Abbatialium, Capitularium, et Conventualium, Prioratuum quoque, Præpositurarum, Præpositatuum, Præceptoriarum, Canonicatuum, Præbendarum, Dignitatum, etiam majorum, et Principalium, Personatuum, Administrationum, et Officiorum quorumque, Beneficiorum, Ecclesiasticorum cum cura et sine cura sæcularium, ac Sti. Benedicti, Sti. Augustini, Cistercien., Cluniacen., Præmonstraten., Carthusien., Camaldulen., Montis Oliveti, Vallis umbrosæ, et quorumcunque aliorum Ordinum, utriusque Sexus, etiam Mendicantium, ac Cassinen., Sti. Salvatoris Lateranen., aliarúmque Congregationum, ac Militiarum Regularium, etiam Fatrum Hospitalis St. Joannis Hierosolymitani vigore Conventionis in Erectione Linguæ Anglo-Bavaræ dti. Hospitalis stipulatæ, in universis Ditionibus hæreditariis, Dominiis, et Territoriis Dicto Carolo Theodoro Comiti, et Duci subjectis existentium, ac insuper integram Decimam omnium, et quarumcumque Pensionum annuarum super Fructibus, Redtibus, ac Proventibus supradictis assignatarum, et assignandarum ab omnibus, et quibuscumque Archiepiscopis, Episcopis, ac aliarum Ecclesiarum Præsulibus, Prælatis, cæterisque cujuscumque Status, Gradus, Dignitatis, Conditiones, Personis, etiam iis, qui ratione Principatus aliis oneribus jam gravati existunt, ita tamen, ut eidem Decimæ imputentur onera, quæ persolvunt (exceptis, dumtaxat Venerabilibus Fratribus Nostris S. R. E. Cardinalibus, quos ab eisdem Decimis, et illarum solutione immunes, et exemtos esse volumus, et decernimus) Ecclesias, Monasteria, ac Beneficia, ac Pensiones, seu Fructus, aut illorum partem hujusmodi in Ditionibus, seu Dominiis, ac Territoriis prædictis, quocumque jure, et titulo obtinentibus, et obtenturis, nec non ab universis Oeconomis, Commendatariis, atque Administratoribus perpetuis, et temporalibus, Usufructuariis similiter Fructus omnes, vel illorum partem loco Pensionum annuarum, vel Pensiones, et alia ejusmodi jura ex quacumque causa Authoritate Apostolica in toto, vel in parte reservata habentibus, et habituris, sive sæcularibus, sive quorumque Ordinum, et Congregationum, ac Militiarum, etiam Sti. Joannis Hierosolymitani prædictarum Regularibus, et ab ipsis etiam Ecclesiis, Capitulis, Conventibus, Ordinibus, Congregationibus, Personis, Collegiis Militiis, etiam Sti. Joannis Hierosolymitani Massis, et Locis prædictis quacumque amplissima, et firmissima Exemtione et Immunitate reali, personali, vel mixta, antiqua, et immemorabili, pacifica et continua, etiam ex titulo quantumvis oneroso suffultis integraliter, et cum Effectu numerandas, persolvendas, et consignandas secumdum verum annuum valorem Fructuum, Redatuum, ac Proventuum prædictorum, et ad hunc Effectum, etiamsi quæcunque Personæ, Ecclesiæ, Monasteria, Congregationes, Ordines, Militiæ, Loca pia, et Societates hujusmodi, ubivis in Ditionibus hæreditariis, seu Dominiis, ac Territoriis prædictis, ac Bona, annuosque Reditus possidentes, et Pensiones hujusmodi percipientes a Decimis super Fructibus, Reditibus, ac Proventibus Ecclesiasticis deinceps ubivis, et in quacumque Ditione, et Domino ex quacumque causa imponendis immunes, et immunia sint, et esse debeant, et existant, de Apostolicæ Potestatis Plenitudine pari quoad Fructus, Reditus ac Proventus ad ipsas Personas Ecclesiasticas Sæculares, et Regulares, ac Beneficia, Ecclesias, et Monasteria, Congregationes, Ordines, Militias, cæterique Loca pia, et Societates in Ditionibus hæreditariis et Dominio, ac Territoriis hujusmodi spectantes omnia, et quæcumque Privilegia, Indulta, Libertates, Exemtiones, Immunitates, hac de causa in hunc usque diem, itidem etiam ex

causa

causa et titulo oneroso concessa, hac vice duntaxat, ac ex supradicta causa, et ratione suspendimus, ac ipsis quoad integram hujusmodi Decimam, hac vice, ut præfertur, suffragari nolumus; illa verò aliis in suo robore permanere decernimus; universas verò, et singulas Personas Ecclesiasticas Sæculares, et Regulares quavis Auctoritate vel Dignitate fungentes, tam Ecclesias, Monasteria, Beneficia quomodolibet obtinentes, ac Pensiones, seu Fructus, aut eorum partem, sibi, ut præfertur, reservatas percipientes, quam Ecclesias, Monasteria, Conventus, Congregationes, Ordines, Loca pia, et Societates hujusmodi tam conjunctim, quam divisim ad ejusmodi Decimas quotannis dicto Decennio duntaxat, ab Expiratione ultimi dicti Decennii scilicet a Mense Januarii proximi anni MDCCXCVIII., ut præfertur, computandis, in Terminis per Te præfigendis integre persolvendas efficaciter teneri, et vere obligatos, et obligata esse, eisdemque Pensionariis, aut eorum alicui Pensiones annuas prædictas quantumlibet exemtas, et sub quibusvis obligationibus, etiam in forma Cameræ, et juramento de non contraveniendo, ac forsan de non impetrando Gratias Nostras contra eos, et de non utendo concessis firmatas, aut aliis vallatas, et forsan aliis cautelis et decretis munitas, causam donationis super eisdem Fructibus, et Pensionibus, etiam medio Cedularum Banchi, seu in forma depositi habentibus, et intra Decennium hujusmodi habituris, etiamsi ipsi, a quibus Pensiones hujusmodi solvendæ sunt, juri et actioni petendæ, vel retinendæ Pensionis, aut ratæ partis Pentionarios tangentis jure jurando renunciaverint, ulla Privilegia, aut Indulgentias sub quacumque verborum forma, vel expressione concepta, quoadhoc nullatenus suffragari volumus: Sicque et non aliter in prædictis universis, et singulis per quoscumque Judices Ordinarios, et Delegatos, etiam Causarum Palatii Apostolici Auditores, ac Sedis Apostolicæ Nuncios in quavis causa, et instantia sublata eis, et eorum cuilibet quavis aliter judicandi, et interpretandi Facultate, et Auctoritate judicari, et definiri debere, nec non si secus super his à quoquam quavis Auctoritate scienter, vel ignoranter contigerit attentari, irritum et inane decernimus. Ut autem hujusmodi sic imposita Decima facilius exigatur, Fraternitatem tuam ad dictam Decimam exigendam Collectorem, et Exactorem per præsentes constituimus, et deputamus, ac proinde de tua eximia Pietate, Fide, Prudentia, Integritate, Charitate, Christianæque Religionis, et Boni Publici Studio plurimùm in Domino Fiduciam habentes, Fraternitati tuæ per præsentes committimus, et mandamus, ut ipsam Decimæ sic, ut præfertur, a Nobis indictæ, et impositæ per Personas non quidem Laicales, quas in hac re nullum partem habere, vel quovis modo se ingerere minimè posse volumus, sed Ecclesiasticas Fide, ac Prudentia præstantes a Te in Commissarios, Exactores, Collectores, constituendas et deputandas a prædictis omnibus, aliisque quibuslibet, ad quos spectat, et spectabit in futurum, cujusque Qualitatis, Status, Ordinis, Præeminentiæ, et Conditionis, ac Dignitatis, a quocumque Privilegio, Immunitate, ac Exemtione sicut præfertur, suffultis, etiam Fratribus Militibus Hospitalis Sci. Joannis Hierosolymitani, seu aliis specifica, et individua mentione, et expressione digni existant (exceptis S. R. E. hujusmodi Cardinalibus) omni, et quacumque Appellatione, Exemptione, Reclamatione, Recursu, Excusatione, Tergiversatione remotis, et postpositis, Auctoritate Apostolica exigi cures, et facias, illosque, et eorum quemlibet tam conjunctim, quàm divisim ad veram realem, et actualem Solutionem Decimæ eos respective tangentis, sine ulla mora faciendam opportunis juris et facti remediis, etiam per Censuras Ecclesiasticas dicta Auctoritate cogas, et compellas, Pecuniasque ab iisdem Commissariis, Exactoribus, et Collectoribus in dies perceptas, et exactas Eidem Carolo Theodoro Comiti, et Duci, sive sibi benevisis Personis, et Ministris ab Eo deputatis Commissarii, Exactores, et Collectores prædicti integrè consignare debeant et teneantur. Nos enim Tibi quoscumque Contradictores, Perturbatores, Molestatores, et Rebelles Tibi parere recusantes, eisque Auxilium, Consilium, vel Favorem publice, vel occulte, directe, vel indirecte quovis quæsito

colore præstantes, cujusvis Dignitatis, Gradus, Ordinis, et Conditionis
fuerint, Censuris et Pœnis Ecclesiasticis, ac etiam pecuniariis in causam
damnorum prædictorum applicandis, cæterisque juris et facti remediis opportunis cogendi et compellendi, ac compescendi, ipsæque Censuras etiam
iteratis vicibus aggravandi, ac illos Dignitatibus, Beneficiis, et Officiis per
eos obtentis privandi, et ab eis amovendi, et ad alia in furturum obti-
nenda inhabiles faciendi, Interdictum Ecclesiasticum opponendi, Auxilium-
que Brachii Sæcularis, quandocumque opus fuerit, invocandi, ad sanitatem
verò reversos, qui debite satisfecerint, ab omnibus et singulis Censuris
et Pœnis supradictis in Forma Ecclesiæ consueta absolvendi, ac cum eis
super irregularitate per eos ea de causa contracta dispensandi, eosque re-
habilitandi, et ad pristinum statum restituendi, dictosque Commissarios,
Exactores, Collectores, et Executores à Te deputatos Arbitrio Tuo re-
movendi, et revocandi, et alios eorum loco toties, quoties opus fuerit,
substituendi, et subrogandi, in delinquentes, et contumaces per Te, vel
alium, seu alios a Te pariter substituendos, simpliciter et de plano, ac sine
strepitu et figura judicii inquirendi, et procedendi, eosque debitis Pœnis,
et Animadversionibus puniendi, modos et formas in præmissis servandas
præscribendi, Dubia quæcumque in eisdem præmissis forsan oritura decla-
randi, ac prorsus omnia et singula in eis, et circa ea quavis modo necessa-
ria, et opportuna, etiam si talia forent, quæ Mandatum exigerent magis
speciale, quam præsentibus expressum, faciendi, gerendi, decernendi,
statuendi et exequendi plenissimam et amplissimam, ac omnimodam Facultatem, Licentiam, et Potestatem Auctoritate prædicta earumdem tenore
præsentium tribuimus, et impertimur. Ita tamen, ut Commissarii, Exactores, Collectoresque hujusmodi ratione Ecclesiæ, Canonicatuum, Præbendarum ac quorumcumque Beneficiorum et Fructuum Ecclesiasticorum,
quibus nunc præesse, aut imposterum præfici, et obtinere, nec non Fructuum vel Pensionum reservatarum, et assignatarum, ac quas, et quos illis
assignari posthac contigerit, intra Ditiones, et Dominia hujusmodi existentium, Decimas ipsas pro illorum rata tangente, integre et realiter persol-
vere omnino teneantur. Decernentes omnia, et singula per Te, seu Commissarios Tuos in præmissis juxta earumdem tenorem præsentium facienda,
gerenda, dicenda, et mandanda, valida, et firma, ac efficacia existere,
et fore, suosque plenarios, et integros Effectus sortiri, et obtinere, et ab
omnibus, et singulis, ad quos spectat, et spectabit in futurum, cujuscumque Status, Gradus, Ordinis, Præeminentiæ, Dignitatis exiſtant, inviola-
biliter observari, et adimpleri debere, neque ipsas præsentes Literas ex
eo, quod in præmissis quomodolibet interesse habentes, seu habere præ-
tendentes illis non consenserint, nec ad ea vocati, citati, auditi, neque causæ
propter quas eædem præsentes emanarint, sufficienter adductæ, verificatæ,
et justificatæ fuerint, aut ex alia quacumque, etiam quantumvis justa, legiti-
ma, pia, et privilegiata causa, colore, prætextu, et capite, etiam in corpore
juris clauso, etiam enormis, enormissimæ, et totalis Læsionis, ac Subrep-
tionis, vel Obreptionis, aut Nullitatis Vitio, seu Intentionis Nostræ, aut
Interesse habendum Consensus, aliove quolibet, etiam quantumvis for-
mali, et substantiali Defectu notari, impugnari, infringi, retractari, in
Controversiam vocari, ad terminos juris reduci, seu adversus illas Aperi-
tionis Oris, Restitutionis in integrum, aliudve quodcumque juris, facti vel
gratiæ remedium intentari, vel impetrari, seu impetrato, aut etiam motu
proprio et de Apostolicæ Potestatis Plenitudine concesso vel emanato,
quempiam in judicio, vel extra illud uti, seu se juvari unquam posse,
sicque et non aliter in præmissis per quoscumque Judices Ordinarios, et
Delegatos, etiam Causarum Palatii Apostolici Auditores, ac Sedis Apostolicæ Nuncios, sublata eis, et eorum cuilibet quavis aliter judicandi, et interpretandi Facultate, et Auctoritate judicari et definire debere, ac irritum
et inane, si secus super his à quocumque quavis Auctoritate scienter vel
ignoranter contigerit attentari. Non obstante Nostra et Cancellariæ Apostolicæ Regula de jure quæsito non tollendo, ac aliis quibusvis Apostolicis,

ac

ac etiam in Provincialibus et Synodalibus Conciliis editis generalibus, vel specialibus Constitutionibus, et Ordinationibus, cæterisque contrariis quibuscumque. Aut si ipsis Archiepiscopis, Episcopis, Administratoribus, Commendatariis, Abbatibus, Prioribus, Præpositis, Capitulis, Conventibus, Congregationibus, et aliis Personis prædictis, vel quibus aliis communiter, vel divisim ab Eadem sit Sede indultum, quod ad Solutionem allcujus Decimæ non teneantur, et ad id compelli, aut quod interdici, suspendi, vel excommunicari, seu extra, vel ultra certa loca ad judicium vocari non possint, per Literas Apostolicas non facientes plenam, et expressam ac de verbo ad verbum de Indulte hujusmodi mentionem, ac quibuslibet aliis Privilegiis, et Exemtionibus etiam in corpore juris clausis, ac Literis Apostolicis quibuscumque Dignitatibus, seu Ordinibus specialiter, vel generaliter sub quacumque verborum forma expressis, etiamsi motu proprio, ac de Apostolicæ Potestatis Plenitudine, ac consistorialiter ac etiam in vim contractus emanaverint, etiamsi pro illorum sufficienti derogatione de illis, eorumque totis tenoribus ad verbum habenda esset mentio specialis, quæ eis, quood præmissa nolumus in aliquo suffragari. Volumus autem, quod juxta Ordinationem in Concilio Viennen, super hoc editam, Calices, Libri, et alia Ornamenta sacra Ecclesiarum, Monasteriorum, Beneficiorum, et aliorum piorum Locorum divino cultui dicata ex causa pignoris, vel alia occasione solutionis Decimæ prædictæ nullatenus capiantur, distrahantur, vel occupentur, quodque præsentium Literarum Transumptis, vel Exemplis etiam impressis tuo, vel alterius Personæ in Ecclesiastica Dignitate constitutæ sigillo munitis eadem prorsus Fides in judicio, vel extra adhibeatur, quæ adhiberetur ipsis præsentibus, si forent exhibitæ, vel ostensæ.

Datum Romæ apud sanctam Mariam Majorem sub Annulo Piscatoris die XVII. Novembris MDCCXCVII. Pontificatus Nostri Anno vigesimo tertio.

R. Cardinalis Braschius de
Honestis.

(L.S.)

Emidius ex Comitibus de Ziuccis, Dei et Apostolicæ
Sedis Gratia Archiepiscopus Damascenus S. S. D. N. Pii Divina Providentia P. P. VI. Prælatus Domesticus, et Solio Pontificio Assistens, Ejusdemque, ac dictæ S. Sedis Apostolicæ apud Serenissimam Electoralem Aulam Bavaro - Palatinam cum Facultatibus Legati de Latere Nuncius.

Universis et Singulis, quorum interest, fidem facimus, atque testamur, suprascriptam Copiam à Nobis collatam cum suo Originali, quod in Nostra Cancellaria Sacræ Nuntiaturæ Apostolicæ servamus, de verbo ac verbum concordare, ideoque omnem fidem dictæ Copiæ adhibendam esse. Quod Nostra Subscriptione firmamus, et majoris Cancellariæ Nostræ Sigilli adpositione corroboramus. Datum Monachii in Ædibus Nostris Die 18. Decembris 1797.

Emidius Archiepiscopus
Damascenus.

(L.S.)

Aloysius Lanz Cancellarius.

Pius VI. PP.

Dilectissime in Christo Fili
Noster, Salutem, et apostolicam Benedictionem!

Cum semper propter exploratam
pietatem Tuam, atque eximia
in Ecclesiam merita postulationum
Tuarum ratio a Nobis est habita,
tum maxime his tam calamitosis tum
christianae, tum civilis Reipublicae
temporibus eam habendam esse du-
cimus. Eis enim tempestatibus fer-
me universus terrarum orbis jacta-
tur, iis periculis urgetur, ut quibus
remediis nunquam uti cogitassemus,
ea nunc necessario vel ad reeparanda
mala, que acciderunt, vel ad avertenda, que imminent, qua ratione
possumus, omnino sint abhibenda.
Itaque, dilectissime in Christo Fili
Noster, cum et ad levandas aerum-
nas, quibus tam Palatinatus, quam
Ducatus Tui regiones vexatae sunt,
et ad pericula, quae iisdem imminent avertenda rogaveris Nos, ut
potestas fiat Tibi, vendendi ex Ecclesiasticorum bonis, quae in Pro-
vinciis Tui juris sunt, quantum satis
sit ad conficienda quindecim dena
centena millia Florenorum (quae
Summa vix septimam partem eccle-
siastici Patrimonii tam Palatinatus,
quam Bavarici Ducatus Tui efficit)
ut eo praesidio valeas communibus
necessitatibus subvenire; nihil majori
Nobis curae fuit, quam cogitare
quousque in re tanti momenti in-
dulgentia Nostra Tibi prodesse pos-
semus, nihil magis aequum existi-
mantes (cum de communi periculo
agatur) quam ex ecclesiastico censu
ea subsidia depromere, quae propter temporum impedissimorum dif-
ficultatem aliunde corrogari non
possunt. Verum cum illud etiam
apostolicae aequitatis, et providen-
tiae esse debeat, cavere ne, si hujusmodi subsidia tribui possint, salvis
iis, a quibus ipsa trihuuntur, ea
cum eorum detrimento potius, quam
sine ipsorum detrimento tribuantur;
cum videamus, si potestas fiat
publicandi bona Ecclesiasticorum,
eorumque domos supprimendi, ma-
ximam utriusque Cleri partem, ac
praecipue Caenobitarum salvam esse
non posse, quorum conservationi
pro-

Pius VI. P.

Geliebtester Sohn in Christo! Unsern Gruß, und apostolischen Segen zuvor!

Da Wir wegen deiner geprüften
Frömmigkeit, und wegen Deinen ausnehmenden Verdiensten um die
Kirche auf Deine Begehren stets Rücksicht genommen haben, so finden Wir
Uns dazu in diesen so unglücklichen
Zeiten des christlichen und bürgerlichen
gemeinen Wesens besonders bewogen.
Denn durch solche Stürme wird die
ganze Welt erschüttert, und von solchen Gefahren bedrängt, daß, um die
schon erlittenen Uebel zu ersetzen, und
die noch drohenden abzuwenden, Wir
nun nothwendig, so viel an Uns ist,
solche Mittel anwenden müssen, welche
zu gebrauchen Wir sonst nie gesinnt
gewesen wären. Deswegen Unser geliebtester Sohn in Christo! da Du
Uns gebethen hast, daß Dir die Macht
ertheilt werden möge, theils zur Lin-
derung der in den Ländern deiner
Pfalzgrafschaft sowohl, als Deines
Herzogthums erlittenen Trübsale,
theils zur Abwendung der diesen Ländern noch drohenden Gefahren, von
den in Deinen Staaten gelegenen Gütern der Geistlichkeit soviel zu verdu-
ßern, als erfodert wird, um fünfzehn
Millionen Gulden (welche Summe
kaum den siebenten Theil des geistlichen Vermögens in der Pfalz und
Deinem Herzogthume Baiern ausma-
chet) zusammen zu bringen, um mit
dieser Hülfe den allgemeinen Bedürfnissen steuern zu können; so haben
Wir Uns zur größten Angelegenheit
gemacht, zu sinnen, wie weit in einer
Sache von solcher Wichtigkeit Wir Dir
durch unsere Willfahre nützen könnten;
indem Wir (da es sich um die allgemeine Gefahr handelt) nichts billiger
zu seyn erachten, als daß aus dem
Vermögen der Geistlichkeit jene Bey-
hülfe erholet werde, welche in diesen
verworrensten Zeiten anderstwoher nicht
erhalten werden kann. Allein, da
Wir nach Unserer apostolischen Billigkeit, und Fürsorge verhüten müssen,
wenn anderst solche Hülfe mit Aufrechthaltung der sie leistenden geleistet werden kann, daß sie nicht zu ihrem Verderben gereiche, sondern ohne ihr Verderben geleistet werde, und da Wir
eine

profpicere Nos inprimis debemus, ut, qui non in deftructionem, fed in aedificationem Ecclefiae a Deo fumus in hac poteftatis amplitudine conftituti propterea ut et temporum difficultatibus occurramus, et Ecclefiae patrimoniis, juribusque parcamus, quorum a violatione omnia Regnorum excidia hactenus profecta funt; habita praefertim religionis. Tuae ratione, dilectiffime in Chrifto Fili Nofter, qui profecto, nifi temporum neceffitas coëgiffet, nunquam eam Tibi poteftatem fieri a Nobis poftulaffes: de apoftolicae poteftatis plenitudine concedimus, ut (fi vere Tibi neceffarium videbitur, ad communis falutis fubfidia paranda, ex Ecclefiaftico tam Palatinatus, quam Bavarici Ducatus Tui cenfu eam pecuniam corrogare) liceat Tibi ex apoftolica auctoritate Noftra, impofita, pro Praebendarum redditibus, in univerfum Clerum contributione, exceptis tamen Praebendis Parochorum; dictam Summam conficere, quae in fumptus, qui neceffarii funt ad falutem communem defendendam, poffit erogari. Quam Nos poteftatem minori difficultate facimus, cum quia hac ratione credimus et facilius, et celerius parari hanc pecuniam poffe (cum non ex parte aliqua Ecclefiafticorum, fed ex univerfo utriusque Cleri patrimonio exigi debeat) tum etiam quia fine ullius Monafterii ac religiofae domus fuppreffione ea poteft ab univerfo Clero fuppeditari.

Quod fi vero rationes et calamitates temporum ita tulerint, (quod tamen in Domino fperamus nullo modo futurum) ut, nifi vendantur bona Ecclefiafticorum, parari ea pecunia nullo modo queat, adeoque ea bona publicare omnino fit neceffe, tunc ea conditione poteftatem publicandi, et vendendi ea bona facimus, ut ex patrimoniis Parochorum, ex praebendis

Sechster Band.

einfehen, daß, wenn die Güter der Geiftlichkeit zu veräußern, und ihre Häufer anzuheben geftattet würde, der größte Theil des beyderfeitigen Clerus, vorzüglich aber jener der Ordensgeiftlichen, für deren Erhaltung Wir, die Wir nicht zum Umfturze, fondern zur Auferbauung der Kirche in diefer Machtvollkommenheit beftellet find, nicht gerettet werden könnte, fo geftatten Wir Dir, um einer Seits den fchweren Zeitumftänden zu begegnen, andrer Seits auch der Güter- und Rechte der Kirche, auch deren Verletzung der Verfall der Reiche bisher allemal entfproffen ift, zu fchonen; befonders aber in Rückficht Deiner Gottesfurcht, geliebtefter Sohn in Chrifto, der Du, wenn es die Zeitumftände nicht geboten hätten, von Uns diefe Macht gewiß nicht wider Dich gefodert haben, in Kraft Unferer apoftolifchen Machtvollkommenheit, (wenn Du zum allgemeinen Beften folche Summe aus dem geiftlichen Vermögen der Pfalz und des Herzogthums Baiern zu erheben für wahrhaft nothwendig finden wirft) vermög Unferer apoftolifchen Gewalt durch eine auf den gefammten Clerus nach dem Maaße der Einkünfte feiner Pfründen, doch mit Ausnahm der pfarrlichen Pfründen, zu vertheilende Anlegung die genannte Summe zu erheben, um fie zum Schutze des allgemeinen Beften verwenden zu können. Und diefe Befugniß ertheilen Wir Dir um fo williger, als Wir glauben, daß auf diefe Art das Geld (da es nicht von einem Theile der Geiftlichkeit alleine, fondern aus dem ganzen Vermögen des beyderfeitigen Clerus erhoben werden folle) fowohl leichter und behender, als auch ohne Aufhebung irgend eines Klofters, oder einer geiftlichen Gemeinde von dem gefammten Clerus zufammen gebracht werden könne.

Sollten es aber (das doch nach Unferer in Gott gefetzten Hofnung nie gefchehen möge) die Umftände und die unglücklichen Zeiten es fo fügen, daß ohne Veräußerung geiftlicher Güter, folches Geld nicht erhalten werden könnte, und daher die Güter feilgeboten werden müßten, fo ertheilen Wir Dir zu folcher Feilbietung und Veräußerung die Gewalt, doch unter der Bedingniß, daß von den Pfarrgütern, und von den

M m

Collegiatarum et Capitulorum, quemadmodum ipse pollicitus es, nullam omnino partem alienari, vendi, ac publicari concedamus, de bonis vero Monialium tunc solum partem aliquam alienari permittamus, cum oneribus imperatæ pecuniæ liberari aut nolint, aut nulla alia ratione Moniales queant. Præterea si aliquas domos supprimere Regularium ad eam pecuniam conficiendam necesse erit, permittimus, ut eæ tantum domus supprimantur, ex quarum defectu minus detrimenti aut in divini cultus conservationem, aut in proximorum institutionem, ac præsidium manare possit; volumusque, ut qui ex suppressis domibus in alias ejusdem Familiæ, atque Ordinis commigrabunt, pensio tribuatur in alimenta, quæ non minor sit nummis Scutatis octoginta romanis, cujusmodi viris religiosis extinctæ Societatis Jesu fuit olim constituta.

den Pfründen der Kollegiatstifter und Kapitel, wie Du dieses selbst versprochen hast, überhaupt nichts, von den Gütern der Nonnen aber nur kann ein Theil verdußert werden dürfe, wenn die Nonnen die Auslagen nicht bezahlen wollten, oder auf keine andere Weise könnten. Wenn es übrigens nothwendig werden sollte, zur Erlangung jener Summe einige Ordenshäuser der regulären Geistlichkeit aufzuheben, so erlauben Wir es doch nur bey jenen Ordenshäusern, durch deren Erlöschung die Haltung des Gottesdienstes, der Unterricht, und die Unterstützung des Nächsten weniger zu leiden haben; auch wollen Wir, daß denjenigen, welche aus den aufgehobenen Ordenshäusern in andere derselbigen Regel, und desselbigen Ordens sich begeben werden, zum Unterhalte eine Pension von wenigstens achtzig römischen Thalern, ungefähr so, wie sie einst den Vätern der erloschenen Gesellschaft Jesu bestimmt worden war, zukommen solle.

Commendamus igitur, quanto possumus studio venerabilis fratris Nostri Emigdii Archiepiscopi Damasceni, et Nuntii apostolici apud Te, delectissime in Christo Fili Noster, fidei, et conscientiæ hujus rei procurationem, atque ita commendamus, ut illud firmum maneat, nimirum, si, quod maxime desideramus, ea pecunia sublicia parari sine bonorum Ecclesiasticorum venditione queant, ut ne bona Ecclesiasticorum ullo modo veneant; sin (quod minime vellemus) ad ea subsidia paranda bona vendere omnino necesse sit, ita veneant, ut non cupitate ulla in Ecclesiasticorum patrimonia animos instigante, sed temporum necessitate cogente, hæc omnia a catholicæ professionis hominibus administrari videantur.

Zu dem Ende empfehlen Wir auf das angelegentlichste die Obsorge dieses Geschäftes der Treue, und der Gewissenhaftigkeit Unseres ehrwürdigen Bruders Emygdius Erzbischof von Damascus und Nunzius an Deinem Hofe, geliebtester Sohn in Christo! und Wir empfehlen in solcher Art unverbrüchlich darauf zu bestehen, daß, wenn jene Geldhülfe ohne Veräußerung geistlicher Güter erhalten werden kann, (wie Wir es vorzüglich wünschen) solche Güter keineswegs verdußert werden sollen. Wenn aber (was Wir am wenigsten wollten) zur Erhaltung solcher Hülfe das Veräußern der Güter unumgänglich nöthig würde, so soll damit also verfahren werden, daß keine Begierlichkeit nach geistlichem Vermögen, sondern das gebietende Bedürfniß der Zeitläuften, und die Leitung katholischer Christen aus allem hervorleuchte.

Quod id ex fide fiat, et ut Tuorum populorum saluti benevertat, Deum optimum maximum obsecrantes Tibi apostolicam benedictionem peramanter impertimur.

Daß dieß alles getreulich erfüllet werde, und zu Deiner Völker Heil gedeihe, bitten Wir Gott den Allmächtigen, und ertheilen liebevoll Dir den apostolischen Segen.

Gegen

Datum ex Cœnobio Cartusiano prope Florentiam die VII. Sept. MDCCXCVIII. Pontificatus Nostri Anno vigesimo quarto.

Gegeben in der Carthause nächst Florenz den 7ten Herbstmonats 1798 im vier und zwanzigsten Jahre Unsers Pabstthums.

Pius qui supra.

(L. S.)

Josephus Marotti,
Ss. D. N. Papae Pii VI. a Secretis.

Nro. XV.

Nach den vorhandenen Instruktionen, mehreren höchsten Verordnungen, und der Observanz hat der Churfürstl. geistliche Rath unter andern, auch besonders die Obliegenheit auf sich, daß von uralten Zeiten hergebrachte Landeshoheits-Befugniß dem Clero, durch feyerliche Installation die Temporallen zu ertheilen, gegen jederman aufrecht zu erhalten. Wer daher immer zu einem Widerspruch dießfalls befugt zu seyn glaubt, muß bey dem Churfürstl. geistlichen Rath vorerst seine Ansprüche entweder mit einer besondern landesherrlichen Bewilligung, oder mit undenkbarer Ausübung zu beweisen suchen. Diese Stelle hat sofort die Gründe zu untersuchen, hierüber zu entscheiden, und, wenn sie unzureichend befunden worden, die landesherrliche Gerechtsame ohne weiters in Ausübung zu bringen. Erst dann, wenn der widersprechende Theil in seinem vermeynlichen Recht durch die geistliche Raths-Entscheidung gekränkt zu seyn glaubt, bleibt selben in Petitorio der Justizweg offen, welcher dann in seinem geraden Lauf niemal gehindert werden wird. Hiernach hat sich also der Churfürstl. Hofrath sowohl künftighin in allen dergleichen vorkommenden Fällen, als schon dermal bey dem eben vorhandenen Widerspruch von Seite des unmittelbaren Gotteshauses Oberhospital zu Memmingen rücksichtlich der Pfarrey Breitenbrunn gehorsamst zu achten, sofort den Stiftsanwald, Jakob, gehörig anzuweisen. München den 9ten Dezember 1797.

Wegen den landesherrl. Installatio- nen bleibt der Justizweg nur in Peti- torio offen.

Nro. XVI.

Wiewohl Sr. Churfürstl. Durchläucht aus bisheriger Erfahrung bekannt ist, daß einige bischöfliche Consistorien nicht beflissen sind, sothigen Priestern durchzuhelfen, und sie zu unterstützen, als selbe andern ihres gleichen zum abschreckenden Beyspiel, durch geeignete Strafen von weitern Vergehungen und Verbrechen abzuhalten; so wollen Höchstdieselbe jedennoch nach unzielsetzlichem Antrage dero geistlichen Raths für diesen besondern Fall gnädigst erlauben, daß der in dem hiesigen Neuthurme puncto Falsi detinirte Weltpriester N. N. sammt den hierzu erforderlichen Akten, die sämmtlich hieher zurück gehen, dem Consistorio in Freysing gegen Vergütung der Unkösten ausgeliefert werden möge: wobey zugleich demselben unverhalten zu lassen ist, daß Höchstgedachte Sr. Churfürstl. Durchläucht genannten Weltpriester, der näherer Erfahrung nach schon einige Jahre her nicht nur viele muthwillige Schulden bey armen Partheyen gemacht, und dabey ein ärgerliches Leben geführt, sondern auch Beweis der neuern Akten, und hierunter enthaltenen Erfahrungen, und Recognitionen noch über das wiederholter malen ein Crimen falsi aus schändlich- und höchst ärgerlicher Gewinnsucht unläugbar begangen, und hierdurch großes Unheil veranlasset hat, in Zukunft, wenn ihn auch gegen alle Vermuthung bey dem gedachten Consistorio die für ein so schweres, und so oft wiederholtes Verbrechen geeignete Strafe nachgesehen werden wollte, weder die bisher genießne Pension abfolgen lassen, noch weniger ihn in dero Staaten länger mehr gedulten werden. Da auch der Fall wohl möglich ist, daß mehr erwähnter Priester noch mehrere Leute, als dermal bekannt sind, copulirt haben dürfte; so ist mitbey die Requisition zu stellen, daß die verhängte Strafe angezeigt, und die Acta zur

Bestrafung eines puncto Falsi detinir- ten Welt- priesters.

M m 2

zur Einsicht beygeleget werden möchten. Uebrigens bestättigen noch Se. Churfürstl. Durchlaucht den von Höchstdero Hofrathe gemachten unfürgreiflichen Antrag, und befehlen andurch gnädigst, daß dem Bischöflich-Freysingischen Commissario für diesen Fall noch seine gebrauchte beleidigende Schreibart mit der vorläufigen Commination verwiesen werden solle, daß wenn er sich nochmal unterfangen sollte, auf diese, oder eine andere ähnliche Art aufzutreten, sein Vergehen nicht ungestraft mehr bleiben würde. München den 5ten Februar 1798.

Nro. XVII.

Die Beyziehung eines Rechnungs-Commiß-bey dero Klösterl. Lokal-Untersuchung.

Da es allerdings richtig ist, daß in Fällen, wo einem Kloster der Weg zur Häuslichkeit gezeigt, und hierinnen eine bessere Einrichtung in Rechnungs- und ökonomischen Gegenständen getroffen werden solle, solches jederzeit unvollständig geschehen müsse, wenn nicht auch von Seite der Kirchen-Rechnungsstube eine Lokal-Kenntniß, und eine genaue Einsicht des ökonomischen Zustandes, und der vorigen Manipulationen genommen wird, weil sonst die vorhandene Gebrechen nicht entdeckt, und also auch nicht gründlich gehoben werden können; So haben Se. Churfürstl. Durchlaucht nach Dero geistlichen Raths-Gutachten vom 19ten September v. J. gnädigst zu genehmigen geruhet, daß künftighin bey jenen Lokal-Untersuchungen der Klöster, wobey es vorzüglich um Einschränkung in die Temporalien und deren Administrirung zu thun ist, jedesmal ein Rechnungs-Commissär beygezogen, und von selben das Einschlägige hergestellt werden solle, wobey man sich versichert, daß hierdurch dergleichen Untersuchungen sehr beschleunigt, gründlich bearbeitet, und die für den beyzuziehenden Rechnungs-Commissär erlaufende Kösten durch einen desto kürzern Aufenthalt wieder erspart werden. München den 12ten März 1798.

Nro. XVIII.

Die Kleidungsart der Weltgeistlichen.

Seine Churfürstl. Durchlaucht haben mit Mißfallen in Erfahrung gebracht, daß die Weltgeistlichkeit dahier sowohl, als in den übrigen Haupt- und Provinzial-Städten, wie auch an vielen Orten auf dem Lande in Baiern, und den Herzogthümern der Obern Pfalz und Neuburg sich manchmal nicht mit jenem Anstand kleide, den die Würde ihres würdigen Berufes fodert. Wenn nun schon die Kleidung das Wesentliche des Priesters keinesweges ausmacht, und nur zu oft ganz unpriesterliche Eigenschaften mit einer Außenseite zu decken gesucht werden; So ist jedoch die Erhabenheit des geistlichen Standes von der Art, daß auch dessen Aeußerliches verbunden mit einem übrigens guten Lebenswandel auf das Publikum mitwirken muß, und daß Vernachläßigung dieses äußerlichen besonders in den heiligsten Kirchen-Verrichtungen und Prozessionen nie andere, als unangenehme Eindrücke auf die Anwesende machen kann. Se. Churfürstl. Durchl. wollen daher, daß die Weltgeistlichkeit in den Städten, Märkten und auf dem Lande zu den gottesdienstlichen Verrichtungen jedesmal in schwarzer Kleidung, und mit Schnallen auf den Schuhen (letztere auf dem Lande, wo Witterungs-Umstände oder zu weite Entfernung der Kirche den Gebrauch der Stiefeln manchmal unentbehrlich machen, ausgenommen) sich begeben, sofort bey dem Altar, den Processionen alles Stiefel- und Bundschuhe tragens sich enthalten, und überhaupts ihre Obliegenheiten mit aller Würde erfüllen. Eben so habe sie auch außer ihren Berufsgeschäften sich jederzeit schicklich und einfach zu kleiden, alle hellfarbige Kleidungsstücke und Gillets; alle Knöpfe mit Gold- oder Silber, mit Schattenrissen, Figuren oder Landschaften gänzlich zu verbannen, und sich überhaupt vom geschmacklosen, so wie von gar zu modischen Aeußerlichen gleich weit entfernt zu halten. Diese ernstliche höchste Willensmeynung, worauf auch das Großaelmosinariat heute angewiesen worden ist, hat der Churfürstl. geistl. Rath sämmtlichen Ordinariaten in Abschrift mit dem Anhang zuzusenden, daß Se. Churfürstl. Durchlaucht hiernach die zweckmäßige Anweisung der Weltgeistlichkeit eines jeden Kirchensprengels ein für allemal verlangen, und im Fall solche unterbleiben, oder die gehörige Wirkung nicht hervor bringen würde, dann von Landesherrschafts wegen selbst vorzufahren entschlossen wären. München den 17ten May 1798.

XIX.

Nro. XIX.

Aus den von Churfürſtl. Hofkammer über die Entleibung des Förſters zu Kb⸗ Die von den
nigſtein unterm 11ten dieß unterthänigſt erſtatteten Anzeigs⸗Bericht war Pfarrern ohne
zu entnehmen, daß der dortige Pfarrer gedachten Förſter ohne vorausgegangene ne Licenz
Licenz zu copuliren ſich habe beygehen laſſen. Der Churfürſtl. Regierung wird unterneh⸗
daher in der Vorausſetzung, daß derſelſiges Verboth der Trauung Churfürſtl. mende Trau⸗
Dienier ohne ehevor erhaltener Licenz bedörend kund gemacht, und ſämmtli⸗ ung betref⸗
chen Pfarrern hinlänglich bekannt ſeyn wird, gnädigſt anbefohlen, den Pfarrer fend.
zur verordnungsmäßigen Strafe zu ziehen, oder wenn keine eigentliche Straf⸗
gattung ausdrücklich beſtimmt wäre, pr. 10 Rthlr. zu ſtrafen, und dieſe Straf⸗
gelder zum Behuf der zu errichtenden Wittwen⸗Caſſe einweils ad Depoſitum
zu nehmen, im Fall aber dieſes Verboth an ſämmtliche Pfarreyen der obern
Pfalz und des Herzogtbums Sulzbach noch nicht gehörig ausgeſchrieben, oder ſonſt
hinlänglich bekannt gemacht worden wäre, ſolches ohnaufhaltlich zu bewirken,
auf den Uebertrettungsfall eine Strafe von 10 Rthlr. zu beſtimmen, ſort ſolche
jedmaln ohnnachſichtlich beyzutreiben, auch die Bedrohung beyzufügen, daß
nebſt obiger Strafe dem ohne Conſens copulirenden Pfarrer die auf Abſterben
der Ehemänner rückbleibende mittelloſe Wittwen und Kinder zur Allmentation
werden heimgewieſen werden. München den 19ten Juny 1798.

Nro. XX.

Seine Churfürſtl. Durchlaucht begnehmigen das unterthänigſte Gutachten Inſtalla⸗
Ihro geiſtlichen Raths ddto 24. v. M. das Inſtallations⸗Recht bey den tions⸗Recht
Pfarreyen Pfleggerichts Mindelheim,*) in ſpecie der Pfarrey Breittenbruun bey den Pfar⸗
hiemit gnädigſt, und befehlen, daß der gegenwärtige Prälat des Oberhoſpitals reyen Pfleg⸗
in Memmingen gleich den inländiſchen gehalten, ſort denſelben aufgetragen wer⸗ gerichts
den ſolle, ohne weiters den Poſſeſs⸗Befehl in Rückſicht der gedachten Pfarr Mindelheim.
Breitenbruun bey dem Churfürſtl. geiſtlichen Rath nachzuſuchen, und ſich bey
dem Pfleggericht Mindelheim ſolenniter qua Parochus inſtalliren zu laſſen,
für die Zukunft aber ſoll jeder neuerwählter Prälat beym Oberhoſpital in ge⸗
dachten Memmingen die Verbindlichkeit auf ſich haben, die Inſtallation circa
temporalia durch das Gericht Mindelheim mit ſich vornehmen zu laſſen, hier⸗
nach hat ſich der Churfürſtl. geiſtl. Rath zu achten. München den 4ten Au⸗
guſt 1798.

*) Vid. die Samml. v. J. 1797. Seite 453. N. 63.

Nro. XXI.

Aus den von der Churfürſtl. Univerſitäts⸗Fonds⸗Adminiſtrations⸗Deputation Peſſeſsions⸗
der Univerſität, und ſelbſt von der Churfürſtl. gnädigſt angeordneten gehei⸗ Tar von den
men Univerſitäts⸗Curatel in unterthänigſten Berichten vom 18ten July, 26ten Univerſitäts⸗
April und 6ten Auguſt d. J. vorgelegten Gründen, und beygefügten Gutachten Pfarreyen.
ſind Se. Churfürſtl. Durchlaucht als Summus Protector der Univerſität gnä⸗
digſt zu entſchlieſſen bewogen worden, daß die dermalen auf die Univerſitäts⸗
Pfarreyen Unterbaunſtadt, Schambhaupten, und Proviſur Pondorf ſchon län⸗
gere Zeit Inveſtirte des dermaligen Poſſeſsions⸗Taxes gnädigſt entledigt; von
den zukünftigen aber nur der kleine Tax ad 5 fl. für allzeit genommen werden
ſolle. München den 24ten Auguſt 1798.

Nro. XXII.

Seine Churfürſtl. Durchlaucht haben in dem gnädigſten Reſcript vom 6ten Die Behand⸗
Oktober 1795 §. 22. *) zu befehlen geruhet: daß die zum geiſtl. Rath lung der
eingeſendet werdende Pfarrhöſe⸗ſo andere Bau⸗ und Verlaſſenſchafts⸗Rechnun⸗ geiſtlichen
gen nach geſchehener Juſtificirung der gnädigſt aufgeſtellten Rechnungs⸗Aufs⸗ Verlaſſen⸗
nahms⸗ ſchaften.

*) Vid. die Samml. v. J. 1797. Seite 508. §. 22.

nahms-Commiſſion zur Superreviſion gleichfalls übergeben werden ſollen. In Bezug hierauf erſtattete der geiſtliche Rath am 15ten März d. J. unterthänig-ſten Bericht, und beruft ſich auf eine von der hieſigen Kirchen-Rechnungsſtube, in dem hier zurückgehenden Akt ad n. 2. verfaßte Erinnerung, worinn zwey Gattungen von geiſtlichen Verlaſſenſchaften, nämlich jene, wo die Kirchen, Bru-derſchaften, oder andere fromme Stiftungen ganz oder zum theil als Univerſal-Erben eingeſeßt ſind, dann jene, wo die Gotteshäuſer entweder gar nichts er-ben, oder nur mit einem Legat bedacht ſind, unterſchieden, ſo fort die Juſti-ficirung der leßtern Gattung allzeit verlierend, manchmal zwecklos, und für die Erben koſtſpielig geſchildert werden. Se. Churfürſtl. Durchlaucht haben auch die hierinn angeführte Umſtände einer gnädigſten Aufmerkſamkeit würdig befun-den, ſohin hiernach und mit Rückſicht auf die Zifer 4. anliegende Aeußerung der Kirchen-Rechnungs-Aufnahms-Commißion, zu Hebung aller Umſtänden für die Zukunft gnädigſt zu beſchließen geruhet: daß

1. Sämmtliche geiſtliche Verlaſſenſchaften erſterer Gattung noch fer-ners, wie bisher, ordentlich, genau und der vorhandenen Vorſchrift gemäß ju-ſtificirt und behandelt;

2. Aber die geiſtlichen Verlaſſenſchaften zweyter Gattung nur in ſoweit unterſucht werden ſollen, ob das der Kirche, Bruderſchaft, oder frommen Stiftung zugedachte Legat ſicher ausgezeigt, das Gotteshaus wegen Begräbniß des Verſtorbenen befriediget, die Baufälle-Schäßung in Gegenwart beyderſei-gen Intereſſenten ordentlich vorgenommen, und das hierüber abgehaltene Proto-koll von beyden Theilen unterſchrieben worden iſt, dann ob der Entſeelte den Poſſeß-Tax bezahlt, ob man das gehörige Siegelpapier gebraucht, ſofort auch die portio Seminariſtica oder ſexta pars ad Cauſas pias, wo ſolche herge-bracht iſt, gehörig entrichtet habe.

3. Sollen die geiſtlichen Verlaſſenſchaften von beyden Gattungen nur im Rentamt München unmittelbar zum geiſtlichen Rath, die übrigen aber zu den äußern Kirchen-Deputationen eingeſendet, und dort auf die oben feſtgeſeßte Art behandelt werden. Zu endlicher Verbeſcheidungen aber müſſen

4. Alle geiſtliche Verlaſſenſchaften erſterer Art, nämlich wo Kirchen ſo ganz oder zum Theil Erben ſind, hieher an den Churfürſtl. geiſtlichen Rath geſendet, von der zweyten Art aber, von die Gotteshäuſer nur mit Legaten be-dacht ſind, bloß jene Verlaſſenſchaften an mehr berührten geiſtlichen Rath ge-bracht werden, bey welchen einige Bedenken über obige Gegenſtände obwalten, oder von einem Theile ſchriftliche oder gegründete Beſchwerden erhoben worden ſind, damit durch das viele Hin- und Herſchicken die Verlaſſenſchafts-Verhand-lungen nicht ſo lange verzögert, und die ohnehin meiſtentheils arme Erben in keine unnöthige Köſten verſeßet werden. Hiernach hat ſich alſo der geiſtliche Rath gehorſamſt zu achten, und die Ausſchreibungen zu verfügen. München den 15ten September 1798.

Nro. XXIII.

Sr. rae fromme Stiftungen.

Entbiethen Jedermann Unſern Gruß, und Gnade zuvor. Es hat die Erfah-rung ſchon öfters gezeigt, daß manche in Teſtamenten für Kirchen, oder auch für den hilfbedürfenden Theil der Menſchheit gemachte fromme Stiftun-gen theils aus Unachtſamkeit der Teſtaments-Exekutorn, theils durch zweck-widriges Benehmen der erbenden Familien, entweder gar nicht zu Stand ge-bracht worden ſind, oder eine ganz andere Wendung bekommen haben.

Damit aber in Zukunft die lobenswerthe Abſicht und der leßte Wille eines ſolchen wohlthätigen Stifters ſicherer erzielet werde, ſo machen Wir hie-mit allen Unſern Juſtizſtellen, und Gerichts-Obrigkeiten in Unſern hieſigen
Lan-

Landen, dann sämmtlichen Obsignanten von Verwandtschafts wegen, und allen Testaments-Exekutorn den ernstlichen Auftrag, daß selbe, im Falle in einer letztwilligen Verordnung eine geistliche oder weltliche milde Stiftung, sie möge gerichtlich oder ständisch seyn, gemacht werden würde, hierüber sogleich nach eröffneten Testament den geeigneten Auszug an Unsern geistlichen Rath, oder bey Unsern Regierungsbezirken, an Unsere Kirchen-Deputationen rücksichtlich der geistlichen, rücksichtlich der weltlichen fromm en Stiftungen aber an Unsere Obere-Landesregierung ungesäumt einsenden sollen;

Wonach dann Unsere weitere höchste Willensmeynung ist, daß von eben genannten Unsern Stellen für die wirkliche Herstellung gedachter Stiftungen Sorge getragen, und im Falle Nachläßigkeit oder böser Wille der dabey interessirten Theile solches hindern sollen, mit Ernst und Nachdruck zu Erreichung der frommen Absichten der seligen Stifter hingewirkt werden solle. München den 15ten September 1798.

Nro. XXIV.

Nachdem Beyspiele vorhanden sind, daß in Fällen, wo Hofmarks-Innhaber bey Verstiftung der Kirchenzehenden mit licitiren, die Unterthanen und Zehendholden von höbern Anbothen zum Nachtheil der Gotteshäuser abgehalten werden: so haben Se. Churfürstl. Durchlaucht nach Höchstdero geistlichen Rathes-Antrag vom 6. dieß fest zu setzen geruhet, daß in Zukunft alle Hofmarks-Innhaber, und Güterbesitzer von Mistelgerung bey Kirchen-Zehende Verstiftungen, so wie es die Beamte, Kirchen-Verwalter, Pfarrer und Zehendpröbste schon sind; ebenfalls ausgeschlossen werden sollen. Wonach der Churfürstl. geistliche Rath die Ausschreibung gehörig zu besorgen hat. München den 20ten September 1798.

Den Ausschluß der Hofmarchs-Innhaber von Licitirung der Kirchen-Zehenden.

Nro. XXV.

Seine Churfürstl. Durchlaucht gereichet immer zum Wohlgefallen, wenn dero Regierung vernünftige Zweifel zur Erläuterung, oder wichtige Betrachtung und Erinnerungen zur Abänderung eines Gesetzes an die höchste Stelle gelangen lasset. In gegenwärtigen Vor- und Antrag, welchen dieselbe auf Abänderung der in den Jahren 1770, 1780 und 1793*) in Betreff der außer Lande copulirten Unterthanen erlassenen höchsten Verordnungen, und darinn bestimmter Strafe des Landes-Verweisung, unterm 30ten Oktober abhin unzielzlich gemacht hat, ist gnädigst genehm, daß, wo bey Katholiken die Ehe im Ausland ohne Gegenwart, oder Erlaubniß des Parochi Ordinarii richtig vollzogen wird, der Mann statt der Landes-Verweisung ad Militiam, oder bewandten Umständen nach ins Arbeitshaus zur Verpflegung gebracht, die Weibsperson sammt ihren etwaigen Kindern aber in ihr Geburtsort rückgewiesen werde. Bey den protestantischen Unterthanen hingegen, deren Ehe nicht ungültig ist, solle die Landes-Verweisung noch ferner statt haben. Doch ist dem Freyherrn von Tautphäus zu Nürnberg anheute aufgetragen worden, sich dahin zu verwenden, daß die im Bericht angeführte Bellisch- und Poppische Eheleute in ihrem Copulations-Ort gedulbet, dann für die Zukunft von der Reichsstadt Nürnberg all ihren Beamten, und Pfarrern geschärfst eingebunden werde, bey Strafe der Selbst-Alimentation keine solche Copulationen mehr zu gestatten und vorzunehmen, als durch welch ähnliche Vorkehr diesseitiger Ländern, auch den benachbarten der Vortheil zugehet, daß ihre Unterthanen nicht ebenfalls in unglückliche Ehe-Verbindung gerathen, dann ihren Staat zu Last fallen. Was die Anspach- und Bayreuthische Lande betrift, deßfalls hat Churfürstl. Regierung Amberg mit jenseitigen Regierungen sich dahin zu benehmen, daß allvort ein gleichmäßiges Verbot veranlaßet werde. München den 24ten November 1798.

Die Bestrafung der außer Lande copulirten diesseitigen Unterthauen betreffend.

Notif. Der Regierung Neuburg zur gleichmäßigen Nachachtung.
*) Vid. die Samml. v. J. 1797. Seite 479. N. 111.

N n 2　　　　　XXVI.

Nro. XXVI.

Kaiser-
deutlicher
Staatsbey-
trag von
geistlichen
Gütern.

Indem Wir euch die von Seiner päbstlichen Heiligkeit wegen Erhebung eines außerordentlichen Staats-Beytrags aus den geistlichen Gütern erlassene Bulle hier im Urtexte, und in der Uebersetzung gnädigst mittheilen, eröfnen Wir euch zugleich nach Innhalt des von Unserer höchsten Stelle unterm 29ten vorigen Monats anher erfolgten Rescripts Unseren höchsten Beschluß, daß ihr zu Deckung der durch die Kriegs- und Zeitumstände herbeygeführten äußerst bringenden Staatsbedürfnissen

1tens Aus den Einkünften der in Unsern Staaten gelegenen Gütern, und Realitäten des euch vertrauten Klosters die Summe von R. R. baar beytragen, und die Hälfte hievon in Zeit 4 Wochen nach Empfang dieses gnädigsten Befehls, und die andere nach weitern 6 Wochen bey Unserer Hauptkasse bahier, bey welcher diese, wie alle nachfolgende Gelder abgesondert gehalten, und verrechnet werden, unfehlbar erlegen sollet; wobey ihr nebst dem besitzenden Geld- und Getreidvorrath das Kloster- und Klosterkirchensilber, und das allenfalls vorhandene Gold verwenden, und statt baar Geld an Unser Münz-amt baher einsenden möget.

2tens Sollet ihr auf die Einkünften der Güter, und Realitäten des Klosters ein von Seite des Staats unaufkündbares, von euch aber allzeit auch theilweise rückzahlbares Kapital von R. R. Gulden übernehmen, und solches zu vier pro Cento in halbjährigen Terminen allzeit den 30ten Juny, und 31ten Dezember zur gedachten Hauptkasse, oder wohin es sonst verordnet wird, verzinsen, und deshalben dem Staate eine ordentliche, von euch, und Namens des Konvents von den geeigneten Personen unterschriebene, und gefertigte Obligation nach dem hier anliegenden Formular ausstellen.

3tens Habt ihr zu gedachtem Behuf, und Zweck weiters in Zeit drey Monate eine Summe von R. R. Gulden durch Veräußerungen beyzuschaffen, und zu Unserer Hauptkasse baher einzusenden, hiebey aber, so weit das euch anvertraute Kloster von Nachfolgenden einiges besitzt, vorzugsweise die in auswärtigen Staaten entlegene Klosterbesitzungen, und Realitäten, die in und um die hiesige Stadt, auch in andern Städten, und Märkten bestehende Häuser, Mieth-stöcke, und Aenger, hiernächst Hofmärkte, Sitze, und Mayrhöfe, einige entbehrliche Waldungen an die eingeförstete Unterthanen, oder an andere, einige Zehenden an die Zehendholden, und einige Grundbarkeiten, Stiften, Gülten, und Lehenschaften, und zwar, damit sie nicht zum Nachtheil Unsers Aerariums in Edelmannsfreyheit fähige Hände kommen, an die Grundunterthanen selbst; und endlich auch die Natural-Scharrwerke ebenfalls an die Unterthanen zu verkaufen, und die über diese Handlungen abgehaltenen Protokolle nebst den Ueberschlägen, und Beylagen allzeit zuvor zu der von Uns gnädigst niedergesetzten Commission pro Ratificatione gehorsamst einzusenden;

Von dieser Veräußerungs-Summe kommen jedoch zum Voraus die um die von einigen Klöstern in vorigen Zeiten gegen Wiederlösung versetzten Scharrwerks-geldern, und Jurisdiktionen vorgeschossene Kapitalien, und hiemit auch von euch, wenn dergleichen bey diesem Kloster vorhanden sind, abzurechnen, und die dießfallsige Hofzahlamts-Scheine nebst den Urkunden statt baar Geld zur Commission einzuschicken.

Auch soll der Werth derjenigen Klosterwaldungen, welche allenfalls zu den Salinen, zur Triftanstalt, oder zu Unsern Bergwerken benutzt werden können, und worüber den treffenden das Nöthige noch eröfnet werden wird, von obiger Summe abgezogen werden.

Sollet

Sollet ihr indeſſen die obengedachte Veräußerungen durch Erlegung des gleich kommenden Geldbetrags abwenden wollen und können, ſo wird dieſer Antrag allerdings angenommen, widrigenfalls aber, und wenn in dem geſetzten Zeitraum von drey Monaten weder dieſer Geldbetrag erlegt, noch der Selbſtverkauf geſchehen ſeyn wird, mit der Veräußerung ohne weiters durch die Commiſſion fürgeſchritten werden.

4tens Soll nebſt der Intereſſe-Verreichniß von dem neu überbürdeten Kapital, auch der Studienfondsbeytrag von jedem Kloſter ferner ohne Abbruch entrichtet werden, und die Decimation wird ſeiner Zeit nach vorgenommener Rectification aufs neue regulirt werden; bis dahin aber iſt die Decimation ebenfalls ungeſchmälert zu bezahlen.

5tens Verſteht ſich alles Gegenwärtige nur von den in Baiern, und der obern Pfalz, entlegenen Beſitzungen, indem von denjenigen, welche in den Herzogthümern Neuburg und Sulzbach liegen, nach hergeſtellten Cataſter, ſowelt das euch anvertraute Kloſter allenfalls dergleichen beſitzt, demnächſt eine abgeſonderte, und verhältnißmäßige gleiche Ausſchreibung erfolgen wird.

Da aber all dieſes zu den dermaligen bringenden Staatsbedürfniſſen, wie die Aufrechthaltung der Religion, und des bürgerlichen gemeinen Weſens erheiſchet, nicht hinreicht, ſo haben Wir Unſerer Commiſſion aufgetragen, über die noch erfoderlichen Mittel euch die nähere Eröfnung zu machen, und in dieſer Zuverſicht nun, daß ihr dieſer Unſeren geäußerten höchſten Willensmeynung durchaus, und auf das genaueſte nachkommen werdet, befehlen Wir euch hiemit gnädigſt, daß entweder Ihr ſelbſt in Perſon, oder im Erkrankungsfalle ein aus dem Mittel eures Convents zu beſtellendes „über die Kloſter-Einkünften wohl informirtes, und inſtruirtes Mitglied mit ſchriftliche Vollmacht, um die zu veräußernde Realitäten, und die Art der Veräußerung ſo anders, mündlich näher beſtimmen zu können, auf N. N. bey der unter dem Vorſtand Unſers wirklich geheimen Raths, und Oberlands-Regierungs-Vice-Kanzlers Freyherrn von Stengel dahier niedergeſetzten, unmittelbaren Commiſſion erſcheinen, und zugleich nebſt der obengedachten ordentlich ausgefertigten Obligation noch folgende Verzeichniße von euch, und Namens des Kapitels von den geeigneten Perſonen, unterſchrieben, und gefertigt mitbringen, und übergeben ſollet:

a) Ueber die dermalige Zahl der Conventualen mit Auszeige des Namens, des Alters, des Aufnahms-Jahrs, und des Amts, auch ſoviel die Abweſenden betrift, mit Bemerkung des Orts ihres Aufenthalts, und der Eigenſchaft, in welcher ſie dermal ſtehen.

b) Ueber alle in auswärtigen Staaten entlegene Kloſter-Beſitzungen, Güter, und Realitäten mit Beyſetzung des ungefähren Ertrages.

c) Ueber alle Activ-Capitalien des Kloſters mit Bemerkung des Schuldners, und des Datums; und

d) Ueber alle Paſſiv-Capitalien mit Beyſetzung des Creditors, des Datums, und der landesherrlichen Conſenſen, von welchen dergleichen vorhanden ſind.

Wir wollen euch ſchlüßlich nicht verhehlen, daß die gedachte Commiſſion bereits angewieſen iſt, auf die Erfüllung dieſer Unſerer höchſten Verordnung genau, und mit Nachdruck zu halten, und bey verzögerter Zahlung, oder wohl gar erſcheinender wirklicher Weigerung mit Abſchickung eigener Commiſſionen, Temporal-Sperr, und einſtweiliger Adminiſtration unnachſichtlich zu verfahren; endlich habt ihr auch den Empfang dieſer Unſerer gnädigſten Verordnung ſogleich bey der Einlieferung gehorſamſt zu recepiſſiren. München den 1ten Dezember 1798.

Sechſter Band. D o Ih

Verpfän-
dungs-Ur-
kunds-For-
mular.

Ich urkunden und bekennen hiemit für uns und alle unsere Nachkommen:
Nachdem Seine Churfürstl. Durchlaucht zu Pfalzbaiern, unser gnädigster Lan-
desfürst und Herr Herr, auf die von Seiner päbstlichen Heiligkeit de dato
Carthaus bey Florenz den 7ten September dies Jahrs erhaltene Bulle beschlossen haben, die Veräußerung der Klöster-Güter, oder gänzliche Aufhebung ganzer geistlichen Ordenshäuser soviel nur möglich zu vermeiden, und deswegen sich zur Erfüllung eines Theils der zur Deckung der dermalig dringendsten Staatsbedürfnisse nöthigen Contribution, mit einigen dem Staate auszustellenden Schuld-Obligationen, und zwar solchergestalten zu begnügen, daß
die Schuld-Summe von Seite des Staats unaufkündbar seyn solle, doch,
daß im Gegentheile den ersagt-geistlichen Gemeinden freystehen solle, durch
Heimbezahlung des Ganzen, oder auch nur eines Theils derselben, nach vorläufig vorläufiger halbjähriger Aufkündung der jährlichen Verzinsung, oder
eines Theils der Verzinsung, sich zu entledigen;

Als geloben und versprechen wir, und verbinden uns hiemit unter
ausdrücklicher General- und Special-Verpfändung aller uns anvertrauten
Besitzungen, Renten und Einkünften die Summe von N. R. Gulden Reichs-
währung vom Jahre 1799 anfangen, jährlich und zu ewigen Zeiten mit
4 pro Cent, sohin mit N. R. Gulden zu verzinsen, und dieses Zinsquantum
in halbjährigen Fristen, nämlich am 30ten Juny, und 31ten Dezember zur
Churfürstl. Hauptkasse in München, oder an den, diejenige, welchen ersagte Churfürstl. Hauptkasse die gegenwärtige Schuld-Obligation cediren
wird, auf das genaueste zu verabfolgen.

Davon uns keine wie immer Namen habende Rechtseinwendung oder
Entschuldigung loszählen, sondern im Versäumnißfalle gegen uns ohne weiters nach Vorschrift der Landrechte verfahren werden solle.

Doch behalten wir uns vor, dieses Schuldquantum selbst über kurz
oder lang, ganz oder theilweise gegen vorläufig halbjähriger Aufkündung
heimzubezahlen. Getreulich und ohne Gefährde.

Zur Urkund dessen haben wir gegenwärtige feyerliche Schuld-Obligation mit unserer gewöhnlichen Fertigung ausgestellt. So geschehen zu den

Nro. XXVII.

Bezugs-
schafts-Er-
neuerung geistl.
Personen in
Criminal-
Fällen.

Seine Churfürstl. Durchlaucht haben sich über das wohlausgearbeitete Gutachten Höchstdero geistlichen Raths dato 10. dieses, wegen erbelicher Vernehmung des hiesigen Herzog- und Joseph-Spital-Kaplans, Niklas Maye, in
einem Criminal-Fall gehorsamsten Vortrag machen lassen, und hierauf den
gnädigsten Entschluß zu fassen geruhet: wegen Erneuerung der Päbstlichen Concession zur Bezugschafts-Leistung in Criminal-Fällen nunmehr das zweckmäßige im Bälde zu verfügen.*) Nachdem aber bis zur Ankunft eines solchen
Päbstlichen Induls die, in vorliegendem Fall, verhaftete zwey Personen der
Kerkerqual nicht überlassen werden können: so haben Höchstdieselbe den indessen
geführten Antrag des geistlichen Raths zu genehmigen; sofort solchen hiemit anzuweisen geruhet: der Päbstlichen Nunciatur auf die gewöhnliche Correspondenz-
weise, den gegenwärtigen Fall vorzutragen, und selbe mit Anführung der im
Berichte enthaltenen wichtigen Bewegungsründen zu der förmlichen Erklärung zu bewegen, daß gedachter Priester Mayr ohne Furcht einer Irregularität, Fer-
falls seine eydliche Auslage ablegen dürfe und solle. Uebrigens ist auch von
obigem höchsten Entschlusse, wegen einzuleitender Erneuerung der mehrberühr-
ten Päbstlichen Concession der Nunciatur vorläufig eine kurz berührende Meldung zu machen. München den 28ten November 1798.

*) Vid. die Samml. v. J. 1788 Seite 842.

Emi-

Emidius ex Comitibus de Ziuccia.

Dei et apoſtolicae ſedis gratia Archiepiſcopus Damaſcenus, SS. D. N. Pii Divina Providentia PP. VI. Praelatus Domeſticus, et Solio Pontificio aſſiſtens, ejusdemque, ac dictae Sanctae ſedis apoſtolicae apud Sereniſſimum Electoralem aulam Bavaro Palatinam cum facultatibus Legati de Latere Nuntius Dilecto Nobis in Chriſto Reverendiſſimo Domino Nicolaio Mayer Capellano in Xenedochio ducali ad divum Joſephum Monachii Salutem in Domino ſempiternam. Cum conſilium Eccleſiaſticum Electorale Nobis ex poſuerit, quod Indultum a Sereniſſimo Domino Papa Pio VI. pro Bavaria ad quinquennium conceſſum, in quo declaratum fuit, quod Irregularitas a clericis, ſi ad corpus dilecti conſtituendum in foro Saeculari requiratur, neutiquam incurratur, jam ab anno 1790 exſpiraverit. Cum autem nunc urgens neceſſitas poſtulet, ut Capellanus Nicolaus Mayer in aliqua cauſa criminali coram Judice Saeculari jurato ſuum deponat Teſtimonium, quia ipſe ſolus fraudi commiſſae aderat, ſolus ergo Teſtimonium ſufficiens dare poterit, qua propter idem Conſilium Eccleſiaſticum Electorale Nobis Supplicari fecit, ut cum predicto Capellano Nicolaus Mayer, ut abſque Irregularitatis aliarumque cenſurarum Canonicarum incurſione ſuum jurato Teſtimonium deponere poſſit, diſpenſare dignaremur. Nos igitur ſupplicationibus hujusmodi graviſſimis hinc de cauſis inclinati tibi, ut abſque Irregularitatis, aliarumque cenſurarum canonicarum incurſione praemiſſa contra vindictam ſanguinis, et non aliter, quam ſub eadem expreſſe repetita proteſtatione, Teſtimonium tuum juratum hac vice dumtaxat deponere poſſis ac debeas, facultatem Authoritate Apoſtolica, qua vigore legationis Noſtrae in hac parte fugimur, concedimus, et impertimur. Monentes te in Domino, ut quantum in te eſt, clementiam et miſericordiam Judicis ſaecularis implorare ſtudias. Conſtitutionibus, et ordinationibus Apoſtolicis, caeterisque contrariis quibuscunque ſpeciali quoque, et individua mentione dignis, nullimode obſtantibus. In quorum fidem &c. Datum Monachii die 11mo Decembris 1798.

(L.S.)

Emidius Archiepiſcopus Damaſcenus Nuntius et Delegatus Apoſtolicus.

Aloyſius Lanz Cancellarius.

Nro. XXVIII.

Seine Churfürſtl. Durchlaucht haben mehrmal zu vernehmen gehabt, daß die meiſten Manns- und Frauen-Klöſter in Höchſtdero derobern Staaten mit einer ſolchen Anzahl an Conventualen überſetzt ſind, daß ihr Vermögen, beſonders bey immer ſteigenden Preiſen der Lebensbedürfniſſe zum meiſten zum kümmerlichen Unterhalt ſchon gar nicht hinreicht, folglich der Staat bey vorkommenden Nothfällen von ihnen nicht nur keine Hülfe zu erwarten hat, ſondern im Gegentheil vorauszuſehen iſt, daß ein großer Theil davon in kurzem ſich ganz erſchöpfen, und aufzehren, und ſo am Ende dem Staate zu Laſt fallen, oder in ſeiner Exiſtenz oft noch zum Schaden der vielen Gläubiger gänzlich aufhören müßte. Solche Fälle haben ſich neuerlich, und vorzüglich gezeigt bey den Urſulinerinnen zu Straubing, wo bey einem ſehr geringen, und überdies mit Schulden beladenen Einkommen 29 Nonnen leben ſollen; bey den Karmeliterinnen ſo weit herabgekommen ſind, daß ſie von den Karmeliten mit Nahrungs-Beyträgen unterſtüzt werden müſſen, und doch nicht einmal im Stande ſind, ihre Declamations-Schuldigkeit zu entrichten. Endlich und hauptſächlich bey dem Kloſter Lillenberg dahier, welches bey einem für die urſprünglich auf 8 Nonnen gerechneten ganz anſehnlichen Vermögen, durch die Ernährung zweyer Benediktiner als Brück-Väter, wovon jeder auf 325 fl. kömmt, und 27 Conventualinnen (welche alſo die erſte Zahl mehr als dreyfach überſteigen) ſo weit herabgekommen iſt, daß dieſe Frauen nur mehr kümmerlich ihr Leben fortbringen können. Da nun dieſe täglich mißlicher werden müſſende Umſtände ernſt-

Die Urſachen, Verminderung der Novizen, bey Manns- und Frauen-Klöſter.

O o 2   liche lliche, und anhaltende Maaßregeln zur Erhaltung solcher immer tiefer herabkommenden geistlichen Gemeinden erheischen, so befehlen Se. Churfürstl. Durchlaucht Höchstdero geistlichen Rath hiemit gnädigst, darauf durchgehends die schuldigste Rücksicht zu nehmen, überhaupt aber, wo es immer bey ein oder andern Kloster dahin gekommen ist, daß die Einkünfte offenbar zum ordentlichen und anständigen Unterhalt der Conventualen, und zur Leistung der Staatsabgaben nicht mehr hinreichen, die Aufnahm der Novizen in so lang zu beschränken bis gleichwohl die Zahl der Klostergeistlichen wieder mit dem Stiftungsvermögen, und den Einkünften, nach den heutigen noch immer mehr steigenden Unterhalt berechnet wieder in ein angemessenes, und Bestand haltendes Verhältniß gebracht seyn wird. München den 16ten Jänner 1799.

Nro. XXIX.

Concurs für die Weltpriester. Seine Churfürstl. Durchlaucht sind gnädigst geneigt, für jene Landeingebohrnen, die sich dem geistlichen Stande widmen, dann auf Pfarrey und Benefizien befördert zu werden wünschen, in Baiern sowohl, als in der obern Pfalz, so wie es für Neuburg, und Sulzbach bereits besteht, von 6 zu 6, oder von 10 zu 10 Jahren einen Prüfungs Concurs*) einzuführen, wozu bekannt tüchtige Examinatoren ausgesucht, und die Geprüften dann nach dem befundenen Grad ihrer Fähigkeit klassifizirt, und öffentlich kund gemacht, auch hernach versorgt werden sollen. Bey Pfarr- oder Benefizien-Erledigungen wären dann der Concursordnung gemäß die Candidaten in Besetzungs-Vorschlag zu bringen, auch die Privat-Patronatsberechtigte ihre Pfründen Concurs-Priestern, doch ohne sich an die Klassification zu binden, zu verleihen, anzuhalten und übrigens die unfähig befundenen Concursisten auf den nächsten Concurs anzuweisen; wie nun diese höchste Willensmeynung zum Besten der Landes-Seelsorge auf die einfacheste und zweckmäßigste Art erreicht werden könne, hierüber wird von dem Churfürstl. geistlichen Rath in Bälde ein gründliches Gutachten erwartet. München den 24ten Jänner 1799.

*) Vid. die Samml. v. J. 1784. Seite 1146. N. 101.

Nro. XXX.

Die von den Weltpriestern unternommenen Winkel-Copulationen. Die heimliche, ohne Wissen des ordentlichen Pfarrers beschehende Copulationen, sohin ungültige Ehen werden dermalen hier so frequent, daß wirklich durch die Polizey 3 Weltpriester entdecket, der Justiz-Stelle, nemlich dem Churfürstl. Hofrath übergeben, und von da aus in den Neuthurm ad Carcerem Episcopalem bis auf weiters gesetzt worden, welchen nicht nur mehrere Personen aus hiesiger Stadt zugegangen, sondern sogar von dem Land zugereiset sind, und zwischen schon längere Zeit in verbothener Cohabitation miteinander leben. Da nun der Staatskörper hierdurch höchstens gekränket, die Zahl der Bettler vermehret, und auch das wahre der Religion sehr verletzet wird; als sehen Wir Uns bemüßiget, an die Herren und Freunde rc. das geziemende Ansuchen zu stellen; denen Diöcesan- Pfarrern mittels Circular den Auftrag zu machen, daß selbe sowohl in Christenlehren bey größeren Personen, als auch auf der Kanzel dem Volk die Ungültigkeit einer derley nicht von dem competirenden Pfarrern beschehenden Copulationen, die auf ein derley vermeyntliche Eheparr verderbliche üble Folgen, und von der weltlichen Obrigkeit zu erwarten habende schärfste Bestrafungen nachdrucksamst vorzustellen, um hierdurch dem gemeinen Volk den Irrwahn, als ob eine von einem jeden Priester beschehende Copulation rechtsgültig wäre, zu benehmen, und wie es geschehen, gefällige Nachricht anher zu ertheilen rc. München den 12ten Februar 1799.

An sämmtliche Ordinariaten also ergangen.

Ein

Siebenter Theil.

Von Militär-Sachen.

Nro. I.

Von den 4
Gattungen
der Natu-
ral-Pferde-
Stellung
zur Landes-
Defension.

Nachdem Seine Churfürstl. Durchlaucht gnädigst beschlossen haben, sich in gegenwärtigen gefährlichen Kriegsläufen zur Sicherheit des Landes und aller Unterthanen in eine ansehnliche Defensions-Verfassung zu setzen, muß neben anderen, dem Churfürstl. Hofkriegsrathe bereits übertragenen Vorsichts-Anstalten, und Vorbereitungen *) auch auf die Pferde zu Remontirung der ganzen Cavallerie, dann zur Artillerie, und zum Fuhrwesen der zeitliche Bedacht genommen werden.

Allein da zu einer gänzlichen Remontirung und Mobilmachung einige tausend Stück Pferde erfoderlich wären, zu deren Ankauf und Fütterung beynahe eine Million Gulden verwendet werden müßte, wo doch am Ende diese Ausgabe, wenn der Fall der Noth nicht eintretten würde, ganz unnütz wäre. So wollen Se. Churfürstl. Durchlaucht, daß diese ungeheure Ausgabe dem ganzen Lande, und allen Ständen und Unterthanen, welche dann doch dazu concurriren müßten, gespart, und dagegen dasjenige Mittel eingeschlagen werde, welches zur innerlichen Landes-Vertheidigung nicht nur allein in der Natur des gesellschaftlichen Verbandes, sondern auch in hiesiger baierischer Landesverfassung liegt, nämlich daß die ganze erfoderliche Anzahl der Pferde bey allen Ständen und Unterthanen statt der Concurrenz zu den ungeheuren Kösten des Ankaufes und der provisorischen Fütterung in Natura auf jedem Wink in Bereitschaft gehalten werde.

Nun sind in hiesigen Landen für Fälle, wo das Vaterland in Gefahr stehet, folgende 4 Gattungen von Natural-Stellung der Pferde als verfassungsmäßig.

1tens Die Aufmahnung der Ritterlehenleute, welche in eigener Person mit ihren reisigen Knechten aufsitzen, oder wenn sie auch des persönlichen Dienstes begeben werden, doch die gebührende Anzahl gerüsteter Pferde, und Knechte stellen müssen, als durch welchen Dienst ganz allein dieselbe ihre in den Friedenszeiten fortwährend genießende einträgliche Ritterlehen-Güter verdienen können, und müssen.

2tens Die Einberufung der sogenannten Selbpferde von sämmtlichen Landständen, und auch Pflegern, und Beamten, wobey jene der Rittersitz-Innhaber, so wie die Amts-Pferde gerüstet seyn müssen, und also zur Cavallerie jene Kloster, dann Städt- und Märkte aber zur Bespannung der Artillerie angewendet zu werden pflegen.

3tens Die Pferde zu den Heer- und Rüstwägen, welche gewisse Unterthanen (dagegen sie und ihre Söhne von der Auswahl in dem Ausschuß befreyet sind) oder auch ganze Gemeinden, und Obmannschaften stellen, und sogar den Heerwagen auf ihre eigene Kösten beyschaffen müssen.

4tens

*) Vid. die Samml. v. J. 1797. Seite 664. N. 91. et Seite 667. §. 17.

4tens Endlich eine allgemeine Bereithaltung aller tauglichen Pferde
für den höchsten Fall der Noth, wenn obige 3 Natural-Dienste nicht hinreichen, wo aber nach den ältern Vorgängen die tauglichen Pferde, sobald selbe
einberufen werden, nicht unentgeltlich gestellt, sondern dem Eigenthümer sogleich
baar abgelöst, oder aber, wenn sie aus dem Feldzug nicht mehr zurückkommen,
baar ersetzet werden müssen.

Seine Churfürstl. Durchlaucht gedenken zwar über die letztere 3 Mittel
vor deren wirklichen Anwendung vorerst auch Höchstihro Liebe, und getreue
Landschaft zu Rathe zu ziehen, und für dermalen nur mit der Musterung der
Ritterlehenpferde, jedoch sogleich, und ohne allen weitern, den Anfang machen
zu lassen. Allein, sowohl zu dieser Musterung, als zu den Berathschlagungen
mit gemeiner Landschaft über die letztern 3 Mittel sind noch verschiedene Vorar-
beiten nöthig, wozu der Churfürstl. Hofkriegsrath folgende Aufträge empfängt.

Ad 1mum. In Betreff der Ritterlehenpferde hat derselbe sich alsogleich
mit dem hiesigen Oberstlehenhof (welcher laut abschriftlichen Anlagen sub hodierno bereits hievon benachrichtet worden ist) in Correspondenz zu setzen,
um die genaue Anzahl der sowohl von den in- als ausländischen Lehens-Vasallen zu stellenden Pferden specifice in Erfahrung zu bringen, wie dann auch wegen den Ritterlehen im Herzogthum Sulzbach und Neuburg mit vom heutigen
Tage die hier abschriftlich anliegende Resolution an die oberpfälzische Landesregierung in Amberg, und an die Regierung Neuburg ergangen ist.

Sobald nun die Designation verfaßt, und purificirt ist, hat der Churfürstl. Hofkriegsrath benehmlich mit dem Oberstlehenhof einen Entwurf zu machen, wie die von den verschiedenen Landesgegenden zu stellende Pferde nach
ordentlichen Cantons den 6 Cavallerie-Regimentern zugetheilt werden könnten,
wonach dann auch 6 Musterplätze entweder in denen Hauptquartieren dieser 6
Regimenter oder an sonst gelegenen Orten vorzuschlagen, und zu bestimmen
sind. Und weil diese Pferde nach alter Landesverfassung nicht vom Hofkriegsrathe, sondern von den Lehenhöfen erfordert, und primario zu letzterm gestellt
werden müssen,*) so ist auch in weiterem Antrag zu bringen, ob den Churfürstl.
Lehenhofs-Commissarien zu der Musterung simpliciter die Regiments-Commandanten, oder wer sonst beygegeben werden solle.

Endlich ist auch noch zu bemerken, daß es der Ritterlehens-Vasallen Schuldigkeit seye, mit gerüsteten Pferden zu erscheinen; obwohl nun diese Rüstung
in heutigen Zeiten viel leichter, und also wohlfeiler, als in den ältern Zeiten
ist, so wird doch die Ungleichheit der mitbringenden Sättel, und Zeuge zur
Gleichheit der Kriegs-Maneuvres unschicklich, und daher erforderlich seyn, den
Lehens-Vasallen entweder ein Muster, wie selbe verfertiget seyn müssen, vorzuschreiben, je nachdem ihre Pferde in die Cantons von Cuirassiers, Dragoner,
oder Chevauxlegers fallen, oder aber ihnen frey zu stellen, die ihrem Canton
gebührende Sättel, und Zeuge sammt Pistolen und Halfter dem Montur: Magazin baar abzulösen, wogegen die ganze besagte Musterung ihr Eigenthum verbleibe.

Der Churfürstl. Hofkriegsrath hat demnach jeden Artikel, welcher zu
einem gerüsten Cuirassier-, Chevauxlegers- und Dragoner-Pferd gehört, und
was jeder derselben im Magazin specifice kostet, anzuzeigen, damit sodann auch
dieses der Ausschreibung einverleibt werden könne, welche Seine Churfürstl.
Durchlaucht alsogleich, sobald Designation aller Ritterlehenpferde verfaßt, dann
die Cantons und Eintheilungen zu den 6 Regimentern, nebst den Musterplätzen,
und Musterungs-Commissarien vorgeschlagen, auch sämmtliche diese Vorar-
beiten vorläufig zur höchsten Einsicht werden vorgelegt worden seyn, durch
Höchstdero hiesigen Oberstlehenhof, dann die Lehenhöfe Neuburg, und Sulzbach werden machen lassen.

*) Vid. N. sequent. 30.

Dh

Ob übrigens gleich nach der Musterung sämmtlich diese Pferde, oder nach und nach theilweise bey den Regimentern einige Wochen lang zugeritten, und exercirt werden sollen, hierüber erwarten Seine Churfürstl. Durchlaucht weiteren Bericht, und Gutachten. München den 7ten Februar 1797.

Nro. II.

Seine Churfürstl. Durchlaucht wollen die Werb- Hand- und Anbringgelder, dann das Handgeld der sich reengagirenden Mannschaft, rücksichtlich deren bisher eine allzugroße Ungleichheit bestanden ist,*) von nun an in ein besseres Ebenmaaß stellen, und mittels dieser höchsten Generalverordnung künftig auf folgende Art gnädigst gultren.

(Marginalie: Von den Werb- Hand- und Anbringgelds dern bey den Regimentern.)

1mo. Werden für jeden freywillig zugehenden inländischen Rekruten bey der Infanterie, Artillerie und Cavallerie in allen drey Provinzen für jedes sich engagirende Dienstjahr an Werbgeld 2 fl. 30 kr., mithin für 8 Jahre bey der Infanterie 20 fl., dann für 10 Jahre bey der Artillerie, und Cavallerie 25 fl. dergestalt gnädigst bestimmet, daß das Hand- und Anbringgeld zwar noch ferner der Uebereinkunft zwischen dem Werber, und dem Rekruten überlassen bleiben, doch aber wenigstens drey Fünftl des Handgelds dem Rekruten zu bezahlen seyn solle.

2do. Ist für die bey der Infanterie freywillig zugehende Ausländer obiges Werbgeld ad 20 fl. für 8 Jahre, jedoch dergestalten zu passiren, daß solches, wie nunmehr in jährlichen Fristen abgetheilet auf folgende Art auszuzahlen; nämlich beym Zugang

dem Rekruten	4 fl.	— kr.
dem Anbringer	4 fl.	— kr.
sodann nach Verlauf eines jeden Dienstjahres		
1 fl. 30 kr. sohin in 8 Jahren	12 fl.	— kr.
mithin obige	20 fl.	— kr.

3tio. Wird für jene, welche in fremden Kriegsdiensten gestanden, und aus dieser Ursache zum National-Kriegsdienst bey der Infanterie auf 8 Jahre angewiesen werden, 10 Gulden Handgeld gnädigst passiret, und ist denenselben solches bey ihrem Zugang auszuzahlen.

4to. Ist auch jenen, welche von denen Gerichtern und Aemtern ad militariam und Stationaldienst abgegeben, und beybehalten werden, ebenfalls nach bereits solch bestehender Generalverordnung 10 Gulden Handgeld auf 8 Jahre, oder nach Proportion auf wenigere Jahre der sich hiernach auswerfende Betrag zu verabreichen, und, da es

5to. Ganz der Billigkeit angemessen ist, daß Müßiggänger, und Vaganten, welche aufgehoben, und zur Infanterie abgegeben werden, nicht besser als obige zwo Gattungen behandelt werden, so ist auch für diese nur 10 Gulden Hand- und Anbringgeld, und zwar um so mehr zu passiren, als derley Bursche anderstwo gar kein Handgeld bekommen, und die zur Aufhebung gebraucht werdende Mannschaft, Kordonisten, Polizey- oder Gerichtsdiener u. s. w. ihre Schuldigkeit eigentlich unentgeldlich verrichten sollten, doch sind diese 10 fl. nur dergestalt zu bezahlen, daß nämlich davon der Mann bey dem Zugang 3 fl. auf die Hand, sodann nach Verlauf von zwey Jahren jedesmal 1 fl. zu empfangen habe, und dem Aufbringer von jedem beybehalten werdenden Mann auch 3 fl. zu mehrerem Betrieb bey dem Aufhebungsgeschäft verabreichet werde.

6to. Wenn die freywillig zugehende Ausländer, dann die ausgehobene, und gelieferte Leute ihre erste achtjährige Kapitulation treu ausgedienet haben, und sich alsdann aufs neue reengagiren lassen, so sind selbe in Betreff des Werb-

Pp 2

*) Vid. die Samml. v. J. 1797. Seite 668. N. 94. et Seite 670. N. 97.

Werbgeldes, und der Kapitulation ganz den freywillig zugehenden Innländer gleich zu halten.

7mo. Die unterm 16jährigen Alter zugehende Trompeter, Tambours, und Hautboisten bekommen ebenfalls nur das halbe Hand- und Anbringgeld ad 10 fl. bey der Infanterie auf 8 Jahre, dann 12 fl. 30 kr. auf 10 Jahre bey der Cavallerie und Artillerie; jenen aber, welche nach erreichten sechs zehnten Jahr sich freywillig engagiren lassen, darf das ganze Werbgeld passirt werden.

8vo. Hat es in Betreff des Lehrgeldes deren Tambours, Hautboisten und Trompeter bey den dermal bestehenden Verordnung. n sein Verbleiben.

9no. Soll in Zukunft jedesmal das einem jeden Rekruten bezahlt wordene Handgeld, so wie auch das dem Anbringer davon verreicht wordene Anbring geld, oder wenn keines bezahlet worden, solches in den Assentscheinen sowohl, als in denen Zu- und Abgangs-Designationen pflichtmäßig vorgetragen werden.

10mo. Verstehet es sich von selbst, daß, wenn ein Rekrut sich selbsten stellet, mithin eigentlich kein Anbringer bestehet, alsdann auch kein Anbring geld abzuziehen kommt, sondern das ganze Werbgeld, nämlich Hand- und An bringgeld dem Rekruten auszuzahlen, sohin auch in dem Assentschein also vor zutragen ist. Ein gleiches verstehet sich auch

11mo. Von der sich reengagirenden Mannschaft.

12mo. Wird die dermal bestimmte Kapitulationszeit durchaus beybehalten.

Uebrigens müssen die bisher zugegangene, und dermal noch existirende Ausländer sowohl, als Nationaldiener, dann ausgehobene Mannschaft nach denen bisherigen Verordnungen bis zur Vollendung ihrer gegenwärtigen Capi tulationszeit behandelt werden, und hat also diese höchste General-Verordnung erst auf den neuen Zugang Bezug; indessen sind doch alle annoch existirende, beym vorigen Systeme obligat gewesene, sich neu reengagirende Leute, obgleich ihre Capitulationszeit bey der Infanterie ultimo Januarii anni currentis zu Ende gegangen ist, da selbe noch nicht reassentiret sind, nach dieser neuen Ver ordnung zu behandeln, auch hinführo durchgehends die bey den hierobigen In fanterie-Regimentern für die freywillig zugehende In- und Ausländer extra be zahlt werdende 6 fl. Anbringelder nicht mehr zu passiren.

Weiters verordnen Se. Churfürstl. Durchlaucht in Betreff des Handgel des der vorhin obligat gewesenen, und sich nun reengagirenden Mannschaft sowohl, als aller übrigen Recapitulanten, daß

13tio. Jenen Unteroffizieren, wie sie Namen haben, welche beym vori gen Systeme obligat gewesen, durch das neue Kriegs-System aber eine 8- oder 10jährige Capitulation erhalten haben (welche Capitulation bey der gesammten Infanterie 1ma. Februarii 1789, bey den Kavallerie-Regimentern 1ma. Octob ris 1788, und bey der Artillerie 1ma. Aprilis 1791 angefangen hat) nach gänzlich vollendeter Capitulationszeit, eine neue auf 8 und respect. 10 Jahre, jedoch ohne Empfang einigen Handgeldes gestattet, mithin dieselben aufs neue reassentirt werden sollen.

14to. Daß derley sich reengagirenden Unteroffizieren, welche allenfalls noch von dem vorigen Systeme her eine Solds-Differenz bey der Infanterie, oder bey der Cavallerie jährlich eine Gratification von einer monatlichen Löh nung bisher zu beziehen hatten, diese Solds-Differenz oder Gratification bis zur Einrückung in eine höhere Charge, wodurch sie dafür entschädiget werden, ferner belassen werden solle.

15to. Sind jene Fouriers, welche beym vorigen Systeme auf ohne Zeit, und jedmaliges Begehren zu entlassen engagirt gewesen, zeither bey dieser Capitulation, sohin gleichsam als Volontärs stehen geblieben sind, bis zu ihrem Abgang, oder allenfallsigen Beförderung auch so zu belassen.

16to. Darf denen Gefreyten, Gemeinen, Hautboisten, Trompetern, Tambouren und Schmieden, welche ihre Capitulation vollendet haben, und eine neue Capitulation eingehen wollen, solche, wenn sie sich auch inzwischen verheurathet haben, ohne Rücksicht des Alters jedoch dergestalt zugestanden werden, daß

a. Jenen, welche zum Felddienst und Aushaltung der damit verbundenen Fatiquen vollkommen tauglich, und kräftig befunden werden, das Eingangs neu bestimmte Werbgeld ganz,

b. Jenen aber, welche zum Felddienst nicht mehr wohl, doch aber zum Garnisonsdienst bey den Feldregimentern noch tauglich sind, wenn dieselben auch schon mit einem kleinen Leibsgebrechen behaftet seyn sollen, nur zur Hälfte, endlich

c. Jenen, welche Alters, oder sonst im Dienst erhaltener Gebrechlichkeit halb der qua Halbinvaliden zum Garnisonsregiment, oder qua Real-Invaliden zur Pension geeignet sind, kein Handgeld mehr verreichet werden solle, wessfalls dann

d. Diese Eigenschaften dem Reassentscheine besonders einzuverleiben, auch von dem Regimentschyrurgo besonders zu attestiren sind; auch

e. Dem General-Inspekteur der Befehl zu ertheilen ist, bey der Inspektion die inzwischen reassentirt wordene Leute sich mit einem namentlichen Verzeichniß vorstellen zu lassen, woraus dann ersehen werden kann, wann ein jeder reassentiret worden, und wieviel an Werbgeld erhalten habe.

f. Verbleibt jenen, welche das Werbgeld nur halb, oder gar keines bekommen haben, die allenfalls noch zeither bezogene alte Sold-Differenz bis zu ihrem Abgang von dem Feldregiment.

17mo. Denjenigen, welche ihre Capitulationszeit ausgedienet haben, und keine neue nach obigen Bedingnissen, respect. Classen eingehen, sondern ihren Abschied nehmen wollen, darf solcher nicht versaget, sondern unbedenklich ertheilet werden.

18vo. Jene Individuen, welche vom Gefreyten abwärts beym vorigen Systeme obligat gewesen, beym neuen Systeme aber keine neue Capitulation eingegangen, inzwischen doch fortgedienet haben, sind denenjenigen, welche niemals eine neue Capitulation genommen hatten, nach gegenwärtiger Verordnung bey gänzlich vollbrachter 8- oder 10jähriger Capitulationszeit vollkommen gleich zu halten; hinführo aber ist keiner mehr ohne neu eingegangener Capitulation, oder Reassentirung in Listen zu führen, und passiren zu lassen.

19no. Versteht es sich von selbst, daß im Fall einer oder der andere Mann sich bey der Infanterie nur auf 2, 4 oder 6 Jahre, dann bey der Artillerie und Cavallerie auch nur auf 2, 4, 6 oder 8 Jahre reengagiren wollte, ihm solches nach bereits bestehenden Verordnungen zwar auch zugestanden, das Werbgeld aber nur pro rata der eingegangenen Capitulationszeit verreichet werden solle.

20mo. Ist ausdrücklich zu verbiethen, einem Mann, es sey bey der Infanterie, Artillerie oder Cavallerie vor gänzlich vollstreckter Capitulation auf die künftig neu eingehen wollende Capitulation von dem Handgeld etwas in avance zu bezahlen.

Sechster Band.   Q q   Die

Diese höchste Generalverordnung, welche sich nicht auf die beym vorigen
Systeme bestandene obligate Mannschaft allein einschränket, sondern sich auch
auf alle inzwischen zugegangene Mannschaft dergestalt erstrecket, daß dieses
Recrutirungs-Reglement als eine Norm für alle nach vollendeter jeder Capitulation aufs neue sich reengagiren wollende Mannschaft anzusehen, und zu befolgen; auch mit Ende jeden Monats der Mannschaft mit den Kriegsartikeln vorzule-
sen ist, wird also dem Churfürstl Hofkriegsrath auf dessen dießwegen erstattete
beyde Berichte vom 13ten des vorigen Monats unter Rückschluß der Beylagen zur
weiteren Verfügung, und Anweisung sämmtlicher Infanterie-Artillerie-und
Cavallerie-Regimenter hiemit gnädigst eröffnet. München den 27ten April 1797.

Nro. III.

Die Ver-
pflegung und
Vorspann
der k. k. Trup-
pen betreff.

Nachdem vermög beyliegender Erklärung des Kaiserlich-Königlichen und
Reichsfeldmarschalls Herrn Erzherzogs Karl königlichen Hoheit, von dem
Kaiserlich-Königlichen Hofkriegsrathe gewärtiget die Entschließung erfolgt, daß
bey den Truppen-Durchmärschen die benöthigte Verpflegung, und Vorspann,
nach der bestehenden Convention baar bezahlt werden solle; und von Sr. Churfürstl. Durchlaucht die höchste Weisung unterm 8ten July abhin ergangen ist,
auf diese Erklärung genau zu halten, und sich diesen gemäß zu achten, so wird
hiemit solches sämmtlicher Untermarsch-Commissariaten zur genauesten Befolgung wegen Anordnung durch diese gedruckte Verordnung bekannt. München den 11ten
July 1797.

Auf die Note des Herrn Obristen vom 13ten dieses erwiedere ich, daß nach
einer neuerdings von dem k. k. Hofkriegsrathe eingelangten Weisung strikt
darauf gehalten werde, daß bey den Truppen-Märschen durch Baiern sich nach
der errichteten Konvention benommen werde.

Wenn nun ohngeachtet dieser Hofkriegsräthlichen Versicherung von der
konventionsmäßigen Bezahlung der Verpflegung, und Vorspann abgewichen
wird; so kömmt es nur darauf an, daß specifice angegeben, und die Regimenter, Bataillons oder Individuen namentlich angezeigt werden, die der bestehenden Vorschrift zuwider handeln, wo solche sonach zum Ersatz desjenigen verbunden anzuhalten werden, was sie etwa nach der errichteten Konvention nicht bezahlt haben mögen. Hauptquartier Schwetzingen den 29ten des Brachmonats 1797.

Von Sr. Königl. Hoheit des Herrn Erzherzogs Karl
    An den churpfalzbaierischen Obristen, und Oberland-Commissäre
        Freyherrn von Wrede also erlassen worden.

Nro. IV.

Von der
Desertion
und Deban-
chirung dies-
seitiger Sol-
daten.

Sr. Churfürstl. Durchlaucht sind zwar schon mehrere Vorschläge zur Verhütung
der überhand nehmenden Desertion, und besonders auch der so nachtheiligen Debauchirung, welch öftere von Seiten fremder Werbungen nicht ohne
Grunde zu befürchten ist, unterthänigst vorgelegt worden. Jedoch diese führ'
aber dergleichen Vorschläge zur Zeit noch bedenklich nicht anzunehmen, weil
Dero bierüber vernommene Hofkriegsrath der vollkommenen Meinung ist, daß
den Desertionen kein besserer Einhalt gemacht werden könne, als wenn die bereits
vorhandenen gnädigsten Verordnungen pünktlich befolgt, besonders wenn dell
sämmtlichen Gerichtern und Aemtern ein wachsames Auge, und von den Aemtern fleißigere Spähe auf die Deserteure gehalten, dann um Belagerer Oerter,
worinn sich dießseitige Garnisonen befinden, wie auch an den Gränzen zu---
Ortschaften, worinn auswärtige Werbungen radirt sind, fleißig patrouillirt,
alle auswärtige Rekruten-Transports genau, und ordentlich visitirt, und endlich
die Deserteurs mit scharfer Spitzruthen-Strafe beleget, nicht minder diejenigen,

p   welche

welche den Deserteurs Unterschleif geben, oder wenigst dieselben nicht anzeigen, ohnnachsichtlich bestraft würden.[*] Da nun auch Se. Churfürstl. Durchlaucht diesen erstermäßigen Antrag für das zweckdienlichste Mittel zur Verhütung der Desertion und fremder, Debauchirung diesseitiger Soldaten ansehen, und daher denselben durchgehends gnädigst genehmiget haben; so befehlen Höchstdieselben Dero Obern-Landesregierung dahier, die sämmtlichen Civil-Stellen, Gerichter, und Aemter zu dem, was nach obermelten, Antrage ihnen dabey zu thun obliegt, nachdrücklichst anzuweisen, indessen der Churfürstl. Hofkriegsrath nach einem heute ebenfalls gnädigst erhaltenem Auftrage an die betreffenden Militärs-Behörden rücksichtlich ihrer zu beobachtenden Obliegenheit eine gleichmäßige Weisung ergehen lassen wird. München den 5ten August 1797.

[*] Vid. die Sammıl. v. J. 1797. Seite 516. N. a. &c.

Nro. V.

Die Emigration der Landes-Unterthanen.

Seine Churfürstl. Durchlaucht lassen hiemit Ihro Ober-Landesregierung auf den unterm 18ten laufenden Monats gehorsamst erstatteten Anfrags-Bericht Resolutionis loco, in Gnaden unterhalten, welchergestalten, obwohl die verbothene Emigration der Unterthanen betreffende diesseitige General-Ver-ordnungen,[*] nur überhaupt von Unterthanen und Landeskindern sprechen, jedannoch Se. Churfürstl. Durchlaucht höchste Willensmeynung seye, daß die vorliegende Auswanderungs-Verbothe, und damit verbundene Bestrafung nur von den Mannspersonen, damit sich nämlich diese nicht so leicht durch Emissarien aus dem Lande ziehen lassen, zu verstehen seye: Ausser es würde im Lande wohin die Emigration beschiehet, ein anders observirt, welchenfalls gegen selbiges das Reciprocum zu beobachten ist. Welches dann die Churfürstl. Ober-Landesregierung nicht nur selbst zu beobachten, sondern auch an die äußere Regierungen und übrige Churfürstl. Stellen und Behörden, worauf dieser Gegenstand einschlägig ist, zur Wissenschaft und Nachachtung auszuschreiben hat. München den 30ten August 1797.

[*] Vid. die Sammıl. v. J. 1797. Seite 229. N. 229.

Nro. VI.

Porte-Epée.

Da die vormaligen Porte-épées von Silber und Seiden, wie sie vor dem neuen Kriegs-Systeme üblich waren, bey den beyden Churfürstl. Leibgarden den gallonirten, und reich besetzten Uniforms-wegen beybehalten wurden; so haben Se. Churfürstl. Durchlaucht nunmehr gnädigst beschlossen, daß diese vormaligen Porte-épées zu Herstellung einer allgemeinen Gleichheit bey der ganzen Armee wieder eingeführt werden solle; doch wird sämmtlichen Offiziers erlaubt, die dermaligen so lang, bis sie gänzlich abgenützet sind, demohngeachtet noch fortzutragen. München den 4ten September 1797.

Nro. VII.

Von den Vorspannen der einzelnen Parthien.

Auf das von dem K. K. Feldkriegs-Kommissariat an den Churfürstl. Obersten Freyherrn von Werde unterm 27ten August abhin erlassene, und hier beyschließende Schreiben wird hiemit sämmtlichen Marschbehörden mit Rückbezug auf die Verordnung vom 18ten September anni praeteriti wiederholt aufgetragen, den durchmaschirenden Truppen, und einzelnen Parthien unter keinen Vorwand eine Vorspann verabfolgen zu lassen, als welche in den von den geeigneten Churfürstl. Behörden ordentlich ausgestellten Marschrouten enthalten sind, in welche ohnebin keine andere Vorspann eingetragen werden solle, als welche in den vorläufigen Standestabellen, und kriegskommissariatischen Anweisungen requiriret wird. München den 11ten September 1797.

Q q 2 Dem

Dem Armee-Generalkommando kommen Anzeigen zu, daß manche Landes-
und Kreis-Marschkommissariaten keinen Anstand nehmen, Truppen,
und einzelnen Partheyen gegen Quittung ärarische Vorspann anzuweisen, und
zu verabfolgen, wenn auch solche von keinem k. k. Feldkriegs-Kommissariat
angewiesen worden ist.

Da nun eine solche Bereitwilligkeit nur zu Mißbräuchen Anlaß giebt,
die dem k. k. Ärario, und dem Lande zugleich nachtheilig sind;

So ersuche ich ein löbliches Oberlandes-Kommissariat, die Landes-Marsch-
kommissariaten anweisen zu wollen, damit ohne kriegskommissariatische Anweisung keine ärarische Vorspannen mehr gegen Quittung verabfolget werden.
Schwezingen den 27ten August 1797.

Wegen Verhinderung des Kommandirenden.

Vom k. k. Feldmarschallieutenant Freyherr von Lilien

An ein löbliches churpfälzisches Oberlandes-Kommissariat
also erlassen worden.

Nro. VIII

Das Aus-
wande-
rungs-Ver-
bot ist
strenge zu
beobachten.

So wie nicht zu widersprechen ist, daß Ignaz Weinbacher von Walchen in
Oberösterreich gebürtig, dermal verheurateter Beutllehenbarer Hammer-
schmied in der Au, ohne landesoberherrliche Bewilligung aus seinem Vaterlande
entwichen, und sich hier in der Au verheuratet habe; also hätte dieses Berneh-
men die auf solche verbothene Auswanderung gesetzte Strafe der Confiscation seines rückgelassenen in 200 fl. bestehenden väterlichen Vermögens zur ordentlichen
Folge. Und da denn die k. k. Regierung zu Linz, vermög antwortlicher Erklärung vom 7ten May abhin, aus eben dieser Ursache auf bemeldter Confiscation landesgesetzmäßig bestehet; so mag man sich höchsten Orten für den ersagten
Weinbacher, wie vorauszusehen ist, fruchlos nicht verwenden. Dagegen wird
aber hiemit gnädigst anbefohlen, den Churfürstl. Unter-Regierungen, respect der
Churfürstl. Oberpfälzischen-Landesregierung zu Amberg, und jener zu Neuburg
die höchste Willensmeynung zu eröfnen, daß künftig gegen die sonderheitlich in die
k. k. Staaten ohne landesfürstlicher Bewilligung auswandernde Churfürstl. Unterthanen (wie solches der wiederholten Regierung zu Linz ohne gewünschten Erfolg
mittels der beiderseitigen Regierungs-Promotorialien dto 7ten November 1794
schon vorläufig insinuirt worden ist) das diesseitige Auswanderungs-Verboth *)
strenge beobachtet werden solle. So der Churfürstl. Oberlandesregierung auf
ihren Bericht vom 25ten Juny nup. cum remissione actorum zur gehorsamsten
Nachachtung in Gnaden unverhalten bleibt. München den 20ten September 1797.

*) Vid. N. antec. 5.

Nro. IX.

Obsicht auf
die Ausreis-
ser, Maro-
deurs und
Vaganten.

Nachdem derjenige Theil des Prinz Condeischen Corps, welcher aus gebohr-
nen, und emigrirten Franzosen bestehet, in Kaiserlich-Rußische Dienste ge-
tretten ist, alle übrige bisher dem Prinz Condeischen Corps einverleibte gewesene
nicht aus eingebohrnen Franzosen bestanden habende Corps aber, als die Husa-
ren Beschii, das Regiment Mirabeau u. s. f. vom 1ten Oktober an dissolvirt
sind, und ganz entlassen worden; so haben Wir um der von dieser dissolvirten,
und aus allem militärischen Verhältnisse getrettener Mannschaft zu befürchtenden Exzessen vorzubeugen, nicht nur den militärischen Cordon gegen Schwaben und Franken zu verstärken, dann die Militärbehörden gehörig anzuweisen
für nothwendig befunden, sondern Wir wollen hiemit sämmtliche Civil-, Behörden, Land- und Pfleg- dann ständischen Gerichten, und Ortsobrigkeiten durch
gegenwärtige Verordnung aufgetragen haben, daß sie gegen alle Ausreisser,

Maro-

Marodeurs, Vaganten, und anderes müßiges Geſinde ſcharfe Acht halten, die deßfalls beſtehend Churfürſtl. Generalien genau beobachten, und die nöthigen Maaßregeln zur Erhaltung der öffentlichen Ruhe und Sicherheit ſelbſt, oder vermittelſt Benehmung unter einander, auch mit dem einſchlägigen Corbons-Commando ergreifen ſollen. München den 13ten Oktober 1797.

Nro. X.

München iſt für keine haltbare Veſtung anzuſehen.

Ungeachtet Se. Churfürſtl. Durchlaucht bey den vorliegenden Umſtänden noch immer der Meynung ſind, daß München keinesweges als eine haltbare Veſtung angeſehen werden könne;*) So haben Höchſtdieſelbe doch bey Gelegenheit der Anweſenheit der fremden Armeen des nähern erſehen, wie höchſtnothwendig es geweſen ſey, durch Wegräumung der zur Verunſtaltung der Stadt auf der Glacis und in den Stadtgräben ſo häufig, als unſchicklich angebrachten Häuſer, Hütchen, Baraken und Planken, dann durch die Erhaltung des Parapets, und Herſtellung einer geräumigen Esplanade, der Stadt gegen eine allenfallſige Ueberrumplung alle mögliche Sicherheit zu verſchaffen. Um nun dieſe höchſt wichtige und gemeinnützige Anſtalt auch für die Zukunft thätig zu bankhaben; ſo befehlen Höchſtdieſelbe Dero Hofkriegsrath, daß für die Zukunft (ſo wie es ſeit unfürdenklichen Zeiten beobachtet wurde) keine Veränderung der noch beſtehenden Werker und des Parapets, keine Einbiankung, kein neues Gebäude, und keine Veränderung oder Vergrößerung eines bereits auf den Wällen, oder Rempartè, oder innerhalb der ehemaligen Glacis beſtehenden Gebäudes ohne Vorwiſſen, und ſchriftlicher Erlaubniß des Churfürſtl. Hofkriegsraths, und ohne einen durch hieſige Hauptkommandantſchaft vorzunehmenden pflichtmäßigen Lokal-Augenſchein vorgenommen werde. Churfürſtl. Hofkriegsrath wird dem gemäß mit dem Bemerken hiezu angewieſen, bey allen dieſen vorfallenden Baullchkeiten und Veränderungen jedesmal die vorläufige Meynung Höchſtdero General-Lieutenants Reichsgrafens von Ruinford, (als welchem dieſe wichtigen Sicherheits-Anſtalten von Sr. Churfürſtl. Durchlaucht gnädigſt anvertraut worden ſind) zu erholen, und hiernach das weiters bemeſſene vorzukehren. Gleichwie übrigens Se. Churfürſtl. Durchlaucht in Erfahrung gebracht haben, daß einige Individuen, welche die Gräßerey-Benützung verſchiedener Theile der Wälle erhalten haben, ſich haben bevgehen laſſen, Pflanzungen und Einſchnitte auf dieſen Wällen und den Böſchungen vorzunehmen, dann durch Wegräumung der Erde das Parapet eigenmächtig zu verderben, und zu zernichten; ſo befehlen Se. Churfürſt. Durchlaucht Höchſtdero Hofkriegsrath, nicht nur allein dieſe eigenmächtige Vorkehrungen für die Zukunft mit Nachdruck zu verhüten, ſondern auch dort, wo es bereits geſchehen iſt, alles in den vorherigen Stand herſtellen zu laſſen. München den 13ten Oktober 1797.

*) Vid. die Sammi. v. J. 1797; Seite 673. N. 105.

Nro. XI.

Verpflegung der K. K. Truppen wegen dem ſchnellen Rückmarſch im Jahre 1797.

Wir laſſen euch zu eurer nothwendigen Wiſſenſchaft unverhalten, daß Wir noch zur Zeit, als die kaiſ. kön. Truppen in Schwaben und am Rheine ſtanden, in die kaiſ. kön. Magazine eine Ablieferung von 130000 niederöſterreichiſchen Metzen Habers, und 65000 niederöſterr. Zentner Heues aus Unſern Landen bewilliget haben, welche Ablieferung aber wegen dem ſchnellen Rückmarſch der kaiſ. kön. Armee nicht zu Stande gekommen iſt.

Nachdem nunmehr die kaiſ. kön. Truppen durch Unſere Lande den Rückmarſch nehmen, auch ein Theil hievon in ſelben auf einige Zeit theils am Lech, theils am Inn Standquartiere zu nehmen beſtimmt iſt, ſo iſt zwar die Einleitung getroffen worden, daß die Verpflegung entweder aus den kaiſerl. am Lech ſtehenden Magazinen, welche durch ſchwäbiſche Konkurrenz und den Nachſchub der kaiſerl. Magazine verſehen werden, — oder aus den am Inn beſtimmten Magazinen, welches theils aus den kaiſerl. Erblanden, theils durch näher zu beſtimmende Konkurrenz aus Unſern Landen, theils durch den Nachſchub

des Magazins zu Donauwörth werden versehen werden, den k. k. durchmarschi=
renden und sieben bleibenden Truppen abgegeben werden wird.

Wo aber die Truppen früher in den Standquartieren eintretten, als
die Magazine versehen sind, wo die Magazine so weit entfernt sind, daß die
Unterthanen Brod und Fourrage leichter abgeben, als solche beyführen; und an
allen jenen Orten, wo die kais. kön. Truppen eintreffen, und gar keine Maga=
zine vorhanden sind, ist das Brod, dann die Fourrage an Haber und Heu den
Truppen gegen Quittung zu verreichen.

Diese Verpflegung ist von den betreffenden Unterkommissariaten immer
durch Konkurrenz mit Einschluß sämmlicher Inkorporations = Ortschaften, und
ohne Ausnahme eines gefreyten Standes beyzuschaffen, und wenn die Unter=
marschkommissariate solches längere Zeit zu leisten außer Stande wären, so ha=
ben sie die benachbarte Untermarschkommissariate beyzuziehen, und sich mit sel=
ben zu benehmen. —

Alles was verstandenermassen an Haber und Heu seit dem 1ten Dezem=
ber in die Magazine geliefert, oder an die indessen eingerückte kais. kön. Trup=
pen auf dem Marsch oder in den Standquartieren gegen Quittung verabfolgt
worden, oder verabfolgt werden wird, soll sodann an der bewilligten Haupt=
lieferungssumme in Abzug gebracht werden, — und da Wir entschlossen sind,
diese Naturalabgaben den Konkurrenten, damit solche auf die kais. kön. Seits
zugesicherte Rückvergütung nicht zu lange warten dürfen, aus Churfürstl. und
Landschaftl. Mitteln in billigen und bescheinen Preisen baar bezahlen zu lassen,
so haben die Untermarschkommissariate alles, was konkurrirt wird, genau mit
den Namen der Konkurrenten aufzuzeichnen, und die vorzüglichste Sorge zu tra=
gen, daß für alles was an Naturalien an die kais. kön. Truppen abgegeben
wird, Quittungen ausgestellet werden. —

Die Quittungen für Brod und Fourrage sind sodann, wenn k. k. Magazine
in der Nähe sind, bey denselben, für allenfalls abgebendes Schlachtvieh aber
bey der Fleischregie gegen Recepissen auszuwechseln, und dann sind solche Re=
cepissen, oder die Quittungen, wo sie mit keinen Recepissen ausgewechselt wer=
den können, von Woche zu Woche an Unser Oberst = Marschkommissariat
einzusenden.

Wir versehen Uns von Unsern U. M. Kommissariaten daß sie allen Fleiß
und Eifer anwenden, und die Quittungen und Recepissen richtig einsenden wer=
den, als Wir sie außerdem wegen den zu spät einlaufenden Quittungen alleine
verantwortlich machen würden. —

Um aber bey jeder wochentlichen Quittungseinsendung zu wissen, wie viel
der Geldbetrag derselben abwerfe, so haben die U. M. Kommissariate neben der
Designation der Quittungen den legalisirten Preis anzuzeigen.

Auf ähnliche Art sind auch die Vorspannsquittungen in Originali ver=
mittelst separirten Ausweisen, nebst Anzeige des marschpatentmäßigen Geldbe=
trags einzusenden. —

Was die Selbstverpflegung der Truppen anbelangt, so haben die Trup=
pen alles was sie verzehren, den Quartiersvätern, oder Kostgebern baar zu
bezahlen, und wenn sie sich dessen weigern, oder blos quittiren, und von dem
kommandirenden Offizier keine Hilfe gegen solche Excesse zu erlangen wäre, so
sind die Namen der Individuen, nebst dem Regiment, wobey sie stehen, dem
Untermarschkommissariaten anzuzeigen, und ihnen die ausgestellten Quittungen
einzuhändigen, damit selbe mit den wochentlichen Anzeigen an das Oberste
Marschkommissariat eingesendet, und sodann wegen des Ersatzes und künftiger
Remedur die weitere Einleitungen getroffen werden können. —

Die

Wir fügen hier auf erhaltene höchste Weisung noch den besondern Auftrag an, daß die U. M. Kommissariaten sich eines bescheidenen Betragens gegen die k. k. Militärbehörden und Offizere befleißen, und alles zu Erhaltung der Ruhe und guter Ordnung anwenden sollen. —

Gleichwie Wir diejenigen Unserer Beamten, die sich in dem gegenwärtigen Drang der Dinge diese Marsch- und Verpflegungsgeschäfte vorzüglich werden angelegen seyn lassen, auch bey anderer Gelegenheit vorzüglich auszuzeichnen wissen werden, so verhoffen Wir nicht, die Fahrläßigkeit ein oder des andern Untermarschkommissariats durch unangenehme Maaßregeln ahnden zu müssen. München den 17ten Dezember 1797.

Nro. XII.

Das Reichs-General-Armee-Kommando hat gestern Unserm Oberst von Riedl wegen Abstellung der Exzessen den unterm 3ten des vorigen Monats und Jahrs an gesammte dermal in Unsern obern Erblanden kantonirende kaiserl. königl. und Reichstruppen-Kommandanten gegebenen Befehl mitgetheilet, welchen Wir euch hiemit abschriftlich anlegen.

Bey jedem sich ereignenden Vorfall oder Exzeß, von Offizieren oder Gemeinen veranlaßt, habt ihr euch durch geeignete Vorstellungen an den Regiments-Kommandanten, oder Brigade-General zu wenden, denselben aber bestimmt zu benennen: von wem, oder durch wen der Exzeß geschehen, wornach auch sicher, und auf der Stelle Abhilfe und Bestrafung nach der vom Reichs-General-Kommando Unserm Oberst von Riedl gemachter Versicherung erfolgen wird.

Im Fall nun nicht auf der Stelle Genugthuung erfolgen sollte, so habt ihr dieses ungesäumt anher zu berichten, oder dem Oberst von Riedl anzuzeigen, damit hierüber das Reichs-General-Armee-Kommando selbst angegangen werden könne.

Uebrigens habt ihr euch nach Unserer unterm 17ten des Christmondes abhin gegebenen Verordnung*) schuldigst und genauest zu achten; sohin euch eines bescheidenen Betragens gegen die kaiserl. königl. Militär-Behörden und Offiziere zu befleißen, auch alles zur Erhaltung der Ruhe und guten Ordnung anzuwenden. Sind euch anbey mit Gnaden. München den 2ten Jänner 1798.

*) Vid. N. antec. 11.

Abschrift

An die Hrn. F. M. Lieut. v. Frölich, v. Riese, v. Petrasch und G. Major v. Dobins, Artillerie, Geniekorps und Generalstab.
Friedberg am 31sten Dezember 1797.

Von dem Churpfalzbaierischen Herrn Obersten, und Marsch-Commissäre von Riedl, welcher von der L. Regierung zur Besorgung aller Militär-Verhandlungen aufgestellt worden, sind mir über die besondere Bedrückungen, womit theils die durchziehenden, theils die im Land dislocirte Truppen den Landmann fast allenthalben quälen, Vorstellungen zugekommen, deren Abstellung ich mir zur Pflicht mache.

Die Beschwerden schränken sich hauptsächlich auf folgende Gegenstände ein:

1tens Die übermäßige Vorspann-Foderungen, und eigenmächtige Erpressungen, wobey der Landmann nicht selten mißhandelt wird, auch ihren Vorspannungen übermäßige Lasten zu führen zugemuthet werden, wodurch dem Landmann wesentliche Schäden erfolgen.

2tens Die überflüßigen Vorstellungen, wo mehrere einzelne Partheyen, wenn sie auch die nämliche Strasse ziehen, dennoch jede insbesondere Bothen fodern, die Leute unterwegs oft mißhandeln, und wenn es reitende Partheyen sind, die zu Fuß gehende Bothen mit den Pferden gleich zu laufen nöthigen wollen.

3tens Die übermäßigen Foderungen der Soldaten bey dem Quartiersträger an Kost und Trunk, welche von ihnen doch nichts zu fodern haben, ihr aus den Magazinen gefaßtes Brod, so wie das Regieszisch verkaufen, und die unentgeldliche Verköstung vom Landmann hernach fodern.

4tens Die unverhältnißmäßige Vertheilung der Quartiere, wobey die Quartiermacher zuweilen, ohne mit der Obrigkeit sich einverstanden zu haben, einige Gegenden über ihre Kräfte belegen, und andere zum Nachtheil der übrigen schonen.

Ich ersuche die Herrn Divisions-Commandanten, bey ihren unterstehenden Brigaden die erwähnten Mißbräuche und Exzessen einzustellen, und die Herrn Stations-Commandanten insgesammt anzuweisen, daß sie die Ortsobrigkeiten gegen jede willkührliche Erpressungen an Vorspann, Quartier, Verköstung, möglichst sichern, und dergleichen Excedenten, wenn sie sich nicht der gehörigen Ordnung fügen, unter Arrest ihren Commandanten überliefern sollen.

Alle Mißhandlungen der Landleute sollen unter strengster Ahndung verbothen seyn, und wenn auch von Seite des Landes widerrechtliche Begegnungen sich ergeben sollten, so hat sich Niemand eigenmächtige Genugthuung zu nehmen, sondern den Vorfall durch seine Behörde ordnungsmäßig anzuzeigen, und der hinreichendsten Befriedigung gewärtig zu seyn: jederzeit aber ist mit dem nächsten Landgericht, oder Marsch-Commissariat sich einzuverstehen, wo gewiß nach denen mir bekannt gewordenen, und von Seite der Churfürstl. Regierung getroffenen Anstalten die prompteste Vermittlung erfolgen wird: die Klage ist nur alsdann weiter zu führen, wenn die Sachen durch diese Wege nicht auf der Stelle abgethan werden können.

Die unbescheidene und widerrechtliche Foderungen der unentgeldlichen Verköstung sind ebenfalls nicht zu gestatten, und denen Truppen begreiflich zu machen, daß jeder gesittete Soldat von seinem gutmüthigen Quartierträger freundschaftlich behandelt werden wird, daß aber der Landmann in gar keine Verpflichtung zu unentgeldlicher Verköstung gegen seinen Einquartierern stehe, sondern das jeder Soldat hier Lands die bessere, oder mindere Aufnahme nur seinem Betragen gegen den Quartierträger zuzuschreiben haben sollte.

Bey Regulierung der Dislocation ist jederzeit das betreffende Oberamt und Marsch-Kommissariat beyzuziehen, welche die Vertheilung gewiß nach den Kräften des Landes veranlassen werden.

Nro. XIII.

Quittungen. Nachdem Ihr die gedruckte Instruktion vom 17ten Dezember vorigen Jahrs*) wegen wochentlicher Einsendung der Quittungen von den k. k. Truppen nicht genau beobachtet habet, hingegen hieran außerordentlich viel gelegen ist; so werdet Ihr hiemit alles Ernstes, bey schwerster Verantwortung, und Selbsthaftung für den durch solchen Saumsal entstehenden Schaden biezu ermahnet, mit dem Anhange, daß Ihr bey der Specification der einzusendenden Quittungen die Summe der Haber- und Heu-Rationen auf München-Schäsfel und Centen reduciren, und dann dieser Reduktion den bey euch-landläufigen Preis vom Schäffel Haber und Centen Heu voranbefohlenermassen legasirt bemerken sollet. München den 3ten Jänner 1798.

*) Vid. N. antec. 11.

Nro.

Nro. XIV.

Obschon Wir bereits durch zwey gedruckte Ausschreibungen vom 17ten December*) und 3ten Jänner**) sämmtlichen Unter-Marsch-Commissariaten bey Selbsthaftung aufgetragen haben, die Quittungen der Naturalabgaben für die durchmarschirende und cantonirende kaiserl. königl. Truppen von Woche zu Woche zuverläßig an Unser Oberst-Marsch-Commissariat einzusenden, so müssen Wir doch mißfällig ersehen, daß die meiste Unter-Marsch-Commissariate diesem Befehle nicht ordentlich nachkommen.

Da Uns jedoch außerordentlich viel daran gelegen ist, daß diese wochentliche Einsendung nach der geschehenen Anweisung ordentlich und zuverläßig geschehe, Wir auch hierinnfalls weder einen Termin gestatten, noch eine Entschuldigung gelten lassen können, so versehen Wir Uns, daß ihr diesem Unserm Auftrag um so zuverläßiger nachkommen werdet, als Wir die angedrohte Selbsthaftung sicher den säumigen Unter-Marsch-Commissariaten imputiren werden.

Wir ertheilen euch aber auch hiemit den weitern Auftrag, daß ihr bis auf den 20ten Jänner eine summarische Anzeige aller an die kaiserl. königl. Truppen vom 1ten Dezember des verflossnen Jahrs an bis zum 20ten Jänner geleistete quittirte Abgaben, an Brod, Haber und Heu nach Schäffel und Centner berechnet, direkte an Unsere Kriegsdeputation einsenden sollet. —

An alle jene Unter-Marsch-Commissariate, von welchen bis den 24ten dieß diese Anzeigen bey Unserer Kriegsdeputation nicht eingelaufen seyn werden, werden Wir auf ihre Kösten eigene Boten abordnen, welche sodann bis auf erfolgende Anzeige in Verwart zu stehen haben.

Aus eben dieser Ursache sind auch jene Unter-Marsch-Commissariate, welche allenfalls keine Naturalabgaben geleistet haben, verbunden, die Fehlanzeige einzusenden, außerdem sie ebenfalls den eigenen Boten zu gewärtigen haben. München den 10ten Jänner 1798.

*) Vid. N. antec. 11. **) Vid. N. antec. 13.

Nro. XV.

Durch Unsere gedruckte Ausschreibung vom 2ten Januar*) haben Wir sämmtliche Unter-Marsch-Commissariate angewiesen, daß sie bey jedem ereignenden Vorfall oder Exzeß von Offizieren oder Gemeinen veranlaßt, sich durch geeignete Vorstellungen an den Regiments-Commandanten, oder Brigades General wenden, und anzeigen sollen, von wem oder durch wen der Exzeß geschehen, wornach auch sicher, und auf der Stelle Abhilfe, und Bestrafung nach der vom Reichsgeneral-Armeekommando gemachten Versicherung erfolgen wird. Auf den Fall, daß nicht auf der Stelle Genugthuung erfolgen sollte, sind die Unter-Marsch-Commissariate weiters angewiesen worden, ungesäumten Bericht zu erstatten, damit hierüber, das Reichs-Armeekommando angegangen werden könne.

Ungeachtet dessen haben Wir in dieser Zwischenzeit aus den vielen eingelaufenen Berichten ersehen, daß viele Unter-Marsch-Commissariate und Orts-Obrigkeiten sich über Exzesse beschweren, ohne solche bestimmt anzuzeigen, und ohne daß selbe sich zu deren Abstellung mit den nächsten Militärbehörden gehörig benommen haben; auch haben Wir die sehr mißfällige Erfahrung gemacht, daß verschiedene Unter-Marsch-Commissariate und Beamte theils aus Furcht, theils aus Nachläßigkeit und Widerwillen unterlassen, zur Abstellung der Exzesse vorschriftmäßig die geeignete Wege einzuschlagen, wodurch sie bey dermaliger Lage ihre erste Pflichten für das Wohl der Unterthanen hintansetzen.

*) Vid. N. antec. 12.

Wir sind daher selbst auf Anträg des Reichs = Armeekommando veran=
laßt, sämmtlichen Unter = Marsch = Commissariaten und Ortsobrigkeiten wieder=
holt aufzutragen, daß sie bey schwerer Verantwortung, und ohne sich durch
irgend eine Rücksicht abhalten zu lassen, ihre Beschwerden jederzeit bey der
nächsten kaif. königl. Militärbehörde anbringen, und so viel als möglich ist, be=
stimmt anzeigen, in jedem Fall aber, wenn die geforderte Genugthuung gänz=
lich verweigert, oder nicht hinlänglich erfolgen würde, gehörig anher berichten,
oder Unserm Oberst von Riedl in dem Hauptquartier des Reichs = Armeekom=
mando anzeigen sollen. —

Gleichwie über keine Klage Genugthuung erwartet werden kann, welche
nicht bestimmt angegeben, und wovon nicht zugleich angezeigt wird, daß be=
reits von der nächsten kaif. königl. Militärbehörde Genugthuung nachgesucht
und nicht erlanget worden, so sind Wir auch von dem Reichs = Armeekommando
wiederholt versichert worden, daß wenn sich auch ein, oder anderer Korps = oder
Regiments = Commandant zur Abstellung der Exzesse nicht thätig genug herbey=
lassen würde, von besagtem Reichs = Armeekommando mit größtem Nachdruck
die Genugthuung verschafft werden wird.

Uebrigens wollen Wir auch sämmtliche Marschbehörden und Obrigkei=
ten nochmal anweisen, daß sie sich das gute Einverständniß mit Regiments=
Bataillons = Korpskommandanten, und Brigadiers zu erhalten bemühen sollen,
wodurch sich die Verminderung der vorkommenden Unordnungen sicher anhoffen
läßt. — Diese unsere Verordnung ist allen Inkorporationsorten mitzutheilen.
München den 12ten Januar 1798.

So sehr ich mich bestrebe, denen höchst = und hohen Ständen des Reichs die
Beweise darzulegen, daß ich nichts sehnlichers wünsche, als allenthalben,
wo die kaif. föu. Truppenmärsche und andere die Armee betreffende Transporte
eingeleitet sind, die strengste Mannszucht und Ordnung zu erhalten, und alle
Exzessen möglichstermassen zu entfernen; eben so sehr beklage ich, daß diesem
meinem innigen Bestreben dennoch hie und da entgegen gehandelt wurde, so er=
kenne ich es alsdann mit vieler Dankerkenntigkeit, daß mich Euer 2c. durch das
Promemoria vom gestrigen Tag von dem, was sich in einigen Churfürstl. Pfleg=
gerichten zugetragen hat, in die Kenntniß setzen, so ich gleich gewünscht hätte,
daß mich dieselben durch Cafus specificos genauer hätten verständigen können.

Um demnach derley Unfügen wenigstens in Bezug auf die noch nachfol=
gende Truppen und Transportsabtheilungen vorzubeugen, habe ich selben dem
nachdrücklichen Befehl zugefertiget, daß sich bey schwerster Strafe und Verant=
wortung niemand beygeben lasse, einige Vorspann über die Gebühr abzuverlan=
gen, daß jene, welche erfolgt wird, ohne Anstand abquittirt, und nicht über
die ausgemessene Station mitgenommen, sondern von solcher sogleich wieder ent=
lassen werden sollen; gleichwie ich denn auch dem Stabskommando zu Schar=
ding aufgetragen habe, daß sowohl für die durchziehende Truppen, als auch
für die einlangende Art:Urlaubabtheilungen, die ohnehin jederzeit voraus angezeigt
werdende Vorspannerforderniß in den betreffenden Ablösungsstationen in Be=
reitschaft gesetzt werde.

Die Kommandanten dieser Abtheilung haben ferners auch den weitern
Befehl, ihren unterstehenden Truppen geschärfest zu bedeuten, und auf den
Vollzug selbsten nachdrücklich zu halten, daß allen anderem von Euer 2c. ange=
zeigten, und ihm bekannt gemachten Exzessen Einhalt gethan, wo sich deren
aber dennoch ereignen, und zur Klage kommen sollen, solche auf der Stelle
untersucht, und die Exzedenten ohne Ansehen der Person, und ohne die mindeste
Rücksicht auf das schärfeste bestraft werden sollen.

Daher

Indem ich nun Euer ꝛc. von dieser meiner Veranlassung in die Kenntniß setze, hat auch das gegenwärtige denenselben allenthalben, wo Euer ꝛc. hievon Gebrauch zu machen befinden, zur Legimation dergestalten zu dienen, daß die betreffende Herren Regiments-Bataillons- und Korpskommandanten auf deroselben ihnen zu machen befindende Vorstellungen alle Rücksicht zu tragen, gegenwärtiges Schreiben als eine offene Ordre anzusehen, und gemeinschaftlich mitzuwirken haben, damit aller ungebührlicher Druck des Landes abgewendet, und der allerhöchste Dienst gebührend befördert werde. Regensburg den 6ten Jänner 1798.

Graf Baillet von Latour, Feldzeugmeister.

An den Churpfalzbaierischen Ober- und Oberland- dann Marschkommissär von Riedl also ergangen.

Nro. XVI.

Da die Errichtung verschiedener k. k. Magazine in Unsern Landen, dann die Beyfuhr der Naturalien aus den Magazinen, oder von einem Magazin in das andere, wo selbe durch k. k. Militär-Fuhrwerk nicht geleistet werden kann, durch Landes-Vorspann zu Verpflegung der cantonirenden Reichs-Truppen erforderlich ist, so wollen Wir wegen dieses Magazins-Transports folgende Punkte allen den Unter-Marsch-Commissariaten, und Beamten, bey welchen eine solche Naturalien-Transportirung einschlägig ist, zu Ihrer Darnachachtung vorschreiben. *(Instruktion wegen der Transportirung der k. k. Magazine.)*

Erstens: Die Vorspannen sind jederzeit durch die Unter-Marsch-Commissariate von den zwischen den Auf- und Ablodungs-Orten gelegenen Ortschaften beyzuschaffen.

Zweytens: Die benachbarte Unter-Marsch-Commissariate haben sich zu diesem Ende jederzeit wechselseitige Aushülfe zu leisten. —

Drittens: Wenn eine Magazins-Station über a Posten entfernt ist, so ist eine Ablösungs-Station durch gemeinschaftliches Einvernehmen der einschlägigen Unter-Marsch-Commissariate zu bestimmen, ausgenommen wo solche von Uns schon bestimmet worden ist. —

Viertens: In jeder Magazins- oder Ablösungsstation ist von dem betreffenden Unter-Marsch-Commissariate eine Transports-Aufsicht zu bestellen, ausgenommen wo solche schon von Uns bestellt worden ist. — Diese Transports-Aufsicht kann durch das Unter-Marsch-Commissariat selbst, oder durch jemand von dessen Amts-Personale, oder durch die anwesende Orts-Obrigkeit besorgt werden.

Fünftens: Die Transport-Fuhren sollen von dem Orte der Abspedirung bis zur Ablodung mit einem Conducteur versehen werden, wozu allezeit ein vertrauter Mann von Unserem Cordons-Mannschaft zu gebrauchen ist, welchem die Unter-Marsch-Commissariate für den Tag, wo er die Transport-Fuhren begleitet, eine Zulage von 12 kr. zu bezahlen haben.

Sechstens: Die Transport-Fuhren sollen, soviel möglich miteinander abgehen, übrigens aber weder bey der Auf- noch Ablodung verzögert werden.

Siebentens: Diejenige, welche die Transports-Aufsicht zu versehen haben, sollen über die Abführung der Naturalien nach beyliegenden Formular unter Vernehmung mit dem k. k. Magazins-Beamten gleichlautende Protokolle führen, und davon Abschriften dem Conducteur mitgeben.

Achtens: Die Condukteurs haben das Abspedirungsprotokoll bey der Ablieferung dem dortigen Churfürstl. Magazins-Aufseher einzuhändigen, welcher sodann von dem k. k. Magazins-Beamten den Frachtlohn zu erheben, die richtige Einlieferung, und die Bezahlung, oder wenn solche wider Vermuthen verweigert werden wollte, die Nichtbezahlung in diesen Protokollen vormerken zu lassen, sodann aber die auf solche Art von den k. k. Magazins-Beamten contrasignirte Protokolle wöchentlich an Unsere Kriegs-Deputation einzusenden, das Geld aber dem betreffenden Unter-Marsch-Commissariaten gegen Scheia zur Befriedigung der Vekturanten hinauszubezahlen hat. —

Neuntens: An jenen Ablösungs-Stationen, wo kein k. k. Magazins-Beamter vorhanden ist, muß dem Condukteur der zweyten Station auch das Protokoll der ersten Ablösungs-Station mitgegeben werden, damit sodann die Protokolle von beyden Stationen auf vorbesagte Art an dem Magazinsorte von dem k. k. Magazins-Beamten bezahlt und contrasignirt, dann anher eingesendet werden können. —

Zehntens: Der Frachtlohn ist per Centen, und Meile auf 4 kr. bestimmt; die Meilenzahl ist nach den bestehenden Stundenschulen zu berechnen. —

Eilftens: Sollten sich bey diesen Naturalien-Lieferungen Anstände ergeben, so haben sich die Magazins-Aufseher an die Unter-Marsch-Commissariate zu wenden, welche die vorfallende Irrungen zu berichtigen haben. —

Zwölftens: Ueber die unbezahlt bleibende Magazins-Fuhren wird sodann monatlich mit dem k. k. Ober-Verpflegs-Departement zu Friedberg eine Liquidation vorgenommen werden, daher Wir die richtige wöchentliche Einsendung der Spedirions-Protokolle von den Magazins-Aufsehern um so gewisser erwarten, als sie, oder die Unter-Marsch-Commissariate, welche sie bestellt haben, für allen aus dem Unterlaß, oder dem Verzug entstehenden Schaden zu haften haben. —

Dreyzehntens: Was aber die Magazins-Fuhren betrift, welche bisher schon vom Anfang Dezembers geleistet worden, so haben die Unter-Marsch-Commissariate die Lieferscheine der Vekturanten zu erholen, und in Zeit von 8 Tägen, um bey der am Ende dieses Monats vorzunehmenden ersten Liquidation den Fuhrlohnsbetrag berichtigen zu können, bey gleichmäßiger Selbsthaftung anher zu senden, welches nur bey jenen Transporten, nicht mehr erfoderlich ist, von welchem die Magazins-Aufseher die contrasignirte Spedirions-Protokolle bereits ordentlich eingesendet haben. München den 18ten Jänner 1798.

Nro.

Expeditions-Protokoll

von der Aufstab-Station NN. (Mittel- oder Absab-) Station NN. für den aufgestellten Conducteur NN.

Jahr und Monatstag.	Namen der Decurenten.	Dessen Wohnort.	Mehl.		Dorffutter.				Böffer.		Säck.		Subsidions-Betrag 4 fr. pr. Meil.	Anmerkung.
			Rochr	Bachr	Gerste,	Haaber,	Hey,		volle	leere	volle	leere		
			Cm. lt.	Cm. lt.	M. D. Wegn.	Cm.	Cm.	M.	Zahl	Zahl	Zahl	Zahl	fl. fr. pf.	
Dezemb.														
11	Fan. Berin.	Melch.	6	50	6	50	"	"	"	5	"	"	"	8	31	Hat einen Sack verlohren.
"	Joh. Jukkl.	Schwisting.	"	"	"	"	16	14	"	"	"	10	"	8	31	"
"	Math. Mayer.	von dort.	"	"	"	"	"	"	91	"	"	"	"	8	31	"

Anmerkung. 1 Sack hält 2 M. D. Wegen und wird im Gewicht pr. 1 Centner gerechnet.

Nro. XVII.

Wir kommuniziren euch in der Abschrift die weitere von dem Reichsgeneral- Armeekommando an unser Oberland - und Marschkommissariat unterm 19ten Jänner erlassene Erklärung wegen Vorspann, und Verpflegung der kais. k. königl. Truppen, um euch hiernach zu achten, und auch sämmlichen Inkorporarationsorten davon ein Exemplar mitzutheilen. München den 23ten Jänner 1798.

(Randnotiz links: Von der Vorspann und Verpflegung der kais. k. Truppen.)

Abschrift.

Es bestehen bereits die wiederholten Befehle bey der k. k. Armee, daß nur die höchst nötbigen Landsuhren gefodert, diejenige, welche das Aerarium auf sich zu nehmen hat, quittiret, die übrigen aber, welche aus dem Regiments- Unkostenfond zu berichtigen sind, oder von Militär - Partheyen zu ihrem Gebrauch abgenommen werden, konventionsmäßig baar bezahlt werden sollen.

Inzwischen wird aus Anlaß der Vorstellung vom gestrigen Datum, diese Anordnung nochmal bey der ganzen Armee mit allem Nachdruck erneuert, und dabey die wiederholte Einleitung getroffen, damit alle Vorspanns - Anweisungen nur von dem bey dieser Armee befindlichen Feldkriegs - Commissariat unter Bey- druckung des k. k. Siegels, und allein jenen Fällen, wo das k. k. Feldkriegs- Commissariat zu weit entfernet ist, von den Herrn Generalen, Regiments- Bataillons - und Corps - Commandanten ebenfalls mit Beyfügung ihres Siegels geschehen, und in denselben immer ausdrücklich bestimmet werden, ob die Vor- spann in Conto Ærarii, mithin gegen Quittung gebühre, oder aber gegen baare konventionsmäßige Bezahlung abzureichen sepe.

Hiedurch wird hoffentlich allen Unannehmlichkeiten und Klagen ausgewi- chen werden, und zu dem allenfalls nötbigen Gebrauch findet man das Verzeich- niß von dem dermal bey dieser Armee in Baiern verbleibenden k. k. Feldkriegs- Commissariat hier beyzulegen.

Dabey muß man aber bemerken, daß die Fourrage und das Brod, so lang die Truppen ruhig verleget find, nur dann, wenn das Magazin von dem Staabsquartier über 2 Stunden entfernet ist, mit Vorspann abgeholet werden darf, die sodann das Aerarium tragt.

Vorspann, welche Kranke, Monturs - Armaturs - Transporte ꝛc. benö- thigen, nimmt ebenfalls das Aerarium auf sich.

Offiziers, welche mit Vorspann sonst reisen, oder Regiments - Gelder führen, müssen hingegen die Fuhren baar bezahlen, wenn nicht etwa ein beson- derer Fall eintritt, wo das Aerarium die Reise bestreitet, der jedoch immer in der Kriegskommissariatischen Marschroute entschieden seyn wird.

Den Truppen ist schon allgemein bekannt, wo selbe Schlachtvieh fassen können, wenn inzwischen in ein und andern Orten die Quartierträger den Mann verköstigen wollen, so wird jeder Regiments - Bataillons - oder Corps - Commandant mit denenselben sich einverstehen, was allenfalls der gemeine Mann von seiner Löhnung zu Bestreitung des Kostgeldes entbehren, und ob der Quartierträger damit zufrieden gestellet werden kann. Friedberg den 19ten Jänner 1798.

Staader, F. M. L.

An das Churfürstl. Oberlandes - und Marsch - Commissariat also erlassen worden.

K. K. Feldkriegs-Commissariat.
Bey der Armee in Baiern.

Ort, wo sich selbe befinden.	Chargen, welche sie begleiten.	Namen.
Im Hauptquartier zu Friedberg.	Herr Oberkriegs-Commissär	v. Daiser.
	Feldkriegs-Commissariats-Offizier	v. Scholtheim.
	detto	v. Reutter.
	qua Feldkriegs-Commissariats-Offizier	v. Heldenwerth.
Zu Landsberg und in dortiger Gegend.	Herr F. Kriegs-Commissär	v. Lierwald.
	F. Kriegs-Commissariats-Offizier	v. Horsetzky.
Zu Schrobenhausen.	F. Kriegs-Commissariats-Offizier	v. Stelzel.
Zu Landshut.	F. Kriegs-Commissär	v. Reinisch.
	F. Kriegs-Commissariats-Offizier	v. Tautichke.
Zu Regensburg.	F. Kriegs-Commissär	v. Mayerhofen.
Zu Wasserburg.	qua F. Kriegs-Commissariats-Offizier	v. Puchler.
In die noch errichtet werdende Feldspitäler kommen.	qua F. Kriegs-Commissariats-Offizier	v. Heriemaner.
	detto detto	v. Lichtmayer.

Frieberg den 19ten Jänner 1798.

Daiser, Oek. Com.

Nro. XVIII.

Es sind nicht ungegründete Klagen entstanden, daß die Unteroffiziers, Soldaten und Schildwachen hiesiger Garnison in ihrem Dienste, bey verschiedenen Gelegenheiten gegen hiesige Einwohner, und die hereinfahrenden Landleute sich nicht nur allein höchst unanständiger Ausdrücke bedienen, sondern sich auch unterfangen auf Menschen, und Vieh zu schlagen. Da nun dieses Betragen der öffentlichen Ordnung und Ruhe, dann der Würde des Militärstandes ganz entgegen stehet; als ergehet hiemit der strengste Befehl, dieses höchst unanständige Betragen unter Androhung schwerster Bestrafung in hiesiger Garnison allgemein untersagen zu lassen, und dem Militär einzuschärfen, diejenigen Individuen, welche den ertheilten Commandantschafts-Befehlen sich widersetzen, jedoch mit aller Unanständigkeit zur weitern Verhandlung zu arretiren, und auf die Wache liefern zu lassen. München den 30ten Jänner 1798.

Exzesse der Schildwachen unter dem Thore.

Nro. XIX.

Es ist an den hiesigen Thorwachen nach und nach der wegen scheinbarer Unbeträchtlichkeit des Gegenstandes zum Theil auch bestätigter Gebrauch eingeführt worden, daß von den mit Holz, Kraut oder etwa andern Bedürfnissen zum Markte fahrenden Landleuten einige Holzscheite oder ein Krautkopf vom Wagen an die Wachen und Thorschreiber abgegeben, auch wenn sie mit Viktualien versehen, zu Verhütung des polizeiwidrigen Winkel-Verkaufes von einem Soldaten auf den bestimmten Marktplatz geführt wurden, demselben ein Groschen entrichtet werden mußte. Die Folgen hievon sind, daß, da der Landmann weder Pflicht, Zweck, noch Vortheil solch eines Tributes erkennt, und folglich denselben entweder ganz zu umgehen, oder doch nach Möglichkeit zu verringern sucht, daraus mancherley der Würde des Staates, und seinem öffentlichen Ansehen, und Vertrauen nachtheilige Gezänke, und Foderungen entstehen, während dessen der Thorweg durch die zur Abgabe angehaltenen Wägen verrengt, und die Durchfahrt gesperrt bleibt.. — Daß dem Landmanne schon bey seinem ersten Ein-

Holz- und andere Abgaben der unter dem Thore.

Ein-

Eintritte in die Stadt sehr unfreundliche Gesinnungen gegen ihre Bewohner eingeflößt, und daß er durch derley vorläufige Ansprüche auf sein wohlerworbenes Eigenthum nicht geradezu einer verhältnißmäßigen, sondern zu der höchstmöglichen Preisersteigerung gleichsam gereizt, und aufgefordert wird. Se. Churfürstl. Durchlaucht wollen daher diese in summarischer Hinsicht nicht unbedeutende, dem Stadt = und Landvolke gleich nachtheilige Abgaben um so mehr abgeschafft wissen, als ohnehin alle öffentlichen Polizey = oder sonstigen Amts = Verrichtungen, wodurch zum gemeinen Wohl, zur Erhaltung der Ordnung, Ruhe und Sicherheit von Seiten des Militär = oder Civilstandes mitgewirkt wird, durchaus der Natur der Sache gemäß nicht bezahlt, oder durch sogenannte Emolumente vergolten werden sollen, indem der erwähnte Zweck schon unter der Staatspflicht im allgemeinen, und unter einer jeden Amtspflicht in besonderen vollkommen und wesentlich enthalten ist. Der Churfürstl. Hofkriegsrath wird nach dieser höchsten Entschließung die hiesige Commandantschaft zu beordern, und diese das befohlene gehörig zu vollziehen, und vollziehen zu lassen wissen. München den 3ten Februar 1798.

Nro. XX.

Befehle in Polizey=Sachen.

Nach den bisherigen Verhältnissen zwischen dem Civil = und Militärstande ist öfters der Fall eingetretten, daß Befehle, welche an das Militär gegeben wurden, auf den Civilstand, besonders in Polizey = Sachen unmittelbaren Einfluß hatten. Um nun alle daraus entstehenden nachtheiligen Collisionen zu verhüten, wollen Se. Churfürstl. Durchlaucht, daß hinfüro keine solchen Befehle weder vom Churfürstl. Hofkriegsrathe, noch von den Gouverneurs, Commandantschaften, oder sonstigen Militär = Stellen ausgegeben werden sollen, ohne eherer mit der einschlägigen Polizey=Behörde sich benommen zu haben; und im Falle diese beyden Stellen über den Gegenstand nicht einig werden sollten, ist von selben die unmittelbare höchste Entscheidung Sr. Churfürstl. Durchlaucht im ordentlichen Wege zu erholen. Welch höchste Entschließung dem Churfürstl. Hofkriegsrath zur Anweisung sämmtlicher Militär = Behörden hiemit gnädigst bekannt wird. München den 22ten Febr. 1798.

Nro. XXI.

Von Delictis pure militaribus.

Seine Churfürstl. Durchlaucht wollen zwar, daß den wirklich bestehenden Verordnungen und Landesgesetzen gemäß, alle Beleidigungen der Soldaten im Dienste, und unter den Waffen, — Verführung zu fremden Kriegsdiensten, und Desertions = Verheimlichungen, so wie alle Dilicta pure Militaria lediglich durch die Kriegs = Behörde und Churfürstl. Hofkriegsrath ganz allein, wie eben abgeurtheilt werden sollen. Jedoch befehlen Höchstdieselbe, daß bey Aburtheilung derley Verbrechen keine andere, als sonstig bürgerliche nach den Landesgesetzen bekannte, und anwendbare Strafen anerkannt werden sollen, und diesem zufolge Niemand von Civilpersonen mit Stockstreichen oder mit Spizruthenführen in keinem Falle abzustrafen sey. Welch höchste Entschließung Churfürstl. Hofkriegsrathe zur Nachachtung und Bekanntmachung an sämmtliche Militär = Behörden hiemit gnädigst eröffnet wird. München den 22ten Februar 1798.

Nro. XXII.

Das Schlachten in den Kasernen betreffend.

Es ist Sr. Churfürstl. Durchlaucht mißfälligst zu vernehmen gewesen, daß die hiesigen Regiments = Metzger sich keineswegs mit dem Fleischverkaufe an die Militär = Personen begnügen, sondern auch der größte Theil ihrer Verlegenheit sich in das übrige Publikum, zum Nachtheile der bürgerlichen Metzgerschaft erstreckt. Da nun Höchstdieselbe fest entschlossen sind, alle gegründete Beschwerden der bürgerlichen Gewerbe, und vor der Hand der erwähnten Metzgerschaft durch Aufhebung unbefugter Eingriffe und Pfuschereyen nach und nach gänzlich zu beseitigen; so befehlen Se. Churfürstl. Durchlaucht hiemit gnädigst, daß binnen acht Tagen von der Publikation gegenwärtigen höchsten Befehls, alles Schlachten in den Kasernen um so gewisser aufhören solle, als ohnehin nach eingeholt

sicherer

sicherere Erkundigung zwey Drittheil der hier garnisonirenden Soldaten ihr benöthigtes Fleisch bey den bürgerlichen Metzgern zu kaufen pflegen. München den 6ten März 1798.

Nro. XXIII.

Aus denselben Gründen, welche Se. Churfürstl. Durchlaucht bewogen haben, das Schlachten und Fleischverkaufen der hiesigen Regiments-Metzger ein für allemal abstellen zu lassen, wollen Höchstdieselbe auch endlich einmal alle und jeden anderen Handwerks-Pfuschereyen, welche von Militär-Personen getrieben werden, ein Ende gemacht wissen.*) Da aber diejenigen Strafen und sonstigen Maaßregeln, welche bisheran gegen die erwähnten, schon mehrmal verbothenen Pfuschereyen angewendet wurden, die gehörige Wirkung nicht erzielet haben; so ist hinfüro mit größerm Ernst und Nachdruck von Seiten der Regiments-Commandanten darauf zu sehen, daß keiner ihrer Untergebenen sich jemals auf einer Pfuscharbeit für Civil-Personen betreten lasse; Die zu wider handelnden sind aber, als ungehorsam gegen die höchstlandesfürstlichen Befehle mit aller militärischen Strenge das erstemal mit Stockstreichen, in dem zweyten Betrettungs-Falle mit Gassenlaufen, und so bey einer nochmaligen Contravention stuffenweise noch schärfer zu bestrafen. Der genaueste und pünktlichste Vollzug dieser höchsten Verfügung wird auch um so gewisser erwartet, als widrigenfalls die betreffenden Regiments-Commandanten selbst zur ernstlichen Verantwortung gezogen werden sollen. München den 6ten März 1798.

*) Vid. die Samml. v. J. 1797. Seite 208. N. 41.

Nro. XXIV.

Es ist nach erfolgt Special-höchster Entschließung vom 13ten Oktober anni elapsi*) neuerdings gnädigst verordnet, und zur genauen Befolg- und Nachachtung anher bekannt gemacht worden, daß allhier für die Zukunft, (so wie es seit undenklichen Jahren beobachtet wurde) keine Veränderungen der noch bestehenden Werker, und des Parapets, keine Einblankung, kein neues Gebäude, und keine Veränderung oder Vergrößerung eines bereits auf den Wällen oder Remparts oder innerhalb der ehemaligen Glacis bestehenden Gebäudes ohne Vorwissen — und schriftliche Erlaubniß des Churfürstl. hohen Hofkriegsraths, und ohne einen durch dießseitige Hauptkommandantschaft vorzunehmenden Lokal-Augenschein vorgenommen werden dürfe. Bey solch von undenklichen Jahren eingetrettener Beobachtung hat sich aber doch neuerdings der Fall angeben, daß von verschiedenen, eigenmächtig ohne alle Anfrage, hierinn zu Werk gegangen, und auch der Bau vor erfolgter gnädigster Genehmigung angefangen worden seye. Um nun derley Vorschritte für Zukunft gänzlich zu beseitigen, und jeden von der höchsten Intention zu verständigen; so will man oben angezogene gnädigste Verordnung andurch öffentlich bekannt machen, damit sich keiner mit Unwissenheit entschuldigen, vielmehr eigenen Schaden verhüten könne, der durch gegentheiliges Unternehmen jeden treffen möchte. München den 5ten April 1798.

Churfürstl. Hauptkommandantschaft allda.

*) Vid. N. antec. 10.

Nro. XXV.

Auszug
aus einer Note des Kaiserl. und Reichs-Armee-Kommando ddto 14ten July 1798.

Inzwischen, bis Dislokationsabänderungen möglich werden, findet für die durch die engere Kontraktion stärker als vorhin belegte Orte dennoch diese Erleichterung statt, daß die einquartierte Mannschaft nach dem bestehenden Befehl odentlich in Menagen sich verköstet.

Sechster Band.   U u   Sollte

Sollte in ein - oder andern der Kontraktionsorte diese Einrichtung noch nicht getroffen worden seyn, so haben die Ortsobrigkeiten sich nur an die betreffenden Herrn Regiments - oder Stationskommandanten wegen der Eintheilung der Mannschaft in Menagen zu verwenden. Friedberg den 14ten July 1798.

Nro. XXVL.

Rechnung über die bezahlte Fourrage - Verpflegung und Magazins-Transporte.

Damit Wir mit Zuverläßigkeit überzeugt sind, daß die Geldanweisungen und wirklich geleisteten Bezahlungen für die Fourrageverpflegung der seit der Hälfte Dezembers v. J. in Unsern berobern Landen cantonirenden Truppen, dann für Magazinstransporte an Unsere Unterthanen, auch wirklich hinausbezahlt worden sind, so geht euch hiermit der Auftrag zu:

1mo. Daß ihr nach beyliegendem Formular einer Pecunialrechnung sub Lit. A. eine ordentliche Ausweisung, nebst sämmtlichen dazu gehörigen Scheinen an Unsere Kriegsdeputation einsenden sollet. —

2do. Die Scheine über den Geldempfang der Unterthanen sollen von den Unterthanen nicht selbst, sondern von den Gemeindeführern unterschrieben seyn.

3tio. Neben dieser Unterschrift ist auch die Unterschrift der Prokuratoren erfoderlich, welche blos allein zu bezeugen haben, daß die erstere Unterschrift die der Gemeindeführer wirklich sey. —

4to. Diese Unterschrift aber ist bey Hofmarksbeamten, Pfarrern und siegelmäßigen Personen nicht erfoderlich.

5to. Eine falsche Unterschrift wird mit den gesetzmäßigen auf das Verbrechen der Verfälschung gesetzten Strafen, und der unmittelbaren Dienstentsetzung bestraft werden.

6to. Dieses ganze Quittirungs- und Legitimationsgeschäft ist gänzlich unentgeltlich zu vollziehen, sohin weder von den Beamten, noch Prokuratoren, noch Gerichtsdienern ein Abzug oder Anforderung zu machen. —

7mo. Wenn die Aemter über die schon geschehene Hinauszahlungen die Quittungen der Unterthanen erholt haben, so können diese auch als Belege der Pecunialrechnung gebraucht werden, wenn daraus der Geldempfang und daß die Unterschrift keinem Bedenken unterliege, genüglich zu ersehen ist.

8vo. Diese Ausweisung ist von den Marschkommissariaten in Zeit von 4 Wochen bey Vermeidung eines eignen Botens einzusenden, und auch bey künftigen Bezahlungen oder Geldanweisungen ist die nämliche Ordnung, und der nämliche Termin zu beobachten.

9no. Neben dieser Pecunialausweisung ist auch von jedem Marschkommissariat nach dem zweyten Formular sub Lit. B. ein kurzer aber genuiner Extrakt der Material - und Magazinsrechnung einzusenden, deren Belege zwar der Einsendung nicht bedürfen, aber doch zur Sicherheit bey den Aemtern aufzubehalten und zu verwahren sind. —

10mo. Damit aber diese Pecunial - und Materialrechnung von Zeit zu Zeit continuirt werden kann, so ist allzeit nicht nur auf diese Rechnung anzubinden, sondern der Magazinsrest, und der allenfallsige Geldrest in nächster Rechnung primo loco aufzuführen. Wir versehen Uns des genauen Vollzugs. München den 12ten August 1798.

Lit. A.

Lit. A.

Formular der Pecunial-Rechnung
vom 1ten Dezember 1797 bis letzten July 1798.

Einnahme an baarem Gelde.							Ausgabe an die Theilnehmer an baarem Gelde.									Rest.	
Datum und Anzeige des Geldempfangs durch Kriegs-Deputationsanweisungen oder auf andere Art.	Preis, in welchem die Fourrage von der Kriegsdeputation angewiesen worden. Der Schff. Haber.		Der Cent. Heu.		fl.	kr.	Vermöge anliegenden Schein sub Nro.	Namen der Gemeinde, Lieferanten, oder einzelnen Unterthanen.	Preis, in welchem die Fourrage an vorstehende Theilnehmer hinausbezahlt worden. Das Schäffel. Haber.		Der Centner. Heu.		fl.	kr.	In der Amtskassa.	
	fl.	kr.	fl.	kr.					fl.	kr.	fl.	kr.			fl.	kr.

Nota. Wenn ein Untermarschkommissariat für Messung des Habers, Anbindung des Heues oder andere Arbeit einige Nebenausgaben bestritten, und solche den Unterthanen, wiewohl unerlaubt, am Preise abgezogen hätte, so sind neben dem Preis, wie den Unterthanen oder Gemeinden die Fourrage wirklich hinausbezahlt worden, auch vorgedachte Nebenausgaben mittels Scheinen mit ihren treffenden Numern gleichfalls, wie die Fourragezahlung zu beweisen.

Lit. B.

Auszug der Material-Rechnung
vom 1ten Dezember 1797 bis letzten July 1798.

Einnahme an Fourrage.					Ausgabe an Fourrage.					Rest.			
Anzeige der Concurrenz oder Lieferung oder des bewilligten Ankaufs oder Abgabe in natura in Quartieren.	Haber.		Heu.		Laut eingesendeten Ausweisen de dato.	Haber.		Heu.		Haber.		Heu.	
	Schäffel.	Rationen.	Centen.	Pfund.		Schäffel.	Ration.	Centen.	Pfund.	Schäffel.	Ration.	Centen.	Pfund.

Nro.

Nro. XXVII.

Von den Ordonnanzen der auswärtigen Werber.

Es ist bisher immer unrecht geschehen, daß die Werber auswärtiger Mächte ohne Unterschied nicht genau beobachtet, und denenselben, wo es möglich, Ordonnanzen gegeben, oder die vorgegangene Exzessen und Debauchtrungen dadurch verhütet worden sind. Diesem nun für die Zukunft besser vorzubeugen, nehmen Se. Churfürstl. Durchläucht keinen Anstand, den gutachtlichen Antrag zu genehmigen, den Dero Hofkriegsrath in seinem Bericht vom 19. dieses Monats unterthänigst gemacht hat; sohin gnädigst verordnen, daß in jenen Ortschaften, wo sich diesseitige Garnisonen befinden, allen auswärtigen Werbern eine Ordonnanz beygegeben; in jenen Ortschaften aber, wo sich keine Garnisonen befinden, selbe durch die Cordonisten genau beobachtet werden sollen. Der Churfürstl. Hofkriegsrath hat also sämmtliche Commandantschaften und Cordons-Commandanten hierauf anzuweisen, und überhaupts den gedachten Commandantschaften und jedem Cordons-Commando diejenige Instruktion *) zu ertheilen, die in obigen berichtlichen Antrag noch weiters beygefügt und enthalten ist. München den 25ten September 1798.

    *) Vid. die Samml. v. J. 1797. Seite 521. §. 12.

Nro. XXVIII.

Ohne Stellung zweyer Mann darf keiner der Kriegsdienste entlassen werden.

Seine Churfürstl. Durchläucht ist der außerordentliche starke Abgang bey Höchstdero Truppen dergestalten auffallend, daß Höchstdieselbe sich bewogen finden, die gnädigste Entschließung zu nehmen, daß von nun an, mit keiner der Ausnahm der Land-Capitulanten, kein Mann mehr, außer jener, der wegen Untauglichkeit länger zu dienen unvermögend ist, oder der vor seinem Abgang sogleich zwey Mann für sich stellen kann, entlassen werden solle. Der Churfürstl. Hofkriegsrath hat demnach sämmtliche Regimenter pr. Circulare hiernach anzuweisen, und für die richtige Befolgung dieser höchsten Entschließung bestens zu sorgen. München den 13ten Oktober 1798.

Nro. XXIX.

Von der neuern Salpeter-Manipulation.

Seine Churfürstl. Durchläucht haben auf den Höchstdenenselben unterthänigst vorgelegten Hofkriegsraths-Bericht vom 10ten des verflossenen Monats in Betreff der Fleischmannischen Salpeter-Manipulation nach dem gutachtlichen Antrage gnädigst beschlossen daß

1tens Einsweilen statt den von der Commission dermal vorgeschlagenen Inspekteurs lediglich in jedem Bezirk ein Conbukteur nach dem Gutachten und beygelegten Tabellen des Oekonomie-Directorii mit einer Remuneration, die aber erst nach erwiesenem Fleiß und Ergiebigkeit der Produktion zu bestimmen, und zu begutachten ist, angestellt werden solle.

2tens Ist der Commerzien-Rath Fleischmann, dessen Kenntnisse im Salterwesen erprobt, und bestätiget sind, noch ferners beyzubehalten, und demselben zu erlauben, daß er den Commissions-Sitzungen bey dem Oberst-Landzeugamt, wenn dabey etwas, das nur immer auf das Salterwesen einigen Bezug haben mag, verhandelt wird, beywohnen darf.

3tens Darf dem gedachten Commerzien-Rath Fleischmann fernershin gestattet werden, in der hiesigem Zeughaus-Raffinerie ein vollständiges Salters-Sudwerk (welches als Modell einmal für alle Salterer dienen kann) auf Kösten des Ærarii unter seiner Leitung einzurichten, und fortzuführen, sofort auch eine Salter-Plantage, wozu ihm der erfoderliche Platz anzuzeigen ist, nach seinem Anerbiethen auf eine für das ganze Land nutzbare Art anzulegen.

Auch

Auch darf der gute annehmbare Salter, den Fleischmann außerhalb der Stadt auf seine Kosten erzeuget, alsdann ferner von dem Oberstlandzeugamt nach dem Tax übernommen werden; doch ist selber anzuweisen, vor allem seinen Entwurf und Manipulations-Vorschrift, wie er das ganze Werk zu leiten gedenket, nebst einem Verzeichniß über die zu Errichtung dieses Saliter, Endwerks erfoderliche Kosten dem Churfürstl. Hofkriegsrath, welcher diesen Entwurf alsdann zur höchsten Einsicht einzubefördern hat, so wie auch zugleich einen zweckmäßigen Plan zu einer eigenen Saliterschule vorzulegen.

Nach Maß des Erfolges, und sich bestättigenden Nutzens dieser Einrichtung wird wegen weiterer Bestimmung des mehr erwähnten Fleischmann zu diesem Geschäft seiner Zeit der gnädigste Bedacht genommen werden. Weil aber

5tens Derselbe seit Jahr und Tag mit diesem Gegenstand viel Geschäft und Zeit-Verlust gehabt, auch zur Erklärung der Sache viel nützliches geschrieben hat; so haben ihm Se. Churfürstl. Durchlaucht einerweilen eine Gratifikation von 250 fl. gnädigst verwilliget, und lassen solches dem Churfürstl. Hofkriegsrath auf Eingang allegirten Bericht unter Rückschluß der Akten zur weiters erfoderlichen Verfügung andurch in höchsten Gnaden unverhalten. München den 15ten Dezember 1798.

Nro. XXX.

Unsern G. ꝛc. Wohlgebohrner, L. G. Unsere gnädigste Absicht ist auf alle Fälle nach dermaligen Zeitumständen Uns zur Sicherheit des Landes und aller Unterthanen in einen angemessenen Defensions-Stand zu setzen, und hiezu neben andern das Landes-Verfassungsmäßige Mittel der Aufmahnung Unserer Ritterlehenleute anzuwenden. Wenn Wir dabey denselben die nach ihrer Lehen-Verbindlichkeit schuldige Leistung persönlicher Dienste, und Stellung gerüsteter Knechte diesmal ohne Folge für die Zukunft gnädigst erlassen wollen; so bleibt es doch Schuldigkeit Unserer Ritterlehen-Vasallen, zu demjenigen Cavallerie-Regiments-Canton, welchem sie zugetheilt würden, die herkömmliche und angemessene Anzahl gerüsteter, mustermäßiger Pferde, nebst vorgeschriebener Zugehör zu stellen, und selbe so lange sie bey dem Regiment nicht gebraucht werden, wiederum in Futterung, und Verwahrung zu übernehmen. *)

Allein Wir verkennen keinesswegs, welche große Kosten, und beschwerliche Anstände hierdurch Unsern getreuen Lehenleuten zugehen würden, und sind daher gnädigst gesonnen, diese Last denselben, so viel es die Umstände erlauben, landesväterlich zu erleichtern, verhoffen aber auch um so eher die schleunigst gehorsamste Erfüllung Unserer gnädigsten Absichten. Anstatt der Natural-stellung, und Futterung der Pferde, wollen Wir Uns daher für diesmal, mit einer im Verhältniß gegen dermalige Preise gewiß geringen Reluitions-Summe von Einhundert Sechszig Gulden pr. Pferd gnädigst begnügen, und soweit diese in einer separirten Remontirungs-Cassa zu sammelnden Beyträge hinreichen, selbe zum Behuf Unserer Cavallerie-Regimenter verwenden lassen. Da euch nun von dem in mitfolgenden Extracte enthaltenen Ritterlehen 1 Pferd zu stellen betreffe, so habt ihr den Betrag mit abwerfenden 160 fl. in Zeit 4 Wochen von Empfang gegenwärtig gnädigsten Befehls, an die bey Unserem Hofkriegsrath angeordnete Lehenpferd-Remontirungs-Casse um so zuverlässiger gegen Schein einzusenden, als Wir außer dessen ohne weiters sogleich nach Lehenrechten, und Gewohnheiten gegen die säumige oder gar ungehorsame Va-

sals

*) Vid. N. antec. 1.

Aufnahmung der Ritterlehenleute

sollen zu verfahren gezwungen wären. Ueber Empfang gegenwärtig gnädigsten Befehls kömmt bey 12 Reichsthlr. Strafe Recepisse auszustellen. Sind euch anbey mit Gnaden. München den 2ten Jänner 1799.

Oberster Lehenhof.

Nro. XXXI.

Von Be-
zahlung der
Vorspannen. Es wird euch hiemit eine Abschrift der von dem k. k. Haupt-Armeekommando an sämmtliche Divisions-Commandanten erlassenen Verfügung vom 3ten Dezember 1798 wegen richtiger Quittirung und Bezahlung der Vorspannen, Wagen und Knechte zur Wissenschaft, Nachachtung und Mittheilung an die sämmtlichen Inkorporations-Ortschaften zugeschlossen. München den 9ten Jänner 1799.

Abschrift.

Am 19ten Jänner dieß Jahrs ist über mehrere Beschwerden wegen ordnungswidriger Vorspanns-Abnahme eine Cirkular-Verordnung erlassen, und darinnen die genaue Belehrung ertheilet worden, wie sich die Truppen im Fall einer benöthigenden Vorspann benehmen sollen, wann solche hier Landes baar zu bezahlen, und wann solche zu quittiren ist.

Da dem ungeachtet während dem Jahr, und nun neuerdings von Seite des Churfürstl. Ober-Landes-Commissariats Klagen vorkommen, daß die Zahlung der Vorspann nicht nach der Convention für Knecht und Wagen geschehe, und nicht selten die Zahlung oder Quittirung der Vorspann ganz verweigert werde:

So findet man obigen Befehl mit Beysatz zu erneuern, daß man von nun an die Uebertreter desselben ohne Rücksicht empfindlich zu ahnden gezwungen seyn wird. Wornach der 2c. die unterstehenden Truppen warnen wolle.

Nro. XXXII.

Privilegium
des Tit. von
Eckartshau-
sen auf den
Kunstsalpe-
ter. Wir Karl Theodor von Gottes Gnaden 2c. urkunden und bekennen öffentlich hiemit und in Kraft dieses, daß Wir auf unterthänigstes Ansuchen Unsers wirklichen Hofraths und geheimen Archivar von Eckartshausen demselben das Privilegium zur Chymischen Erzeugung und Fabrikmäßigen Betrieb seiner Kunst-Salpeters, wovon er die verlangten Proben vor einer hierzu eigens niedergesetzten Commission bereits abgelegt hat, auf folgende Art und Weise gnädigst zu ertheilen geruhet haben: 1. Ertheilen Wir dem erwähnten von Eckartshausen, dann dessen Erben, Associés oder Cessionarien dieses gebethene Privilegium dergestalt, daß derselbe von diesem künftigen Salpeter, so viel er vermag, produziren, und sowohl im Lande, als auch im Auslande verkaufen darf; jedoch ist 2. das Churfürstl. Oberlandzeugamt nicht im geringsten gehalten, vom gedachten von Eckartshausen, oder vielmehr aus dessen Fabrique einigen Salpeter abzunehmen, wohl aber der von Eckartshausen, dann dessen Erben, Associés oder Cessionarii verbunden, seinen künftig erzeugten Salpeter dem Churfürstl. Oberlandzeugamt auf jedem Falle zum Ankauf vorzüglich anzubiethen, und solches jedesmal zu beobachten, bevor eine beträchtliche Quantität irgend anderswohin, oder in das Ausland verführt und verkauft wird. 3. Soll zwar der Ankaufspreis dieses Salpeters für das Oberlandzeugamt nach dem Anerbiethen des von Eckartshausen um ein Zehntl wohlfeiler, als der Kurrentpreis verbleiben; dieser Ankaufspreis aber in der Folge, wenn die Fabrique im guten Gange seyn wird, nach Maaß der Produktion und abnerfen-

den

den Gewinkes noch näher bestimmet werden. Auch werden Wir 4. dem von
Eckartshausen rc. nach hergestellter Fabrique und in gehörigen Gang gebrachten
Betrieb derselben die Erbauung einer, oder mehrerer Pulvermühlen unter dem
Vorbehalt er erfoderlichen Restriction nicht verfagen. 5. Verleihen Wir ihm
von Eckartshausen respect. feiner zu erreichenden Fabrique das jus præelationis
in Schuldforn, wie felbes in der Maurkordnung enthalten ist, und sich defsen
andere Unser Fabriquen zu erfreuen haben. 6. Erlauben Wir dem Besitzer
diefer Fabrue den Grosso- und Minuro-Verschleiß feines auf Chymische Art
felbst erzeugen Salpeter, verbieten aber demselben bey dem Verlust diefes Privilegii mit inem Fremden, oder andern als obig erzeugten Salpeter den geringsten Werkeß zu treiben. 7. Hat der von Eckartshausen die verbindliche Obliegenheit, stets arauf zu feben, daß das Churfürstl. Landzeugamt sowohl, als das
Publikum uß feiner Fabrique stets mit ächten, guten, dauerhaften, und un-
schädlichen Salpeter versehen; und barauf der Gelbaußfluß für diesen Artikel
forgfältigst ermieben werde, wobey nicht minder 8. das Augenmerk zu nehmen
ist, daß indieser Fabrique vorzüglich Innländern Arbeit verschafft, und feiner
Zeit tüchtig Arbeiter baraus erzogen werden. Uebrigens 9. stebet diese Kunst-
Salpeter-Fabrique unter Unserm Hoffkriegsrath, wohin sich also von Eckartshausen oder der Besitzer derfelben in Vorfallenheiten um sichere, und kräftige
Manutenez je und allzeit zu wenden hat. Defsen zu wahrer Urfund Wir
gegenwärtiges Privilligium unter Unserm höchsten Handzeichen, und vorgedruck-
ten geheimn Kanzley-Infiegel ausfertigen, und ihm von Eckartshausen zustellen lassa wollen. Gegeben München ben 15ten Jänner 1799.

Nro. XXXIII.

Da die Infpekteurs der Infanterie bey Revidirung der Truppen, um folche
ordentlich zu organifiren, verschiedene Reifen zu machen haben werden,
wo ihnen br besonder Ankauf der Fourrage nicht anders als äufserst läftig fallen mußte, so haben Se. Churfürstl. Durchläucht gnädigst genehmiget, das den-
felben in den Garnifonen, wo fie sich befinden, und die Abgabe der Fourrage
möglich ist, folche auf foviel Pferde als fie zum Dienst nothwendig haben, um
den Ankaufspreis verabfolgt werden darf. — Und da diesen Infpekteurs einige
Infpektion-Adjutanten sich zu wählen, und zur Hülfe zu nehmen frey stebt;
fo wollen auch Höchstdieselbe für jeden dieser Adjutanten monatlich 20 fl. — nebst
einer Pferds-Ration in natura ohnentgeltlich gnädigst verwilligen, und passiren
laffen; wornach also der Churfürstl. Hoffkriegsrath das weitere gehorfamst zu
verfügen, und folches der Infanterie-Infpektion Ober- und Unterlandsbolern
gehörig zu erofnen hat. München den 1ten Februar 1799.

Nro. XXXIV.

Die Aufnahme in die Churfürstl. Militär-Akademie erster und zweyter Abtheilung wird noch immer für Jünglinge nachgesucht und bewirkt, welche
entweder gar keinen Unterricht genossen, oder in den Anfangsgründen keinen
Fortgang gemacht, ja oft nicht einmal im Lesen und Schreiben die gehörige Fertigkeit erlangt haben. Solche Zöglinae, welche größtentheils auch in der fittli-
chen Erziehung verwahrloßt find, fallen dem Institute zur großen Laft, weil
ihrem Unterrichte ohne Verluft für die vorgerückten Klassen, die nöthige Zeit
nicht gewidmet werden, und baher auch ihr Fortgang nur fehr langfam feyn kann.
Man hat diefes hiemit öffentlich bekannt, und denfemiand, welche sich um die
Aufnahme im die Churfürstl. Militär-Akademie bewerben, bemerklich machen
wollen, daß vermöge gnädigfter Verordnung*) bey einen jeden, in die erste und
zweyte Abtheilung aufzunehmenden nebst fertiger Lefe- und und Schreibekunst die
bereits erlernten Anfangsgründe der lateinischen Sprache, der Arithmetik und
bes

Z 2

*). Vid. die Sammal. v. J. 1797. Seite 571. N. 45. et Seite 605. N. 54.

des Religionsunterrichtes vorausgesetzt werden, ohne welche Bedingung entweder die Zurücksendung des Aufgenommenen, oder nur ein sehr langsam und zweifelhafter Fortgang zu erwarten ist. Die Aufnahme in die dritte Abtheilung erheischet zwar keine Vorkenntnisse; dagegen aber, weil sie bloß zur Uebung tauglicher Unteroffiziere bestimmt ist, gesunde Sinne, und einen guten Wachsthum versprechenden Körperbau, ohne welche der gnädigst vorgeschriebene Zweck nicht erreicht, und folglich ebenfalls nur die Entlassung und Zurücksendung der Aufgenommenen erwartet werden kann. München den 4ten July 1798

Achter Theil.

Vermischte Sachen.

Nro. I.

Wir Karl Theodor von Gottes Gnaden Pfalzgraf bey Rhein, Herzog in Ober- und Niederbaiern, des heil. röm. Reichs Erztruchseß und Chur-fürst, zu Gülch, Cleve und Berg Herzog, Landgraf zu Leuchtenberg, Fürst zu Mörs, Marquis zu Bergen Opzoom, Graf zu Veldenz, Sponheim, der Mark und Ravensperg, Herr zu Ravenstein ꝛc. ꝛc. dann

Convention mit dem General-Erbpostmeister amt vom Jahr 1784.

Wir von Gottes Gnaden Karl Anselm, des heil. röm. Reichs, Fürst von Thurn und Taxis, Graf zu Valvasina, Freyherrn zu Imden, der souverainen Provinz Henegau Erbmarschall, Ritter des goldenen Fließes, Ihro röm. Kaiserl. Königl. Majestät wirklicher Geheimerrath und Principal-Commissarius der allgemeinen Reichs-Versammlung, Erbgeneral-Postmeister im heil. röm. Reich, Burgund, und denen Niederlanden ꝛc. Urkunden und bekennen hiermit, nachdem Wir der Kaiserl. und Reichsgeneral-Erb-Postmeister Fürst von Thurn und Taxis wegen der in den Chur- und Fürstl. Landen zu Baiern auf eigene Unsere Kösten eingeführt, und unterhaltenden Postämtern Uns je länger je mehr in Schaden gesetzt befinden, um willen der schon seit Anno 1663 verglichene Freythum von Zeit zu Zeit immer mehrers mißbraucht, auch die von jeher zugesicherte Beschränkung der Landbothen, Lebenkutscher, und Hauderer noch niemalen so, wie es den eigenen Churfürstl. Befehlen gemäß hätte geschehen sollen, effectuirt worden ist, welches Uns vermüßiget hat, die schon unter vorigen Churfürstl. Regierungen zum öftern geführte Beschwerden, nach nunmehro erfolgter Vereinigung der baierischen mit den churpfälzischen Erblanden zu wiederholen, und die dermal einstig wirkl. Remedur, respect. Vollstreckung schon längst ergangener Geschäfte nachzusuchen, daß daraufhin Wir Churfürst zu Pfalz Uns über die Verfassung des Postwesens, und Vorthenwerks in Unsern baierischen Erblanden in Conferenz umständig referirn lassen, und auf Vernehmen, daß zur Zeit auch gegen die Postämter von Seite Unserer Stellen über mancherley Gebrechen geklagt werde, den wohlüberlegten Entschluß gefaßt haben, Uns dieser Angelegenheit halber eine gütliche Uebereinkunft mit des Herrn Fürsten von Thurn und Taxis Liebden gefallen zu lassen, und dabey jene Convention zum Grund zu legen, welche von zweyen Unsern Durchlauchtigsten Regierungs-Vorfahrern an der Kur wegen Bestell- und Unterhaltung der Posten Unserer Erbstaaten am Rhein bereits in annis 1730 et 1743 zur beyderseitiger Beruhigung abgeschlossen worden ist.

Und wie Wir nun zu beyden Theilen übereingekommen, die Eventual-Behandlung einer solchen Convention zweyen von Uns hierzu Bevollmächtigten, benanntlich von Unserer des Churfürsten zu Pfalz Seite Unserm wirklichen Geheimenrath und Hofkammer-Vice-Directorn Franz Anton Edlen von Stubenrauch, und von Unserer des Kaiserl. und Reichs-General-Erbpostmeisters Seite Unserm wirklichen Geheimenrath, und Kaiserl. Reichs-Oberpostamts-Direktorn zu Masepk, Alexander Freyherrn von Lilien, per mandata specialia zu übertragen, und dieselbe zu solchem Ende in München eigends zusammen treten zu lassen, so haben Wir Uns über den von ihnen auf Unsere Ratification verfaßten Entwurf Conventionis in folgender Maß vereint, und verglichen; nemlich und

I.

Schuß der Reichspostämter.   Wollen Wir Churfürst zu Pfalz besorgt seyn, daß die in Unsern Chur - und Fürstl. baierischen Landen bestehende Kaiserl. Reichs-Postämter in ihrem Eße allenthalben erhalten, und jederzeit bey ruhiger Einnehm-Bestell und Austheilung all - und jeder Briefe und Paqueter gegen erhebendes billiges Porto belassen, sohin zu deren Schmälerung nichts vorgenommen werde. Es solle aber

II.

Tariffen derselben.   Von besagten Postämtern mit Exaction des Porto wider den dato beste-henden Tarif, welcher zur Churfürstl. höchsten Stelle in Zeit von 6 Wochen nach Unterzeichnung dieser Convention übergeben werden solle, damit er der Convention sub N. 1. beygefügt werden könne, niemalen gehandelt, oder exce-dirt, auch von Seite des Kaiserl. Postgeneralats einige Steigerung des Ta-rifmäßigen Porto, oder andere Unseren Landen und Unterthanen beschwerliche Aenderung der Tarif, ohne Unsere Einstimmung und Bewilligung zu keiner Zeit unternommen, sondern von Uns dem Kaiserl. und Reichsgeneral-Erbpost-meistern alle Beschwerde hierunter allwegen prácavirt werden; und da

III.

Kurs der Posten und Postwägen.   Nicht jede Einleitung des Post-Kurses der Landes-Bedürfniß angemessen zu seyn aus der Erfahrung bekannt ist, diese Bedürfniße hingegen für Unsere eigene Lande niemand besser, als Wir beurtheilen können; so haben Wir Chur-fürst zu Pfalz gedrungen, daß ohne ebenmäßigen Unsern Vorwissen und Ein-willigung die hergebrachte Kurse der reitenden Posten und Postwägen in Betreff der von und nach Baiern gestellten Correspondenz nicht abgeändert, auch meh-rere Postwägen ohne Unsern Special-Vorbewußt, und Einbewilligung nicht sol-len angelegt werden, weßhalb die Anzeige der nunmehr in Unsern baierischen Landen bestehenden Postwägen in Zeit von 6 Wochen à die Ratificationis zu machen, damit dieses Verzeichniß gegenwärtigen Vertrag sub Nro. 2. angehängt werden könne. Auch soll jede von Uns bewilligte neue Postwägen-Anlage nicht anderst als ohne Nachtheil Unsers Zoll-Regalis geschehen.

IV.

Kurs über Mitterwald.   Haben Unsere beyderseitigen Commissarien, bey Gelegenheit gegenwär-tiger Conventions-Handlung jene Beschwerden untersucht, welche wegen Auf-hebung des Post-Kurses von München über Mitterwald nach Innspruck ent-standen sind.

Und weil sich dann dabey veroffenbaret hat, daß durch jene Abschaffung der verhoffte Entzweck, die Correspondenz mit Italien mehrers zu befördern, wirklich ganz verfehlt, und sowohl das Churfürstl. Hoflager, als der gesammte Handelsstand in die Verlegenheit gesetzt worden sye, den größten und wichtig-sten Theil seines welschen Briefwechsels nicht nur in dem Empfang, sondern auch in der Aufgabe immer um 24 Stund, und darüber verspätet zu sehen, welches sowohl in Hinsicht der Angelegenheiten des Hofes, als des Publki, und zumal der Commerzirenten in Betracht der ihnen angelegenen zeitlichen Waaren-Bestellung, und Bedeckung gegen plötzliche Taßmenten keineswegs gleichgül-tig, sondern zum öftern von unwiderbringlich-nachtheiligen Folgen ist.

So sind Wir von all diesem überzeugt, übereingekommen, in Gemäßheit des-sen, was bereits Churfürst Max Joseph hochsel. Andenkens vonnetwegen in Wien wiederholter vorstellig gemacht, gesammter Hand neuerlich Uns zu bestreben, damit mit Beybehaltung der über Anbling neu angelegten Post-Route, auch die alte von München über Mitterwald instrudirt gewese wieder eröfnet, und dadurch die al-lenthalben anerkannte schädliche Verspätung des italienischen Briefwechsels reddres-sirt, tirt, sohin der dem Kommerzien allzeit schädliche Zwang, sich der neuen, vor der alten Post-Route zu bedienen anwiederum aufgebeben werde. Gestalten dann Wir der Kaiserl. und Reichsgeneral-Erbpostmeister Uns hiemit erklären, daß Wir bereit sind, gleich, sobald als die Vertheilung der ordinari Post-Expedition zwischen beyden Routen berichtet seyn wird; auch die Salaria denen beyderley Post-Stationen gleichtheilig, nemlich jeder die Hälfte des vormaligen Gehalts zuzutheilen, sohin es in die Wege zu leiten, daß die welsche Correspondenz, wie ehehin, wiederum am Montag über Mitterwald, hier in München eintreffen, und am Donnerstag über Aybling zugleich den neu eingeführten Gang behalten soll.

V.

Sind Wir der Kaiserl. und Reichsgeneral-Erbpostmeister nicht weniger erbiethig, an jenen baierischen Jagd- und Lustschlössern, welche von einer Poststation zu weit abgelegen, für die Zeit, die der Churfürstl. Hof daselbst zubringen wird, eine angemessene Postbestellung mit Leuten und Pferden gegen allenigen Genuß des freyen Quartiers zu verfügen, und solchergestalten dasjenige, was in der rheinländischen Convention de annis 1730 et 1743, dießfalls enthalten, auch auf die baierische Erblande zu erstrecken; und damit

(Randnotiz: Postbestellung in den Churfürstl. Jagd- und Lustschlössern.)

VI.

Wir Churfürst der getreuen Bestellung und richtigen Beförderung Unserer in wichtigen Staats- und Haussachen sowohl, als des Reichs gemeine Wohlfart betreffenden Angelegenheiten erlassender oder empfangender Correspondenz und Briefschaften desto zuverläßiger gesichert seyn mögen, so wollen Wir der Kaiserl. und Reichsgeneral-Erbpostmeister die in denen gesammten Chur- und Fürstl. baierischen Residenzen, und übrigen Territorial-Orten befindliche Postmeister und Posthalter mit übrigen Offizianten nach dem in mehr allegirten Vertrag de annis 1730 et 1743 verliehenen und der gegenwärtigen Convention sub Num. 3. beygewidmeten Formular eydlichen Verpflichten, und das solches wirklich beschehen, die Errichtung eines Notarial-Zeugnisses verfügen lassen, welches die Angestellte bey der betreffenden Landesregierung abzulegen haben solle, wobey Wir zugleich die weitere Zusage beyfügen, daß Wir von Kaiserl. Reichs-Post-Generalats wegen bey Erledigung der Posthalters- und anderer Post-Offizianten-Bedienungen vor all andern auf eingebohrne und ansäßige Churfürstl. Landes-Unterthanen zu reflektiren ohnentstehen werden. Nur behalten Wir Uns bevor, daß die von Uns schon vor geschlossener dieser Convention an Ausländer ertheilte Versprechen auf ein oder die andere Post-Dienste in den baierischen Landen in Erfüllung kommen sollen. Dagegen

(Randnotiz: Verpflichtung der Post-Offizianten.)

VII.

Wollen Wir Churfürst in Unseren sämmtlichen baierischen Erblanden keine andere Posten, Postwägen und Boten haben, als die Kaiserl. Reichsposten allein; nur behalten Wir Uns bevor, was in Betracht der wirklichen in Unseren Chur- und Fürstlichbaierischen Landen bestehenden und mit einem Special-Privilegio hiezu begnadigten und befreiten gebenden und fahrenden Boten im nachstehenden 16ten Artikel verabredet worden. Auch wollen Wir zu Behuf der Kaiserl. Reichsposten dafür sorgen, daß die von den Posten gebrauchende Chausséen und Wege immerhin gut unterhalten, die Postbedienten an ihrer herkommlichen Personal-Freyheit*) nicht gekränkt, und in Fällen, wo es die Beförderung reisender hoher Standes-Personen erfordert, den Postämtern die etwa bedürfende außerordentliche Anzahl von Pferden gegen Reichung des gewöhnlichen Postgeldes durch Unsere Gerichtsbeamte, als welche hiezu neuerlich und für allzeit befehliget werden sollen, allwegen unaufhaltlich herbeygeschafft werde. Es solle aber

(Randnotiz: Derselben Personal-Freyheiten.)

VIII.

*) Vid. die Samml. v. J. 1788. Seite 959. N. 11.

VIII.

Richtige Bedienung der Reisenden. Auch an Unserer des Kaiserl. und Reichsgeneral - Erbpostmeisters Seite hinwider an ernstlicher Verfügung nicht ermangeln, damit die auf den Poststationen anlangende rektende und fahrende Personen zur Ungebühr nicht aufgehalten, die aufgebende oder abzugebende Briefe nicht negligirt, liegen gelassen, oder zurück gehalten, noch jemand ein mehreres Postgeld abgefordert werde, als der obern Art. II. berührte Tarif ausweiset, als welcher sowohl in Zeit von 6 Wochen i die Ratificationis als bey allenfallsiger statt findender künftiger Veränderung auf allen Poststationen zu männiglicher Wissenschaft in legalen Abdrücken affigirt seyn solle.

Würde dagegen aber jemand beschwert, oder übernommen, oder in beschwerlichen Aufenthalt gesetzt, so sollen in casibus momentaneis die Churfürstl. Beamte auf Anmelden der Passagiers gehörige Remedur vorzukehren haben; dem Kaiserl. Reichs - Postgeneralat aber bevorbleiben, die schuldige Posthalter auf beschehener Anzeige nach Verdienst abzustrafen, *) damit Wir Churfürst nicht Ursach haben mögen, gegen derley Contravenienten die verschuldete Ahndung selbst verhangen zu lassen.

IX.

Exzessen der Post-Bedienten. Sind Wir beyderseits einverstanden, daß bey andern Art. praec. nicht ausgedrückten Vorfallenheiten, und in andern von den Postbeamten geschehenden Exzessen die Untersuchung mittels vorgängiger Communikation von Uns conjunctim verfügt, und pro renata remedirt, **) in Sachen aber, so lediglich die Post - Einrichtung und Direction betreffen, alle Untersuchung dem Kaiserl. Postgeneralat allein überlassen werden solle.

X.

Contrebanden derselben. Haben sich alle Postämter mit ihrem gesammten Personal des Contrabandirens, es sey durch Umfahrung der Ein - oder Austritts - Zollstationen, durch gefährliche Verpackung, falsche Deklaration, oder verbottenen Abstoß, Mauth- oder Accisbaarer Waaren gänzlich zu enthalten, dergleichen weder selbst zu unternehmen, noch dazu Vorschub zu geben, sondern vielmehr sich dießfalls denen in baierischen Landen bestehenden Mauthgesetzen, und Verordnungen unterwirglich zu fügen, widrigenfalls aber und in casum contravenientiae sich die Schuld selbst beyzumessen, wenn sie gleich andern in die General - Mandatmäßigen Confiscations - und Defraudations - Strafen verfällt, und bey erscheinender Incorrigibilitaet wohl gar dem Reichs - Postgeneralat der gänzlichen Amovirung halber angezeigt werden. Betreffend

XI.

Postfreyheit. Den Postfreythum, welchen sich bereits Churfürst Ferdinand Maria stipulirt hat, und der bißhieher beklagtermassen zu Schaden des Reichs - Postgeneralats zur Ungebühr extendirt, und mißbraucht worden, erklären Wir Churfürst hiermit, daß der anfänglich bedungenen Postfreyheit von nun an Niemand mehr, als neben Uns die zu Unserem Churhaus gehörige Fürstl. Personen, hiernächst alle Unsere Staats - und Conferenz - Ministri, die Oberst - und Oberhofmeister, die Oberst - und Oberhofmeisterin, Oberst - Kämmerer, Oberst - Hofmarschall, und übrige Chefs der Hofämter, weiters die Präsidenten und Vice-Präsidenten, Vice - Doms, Kanzler, und Vice - Kanzler, Direktores und Vice-Direktores der sämmtlichen Collegien, der Kommandirende General en Chef, die Statthalter und Gouverneurs in den Residenzen und Hauptstädten, die wirkl. Cabinets - Sekretärs, Dienst thuende Personen, dann die Hof - und Cabinets - Zahlmeister

*) Vid. die Samml. v. J. 1797. Seite 803. §. 1. 2. 3.
**) Vid. ibid. §. 4. etc. und Seite 810. N. 106.

meiſter von ihren auf der Poſt abſchickenden, oder an ſie einlaufenden Brie-
ſereyen zu genießen, und von Erfoderung eines Porto befreyt, auf gleiche Weiſe
auch die von ſämmtlichen Unſerm Kanzleyen in Unſerm Namen unter dem Kanz-
ley-Inſiegel ausfertigende Befehle oder Collegial-Schreiben, und ſo auch die von
Subalternen Unſerer Aemtern unter ſich pflegende Amts-Correſpondenzen, oder
an die ihnen vorgeſetzte Collegia erſtattende Berichte Poſtar-frey ſeyn ſollen.
Das an fremde Poſten zu bezahlende Auslaag-Porto allein ausgenommen, von
welchem Wir der Fürſt von Thurn und Taxis, als Uns nicht zugehörend,
kein Freythum geben können, nachdem es an gemeldte fremde Poſten baar muß
vergütet werden; und nachdem Uns

XII.

Kanzley-
Paqueter

Von Seite des Kaiſerl. und Reichspoſtgeneralats dargethan worden, daß
man der ſogenannten Kanzley-Paqueter zu Fortbringung des Freythums unbe-
rechtigter Briefſchaften mißbrauche, ſo wollen Wir die bey Unſerer geheimen Kanzley, den Regierungen und übrigen Dikaſterien und Collegien Unſerer Chur- und
Fürſtl. baieriſchen Landen hergebrachte Kanzley-Paqueter hinfüro abgeſtellt wiſſen,
in der gnädigſten Zuverſicht, daß die Poſtämter die ihnen von den Kanzleyen
nunmehr ohnverpackt zuſtellende Expeditionen, nichts deſtoweniger richtig beſtellen, ſie in dem eigens abzuhaltenden, Poſtbuch gehörig einſchreiben, und mit
Anmerkung des Datums der Aufgabe den Empfang behörig atteſtiren werden.
Hiernächſt und

XIII.

Cauſae Par-
tium.

Wollen Wir ſämmtlichen Unſern Dikaſterien und Collegien Befehl ertheilen, daß ſie die in causis partium erlaſſende Ausfertigungen allerwegen mit den
Worten „causa Privatorum" bezeichnen, geſtalten Unſere Meynung nicht iſt,
daß dem Kaiſerl. Reichs-Poſtgeneralat zum Nachtheil der Unſern Collegien und
Dikaſterien in causis Domini gebührende Freythum auf Privat-Angelegenheiten
ſtreitender und ſupplicirender Partheyen erſtreckt werde. Und damit

XIV.

Briefwech-
ſel zwiſchen
Befreyten
und Unbe-
freyten.

Wegen des Briefwechſels zwiſchen Befreyten und Unbefreyten alle Zwei-
felhaftigkeit über den Freythum im voraus entſchieden ſeyn möge, ſo iſt Unſerer
Intention gemäß, daß es damit folgendermaſſen gehalten werde, nemlich: wenn
ein Befreyter an einen Unbefreyten ſchreibt, an einem Ort, wo die freye Abgabe
tarifmäßig eingeführt iſt, ſo ſoll bey der Aufgabe der Befreyte kein Porto beza-
len, der unbefreyte aber bey der Abgabe das Porto von dem Orte der Aufgabe
an entrichten, die Antwort hingegen wird der Unbefreyte Porto frey aufgeben,
und der Befreyte Porto frey erhalten.

Schreibt ein Befreyter an einen Unbefreyten nach einem Orte, wo ein
Frankirungs-Abſatz eingeführt iſt, ſo wird der Befreyte den Brief bis an
den Tarifmäßigen Abſatz ohne Bezahlung zu frankiren berechtiget ſeyn, und
der Unbefreyte von dieſem Abſatz an das Porto bezahlen, auch im Antworts-Fall
wird der Unbefreyte das Porto nur bis auf den Tarifmäßigen Abſatz entrichten,
von dort aus aber wird der Befreyte den Brief Porto frey erhalten. Die einzigen
Fälle ſollen ausgenommen ſeyn, wann ein Befreyter an ſeine Frau, Kinder,
ſo lang dieſe in väterlicher Gewalt ſind, oder aber an die in ſeinen Dienſten,
und ordentlicher Beſoldung ſtehende Perſonen ſchreibt, als in welchen Fällen
die an die Befreyte Perſonen addreſſirte Briefe, und die von denſelben aufgege-
bene bey der Auf- wie bey der Abgabe ganz Porto frey ſeyn ſollen, unbefreyter Perſonen Briefe, welche mit den Worten Herrſchaftlich, oder in causa Domini bezeichnet ſind, ſollen, wenn ſie Tarifmäßig, entweder ganz, oder nur
bis auf einen gewiſſen Abſatz zu frankiren wären, nur dazumal Portofrey
von den unbefreyten Perſonen können aufgegeben werden, wenn ſie an Unſere

höchste Person, oder an ein Unseriges Dikasterium oder Collegium gestellt sind. Ueberhaupt aber wollen Wir

XV.

Einschlag unbefreyter Briefe.

Alles Ernstes darobhalten, daß die Art. praec. 11. verzeichnete Postfreye Personen keine Briefe von nicht befreyter Personen mehr annehmen, oder den übrigen beyschließen, noch unter ihrem Couvert ab- oder einlaufen lassen, noch daß auch denen bey Unsern Kanzleyen erledigenden Expeditionen unfreye Briefe beygeschlossen werden: als welch ein wie anders allenthalben verbothen, sohin die Postämter kraft dieser Convention berechtiget seyn sollen, wenn sie auf jemand deshalben einen gegründeten Verdacht zu fassen haben, die Anzeige bey Unsern Regierungen zu machen, wo sodann die schuldig befundene, wenn sie befreyte Personen sind, ihre Porto-Freyheit verlieren, Unbefreyte hingegen mit angemessener Geldstrafe belegt werden sollen.

XVI.

Von Land-bothen und Fuhrleuten.

Erinnern Wir Uns allerdings, was zu Beschränkung jener Beeinträchtungen, welche dem Reichs-Postgeneralat durch die Exzessen der Landbothen, Fuhrleuten, so andere Brief-Sammler beklagtermassen zugefügt werden, nicht nur in den Conventionen von annis 1730 et 1743 respectu Unseren rheinischen Chur- und Erblanden verordnet worden, sondern was vornehmwegen auch schon Churfürst Ferdinand Maria in Bayern 1664 *) zugesagt und versichert hat. In Gemäßheit dessen soll denen mit einem Special-Privilegio bermal bestehenden Landkutschern, Fuhrleuten, und Marktschiffern die Annahm, und Bestellung all und jeder Briefe, und zur Post gehörigen Paqueter, die offene Frachtbriefe allein ausgenommen, verbothen seyn, und zwar bey Verlust ihrer Concession den nicht privilegirten Bothen hingegen, wie auch den Krächsenträgern soll all- und jede Einnahm- und Bestellung der Briefe untersagt seyn, die Fußbothen, und Landkutscher, welche von einem Orte abgehen, wo keine Kaiserl. Postkation sich befindet, sollen nicht weiters als bis zur nächsten Postkation die Briefe überbringen dürfen, und derselben die Correspondenz gegen Bezahlung des Porto ausliefern müssen. Damit auch aller Unterschleif dabey möglichst verhindert werde, so haben Unsere Ober- und Unterbeamte dem Kaiserl. Erbgeneral-Postamte oder dessen bestellten Bedienten diesfalls hülfliche Hand zu biethen, und auf dessen Ansinnen jederzeit die Visitation unweigerlich vorzunehmen, die befundenen Uebertrettungen abzustellen, und der darauf sich eignenden Strafe halber zu Unseren nachgesetzten Chur- und Fürstl. Regierungen zu berichten, fort diese darauf befindenden Dingen nach die Gebühr mit gehörigen Nachdruck zu verfügen. Und Wie nun

XVII.

Lehenrössler, und Hauderer rc.

Unser Augenmerk bey allem, was gegenwärtige Convention enthält, fürnehmlich dahin zielet, die Reichspost in Unsern baierischen, sowohl als übrigen Chur- und Erblanden nach die Intention Unserer sowohl Churbaierischen als Churpfälzischen Regierungs-Vorfahrer in der Maaß aufrecht zu erhalten, daß nicht nur das auswärtige, sondern auch Unser erbländisches Publikum zu jederzeit vergnüglich bedient, und versehen seyn möge. Also auch wollen Wir der Beschwerde verfänglich abhelfen, welche darinn bestehe, daß die Reichs-Posthalter durch die täglich anwachsende Zahl von Lehenrössler, und Hauderer, welche nach ihren Gutbefinden viel oder wenige Pferde halten, und das gemeine Wesen nicht der Nothdurft nach, sondern nach ihrer Convenienz bedienen, und dem Posthaltern, die zu Unterhaltung einer gewissen Anzahl Pferde verbunden sind, den Verdienst entziehen, je länger, je mehr, außer Stand gesetzt werden, die erforderliche Pferde und Reiebedürfnisse zu unterhalten, und diejenige Dienste, wozu sie bestellt sind, zu leisten.

Wel-

*) Vid. die Samml. v. J. 1788. Seite 959. N. 11.

Welchemnach Wir kraft dies erklären, daß Wir ferner nicht mehr gestatten werden, daß die Lehenrößler und Hauderer, einen Reisenden der mit der
Post angekommen, fortbringen dürfen, er habe sich dann in dem Orte wenigst
zmal 24 Stund aufgehalten. Es solle auch ihnen Lehenrößlern und Hauderern
weder eine Abwechslung untereinander, noch weniger einige Unterlegung der
Pferden erlaubt seyn, und ihre Rückreise werden sie allwegen leer zu nehmen
haben, und folglich ihnen alle Beeinträchtigung aller Posten vollends verbothen
und abgeschaft seyn. Würde aber ein oder der andere dagegen handeln, so sollen die Kaiserl. und Reichsposthalter berechtiget seyn, bey Unsern Aemtern die
Anzeige davon zu machen, diese haben die Beklagte, wenn sie Unsere Unterthanen sind, zum Ersatz des Schadens anzuhalten, welchen sie Lehenrößler oder
Hauderer den Posthaltern auf der Route werden zugefügt haben. Sollten sie
Uebertretter hingegen Ausländer seyn, so haben Unsere Beamte nach vorherge-
gangener Requisition von Seiten der Posthalter die ausländisch beklagte Lehenrößler oder Hauderer anzuhalten, und denenselben den oberwähnten Ersatz auf-
zulegen.

Wogegen Wir der Kaiserl. und Reichsgeneral-Erbpostmeister Uns verpflichten, darob zu seyn, daß die Posthalter allenthalben mit der nöthigen Anzahl dienstfähiger Pferde, und Chaisen jederzeit versehen seyn, sohin an guter
Bedienung der Reisenden niemalen ein Mangel erscheinen solle.

XVIII

Haben Wir Churfürst den in Unsern baierischen Erblanden eingeschliche-
nen Mißbrauch des Posthorns mißfällig vernommen, und werden daher denselben von nun an verfänglich abstellen, also zwar, daß außer jenen, welche mit
Unsern eignen Hofpostzügen, und der Hoflivre, und jenen der Prinzen und Prin-
zessinnen Unsers Churhauses bedient werden, ferner nur mehr Unsre Staats- und
Conferenz-Ministri, die Chefs der Hofchargen, Präsidenten und Vice-Präsidenten, Vice-Doms, und Kommandirende General en Chef, dann die Statthalter und Gouverneurs in den Residenzen und Hauptstädten der Führung des
Posthorns, wenn sie mit ihren eigenen Pferden fahren, befugt seyn sollen*)
Damit aber diese Unsere Willensmeynung in genauen Vollzug gebracht werde,
so werden Wir Unsern Beamten den gemessenen Auftrag ertheilen, daß sie auf
Anrufung der Postämter den Uebertretenden die Posthörner sofort abnehmen
lassen sollen. Uebrigens

Wer das
Posthorns
berechtiget
seye.

XIX.

Werden binnen Monatsfrist nach dem Abschluß gegenwärtiger Convention Wir Churfürst an Unsere Regierungen, und übrige Behörden, und so
auch Wir der Kaiserl. und Reichsgeneral-Erbpostmeister an sämmtliche
Postämter, die zu Vollstreckung dieses Vertrags nöthige Ausschreibung und Befehle erledigen lassen, und welcher Gestalten es geschehen, einander ohnverweilte
Communication ertheilen. Schlüßlich aber und

XX.

Haben Wir Churfürst sowohl in Anbetracht der besondern, und aus-
gezeichneten Verdiensten, welches das Fürstl. Thurn und Taxische Haus um
das hohe Churhaus Baiern sich von ältern Zeiten der Reichskundigermaßen erworben hat, als auch in Rücksicht der auf die Einführung und Unterhaltung der
Reichsposten in Unsern Chur- und Fürstl. baierischen Landen seit der mit Churfürsten Ferdinand Maria getroffenen Uebereinkunft verwandten Kösten, und
mehrfältig beklagt eignen Schaden, fürnemlich aber in Anhoffung fernerer
Continuation der Unserm Churhaus bisher bewiesenen Devotion vorstehende Con-

ven-

3 1 2

*) Vid. die Sammel. v. J. 1784. Seite 1349. N. 57.

vention zwischen Uns, und Unsern Nachfolgern in der Chur- und Fürstl. baier. Landen, und so auch Wir der Kaiserl. und Reichs-Erbgeneral-Oberstpostmeister für Uns, und Unsere Fürstl. Nachkommen für beständig verbindlich abgeschlossen — Uns dem Erbgeneral-Reichs-Oberstpostmeistern vorbehaltend, dieserwegen bey Kaiserl. Majestät die allerhöchste Bestättigung und Confirmation nachzuwerben, und zu bewürken.

Dessen zu wahrer Urkund sind von dieser Convention zwey gleichlautende Instrumente errichtet, von Uns dem Churfürst zu Pfalz, dann von Uns dem Kaiserl. und Reichs-Erbgeneral-Oberstpostmeistern eigenhändig unterzeichnet, und mit Unseren Chur- und respect. Fürstl. grössern geheimen Insiegel gefertigter gegeneinander ausgewechselt worden. So geschehen in Unserer Haupt- und Residenzstadt München den 23ten Herntemonat 1784.

Carl Theodor, Churfürst.
(L.S.)

Regensburg, den 28. Aug. 1784.
Carl Fürst von Thurn und Taxis.
(L.S.)

D. v. Kreittmayr,
Ad Mandatum Serenissimi Domini
Electoris proprium.
G. G. v. Dumhof.

Freyherr von Schneid.
Auf Sr. Hochfürstl. Durchlaucht
Special-gnädigsten Befehl.
M. L. Schirstel.

Nachstehende Brief-Taxordnung und Tarife wurden gedruckt und gefertiger von der Hochfürstl. Thurn- und Taxischen Regierungs-Kanzley zu Regensburg, den 31ten August 1784, an eine Churfl. Obere-Landesregierung eingesandt.

Brief-Tax-Ordnung
bey
dem kaiserlichen Reichs-Oberstpostamte zu München 1784.

Augsburg- und Schwäbischer Cours.		Einf. fr.	Dop. fr.	Tenf. fr.	Nach Duderstadt frco Nürnberg		Einf. fr.	Dop. fr.	Tenf. fr.
Nach Augsburg frco nach Belieben		4	6	4			8	10	8
Nach Ulm					Nach Magdeburg Berlin Breslau und alle Königl. Preußische Staaten	frco Duderstadt	12	16	12
Stuttgard Memmingen Ravensburg Rdolfzell Linden Bruchsal Mannheim Heidelberg Nördlingen Dinkelspühl	frco Augsburg	4	6	8	Nach Pohlen Nach Rußland				
					Nach Obertingen Northeim Hannover Zelle Harburg	frco tout	18	24	18
Nach Nürnberg frco nach Belieben		8	10	8					
Sächsischer Cours.					Nach Stockholm u. ganz Schweden	frco Coburg	12	16	12
Nach Erlang Bamberg Würzburg Coburg Gotha Dresden Leipzig Braunschweig Hildesheim Hamburg Bremen Ganz Ober- und Nieder-sachsen	frco Nürnberg	8	10	8	Nach Koppenhagen und ganz Dännemark				
					Schweizer Cours.				
					Nach Schafhausen Basel Zürich Bern Genf	fr. Augsburg oder fr. Schafhausen	4 10	6 12	4 10

	Einf. fr.	Dop. fr.	Zeit. fr.
Französischer Cours.			
Nach Strasburg			
Paris			
Lyon			
Ganz Frank- } fr. Erbstadt	10	12	10
reich			
Lothringen			
Spanien			
Italienischer Cours.			
Nach Bozen			
Venedig			
Mantua }	6	8	6
Rom und ganz			
Italien			
Tyroler Cours.			
Nach Wolferkhau-			
sen			
Brandenbau- } fr. nach Belie-	3	4	3
ern ben			
Bozen			
Köling			
Nach Mittenwald fr. nach Belie-	4	6	4
Fischbachau } ben			
Nach Innsbruck }	6	8	6
Nach Landsberg			
Weilheim			
Murnau } fr.n. Belieben	4	6	4
Partenkirch			
Oesterreichischer Cours.			
Nach Haag fr. nach Belieben	3	4	3
Simpfing			
Altenötingen			
Burghausen } fr. n. Belieben	4	6	4
Neumark			
Nach Braunau			
Weld			
Linz			
Wien }	4	6	4
Ober- und Un-			
terösterreich			
Nach Ungarn			
Mähren			
Kärnthen }	6	8	6
Triest			
Fiume			
Salzburger Cours.			
Nach Zorneding fr. n. Belieben	2	3	2
Steinering			
Wasserburg ditto ..	3	4	3
Serin			
Traunstein fr.n.Belieben	4	6	4

	Einf.	Dop.	Zeit.
Nach Reichenhall			
Salzburg			
Berchtolsga- } fr.n.Belieben	6	8	6
den			
Regensburg-Oberpfalz, und Böhmischer Cous.			
Nach Unterbruck fr. n. Belieben	2	3	2
Freysing			
Nach Ingolstadt ditto	4	6	4
Neuburg			
Nach Landshut ditto	3	4	3
Pfaffenhofen			
Nach Straubing ditto	4	6	4
Regensburg			
Nach Amberg			
Salzbach			
Lambach			
Tirschenreith fr. Regensb.	4	6	4
Weiden fr. tout			
Bayreuth nach Belieben	4	8	6
Retz			
Waldmünchen			
Cham			
Nach Pilsen			
Prag und ganz }	6	8	6
Böhmen			
Rheinisch-Niederländisch, und Holländischer Cours.			
Nach Frankfurt fr. Augsburg	4	6	4
Nach Mainz			
Brünn			
Köln			
Bonnles			
Aachen			
Düsseldorf			
Jülich } fr. Frankfurt	12	16	12
Münster und			
ganz West-			
phalen			
Cassel u. ganz			
Hessen			
Nach Brüssel			
Gent			
Antwerpen			
Ostende und			
ganz Nie- } fr. Frankfurt	12	16	12
derland			
Londen und			
ganz Eng-			
land			
Nach Grolenburg			
Utrecht			
Rotterdam			
Amsterdam } fr. Coblen	14	18	14
Berg Oppzow			
und ganz			
Holland			

Anmerkung.

Die Einschlüsse werden nicht nach dem Gewichte, sondern nach Belieben taxirt werden; und sollte sich jemand darüber beklagen, der kann seine Briefe separat übergeben.
Jene Auslagen, welche die kaiserl. Reichsposten an auswärtige Posten als französische und
schweizerische ic. (anderer mehrer zu geschweigen) für Briefe, so bey der Aufgabe nicht frankirt
worden, entrichten müssen, werden von den Empfängern nebst dem tarifmäßigen Reichsporto

baar bezahlet. Sollte allenfalls das Auslagsporto von den ausländischen Posten als z. B. von den königl. französischen rc. Posten erhöhet werden, so wird das kaiserl. Reichs-Post-generalat sich gegen diese Erhöhung der Auslagsporto setzen; wird es indessen damit nicht auslangen, so wird die Erhöhung des Porto nicht dem kaiserl. Reichs-Postgeneralate zur Last gelegt werden können. Zu wissen: daß vorangesetztes Gewicht nur mit Scripturen, nicht aber mit einzelnen Briefen beschwerte Paqueter zu verstehen sind.

(L.S.)

Hochfürstl. Thurn- und Taxische
Regierungs-Kanzley.

Tarif

bey den kaiserlichen Reichs-Ordinari fahrenden Posten auf dem Ober-Postamt
zu München, nach und von den hierinnen verzeichneten Post-Routen und Gegenden.

Route nacher Stuttgard über Ulm.

Route	Mei. len.	Port. len.	Son 1 bis s U	6-10	11-15	16-20	21-30	31-40	41-50	51-60	61-70	71-80	81-90	91-100	für 100 Gulden
Nach Stutgard über Ulm		fl. kr.	fl. kr.	kr fl.	kr fl.	kr fl.	kr fl.	kr fl.	kr fl.	kr fl.	kr fl.	kr fl.	kr fl.	fl. kr.
Zusmershausen	11 1/2	3 10	—	20	24	32	38	52	1 8	1 28	1 44	2	2 20	2 40	2 56	— 16
Günzburg	3	4 10														
Ulm	3	5 30	—	24	30	40	50	1 12	1 25	1 50	2 10	2 35	2 55	3 20	3 40	— 20
Weikersheim	2	6 10														
Geislingen	3	6 50	—	30	38	50	1 10	1 30	1 42	2 12	2 36	3 6	3 30	4	4 24	— 24
Göppingen	2	7 10														
Plochingen	2	8 10														
Eßlingen	1	8 50	—	40	1	1 24	1 38	2	2 16	2 56	3 28	4	4 40	5 20	6	— 30
Stutgard	1	8 50														

Schafhauser Route.

Route	Mei. len.	Port. len.	von 1 bis s U	6-10	11-15	16-20	21-30	31-40	41-50	51-60	61-70	71-80	81-90	91-100	für 100 Gulden
Von München bis		fl. kr.	fl. kr.	kr fl.	kr fl.	kr fl.	kr fl.	kr fl.	kr fl.	kr fl.	kr fl.	kr fl.	kr fl.	fl. kr.
Stodach	30 1/2	10 10	—	40	1	1 24	1 38	2 16	2 56	3 28	4	4 40	5 20	6	— 30
Zel	12 1/2	10 30														
Schafhausen	15	11 40	—	44	1 8	1 30	1 50	2 30	2 35	3 18	3 54	4 39	5 15	6	36	— 34

Lindauer Route.

Route	Mei. len.	Port. len.	von 1 bis s U	6-10	11-15	16-20	21-30	31-40	41-50	51-60	61-70	71-80	81-90	91-100	für 100 Gulden
Schwabmünchen	11 1/2	3 30		fl. kr.	kr fl.	kr fl.	kr fl.	kr fl.	kr fl.	kr fl.	kr fl.	kr fl.	kr fl.	kr fl.	fl. kr.
Mindelheim	14 1/2	4 30	—	20	24	32	38	52	1 8	1 28	1 44	2	2 20	2 40	2 56	— 16
Memmingen	17 1/2	5 50														
Leutkirchen	20 1/2	6 50	—	24	30	40	50	1 12	1 25	1 50	2 10	2 35	2 55	3 20	3 40	— 20
Wangen	23 1/2	7 50														
Lindau	26 1/2	8 30	—	40	1	1 24	1 38	2	2 16	2 56	3 28	4	4 40	5 20	6	— 30

Von Stuttgard nach Frankfurt.

Route	Mei. len.	Port. len.	Son 1 bis s U	6-10	11-15	16-20	21-30	31-40	41-50	51-60	61-70	71-80	81-90	91-100	für 100 Gulden
		fl. kr.	fl. kr.	kr fl.	kr fl.	kr fl.	kr fl.	kr fl.	kr fl.	kr fl.	kr fl.	kr fl.	kr fl.	fl. kr.
Eßlingen	30 1/2	10 10	—	44	1 8	1 30	1 50	2 50	2 33	3 18	3 54	4 39	5 15	6	— 34
Knitlingen	33 1/2	11 10														
Bretten	34	11 20														
Bruchsal	36	12	—	48	1 14	1 12	2	2 38	2 50	3 40	4 20	5 10	5 50	6 40	7 20	— 38
Wiesloch	38	12 40														
Heidelberg	40	13														
Weinheim	42	13	—	52	1 18	1 36	2 10	2 52	3 7	4	4 40	5 41	6 25	7 20	8 36	— 48
Heppenheim	43 1/2	14 30														
Darmstadt	47	15 40	1	—	1 30	2 6	2 42	3 18	3 54	4 30	5 6	6	—	7	—	8	— 11	— 45
Frankfurt	50	17 30														

Route über Biberach nach Stuttgard.

Route	Mei. len.	Port. len.	Son 1 bis s U	6-10	11-15	16-20	21-30	31-40	41-50	51-60	61-70	71-80	81-90	91-100	für 100 Gulden
Von München bis		fl. kr.	fl. kr.	kr fl.	kr fl.	kr fl.	kr fl.	kr fl.	kr fl.	kr fl.	kr fl.	kr fl.	kr fl.	fl. kr.
Biberbach	10 1/2	3 30	—	20	24	32	38	52	1 8	1 28	1 44	2	2 20	2 10	2 56	— 16
Wertingen	2	4 10														
Dillingen	2	4 50														
Glewen	3	5 30	—	24	30	40	50	1 12	1 25	1 50	2 10	2 35	2 55	3 20	3 40	— 20
Heidenheim	3	5 10														
Ulm	3	6 30	—	30	38	50	1 10	1 30	1 12	2 12	2 36	3 6	3 30	4	4 24	— 24
Schwäbischgmünd	3	7 30														
Schorndorf	3	8 20	—	40	1	1 24	1 38	2	2 16	2 56	5 28	4	4 40	5 20	6	— 30
Stutgard	4	9 40														

Aaa 2

Von München nacher Straßburg.

Route.	Mei-len.	Ter-ien.	Von 1 bis 5 u.	6-10	11-15	16-20	21-30	31-40	41-50	51-60	61-70	71-80	81-90	91-100	von 100 Gulden
Aufmerbausen	11 1/2	3 30	— 20	— 24	— 32	— 38	— 52	1 8	1 28	1 44	2 4	2 20	3 46	3 56	— 16
Odxelburg	3	4 30													
Ulm	3	5 30													
Landheim	3	6 30	— 24	— 30	— 40	— 50	1 12	1 25	1 50	2 10	2 35	2 55	3 20	3 40	— 20
Biberach	2	— 10													
Salzen	2 1/2	6 —	— 30	— 38	— 50	1 10	1 30	1 42	2 12	2 36	3 6	3 30	4 —	4 24	— 24
Mengen	1 1/2	8 30													
Meßkirchen	2	9 10	— 40	1 —	1 24	1 38	2 8	2 16	2 56	3 23	4 8	4 40	5 20	6 —	— 30
Duttlingen	3	10 10													
Donaueschingen	3	11 10													
Billingen	1 1/2	11 40	— 44	1 8	1 30	1 50	2 20	2 33	3 18	3 54	4 39	5 15	6 —	6 36	— 34
Nordweil		12 10													
Grunenschlitach	1 1/2	12 10													
Herrburg	2	12 50	— 48	1 14	1 32	2 —	2 33	2 50	3 40	4 20	5 10	5 50	6 40	7 20	— 38
Haslach	2	13 30													
Gengenbach	2	14 10													
Offenburg	2	14 50	— 52	1 18	1 36	2 10	2 52	3 7	4 2	4 46	5 41	6 25	7 20	8 —	— 42
Kehl	2	15 10													
Straßburg	1/2	15 40	1 —	1 30	2 6	2 42	3 18	3 54	4 30	5 6	6 —	7 —	8 —	9 30	— 45

Von München nach Waging und Salzburg.

Route.	Mei-len.	Ter-ien.	Von 1 bis 5 u.	6-10	11-15	16-20	21-30	31-40	41-50	51-60	61-70	71-80	81-90	91-100	von 100 Gulden
Von München bis															
Hornching	2 1/4	1 50	— 13	— 16	— 20	— 24	— 30	— 34	— 44	— 52	1 2	1 10	1 20	1 28	— 8
Steinering	2 1/4	2 40													
Wasserburg	2	2 20	— 16	— 20	— 24	— 30	— 38	— 51	1 6	1 18	1 33	1 45	2 —	2 12	— 12
Fräberteheim	2	3 —													
Stein	2	3 40	— 20	— 24	— 32	— 38	— 52	1 8	1 28	1 42	2 4	2 20	2 40	2 56	— 16
Waging	2	4 20													

Salzburg   4   5 40

Contanti oder preciosa — von 100 fl.

NB. So viel Pfund über 10 sind, so viel 3 kr. wird mehr genommen.

Von München nach Regensburg.

Route.	Mei-len.	Ter-ien.	Von 1 bis 5 u.	6-10	11-15	16-20	21-30	31-40	41-50	51-60	61-70	71-80	81-90	91-100	von 100 Gulden
Von München bis															
Freysing	4	1 20	— 12	— 16	— 20	— 24	— 30	— 34	— 44	— 50	1 2	1 10	1 20	1 28	— 8
Moosburg	2	2 —													
Landshut	2	3 —	— 16	— 20	— 24	— 30	— 38	— 52	1 6	1 18	1 33	1 45	2 —	2 12	— 12
Ergolsbach	3	3 40													
Buchhausen	2	3 20	— 20	— 24	— 32	— 38	— 52	1 8	1 28	1 42	2 4	2 20	2 40	2 56	— 16
Esloßheim	2	4 —													

Von Würzburg nach Frankfurt.

Route.	Mei-len.	Ter-ien.	Von 1 bis 5 u.	6-10	11-15	16-20	21-30	31-40	41-50	51-60	61-70	71-80	81-90	91-100	von 100 Gulden
Roßbrunn	41	13 40	— 52	1 18	1 36	2 10	2 52	3 7	4 2	4 48	5 41	6 45	7 —	8 —	— 42
Ingfeld	43	14 20													
Eßelbach	44	14 40													
Roßbrunn	46	15 20	1 —	1 30	2 6	2 43	3 18	3 54	4 30	5 6	6 —	7 —	8 —	9 —	— 45
Neßenbach	48	16 —													
Aschaffenburg	50 1/2	17 —													
Dettingen	51	17 —													
Hanau	53	18 —	1 12	1 42	2 20	3 —	3 36	4 18	4 50	5 24	6 30	7 40	8 50	11 —	1 —
Frankfurt	55	17 30													

Pro Notitia. 1) Obige Taxe hat bey contanti eine Ausnahme, da von aufgegebenen Goldsorten ein Drittheil Porto weniger genommen wird, außer daß es bey Paquetd von 100 bis

bis 1000 fl. — bey obiger Taxe bleibet. 2) Daß an diejenigen Orte, die die fahrenden Posten nicht a drittura, sondern durch erwelche Umwege treffen, nur der gerade Weg bezahlet wird, zeiget die Taxe selbsten. 3) Jedem Passagier ist gestattet ein Fellessen oder Koffer von 40 höchstens 50 Pfund schwer unentgeldlich mitzuführen, was aber darüber, muß Pfund für Pfund a part, jedoch nur dem Zentner nach bezahlet werden. 4) So liegt auch einem jeden ob, auf seine mit sich führende Bagage unterwegs selbsten Obsicht zu haben. 5) Was zum Versenden aufgegeben, und dessen Werth aufrichtig angezeigt wird, dafür hastet man ab Seite der Post wie billig, und ersetzet den Werth, dafern wider Verhoffen, und durch Nachläßigkeit oder Verschulden der Postbedienten was verloren gehen würde.

(L. S.)

Hochfürstl. Thurn- und Taxische
Regierungs-Kanzley.

Brief-Tax-Ordnung
bey der
Kaiserl. Reichs-Postverwaltung zu Landshut 1784.

Augsburgisch- und Schwäbischer Cours.		fr. Ein.	Dep. fr.	Tran. fr.	Salzburger Cours.		fr. Ein.	fr. Dep.	fr. Tran.
Nach Augsburg fr. nach Belieben		6	8	6	Nach Titlbibarg Neumark	fr. nach Belieben	2	3	2
Nach Ulm Memmingen Ravensburg Lindau Rößkirch Stuttgard Danubheim Heidelberg Speyer Durlach	fr. Augsburg	6	8	6	Nach Altendting Burghausen	fr. nach Belieben	3	4	3
					Nach Wasserburg Traunstein	fr. nach Belieben	4	6	4
					Nach Reichenhall Salzburg Berchtolsgaden	fr. nach Belieben	6	8	6
Französischer Cours.					**Regensburg- u. Oesterreichischer Cours.**				
Nach Straßburg Metz Paris Lyon ganz Frankreich u. Spanien	fr. Eberstadt	14	18	14	Nach Ergolsbach Buchhausen zu Mengkofen	fr. nach Belieben	2	3	2
Schweizer Cours.					Nach Egloffsheim Regensburg Straubing	fr. nach Belieben	3	4	3
Nach Schafhausen Basel	fr. Augsburg oder	6	8	6	Nach Ingolstadt Neustadt	dito	4	6	4
Bern Genf und die ganze Schweitz	fr. Schaffhausen	12	16	12	Nach Passau	dito	4	6	4
Tyroler- und Italienischer Cours.					Nach Linz Wien und ganz Oesterreich		6	8	6
Nach Insprugk Bozen und ganz Tyrol Mantua Venedig Rom und ganz Italien	. . .	8	10	8	**Beyreuth- Oberpfalz- und Egrer Cours.**				
					Nach Amberg fr. nach Belieben		4	6	4
Münchner Cours.					Nach Tumbach Weyden Tirschenreuth Weyden Salzbach	fr. Regensburg	3	4	3
Nach Mosburg Frasing	fr. nach Belieben	2	3	2					
Nach Unterbruck München	fr. nach Belieben	3	4	3	Nach Bayreuth fr. nach Belieben		8	12	8
					Nach Eger		8	12	8

Sechster Band   Bbb

Böhmischer Cours.		Einf. fr.	Dep. fr.	Retr. fr.
Nach Mittenau, Rhy, Waldmünchen, Cham } fr. Regensburg		3	4	3
Nach Pilsen, Prag und ganz Böhmen } ...		6	8	6
Fränkisch- und Sächsischer Cours.				
Nach Nürnberg fr. nach Belieben		8	12	8
Nach Erlang, Bamberg, Würzburg, Coburg, Hildburghausen, Braunschweig, Hamburg, Bremen und ganz Niedersachsen, Dresden, Leipzig und ganz Obersachsen, Nach Kassel u. Hessen } fr. Nürnberg		8	12	8
Nach Magdeburg, Berlin, ganz Preußen und Rußland, Pohlen } fr. Duderstadt		12	16	12

Rheinisch-Niederländisch- und Holländischer Cours.		Einf. fr.	Dep. fr.	Retr. fr.
Nach Frankfurt fr. nach Belieben		12	16	12
Nach Mainz, Wetzlar, Trier, Cölln, ganz Westphalen, und was über Frankfurt hinaus geht } fr. Frankfurt		12	16	12
Nach Brüssel, Antwerpen, ganz Niederland, London u. ganz England } fr. Frankfurt		12	16	12
Nach Amsterdam, Rotterdam und ganz Holland } fr. Coblenz		14	18	14

Anmerkung.

Die Einschlüße werden nicht nach dem Gewichte, sondern nach Belieben tarirt werden; und sollte sich Jemand darüber beklagen, der kann seine Briefe separat übergeben. Jene Auslagen, welche die kaiserlichen Reichsposten an auswärtige Posten: als französische und schweizerische &c. &c. (anderer mehrer zu geschweigen) für Briefe, so bey der Ausgabe nicht frankirt worden, entrichten müssen, werden von den Empfängern, nebst dem tarifmäßigen Reichsporto baar bezahlt. Sollte allenfalls das Auslagsporto von den ausländischen Posten, als z. E. von den königl. französischen &c. &c. Posten erhöhet werden, so wird das kaiserl. Reichs-Postgeneralat sich gegen diese Erhöhung des Auslagsporto setzen; wird es indessen damit nicht auslangen, so wird die Erhöhung des Porto nicht dem kaiserl. Reichs-Postgeneralat zur Last gelegt werden können. Zuwissen: daß vor angesetztes Gewicht nur mit Scripturen, nicht aber mit einzelnen Briefen beschwerte Paqueter zu verstehen sind.

Courier Taxe.

Von Landshut nach Moosburg eine Post 1 fl. — Von Landshut nach Vilsbiburg eine Post 1 fl. — Von Landshut nach Au eine Post 1 fl. — Von Landshut nach Ergolspach eine ein halbe Post 1 fl. 30 kr.

(L. S.)

Hochfürstl. Thurn- und Taxische
Regierungs-Kanzley.

Tarif

fahrender Post bey der kaiserl. Reichs - Postverwaltung zu Landshut 1784.

Münchner Route bis Augsburg.

Route.	Meilen.	Perſon.	100fl.	1 à 2 fl.	2 à 4 fl.	5 à 6 fl.	7 à 8 fl.	9 à 11 fl.	12-15 fl.	16-20 fl.	21-25 fl.	26-30 fl.	Ueber 30 fl. wird von je. dem fl. mehr genommen.	90-100 fl.
Von Landshut nach		fl.	fr	fl.	fr	fl.	fr	fl.	fr	fl.				fr	fl.	fr
Moosburg	2		40		6		3		4		6		6		8		10		12		15		18		—	1		60
Freyſing	4	1	30		8		4		6		8		8		10		12		15		20		—	2		45
Allach	8	3		40		12		12		20		24		30		36		42		48		—	3		45
Schwabhauſen	11	3		15		10		15		20		25		30		36		4		48		1	3		20
Eversburg	14	4	40		15		12		15		24		30		45		5		1		50		2	3		40
Augsburg	16 1/2	5	30		15		24		33		40		50		1		4		1		30		2	4	

Was weiter geht, Franco nur bis Augsburg.

Regensburger und Wiener Route.

Route.	Meilen.	Perſon.	100fl.	1 à 2 fl.	3 à 4 fl.	5 à 6 fl.	7 à 8 fl.	9 à 11 fl.	12-15 fl.	16-30 fl.	21-25 fl.	26-30 fl.	Ueber 30 fl. wird von je. dem fl. mehr genommen.	90-100 fl.
Bis		fl.	fr	fl.	fr	fl.	fr	fl.	fr	fl.	fr	fl.	fr	fl.			fr	pf.	fl.	fr
Ergolsbach	3	1		40		4		6		8		1c		15		18		2c		—	2		45
Buchhauſen	5	1		50		6		8		10		12		15		18		2c		—	2		45
Eglofsheim	7	2	20		10		6		12		15		2c		2.		3c		30		—	2	1	10
Neuenburg	9	3		10		8		12		1c		21		30		36		4c		45		—	3	1	45
Plätta	12	4		15		10		15		2c		25		30		36		42		48		1	2	1	20
Stranbing	15			15		12		18		24		30		36		45		52		1		10	2	3	40
Plattling	19	6	2c		30		18		24		32		40		48		1		1	15		36	2	4	30
Vilshofen	23	7	4c		30		20		30		4c		5c		1		1	12	1	24	1	48	3	5	45
Paſſau	27	9			50		20		30		4c		5c		1		1	12	1	24	1	36	1 48	5	5	45

Franco bis Paſſau, weiter nicht.

Leipziger und Berliner Route.

Route.	Meilen.	Perſon.	100fl.	1 à 2 fl.	3 à 4 fl.	5 à 6 fl.	7 à 8 fl.	9 à 11 fl.	12-15 fl.	16-20 fl.	21-25 fl.	26-3c fl.	Ueber 3 fl. wird von je. dem fl. mehr genommen.	90-100 fl.
Von Landshut bis		fl.	fr	fl.	fr	fl.	fr	fl.	fr	fl.	fr	fl.	fr	fl.			fr	pf.	fl.	fr
Regensburg	9	3		—		10		8		12		15		20		24		3c		36		4c		54	1	2	2	20
Pirkenſer	11 1/2	3	50		15		10		15		2c		25		30		36		42		45		54	1	2	2	20
Schwandorf	14	4	40		20		12		18		24		30		36		42		5		1		1c	2	—	3	40
Amberg	17	5	4c		20		16		21		27		36		4c		5c		1	1 15	1	1c	2	—	—
Hembach	18 1/2	6	1c		30		16		24		32		4c		48		56		1	4	1	15	2	3	4	30
Lumbach	21 1/2	7	1c		30		2c		30		4.		5c		1		1 12	1 24	1	36	1	15	3	5	45
Bayreuth	24 1/2	8	1c		30		2c		30		4c		5 1		1		1 12	1 24	1	36	1	2	3	5	45
Bernek	26 1/2	8	50		30		2c		3c		4c		5c		1		1 12	1 24	1	36	1	2	3	5	45
Münchberg	28 1/2	9	3c		1c		2.		3c		4c		5c		1		1 21	1 3c	1	1	1	3	6	—
Hof	30 1/2	10	1c		3c		24		36		48		1		1 12	1 3c	1 45	2		2 2c	4	—	6	30

Was weiter geht, Franco bis Hof, weiter nicht.

Prager Route.

Route.	Meilen.	Perſon.	100fl.	1 à 2 fl.	3 à 4 fl.	5 à 6 fl.	7 à 8 fl.	9 à 11 fl.	18-15 fl.	16-20 fl.	21-25 fl.	26-30 fl.	Ueber 30 fl. wird von je. dem fl. mehr genommen.	90-100 fl.
Von Landshut bis		fl.	fr	fl.	fr	fl.	fr	fl.	fr	fl.	fr	fl.	fr	fl.			fr	pf.	fl.	fr
Regensburg	9	3		—		10		8		12		15		20		24		3c		48		54	1	2	2	20
Schwandorf	14	4	40		15		9		18		24		36		45		52		1		1c	2	—	3	40
Mies	17	5	4c		20		16		24		33		4c		48		56		1	1 15	1 36	2	—	4	—

Franco bis Mies.

Achter Theil

Frankfurter Route.

Route	Meilen	Berſon	100fl.	1 à 2 fl.	3 à 4 fl.	5 à 6 fl.	7 à 8 fl.	9 à 12 fl.	12-15 fl.	16-20 fl.	21-25 fl.	26-30 fl.	Ueber 30 fl. wird von je dem fl. mehr genommen.	90-100 fl.
Von Landshut bis		fl.	kr.	fl. kr.	fl.	kr.	fl.	kr.	fl. kr.	fl. kr.	fl. kr.	fl. kr.	kr.	pf.	fl. kr.
Regensburg	9	3	—	10	—	8	—	12	—	13	—	20	—	24	3	16	—	48	—	54	1	2	2	20
Kabr	11	3	40	15	—	10	—	15	—	20	—	30	1	24	42	—	48	—	54	1	2	3	20
Eschberg	13	4	20	15	—	12	—	15	—	24	1	30	1	45	52	2	—	1	10	2	—	3	40
Deiniagen	15	5	—	15	—	12	—	18	—	24	1	30	1	45	52	2	—	—	—	2	—	3	40
Boſthaur	17	5	40	20	—	16	—	24	—	32	1	40	2	—	48	1	—	1	11	2	2	4	—
Jenet	19	6	20	10	—	16	—	24	—	12	—	48	—	48	1	4	1	15	1	30	3	2	4	30
Nurnberg	21	7	—	—	10	—	20	—	30	—	40	—	50	1	—	1	24	1	30	1	48	3	5	45
Warnba	23	7	40	—	30	—	20	—	30	—	40	—	50	1	—	1	12	1	24	1	30	1	44	3	5	45
Emſtitern	25	8	20	—	20	—	20	—	—	—	60	—	50	1	—	1	12	1	24	1	30	1	48	3	5	45
Tangenfelo	27	9	—	—	30	—	20	—	—	10	—	40	—	50	1	—	1	12	1	24	1	30	1	48	3	6	—
Pelrabrun	29	9	40	—	30	—	20	—	—	20	1	—	—	40	1	—	1	12	1	24	1	30	1	48	3	6	15
Kijingen	31	10	20	—	10	—	16	—	30	1	—	1	12	1	36	1	45	2	—	2	30	4	—	6	48
Wurzberg	33	11	20	—	3	—	2	—	36	1	48	1	—	1	30	1	45	2	—	2	30	4	—	6	48
Dernling	37	12	20	—	4	—	2	—	16	1	18	1	—	1	12	1	30	1	45	2	—	2	30	5	—	7	45
Uſelbad	39	13	—	—	3	—	24	—	36	—	13	1	—	1	12	1	30	1	45	2	—	2	30	5	—	7	45
Noerdbrun	41	13	40	—	4	—	30	—	48	1	—	1	18	1	36	1	50	2	10	2	30	5	1	9	15
Treuebach	43	14	20	—	45	—	32	—	45	1	—	1	18	1	36	1	50	2	10	2	36	5	1	9	15
Tetlingen	46	15	20	—	45	—	30	—	45	1	—	1	18	1	36	1	36	2	10	2	36	5	1	9	15
Heuau	48	16	—	—	45	—	32	1	10	1	—	1	—	2	12	2	36	3	—	3	30	6	1	10	15
Frankfurt	50	16	40	—	50	—	32	1	45	1	10	1	48	2	12	2	30	3	—	3	30	6	1	10	30

Nach dieſen Orten kann frequirt, und nicht frequirt werden.

Pro Notitia. 1) Obige Tare hat bey Contanti eine Ausnahme, da von aufgebenden Goldſorten ein Drittheil Porto weniger genommen wird, außer daß es bey Paquets von 100 bis 1000 fl. bey obiger Tare bleibt. 2) Daß an diejenigen Ort, die die fahrenden Poſten nicht à drittum, ſondern durch etwelche Umwege treffen, nur der gerade Weg bezahlt wird, zeiget die Tare ſelbſten. 3) Jedem Paſſagier iſt geſtattet, ein Fellleiſen oder Koffer von 40 höchſtens 50 ℔. ſchwer unentgeltlich mitzuführen, was aber darüber, muß Pfund für Pfund à part, jedoch nur dem Zentner nach bezahlet werden. 4) So liegt auch einem jedem ob, auf ſeine mit ſich führende Pagage unterwegs ſelbſten Obſicht zu haben. 5) Was zum Verſenden aufgegeben, und deſſen Werth aufrichtig angezeigt wird, dafür haftet man ab Seite der Poſt, wie billig, und erſetzet den Werth, da ferne wider Verhoffen durch Nachläßigkeit, oder Verſchulden der Poſtbedienten was verlohren gehen würde.

(L. S.)

Hochfürſtl. Thurn- und Tariſche
Regierungs Kanzley.

Brief-Tax-Ordnung
bey der
kaiſerl. Reichs Poſtverwaltung zu Ingolſtadt 1784.

Augsburgiſch- und Schwäbiſcher Cours.		Einf. kr.	Dop. kr.	Dreif. kr.	Münchner und Salzburger Cours.		Einf. kr.	Dop. kr.	Dreif. kr.
Nach Augsburg fr. nach Belieben.		4	6	4	Nach Greißenfeld	fr. nach Belieben.	3	4	3
Nach Ulm					Nach Freyſing				
Stuttgard					München	fr. nach Belieben			
Braunsten					Landshut		4	6	4
Ravensburg					Nach Waſſerburg				
Wbgäfirch	fr. Augsburg	4	6	4	Altenburg				
Linden					Burghauſen	fr. München			
Bruchſal					Salzburg und was über München geht		4	6	4
Mannheim									
Heidelberg									

Regensburger- und Wiener Cours.		Einf. fr.	Dop. fr.	Drey. fr.
Nach Neustadt fr. nach Belieben		3	4	3
Nach Regensburg dto.		4	6	4
Nach Straubing / Plattling / Bildhofen / Passau	fr. Regensb. oder nach Belieben ganz franco.	4	6	4
Nach Linz		6	10	6
Wien / Ober- und Unter-Oesterreich	· · ·	6	10	6
Nach Ungarn / Mähren / Steyermark / Kärnthen / Triest / Fiume	· · ·	8	12	8

Baireuther- Eger- u. Böhmischer Cours.		Einf.	Dop.	Drey.
Nach Schwandorf / Amberg / Salzbach / Lambach / Tirschenreith / Baireuth	fr. Regensburg	4	6	4
Eger	· · · ·	8	12	8
Nach Pilsen / Prag und ganz Böhmen		6	10	6

Tyroler- und Italienischer Cours.		Einf.	Dop.	Drey.
Nach Inspruck / Bozen / Brixen und ganz Tirol	· · ·	6	10	6
Nach Meyland / Mantua / Venedig / Rom und ganz Italien	· · ·	8	12	8

Fränkisch- und Sächsischer Cours.		Einf.	Dop.	Drey.
Nach Nürnberg fr. nach Belieben		6	10	6
Nach Erlang / Bamberg / Würzburg / Mergentheim / Coburg / Hildburghausen / Erfurth / Gotha	fr. Nürnberg	6	10	6

Rheinisch- Niederländisch- und holländischer Cours.		Einf. fr.	Dop. fr.	Drey. fr.
Nach Braunschweig / Hamburg / Bremen / Lübeck und ganz Norden	fr. Coburg	8	12	8
Nach Cassel und ganz Hessen				
Nach Hof / Reichenbach / Leipzig / Dresden	fr. Nürnberg	6	10	6
Nach Magdeburg / Berlin / Danzig / Warschau / Ganz Pohlen und Rußland	fr. Duderstadt	12	16	12
Nach Eichstädt / Nördburg	fr. n. Belieben	3	4	3
Nach Frankfurt / Mayng / Trier / Coblenz	fr. Nürnberg oder fr. Frankfurt	6	10	6
Cöln / Wetzlar		12	16	12
Nach Lüttich / Aachen / Düsseldorf / Brüssel / Antwerpen u. ganz Niederland	fr. Frankfurt	12	16	12
Nach Münster u. ganz Westphalen				
Nach London u. ganz England				
Nach dem Haag / Rotterdam / Amsterdam u. ganz Holland	fr. Coblenz	14	18	14

Französischer Cours.		Einf.	Dop.	Drey.
Nach Straßburg / Paris / Metz / Lyon u. ganz Frankreich	fr. Constadt	8	12	8

Schweizer Cours.		Einf.	Dop.	Drey.
Nach Schafhausen / Basel / Zürich / Bern / Genf	fr. Augsburg	4	6	4

Anmerkung.

Die Einschlüße werden nicht nach dem Gewichte, sondern nach Belieben tarirt werden; und sollte sich jemand darüber beklagen, der kann seine Briefe separat übergeben.

Jene Auslagen, welche die kaiserl. Reichsposten an auswärtige Posten, als Französische und Schweizerische ꝛc. ꝛc. (anderer mehrer zu geschweigen) für Briefe, so bey der Ausgabe nicht frankirt worden, entrichten müssen, werden von den Empfängern nebst dem tarifmäßigen Reichsporto baar bezahlet. Sollte allenfalls das Auslagsporto von den ausländischen Posten, als z. E. von den königl. französischen ꝛc. ꝛc. Posten erhöhet werden, so wird das kaiserl. Reichs-Postgeneralat sich gegen diese Erhöhung des Auslagsporto setzen; wird es indessen damit nicht auslangen, so wird diese Erhöhung des Porto nicht dem kaiserl. Reichs-Postgeneralate zur Last gelegt werden können. Zu wissen: daß vorangesetztes Gewicht nur mit Scripturen, nicht aber mit einzelnen Briefen beschwerte Paqueter zu verstehen sind.

Courier-Taxe.

Von Ingolstadt nach Neustadt zwey Posten 2 fl. — Nach Geißenfeld anderhalb Posten 1 fl. 30 kr. — Nach Vleuburg anderhalb Posten 1 fl. 30 kr. — Nach Riedenburg anderhalb Posten, 1 fl. 30 kr. — Nach Beilengrieß zwey Posten, 2 fl. — Nach Waidhofen anderhalb Posten, 1 fl. 30 kr.

(L. S.)

Hochfürstl. Thurn- und Tarische
Regierungs-Kanzley.

Brief-Tax-Ordnung
bey
der kaiserl. Reichs-Postverwaltung zu Straubing 1784.

Münchner Cours.		Einf. fr.	Dep. fr.	Port. fr.	Schweizer Cours.		Einf. fr.	Dep. fr.	Port. fr.
Nach Neughofen Ulm	fr.n.Belleben	2	3	4	Nach Schafhausen Basel	fr. n.Augsburg oder	6	8	6
Nach Landshut Moosburg	dito	3	4	3	Zürch Bern und die ganze Schweiz	fr. Schafhausen	12	16	12
Nach Freysing München und was über München geht		4	6	4	**Tyroler und Italienischer Cours.**				
Regensburg-Augsburg- und Schwäbischer Cours.					Nach Inspruck Bozen Trient		8	12	8
Nach Regensburg	fr. nach Belleben	3	4	3	Nach Mantua Benedig Rom und ganz Italien		10	14	10
Nach Neustadt Ingolstadt Geißenfeld	dito	4	6	4					
Nach Augsburg	dito	6	8	6	**Salzburger Cours.**				
Nach Ulm Memmingen Ravensburg Lindau Oeberlich Stuttgart Darlach Speyer und ganz Schwaben	fr. Augsburg	6	8	6	Nach Vilsbiburg Neumarkt	fr. n.Belleben	4	6	4
					Nach Altenöting Burghausen	dito	6	8	6
					Nach Titmaning Salzburg Berchtolsgaden		8	12	8
Französischer Cours.					**Oesterreicher Cours.**				
Nach Straßburg Paris Metz Lyon und ganz Frankreich	fr. Neustadt	10	14	10	Nach Plattling Vilshofen Passau	fr. n.Belleben	3	4	3

	fr.	fr.	fr.			fr.	fr.	fr.
Nach Linz Wien und ganz Oesterreich	fr. n. Belieben	4	6	4	Nach Hof Reichenbach Leipzig Dresden und ganz Obersachsen	fr. Nürnberg	6	8	6
Nach Gratz Steiermark Kärnthen Triest Fiume Ungarn	...	6	8	6	Nach Magdeburg Berlin Ganz Preußen und preußisch Schlesien Ganz Rußland	fr. Duder. sta.t	12	16	12
Böhmischer Cours.					Nach Stockholm und ganz Schweden Coppenhagen u. ganz Dännemark	fr. Hamburg	14	18	14
Nach Eger Waltmünchen	fr. n. Belieben	3	4	3					
Nach Pilsen Prag und ganz Böhmen	...	4	6	4	**Rheinisch - Niederländisch - und Holländischer Cours.**				
Baireuth-Oberpfalz-u. Egerer-Cours.					Nach Frankfurt	fr. Nürnberg	6	8	6
Nach Schwandorf Amberg	fr. Regensb.	3	4	3	Nach Mainz Wetzlar Trier Coblenz Münster und ganz Westphalen	fr. Frankfurt	10	14	10
Sulzbach	oder fr. n. Belieben	4	8	4	Nach Lüttich Brüssel Antwerpen u. ganz Niederland	fr. Frankfurt	10	14	10
Nach Baireuth	fr. nach Belieben	8	12	8	Nach London u. ganz England				
Nach Eger	......	8	12	5	Nach Amsterdam Rotterdam und ganz Holland	fr. Coblenz	14	18	14
Fränkisch- und Sächsischer Cours.									
Nach Nürnberg	fr. Regensburg	3	4	3					
Nach Erlang Bamberg Würzburg Coburg Hildburghausen Braunschweig Bremen Hamburg und ganz Niedersachsen	fr. Nürnberg	6	8	6					

Anmerkung.

Die Einschlüße werden nicht nach dem Gewichte, sondern nach Belieben tarirt werden; und sollte sich jemand darüber beklagen, der kann seine Briefe separat übergeben. Jene Auslagen, welche die kaiserl. Reichsposten an auswärtige Posten, als Französische u. Schweizerische ic. ic. (anderer mehrere zu geschweigen) für Briefe, so bey der Aufgabe nicht frankirt worden, entrichten müssen, werden von den Empfängern nebst den tarifmäßigen Reichsporto baar bezahlt. Sollte allenfalls das Auslagsporto von den ausländischen Posten als z. E. von den königl. französischen ic. ic. Posten erhöhet werden, so wird das kaiserl. Reichs-Postgeneralat sich gegen diese Erhöhung des Auslagsporto setzen; wird es indessen damit nicht auslangen, so wird die Erhöhung des Porto nicht dem kaiserl. Reichs-Postgeneralate zur Last gelegt werden können. Zu wissen: daß vorangesetztes Gewicht nur mit Scripturen, nicht aber mit einzelnen Briefen beschwerte Paquete zu verstehen sind.

Courier-Taxe.

Von Straubing nach Pfätter 1½ Posten, 1 fl. 30 kr. — Von Straubing nach Plattling 2 Posten 2 fl — Von Straubing nach Mengkofen 1½ Post 1 fl. 15 kr. — Von Straubing nach Stallwang 1½ Post 1 fl. 30 kr.

(L. S.)

Hochfürstl. Thurn- und Taxische
Regierungs-Kanzley.

Tarif

für die kaiserl. Reichs-Ordinari Postverwaltung Straubing zur fahrenden Postexpedition für die Passagiere, Baarschaften, Paquete und andere Sachen nach 1784.

Straubing nach Nürnberg u. weiter	Meil.	Preise	Wiener Cours.	Meil.	Preise	1·2	3·4	5·6	7·8	9·10	11·12	13·16	16·20	21·25	26·30	31·100
Straubing – Pfätter	3	1	Pfätter	1	1·30											
Regensburg – Pondelfi	6	3·30		2	1·30											
Schambach – Tegraudorf	8½	2·30														
Daßwang – Tegraudorf	11	3·40	Dietheim	3	2·40											
Deining – Bremart	12	4·30		4												
Neumart	13	4·30														
Postbauer – Nürnberg	14	4·40	Neßau – Schörhang	5	4											
Nürnberg	15½	5·10		12	4											
Euthof	15½	5·30														
Heupach	16	6·20														
Feudt	18½	6·10														
Nürnberg	18	6·10	Eugelh. – München													
Thanbach – Erlang	21½	7·10		6												
Erlang	22½	7														
Bamreuth – Eichsfeld	20	7·40														
Bamberg	26	8·40														
Hof	27½	9·40	Dinkelspiel – Eßwangen	27	9											
Roberg – Würzburg	31	10·2		20	9·40											
Würzburg	32	10·4														
Heilbronn – Erurgard	39	13·10														
Erurgard	40½	13·30														
Rönigshofen – Hanau	41½	13·10														
Hanau	45	15·10														
Edelhausen – Frankfurt	47	15·4														
Rastatt	51	17														
Mainz – Mannheim	55½	18	Drachsel. Eper – Cresdur	50	16½											
Mannheim	56	19		6½	20											
Köln – Düsseldorf	70	23·20														
Düsseldorf	74	24·40														

Pro Notitia. 1. Obige Taxe hat bey Contanti eine Ausnahme, da von auſaeben den Goldſorten ein Drittheil Porto weniger genommen wird, auſſer daß es bey Laquerß von 100 bis 1000 fl. bey obiger Taxe bleibet. 2. Daß an diejenigen, die die fahrenden Poſten nicht a drittura, ſondern durch etwelche Umwege treffen, nur der gerade Weg bezahlt wird, zeiget die Taxe ſelbſten. 3. Jedem Paſſagier iſt geſtattet ein Fälleiſen oder Koffer von 40 höchſtens 50 Pfund unentgeltlich mitzuführen, was aber darüber, muß ½ fuob für ½ Pfund a part, jedoch nur dem Zentner nach bezahlt werden. 4. So liegt auch einem jeden ob, auf ſeine mit ſich führende Bagage unterwegs ſelbſten Obſicht zu haben. 5. Was zum Verſenden aufgegeben, und deſſen Werth aufrichtig angezeigt wird, dafür haftet man ab Seite der Poſt, wie billig, und erſetzt den Werth, daferne wider Verhoffen durch Nachläßigkeit oder Verſchulden der Poſtbedienten was verlohren gehen würde.

(L. S.)

Hochfürſtl. Thurn- und Taxiſche
Regierungs-Kanzley.

Brief-Tax-Ordnung
bey
der kaiſerl. Reichs-Poſtverwaltung zu Amberg 1784.

Regensburg- und Münchner Cours.	Einf. kr.	Dop. kr.	Retl. kr.	Tyroler und Italieniſcher Cours.	Einf. kr.	Dop. kr.	Retl. kr.
Nach Regensburg frco nach Belieben	3	4	3	Nach Inſpruck Boyen und ganz Tyrol — fr. u. Belieben	8	10	8
Nach Landshut Freyſing München — fr. u. Belieben	6	8	6	Nach Trent Mailand Venedig Rom und ganz Italien — • • •	12	16	12
Nach Waſſerburg Traunſtein Reichenhall — fr. München	6	8	6				
Nach Burghauſen frco nach Belieben	8	12	8	**Nürnberg- und Fränkiſcher Cours.**			
Nach Salzburg — fr. Regensb. oder ganz Franco.	3 / 10	4 / 14	3 / 10	Nach Sulzbach frco nach Belieben	2	4	2
				Nach Nürnberg frco nach Belieben	4	6	4
Augsburg- und Schwäbiſcher Cours.				Nach Ellingen Eichſtätt Forchberg Anſpach — fr. u. Belieben	6	8	6
Nach Augsburg frco nach Belieben	6	8	6	Nach Neuſtadt an der Aiſch — fr. Nürnberg	4	6	4
Nach Ulm Memmingen Ravensburg Lindau St. Gallen Wißkirch Doneſchingen — fr. Augsburg, fr. u. Belieben	6	8	6	Altzingen Würzburg Frankfurt — fr. u. Belieben	6 / 8	8 / 10	6 / 8
Oeſterreicher Cours.				**Rheiniſch- und Niederländiſcher Cours.**			
Nach Straubing Bilshofen Paſſau — fr. Regensburg, fr. u. Belieben	3 / 6	4 / 8	3 / 6	Nach Mainz Coblenz Trier Paderborn Wetzlar — fr. Frankfurt	8	10	8
Nach Linz Wien Ober- und Unter-Oeſterreich. — • • •	6	8	6	Nach London und ganz England — fr. Frankfurt	8	10	8
Nach Preßburg u. ganz Ungarn Graz Steyermark Kärnthen Trieſt Fiume — • • •	8	10	8	Nach Amſterdam Utrecht Rotterdam Leyden und ganz Holland — fr. Coblenz	12	16	12

Sechſter Band.   D d b

Nach Düsseldorf, Lüttich, Münster, Brüssel, Antwerpen u. ganz Braband } fr. Cölln	Ein. fr.	Dep. fr.	Retb fr.	Nach Hof, Plauen, Reichenbach, Gera, Zeiz, Dreßden } fr. Hof nach Belieben	Ein. fr.	Dep. fr.	Retb fr.
	12	16	12		6	8	6
Niedersächsischer Cours.				Leipzig } fr. u.Belieben	8	10	8
				Alles was über Leipzig geht } fr. Leipzig	8	10	8
Nach Coburg, Memmingen, Schmalkaben, Gotha, Erfurt } fr. n.Belieben	8	10	8	**Französischer Cours.**			
Nach Münden, Braunschweig, Bremen, Lübeck } fr. Cassel	10	12	10	Nach Straßburg, Lyon, Paris und ganz Frankreich, Spanien } fr. Rheinhausen	8	10	8
Nach Hamburg frco nach Belieben	12	16	12	**Egerischer Cours.**			
Nach Stockholm und ganz Schweden Kopenhagen und ganz Dännemark } fr. Hamburg	12	16	12	Nach Hirschau, Weiden } fr. n.Belieben	3	4	3
Nach Göttingen, Minden } fr. tout ec	12	16	12	Nach Tirschenreuth, Waldsassen } fr. n.Belieben	4	6	4
Nach Hannover, Celle, Lüneburg und ins Hannöversche } fr. tout ec	14	18	14	Nach Eger . . .	4	6	4
Nach Halle, Magdeburg, Berlin, Preußisch Schlesien, Rußland } fr. Duberstatt	8	10	8	**Böhmischer Cours.**			
				Nach Abg, Waldmünchen } fr. n.Belieben	4	6	4
Obersächsischer und Baireutischer Cours.				Nach Klentsch, Pilsen, Prag und ganz Böhmen } . . .	4	6	4
Nach Hambach, Lumbach } fr. n.Belieben	2	4	2	Nach Olmütz, Brün, Iglau und ganz Mähren } . . .	6	6	6
Nach Baireuth, Culmbach } dito ec	4	6	4	Nach Troppau, Freudenthal und Oesterreich, Schlesien } . . .	6	8	6

Anmerkung.

Die Einschlüße werden nicht nach dem Gewichte, sondern nach Belieben taxirt werden; und sollte sich Jemand darüber beklagen, der kann seine Briefe separat übergeben. Jene Auslagen, welche die kaiserlichen Reichsposten an auswärtige Posten: als französische und schweizerische rc. rc. (anderer mehrere zu geschweigen) für Briefe, so bey der Aufgabe nicht frankirt worden, entrichten müssen, werden von den Empfängern, nebst dem tarifmäßigen Reichsporto baar bezahlt. Sollte allenfalls das Auslagsporto von den ausländischen Posten, als z. E. von den königl. französischen rc. rc. Posten erhöhet werden, so wird das kaiserl. Reichs-Postgeneralat sich gegen diese Erhöhung des Auslagsporto setzen; wird es indessen damit nicht auslangen, so wird die Erhöhung des Porto nicht dem kaiserl. Reichs-Postgeneralat zur Last gelegt werden können. Zu wissen: daß vor angesetztes Gewicht nur mit Scripturen, nicht aber mit einzelnen Briefen beschwerte Paqueter zu verstehen sind.

Courier-Taxe.

Von Amberg nach Sulzbach ½ Post 45 kr. — Von Amberg nach Hambach ½ Post 45 kr. — Von Amberg nach Hirschau 1 Post 1 fl. — Von Amberg nach Schwarzenfeld 1½ Post 1 fl. 30 kr. — Von Amberg nach Cassel 1 Post 1 fl. — Von Amberg nach Schwandorf 1½ Post 1 fl. 30 kr.

(L. S.)

Hochfürstl. Thurn- und Taxische
Regierungs-Kanzley.

Tarif

fahrender Poſt bey der kaiſerl. Reichs-Poſtverwaltung zu Amberg 1784.

Nürnberg- und Frankfurter Route.

Route.	Teilen.	Preiſe.	100 fl.	1-2 tl.	3-4 tl.	5-6 tl.	7-8 tl.	9-11 tl.	12-15 tl.	16-20 tl.	21-25 tl.	26-30 tl.	Uber 30 tl. wird von 1 ½ m tl. vergütet.	90-100 tl.
Von Amberg nach		fl.	kr.	fl.	kr.	fl.	kr.	fl.	kr.	fl.	kr.	fl.	kr.	fl.	kr.	fl.	kr.	fl.	kr.	fl.	kr.	fl.	kr.	fl.	kr.
Sulzbach	1 ½	—	50	—	5	—	8	—	8	—	10	—	15	—	18	—	20	—	2	—	45
Hartmannshof	3 ½	1	10	—	10	—	6	—	12	—	15	—	24	—	30	—	36	—	2	1	10
Gittersbach	5	2	10																		
Hiltersdorf	7	2	33	—	15	—	8	—	12	—	15	—	20	—	24	—	30	—	36	—	42	—	48	—	3	1	40
Nürnberg	9	3	—	—	15	—	10	—	15	—	20	—	25	—	30	—	42	—	48	—	54	1	—	2	2	40
Würzburg	12	7	33	—	33	—	20	—	30	—	40	—	1	—	1	1	—	1	30	1	48	3	—	5	45
Frankfurt	18	12	33	—	40	—	30	—	45	1	—	1	30	1	54	2	1	2	30	3	—	5	2	9	45

Straßburger Route.

Von Stuttgard	33	10	30	—	30	—	36	—	48	1	—	1	15	1	45	2	—	2	20	4	—	8	40
Durlach	41	13	40	—	30	—	30	—	45	1	—	1	18	1	36	1	56	2	16	2	36	3	—	5	9	15
Raſtadt	44	14	40																		
Freyburg	51	17	—	—	45	—	42	—	50	1	10	1	40	1	48	2	12	2	36	3	—	3	30	6	—	10	30

Bamberg- und Coburger Route.

Nürnberg ſiehe oben														
Erlang	12	4	—	—	15	—	10	—	15	—	20	—	25	—	30	—	36	—	42	—	48	—	54	1	—	2	40
Bamberg	17	5	40	—	20	—	18	—	24	—	30	—	1	—	1	15	1	15	2	—	4	—
Coburg	23	7	50	—	30	—	33	—	10	—	50	1	—	1	12	1	24	1	36	1	48	2	2	4	30

Augsburger Route über Nürnberg.

Von Donauwörth	21	7	—	—	10	—	10	—	1	—	40	—	48	—	56	1	1	15	1	30	2	2	4	10
Augsburg	27	9	—	—	30	—	22	—	30	—	50	1	—	1	12	1	36	1	48	3	—	5	45
Item nach Ulm	28	9	40	—	30	—	30	—	40	—	10	—	50	1	—	1	12	1	24	1	36	3	—	5	45
Memmingen	34	11	33	—	30	—	30	—	45	1	—	1	13	1	36	2	10	2	30	3	—	3	9	15
Lindau	45	15	—	—	40	—	30	1	1	—	1	15	1	30	1	56	2	30	3	—	5	45
Bodhauſen	45	15	—															

Baireuth- und Hofer Route.

Von Amberg nach														
Hembach	1 ½	1	30	—	8	—	5	—	8	—	10	—	12	—	15	—	18	—	20	—	8	1	15
Lauffach	4 ½	1	30	—	10	—	10	—	6	—	7	—	8	—	10	—	18	—	20	—	24	—	2	1	10
Creußen	6 ½	2	10	—	10	—	10	—	10	—	10	—	21	—	30	—	36	—	42	—	48	1	—	1	10
Baireuth	8	4	10	—	15	—	10	—	12	—	15	—	20	—	24	—	30	—	36	—	42	—	48	1	—	2	3
Hof	14	4	40	—	15	—	12	—	18	—	24	—	30	—	36	—	42	—	54	1	—	1	10	2	3

Regensburg- und Oeſterreicher Route.

Von Amberg nach														
Schwandorf	3	1	—	—	8	—	6	—	8	—	10	—	12	—	15	—	18	—	20	—	2	—	45
Bonholz	5 ½	1	50	—	12	—	10	—	15	—	20	—	24	—	26	—	30	—	35	—	3	1	30
Regensburg	8	3	40	—	15	—	12	—	18	—	24	1	—	35	—	45	—	54	1	—	3	1	15
Straubing	11	4	—	—	30	—	20	—	30	—	40	—	59	1	—	1	12	1	24	1	36	3	2	1	45
Paſſau	22	7	20	—	40	—	20	—	30	—	40	—	50	1	—	1	12	1	24	1	36	1	48	3	1	45

Münchner Route.

Von Amberg nach Regensburg ſiehe oben														
Celcheim	10	3	20	—	15	—	10	—	15	—	20	—	25	—	30	—	36	—	42	—	48	—	54	1	2	2	40
Bucheren	12	4	—	—	15	—	12	—	18	—	24	—	30	—	36	—	45	—	52	1	—	1	10	2	3
Ergolsbach	14	4	40	—	15	—	12	—	18	—	24	—	30	—	36	—	45	—	52	1	—	1	10	2	3
Landshut	17	5	—	—	30	—	15	—	21	—	30	—	36	—	45	1	1	10	1	3	2	3	40
Moosburg	19	6	20	—	20	—	16	—	24	—	32	—	40	—	48	—	56	1	1	15	1	16	3	4	—
Freiſing	21	7	—															
München	25	8	20	—	30	—	30	—	30	—	40	—	50	1	—	1	12	1	24	1	36	1	48	1	2	5	45
Salzburg														
über München														

Dd 2

Prager Route.

Route	Meilen.	Porto.	100fl.	1 à 2 fl.	3 à 4 fl.	5 à 6 fl.	7 à 8 fl.	9 à 11 fl.	12–15 fl.	16–20 fl.	21–25 fl.	26–30 fl.	Ueber 30 fl. wird von 10 von 10 fl. mehr genommen.	90–100 fl.
		fl. kr.	fl. kr.	fl. kr.	fl. kr.	fl. kr.	fl. kr.	fl. kr.	fl. kr.	fl. kr.	fl. kr.	fl. kr.	kr.	pf.	fl. kr.
Von Amberg nach Hurn	5	1 30	— 10	6 —	9 —	12 —	15 —	18 —	— 20	— 24	— 30	36	—	2	1 10
Wild	7	2 20	— 15	9 —	13 —	24 —	24 —	30 —	— 36	— 24	— 18	48	—	2	2 —
Waldmünchen	9	3 —	— 15	10 —	13 —	20 —	25 —	10 —	30 —	— 2	— 18	54	3	2	2 40

Pro Notitia. 1) Obige Taxe hat bey Contanti eine Ausnahme, da von aufgebenden Goldsorten ein Drittheil Porto weniger genommen wird, außer daß es bey Paquets von 100 bis 1000 fl. bey obiger Taxe bleibt. 2) Daß an diejenigen Ort, die die fahrenden Posten nicht à drittuhr, sondern durch etwelche Umwege treffen, nur der gerade Weg bezahlt wird, zeiget die Taxe selbsten. 3) Jedem Passagier ist gestattet, ein Felleisen oder Koffer von 40 höchstens 50 ℔. schwer unentgeltlich mitzuführen, was aber darüber, muß Pfund für Pfund à part, jedoch nur dem Zentner nach bezahlt werden. 4) So liegt auch einem jedem ob, auf seine mit sich führende Pagage unterwegs selbsten Obsicht zu haben. 5) Was zum Versenden aufgegeben, und dessen Werth aufrichtig angezeigt wird, dafür haftet man ab Seite der Post, wie billig, und ersetzet den Werth, da ferne wider Verhofsen durch Nachläßigkeit, oder Verschulden der Postbedienten was verlohren gehen würde.

(L. S.)

Hochfürstl. Thurn = und Taxische
Regierungs Kanzley.

Brief = Tax = Ordnung

bey der

kaiserl. Reichs Postverwaltung zu Burghausen 1784.

Münchner Cours.		Einf. kr.	Dep. kr.	Forf. kr.	Tyroler = und Italienischer Cours.		Einf. kr.	Dep. kr.	Forf. kr.
Nach München Landshut	fr. nach Belieben	4	6	4	Nach Insbruck u. ganz Tyrol Venedig Mantua Rom und ganz Italien	. . .	8	12	8
Nach Ampfing Haag	fr. nach Belieben	2	3	2					
Augsburgisch = und Schwäbischer Cours.									
Nach Augsburg	fr. München	4	6	4	Schweizer Cours.				
Nach Ulm Mennmingen Ravensburg Lindau Röhlfried Stuttgard Mannheim Heidelberg Speyer Durlach und ganz Schwaben	fr. Augsburg	6	8	6	Nach Schafhausen Basel Bern Genf und die ganze Schweiz	fr. Augsburg oder fr. Schafhausen	6 12	8 16	6 12
Französischer Cours.					Salzburger Cours.				
Nach Straßburg Paris Lyon Ganz Frankreich	fr. Constadt	12	16	12	Nach Salzburg ins Pinzgau Berchtolsgaden	. . .	3	4	3
					Nach Wasserburg Stein Traunstein Reichenhall	fr. nach Belieben	4	6	4

Oesterreich - und Wiener Cours.	Einf. kr.	Leg. kr.	Frek. kr.	Fränkisch - und Sächsischer Cours.	Einf. kr.	Leg. kr.	Frek. kr.
				Nach Nürnberg fr. Regensburg	6	8	6
Nach Niehelm Ried Scharding Braunau	3	4	3	Nach Erlang Bamberg Würzburg Coburg Hildburghausen Braunschweig Bremen			
Nach Linz Wien u. ganz Oesterreich	4	6	4	Hamburg und ganz Niedersachsen } fr. Nürnberg	10	14	10
Regensburger Cours.				Nach Hof Leipzig Dresden und ganz Obersachsen Hessen			
Nach Kärnsburg Straubing Plattling Dildhofen Paßau } fr. nach Belieben	6	8	6	Nach Magdeburg Berlin Preußen Pohlen Rußland } fr. Duderstadt	14	18	14
Oberpfälzisch - Bareuth - Eger- und Böhmischer Cours.				**Rheinisch - Niederländisch - und Holländischer Cours.**			
Nach Schwandorf Amberg Weiden Tirschenreit Sulzbach Bareuth Röz Waldmünchen } fr. Regensburg	6	8	6	Nach Frankfurt fr. Nürnberg	8	12	8
				Nach Mainz Wezlar Trier Cölln Münster und ganz Westphalen } fr. Frankfurt	12	16	12
				Nach Cöln Brüssel			
Nach Eger Pilsen Prag und ganz Böhmen	8	12	8	Antwerppen u. ganz Niederland London und ganz England } fr. Frankfurt	14	18	14
				Nach Amsterdam Rotterdam und ganz Holland } fr. Koblenz	16	20	16

Anmerkung.

Die Einschlüsse werden nicht nach dem Gewichte, sondern nach Belieben taxirt werden; und sollte sich jemand darüber beklagen, der kann seine Briefe separat übergeben. Jene Auslagen, welche die kaiserl. Reichsposten an auswärtige Posten, als Französische u. Schweizerische ꝛc. ꝛc. (anderer mehrer zu geschweigen) für Briefe, so bey der Aufgabe nicht frankirt worden, entrichten müssen, werden von den Empfängern nebst dem tarifmäßigen Reichsporto baar bezahlet. Sollte allenfalls das Auslagporto von den ausländischen Posten, als z. E. von den königl. französischen Posten erhöhet werden, so wird das kaiserl. Reichs-Postgeneralat sich gegen diese Erhöhung des Auslagsporto setzen; wird es indessen damit nicht auslangen, so wird die Erhöhung des Porto nicht dem kaiserl. Reichs-Postgeneralate zur Last gelegt werden können. Zu wissen: daß vorangesetztes Gewicht nur mit Scripturen, nicht aber mit einzelnen Briefen beschwerte Paqueter zu verstehen sind.

Courier-Taxe.

Von Burghausen nach Altenötting 1 Post 1 fl. — Von Burghausen nach Stein 2 Posten 2 fl. — Von Burghausen nach Tittmanning 1½ Post 1 fl. 15 kr. — Von Burghausen nach Mattigkofen 2 Posten 2 fl. — Von Burghausen nach Braunau 1½ Post 1 fl. 30 kr. — Von Burghausen nach Markel ½ Post — fl. 45 kr.

(L. S.)

Sechster Band   Eee   Hochfürstl. Thurn - und Tarische Regierungs- Kanzley.

Kaiserliche Reichs - Post - Taxe

nach welcher sich alle, und jedem kaiserl. Reichs-Oberpostamt München untergebene Posthalter, wie auch die Couriers, und andere sich der Post bedienende Personen zu reguliren, und was vor das Pferd von einer Station zur andern zu bezahlen seye:
alles nach der unterm 18ten October 1698 ausgegangen, und von Ihro Kaiserl.
Majestät allergnädigst approbirten Post - Tax - Ordnung eingerichtet.

Strasse nach Augsburg.	Posten	fl.	kr.	Nach Straubing.	Posten	fl.	kr.
Von München bis				Von München bis Landshut wie oben			
Schwabhausen	1½	1	30	zu sehen.			
Erolzbaurg	1½	1	30	Von Landshut bis			
Augsburg	1½	1	15	Au	1	1	—
				Mengkosen	1	1	—
Nach Landsberg.				Straubing	1½	1	15
Von München bis							
Inning	2	2		Von Landshut nach Salzburg.			
Landsberg	1½	1	30	Von Landshut bis			
				Vilsbiburg	1	1	—
Nach Donauwörth.				Neumarkt	1	1	—
Von München bis				Altenbering	1½	1	30
Schwabhausen	1½	1	30	Burghausen	1	1	—
Aichach	2	2		Tittmanning	1½	1	15
Holzheim	1½	1	30	Laufen	1	1	—
Donauwörth	1½	1	30	Salzburg	1½	1	15
Nach Regensburg über Geißen-				Strasse nach Ried u. s. w. ins			
feld.				Oesterreich.			
Von München bis				Von München bis			
Unterbruck	1½		30	Dorfen	1	1	—
Pfaffenhofen	1½		45	Höchenlinden	1	1	—
Geißenfeld	1½	1	15	Haag	1	1	—
Neustadt	1½	1	15	Surpfing	1½	1	30
Saal	1½	1	15	Altenditing	1½	1	30
Regensburg	1½	1	30	Markel	1½	1	30
				Braunau	1	1	—
Nach Ingolstadt.				Ulzheim	1	1	—
Von München bis				Ried	1½	1	30
Pfaffenhofen wie oben zu sehen.				Unterlang	1	1	—
Von Pfaffenhofen bis							
Ingolstadt	2	2	—	Nach Passau.			
Extra - Ritte von Ingolstadt bis				Von München bis Ulzheim wie hie-			
Eichstätt	1½	1	30	ben zu sehen.			
Neuburg	1	1	—	Von Ulzheim bis			
Baiengrieß	2	2		Schärding	1½	1	30
Geißenfeld	1½	1	30	Passau	1	1	—
				Extra - Ritte von Braunau bis			
Strasse nach Regensburg über				Malching	1	1	—
Landshut.				Schärding	1½	1	30
Von München bis				Burghausen	1½	1	30
Freysing	2	2	—	Oettigkofen	1½	1	30
Moßburg	1	1	—				
Landshut	1	1	—	Nach Salzburg.			
Ergolzbach	1½	1	30	Von München bis			
Wachhausen	1	1	—	Jerneding	1½	1	15
Eglofsheim	1	1	—	Stolnering	1½	1	15
Regensburg	1	1	—	Wasserburg	1	1	—
				Stein	1	1	—
				Maging	1	1	—
				Salzburg	2	2	—

Straße über Traunstein nach Salzburg.	Posten	fl.	kr.	Nach Kupstein, u. s. w. ins Tyrol	Posten	fl.	kr.
Von München bis Stein wie hieroben zu sehen.				Von München bis			
Von Stein bis				Pris	1½	1	30
Traunstein	1	1	—	Aibling	1½	1	30
Reichenhall	2	2	—	Filzbach	1½	1	30
Salzburg	1	1	—	Kupstein	1	1	—
				Kundel	2	2	—
				Schwatz	2	2	—
				Wolras	2	2	—
				Innsbrug	1	1	—

Wiederum neuerlich zum Druck beför=
bert 1776.

(L. S.)

Hochfürstl. Thurn = und Tarische
Regierungs = Kanzley.

Revers=Formel
für die in den Churpfalzbaierischen Landen angestellte Postbeamte.

Demnach das kaiserl. Erb=Postgeneralat sich gefallen lassen mir — — die Administration Dero Reichs=Postamts zu — — zu conferiren, als gelobe und verspreche ich, daß Sr. Churfürstl. Durchlaucht zu Pfalzbaiern meines gnädigsten Churfürsten, und Herrn, und Dero hohen Ministerii bey dem Postamte aufgebende sowohl als einlaufende Briefe mit aller Treue und möglichsten Fleiße besorgen, selbige nicht erbrechen, oder zurückhalten, und unterschlagen, oder daß hierunter von den Meinigen einige wider Eid, Treue und Glauben eines ehrlichen kaiserl. — — laufende Ungebühr practiciret werde, verstatten, auch sonsten alle andere Briefe, wem selbige seyn mögen, nach ihrer Addresse treu und fleißig bestellen, auch hierauf besonders nach meinen, dem kaiserl. Erb=Generals Reichs=Postamte abgelegten Pflichten Achtung geben, fort alles übrige thun und lassen solle, und wolle, was einem getreuen, und redlichen kaiserl. respect — — — zu thun, und zu lassen obliegt. Sonder Arglist und Gefährde ꝛc. ꝛc.

(L. S.)

Hochfürstl. Thurn = und Tarische
Regierungs = Kanzley.

Verzeichniß
der dermalen in den Churpfalzbaier. Landen existirenden fahrenden Reichs= Postkursen 1784.

Von München nach Schwabhausen
Eitratsburg
Augsburg
Von München nach Freysing
Moosburg
Landshut
Ergolspach
Buchhausen
Calosheim
Regensburg
Bonholz
Schwandorf
Amberg
Furn
Sulzbach

Hambach
Röß
Hartmannshof
Lumbach
Waldmünchen
Ottenbach
Creußen
Näckersdorf
Bareuth
Nürnberg

Von München über die entstehende
Route nach
Regensburg
Pfatter

Eee 2

Straubing
Plättling
Vilshofen
Passau.

Von München nach Parstorf
Hochenlinden
Haag
Umpfing
Altenötting

Markel
Braunau

Von München nach Zorneding
Steinering
Wasserburg
Stein
Färbertsheim
Waging
Salzburg.

(L. S.)

Hochfürstl. Thurn = und Tarische
Regierungs = Kanzley.

Nro. II.

*Die Kulti-
vir = u. Ver-
theilung der
öden Gründe
dann Nach-
Viehmeyers
s. a. betr.* Wir haben zwar bisher mit unermüdeter landesväterlicher Sorgfalt nach
dem Beyspiele Unserer Durchlauchtigsten Vorfahrer uns angelegen seyn
lassen, den Ackerbau, und besonders der bessern Benutzung der vielen ungebau-
ten öden Strecken Landes in Baiern allen möglichsten Vorschub zu leisten, und
haben Unsern höchst landesherrlichen Schutz dem ländlichen Fleiße in jedem Falle
von ganzen Herzen angedeihen lassen. Allein mit gerechtem Unwillen haben Wir
vielmal erfahren müssen, daß sowohl Unsere, als jene Unserer Vorfahrer wohl-
gemeynten Gesetze zum Unglücke unserer lieben Unterthanen oft vergessen werden
wollen, oder von streitsüchtigen und übelgesinnten Verführern zum größten Schaden leichtgläubiger Leute und zur Quelle von endlosen, manchen guten Unterthal-
nen zu Grunde richtenden Prozessen mißbraucht werden. Wir haben Uns daher veranlaßt gesehen, hierüber Unsern ernsten festen Willen, und gegenwärtiges beständiges und allgemeines Gesetz öffentlich kund zu machen, und sämmtliche Unsere verordnete Obrigkeiten und Unterthanen darauf unverbrüchlich anzuweisen.

*Aufhebung
der Servitu-
ten s. a. auf
dengemeinen
und eigen-
thümlichen
öden Grün-
den.* Nachdem ein großer Theil Unserer Unterthanen die mehrmal wiederholte
landesväterlich Warnungen Unserer durchlauchtigsten Vorfahrer nicht geachtet,
sondern in einem trägen Starrsinn fortgefahren hat, aus dem Grunde verjähr-
ter Waldrechten oder Concessionen, oder vorgespiegelter Nothwendigkeit auf
den so schädlichen Gemeinweyden zu verharren, deßwegen die von ihnen als
Weyd benützte eigene, oder gemeine, auch andere öde Gründe, nicht weniger
Unsere Möser, Hayden, Waiseläcker und Auen bis jetzt nicht nur selbst nicht
zu besserer Benutzung cultivirt, sondern auch andere daran gehindert hat, Wir
aber solcher der allgemeinen Wohlfahrt widerstrebenden Fahrläßigkeit nicht länger nachsehen, auch so viele und große Strecken Landes länger ungebaut nicht
wollen liegen lassen; so erklären Wir hiemit in Gemäßheit der darüber bereits
erlassenen landesherrlichen allgemeinen Verordnungen, und aus landesherrlicher
Machtvollkommenheit, daß alle sowohl auf gemeinen als eigenthümlichen
öden Gründen, dann Waiseläckern, Hayden, Mösern, bonis vacantibus u. s.
w. gemacht werdende Weydrechts = und ander Dienstbarkeiten = Ansprüche, in so
weit die Benutzung solcher Gründe zu Äcker, Wies, oder forstmäßigen Wald
dadurch verhindert wird, ferner auch alle darüber erhaltene landesfürstliche
Gnaden und Concessions = Briefe, nicht minder das zum Beweis solch schädlicher Gerechtigkeiten angeführte werdende, auch unfürdenkliche Verjährungs-
Recht als der allgemeinen Landeswohlfahrt widersprechend, hiemit für immer
und allenthalben aufgehoben, wiederrufen, und abgethan seyn sollen.

*Waldrecht
auf zu kulti-
virenden öden
Gründen.* Wenn aber dermalen gleich Gemeinden, es seyen Städte, Märkte oder
Dorfschaften, auch einzelne Weiler oder Einöthöfe ihre eigene öde, und sonstige
Gemeindsgründe, worauf sie aus solchen Churfürstl. Gnaden und Concessions-
Briefen, oder von unfürdenklichen Jahren her erweislich das Weydrecht ausgeübt haben, unter sich zur Kultur vertheilen wollen: so gestatten Wir ihnen (obwohl all solche Rechte und Dienstbarkeiten verwürckt und verfallen wären) aus
besons-

besonderer Gnade annoch vom 1ten Jänner des künftigen Jahrs 1791. an, auf
zwey Jahre lang bis den letzten Christmonat 1792 sich über die Art und Weise
der Vertheilung und das Verhältniß der Antheile unter sich nach Vorschrift der
Generalien zu vergleichen, wo sodann mit Ausschluß derjenigen Gemeindsglieder
oder Weidenschafts-Mitberechtigten, welche sich der Vertheilung und der Kultur
widersetzen, einem jeden sein Antheil als ludeigen und walzende Stücke, ohne
jemals zu einem Hauptgut als Pertinenz gezogen zu werden, zugetheilt, und
angewiesen werden soll. Alle jene dergleichen Gemeine- und Weidgründe, welche
innerhalb der zwey Jahre nicht vertheilt seyn werden, sollen als Bona vacantia behandelt werden, und Uns heimgefallen seyn, folglich wenn alsdann nach
Verlauf der zwey Jahre ein Theil der Gemeindsglieder oder Weidberechtigten
sie zu vertheilen begehrte, so solle die Vertheilung mit Ausschluß der sich widersetzenden sogleich in Capita geschehen.

    Wenn aber eine oder andere Gemeinde sich zur Vertheilung und Kultur
ihrer öden Gemeindsgründe im Ganzen nicht verstehen wollte, jedoch einzelne Glieder derselben sich um Zutheilung von ihnen selbst gewählter kleinerer Distrikte melden würden, so solle ihnen damit willfahrt werden, und wenn sie kultivirt haben,
so sollen sie wegen diesem ihren Gehorsam gegen die Landes-Gesetze, und in
Anbetracht ihres gemeinnützigen Unternehmens ihres vorigen Rechts auf die
übrige Gemeinweyde keinesswegs verlustig seyn, sondern auch nachher, wenn
die Gemeinde ihre übrigen Gemeingründe zu vertheilen über kurz oder lang sich
verstehen würde, gleich denen andern, welche die Strafe ihrer Trägheit und angehaltenen Widersetzlichkeit hieran billig erfahren müssen, wieder in die Theilung
zu gleichen Theilen mit eintretten.

    Wenn andere Waiseläcker, Hayden, Möser, Gehölze, und dergleichen
landesherrliche Gründe, welche bisher die Untert!anen ohne Beweis der Saals
bücher und anderer bewährter Ankunfts-Titel zu Weyd benutzt h.bn, von ganzen
Gemeinden unter sich vertheilt, und kultivirt werden wollen, so sollen solche Vertheilungen von nun an nicht anderst als vom Bürger bis auf den Tagwerker, und vom
ganzen Bauern bis auf den Leerhäußler herab nach den Köpfen in gleiche
Theile geschehen, und solch vertheilte, — wie überhaupt alle künftig-kultivirt
werdende Gründe nach der Verordnung vom 21. April dieses Jahres *) nie als
Pertinentien den Gütern beygeschlagen, sondern für immer und allzeit als walzende Stücke behandelt werden. Allen jenen, welche einen hinreichenden Theil
erhalten, oder sonst kultiviren, um eine Familie darauf zu nähren und fortzubringen, wozu nach Verhältniß des Bodens und dem leichtern oder beschwerlichern Absatz der Erzeugungen acht bis zwölf Tagwerke auf Ermessen der Obrigkeit zum geringsten Maße anzunehmen sind, erlauben und gestatten Wir, darauf Häuser, Ställe, und Stadel zu erbauen.

    Jenen Gemeinden, welche ihre öden Gründe kultivirt haben, wie auch
all jenen, welche große beträchtliche Strecken kultiviren, gestatten und erlauben
Wir gleichfalls nach Nothdurft neue Leerhäußler- und Tagwerkers-Wohnungen, doch nach den Landes-Pollzeygesetzen zu errichten, dergestalt, daß solchen
neuen Leerhäußlern und Tagwerkers, wenn sie nichts zum Hauen und zum Bauen
haben, kein Vieh zu halten erlaubt seyn solle, außer was sie von den ihnen etwa
von der Gemeinde oder den Grundeigenthümern gutwillig überlassenen Gründen
erhalten und überwintern können.

    Die Brach (nämlich das gänzliche Feyern des Feldes, wo der Boden
weder zu Frucht- noch Klee- und andern Futterkräuterbau benutzt wird, ist hiemit durchgängig und allgemein aufgehoben, alle zu Gunsten der Viehweyden in
vordern Verordnungen im Brachanbau gemachte Einschränkungen und Ausnahmen sind hiemit abgethan und aufgehoben, auch solle über die Anbauung der

*) Vid. Samml. v. J. 1797. Seite 197 Nro. 34.

Sechster Band.   Fff

Brache unter keinerley Vorwand einiger Prozeß gestattet werden. Denjenigen welche die Brach auf keine Weise weder ganz, noch zum Theil anbauen, solle kein Nachlaß bey Unglücksfällen verwilliget werden. Jene Gemeinden, welche in die angebauten Brachfelder Vieh eintreiben, sollen unnachläßig Alle für Einen und Einer für Alle die verursachten Schäden basten, und über dieses der Hüter von den Obrigkeiten jedesmal am Leibe gestraft werden. Wenn Zäune im Brachfelde eingerissen werden, und der Thäter nicht entdecket wird, soll die Gemeinde, oder der Eigenthümer der Herde ohne Gestattung eines Prozesses executive zum Ersatz angehalten werden: Die Frevler selbst aber, wenn sie entdeckt werden, und Vermögen haben, sollen daraus den Schaden ersetzen, und überdieß auf 4 Wochen in Eisen ad opera publica kondemnirt werden; wenn sie kein Vermögen haben, so solle die Strafe zum erstenmal mit fünf und zwanzig Leibe constitutionsmäßigen Karbatschstreichen geschärft, bey dem zweyten Falle die Strafe auf fünfzig vermehrt, und die öffentliche Ausstellung mit angehängter Tafel und Innschrift: Kultur-Verderber beygefügt, das drittemal der Thäter mit hundert Streichen unter der ihm zu machenden Betrohung des Todesstrafe belegt, und endlich auf nochmaliges Vergehen, gegen ihn als einen gefährlichen Verächter und friedbrüchigen Frevler nach dem §. 7. des General-Mandats vom 5. Juny 1772 *) mit der Todesstrafe verfahren werden. Einzeln sowohl, als ganzen Gemeinden, welche ihre zerstückelten Feldgründe zusammenlegen wollen, solle von den Obrigkeiten und Gerichtern ex officio, so wie von der Obern-Landes-Regierung mit Abscheidung alles unnöthigen Kostenaufwandes dazu verholfen werden.

Schäferey auf Brachfeldern. Mit den Schäfereyen soll es nach dem XIV. Titel der Landes- und Pollizey-Ordnung Art. 3. und 4. gehalten werden, mithin unter Aufhebung aller dagegen gemachten Ausnahme einem jeden freygestellt bleiben, sein Brachfeld zu seinem bessern Nutzen zu bestellen, wobey allen besonders den kultivirenden Gemeinden lediglich überlassen und heimgestellt wird, wegen Anbauung ihrer in den Gründe, und besonders der Brach sich mit den althergebrachten Schäferey-Berechtigten (vorbehaltlich jedoch des von jedem einzeln auf seines Gründes freywillig gestattet werden mögenden Schaafpfergers) entweder gegen Abkaufung mit baarem Gelde, oder gegen gänzliche Ueberlassung eines verhältnißmäßigen Distrikts, besonders auf sandigen, trocknen und speren, zu Aecker und Wiesen ohnehin nicht tauglichen, für die Schaafweyden aber desto nützlichern Gründen (auf welchen die Gemeinden ihren Viehweyden alsdann ganz entsagen müssen) oder in andere thunliche Wege zu vergleichen.

Austreiben des Viehes bey der Nacht. Das Austreiben des Viehes bey Nacht (auf den Almen allein ausgenommen) ist, und bleibt als ein äußerst schädlich- und gefährlicher Mißbrauch, auch alles Weyden anders als unter der Hut und Geißel bey unnachsichtlicher Strafe der Pfändung und gegen die Hüter zu verhängenden Leibesstrafen auf immer und allzeit verbothen. Aller in angebauten Fluren oder Wiesen durch das Weyd-Vieh verursachte Schaden soll auf der Stelle von den Gemeinden,

Zwey und dreymaligmachung der Wiesen. Weyden darauf. wie oben bey der Brach verordnet ist, oder andern den Viehes Eigenthümern ersetzt, und der Hüter unnachläßig am Leibe gestraft werden. Es soll daher wegen der Viehweyde Niemand verhindert werden, einen eben Grund zu kultiviren, seine Brach anzubauen, oder eine Wiese zweymalig zu machen. Wir haben auch Unserer Obern-Landes-Regierung den Auftrag gemacht, alle diejenige, welche ihre Wiesen zwey- oder dreymalig machen wollen, gegen alle von den Weydnützern dagegen gemacht werdende Einstreuungen und Widersetzlichkeiten zu schützen, und zu handhaben, auch darauf zu halten, daß von den untergeordnetrn Gerichtern und Obrigkeiten darwider nicht gehandelt werde.

Wir wollen ferner über die Zwey- oder Dreymaligmachung der Wiesen als über eine wahre Kultursache keine Prozesse gestatten, sondern daß es damit wie in andern Kulturs-Streitigkeiten gehalten werde. Es soll einem jeden frey stehen, seine Wiese einzufangen, und auf solchen zu bessern Nutzen gebrachten Wiesgründen das Weyden nicht mehr, als von Michaeli bis Georgi gestattet werden
auch

*) Vid. Samml. v. J. 1784. S. 331.

nach dagegen der Titel einer hergebrachten unfürdenklichen Verjährung als ein gültiger Rechtsgrund nicht angenommen werden.

Wenn aber zwischen dem Eigenthümer und den Weydberechtigten besondere Verträge, Kauf und andere Veredung errichtet wären, und der Weidberechtigte das erweisen würde, so soll es dem Eigenthümer der Wiese freystehen, solche Dienstbarkeit abzulösen; und wenn sie sich darüber nicht vergleichen könten, ex Officio nach dem zu schätzenden Werth des Wordamußes zwischen ihnen Bescheid ertheilt werden. Wir wollen auch bey solchen Wiesen, welche zu Urbarsgütern gehören, wenn sie zwey oder dreymahl gemacht werden, folglich das Gut deßwegen in seinem Werthe gehört wird, um deßwillen bey Veränderungsfällen keinen höhern Laudemial- oder Selbkaufs-Anschlag darauf legen lassen, auch nicht gestatten, daß wegen solcher Gutsbesserung die Steuern erhöht werden.

Abgaben der kultivirten und verbesserten Gründen.

Wäre es der Fall, daß ein oder die andere Gemeinde wegen ihrem zahlreichen Zugvieh bey dem anfänglich noch gering stehenden Futterkräuterbau, auch etwa wegen Mangel an hinreichenden Wiesgründen einer Nachtweyde bedürfen, und ihnen solche nicht anderstwo angewiesen wäre, so sollen sie nicht gehindert werden, nach gepflogener Untersuchung der Umstände und obrigens zur Kultur unschädlich einen eigends dazu erklesenen, jedoch nur auf die Zahl des Zugviehes bemessenen Platz wohl verwahrlich einzufangen. Sollte aber seiner Zeit die Kultur und besonders der Futterkräuterbau solchergestalt zunehmen, daß eine Gemeinde auch dieser Nachtweyde für ihr Zugvieh nicht mehr bedürfen würde, so solle es derselben, wenn die größere Zahl der darauf Weydberechtigten damit einverstanden ist, freystehen, auch diese Plätze unter sich zu vertheilen, und nach eines jeden besten Nutzen zu kultiviren.

Nachtweyde.

Bey entstehenden Streitigkeiten über die Vertheilung oder Gräube, oder jede andere Art der Kultur verbleibt es sowohl wegen dem Foro als den Fatalien bey dem Regulativ vom 24. Oktober 1787.*) Es solle dahero in Fällen, wo darüber ein Widerspruch entstehet, die Ortsobrigkeit, wo der zu kultivirende Grund gelegen ist, die erste Cognition haben, die Sache entweder gütlich beylegen, oder in Entstehung des Vergleiches nach summarisch — doch genüglicher Vernehmung der Theile nach Vorschrift der General-Mandaten entscheiden. Die Appellation von solcher Entscheidung geht unmittelbar an Unsere Ober-Landes-Regierung, und zwar von der Zeit der Publikation in 14 Tagen sub pœna desertionis. Diejenigen Advokaten und Agenten welche gegen den ausdrücklichen Sinn dieser und anderer Unserer Kulturgesetze die Unterthanen in weit aussehende Prozesse und Widersprüche verwickeln, sollen sogleich auf der That mit scharfer Ahndung und Strafe belegt werden.

Kultur-Streitigkeiten.

Wir wollen zwar einem jeden, wer es immer seyn mag, jederzeit gerne gestatten, sich wo er immer will einen öden Grund zu wählen, und zu kultiviren, jedoch vorbehaltlich des in den Landtagesetzen den Weydberechtigten und Grundbesitzern verliehenen Vorzugsrechts. Wenn daher ein Fremder entweder bey der Ortsobrigkeit oder unmittelbar bey der Obern Landes-Regierung sich meldet, und einen öden, mit Weyd- oder Eigenthums-Recht befangenen Grund zu kultiviren sich anheischig macht, so solle den Weydberechtigten der Auftrag auf der Stelle gemacht werden, sich in Zeit von 14 Tagen, und zwar allemal bey Verlurst ihrer Ansprüche und ohne Gestattung des Beneficii restitutionis in integrum zu erklären, ob sie sämtlich oder einzeln den in Frage befangenen Platz selbst kultiviren wollen, oder nicht. Wenn sie sich nun zur Kultur erklären, so solle ihnen hiezu abermal eine Frist von 3 Monaten eingeräumt werden, nach deren Verlauf, wenn sie nicht würklich kultivirt haben, und noch ein Grundeigenthümer da wäre, auch diesem noch ein Termin von zwey Monaten zur Kultur gegeben, nach dessen ebenfalls fruchtlos verstrichenen Ablaufe aber weder der Weydberechtigte noch der Grundherr, noch dessen Erben mehr gehört werden, sondern es soll der Platz dem, welcher sich zuerst darum gemeldet hat, oder wenn

Vorzugs-Recht der Weydberechtigten und Grundeigenthümer zu Kultivirung öder Gründe.

Fff 2

*) Vid. Samml. v. J. 1788. Seite 717. Nro. 209.

wenn dieser inzwischen von seinem Vorhaben abgestanden wäre, einen jeden ersten darum sich meldenden ohne weiters, und ohne fernere Rückfrage eingeräumt werden. Alsdann solle auch den vorigen Nußniessern oder Inhabern, auch selbst, wenn sie die darauf verwendete Kösten erstatten und gerichtlich deponiren wollten, kein Gehör mehr verstattet, und wenn sie sich durch einige Thathandlung, durch Einreißung der Zäune oder andere Beschädigung der Kultur sträflich vergehen würden, gegen sie mit den obenfestgesetzten Strafen unnachsichtlich verfahren werden. Wenn aber unter mehreren prätendirenden Weydberechtigten oder Grundherrn selbst über das Weydrecht oder Eigenthum ein Streit entstünde, so solle denjenigen darunter, welche sich in der ausgesetzten Frist zur Kultur erklärten, der Vorzug und die Kultur gestattet, und die übrigen mit ihren Ansprüchen ad Separatum gewiesen werden. Würden sie sich sämtlich zur Kultur erklären, und könnten sich über die Vertheilung unter ihnen nicht vergleichen, so solle der ganze Platz auf ihre Kösten gemessen werden, und diese in so viel verhältnißmäßige Theile als Ansprüche vertheilt, und von einem jeden sein Antheil kultivirt werden. Die Ansprüche selbst aber sind an die Justizbehörde zu verweisen, wo sodann nach erfolgtem richterlichen Spruch zwar sein kultivirter Antheil so wie die darauf indessen gezogenen Früchten bleiben, jene aber, welche zuviel daran erhalten hätten, an die übrigen das, was der ihnen abgeurtheilte Theil alsdann nach unpartheyischer Schätzung und nach Abzug der Kulturskösten werth seyn wird, hinauszubezahlen sollen.

Jagdbarkeit auf zu kultivirenden Gründen. So wenig das prätendirte Weydrecht als ein gültiger Rechts-Grund gegen die Kultur angeführt werden darf und kann, noch weniger sollen diejenige, welche auf solchen Gründen die Jagdbarkeit hergebracht haben, unter dem Vorwand ihres dabey geschmälerten Juris venandi die Kultur einstellen oder verhindern können, da nur die Art des Weydwerks durch die Kultur verändert werden mag, das Recht zur Jagd aber unverändert bleibt, so sollen all dergleichen, dem Wohlstande widerstrebende, und in einem wohleingerichteten Staate nie zu duldende Einstreuungen und Widersprüche gleich auf der Stelle als gesetzwidrig und unstatthaft verworfen und abgewiesen werden.

Kultivirung Churfürstl. deter Gründe. Wenn sich Jemand meldet, und von den Uns zuständigen Walfeldäckern, Haiden, Mösern, Inseln, Auen, Anschütten, Weyden zu kultiviren begehrte, so soll ihm, so viel er daran begehren würde, wenn gleich ein oder der andere ohne Beweis der Saalbücher oder eigner Concession darauf das Weydrecht prätendirt, jedoch bey Auen, Inseln, und Anschütten in Rücksicht der Wuhrgebäu, des Kappholzes und des Rinnsaals der Flüsse nach vorläufiger Vernehmung der Hofkammer sogleich und ohne Verzug zugemessen, und als wahres Eigenthum zugeschrieben werden, mit der Bedingniß, solches Feld nicht ja einem andern Gut als Pertinenz beyzuschlagen, und den Platz wenigstens in drey Jahren zu kultiviren, auch deren Umlaufe, wenn er nicht wichtige Gründe für sich anzuführen hätte, alles was davon nicht kultivirt seyn wird, Uns wieder heimgefallen seyn, und anderwärts verliehen werden solle. Jene öden Gründe, welche schon zum voraus zu Unseren Gütern und Schwaigen gehören, und wegen ihrer Weitschlächtigkeit oder Entlegenheit dazu nicht wohl kulturmäßig benutzt werden können, wie auch alle solche Gründe, welche entweder ex re judicata oder nach Inhalt der Urbarien Uns gehörig sind, wollen Wir gleichfalls an die darum sich Meldende auf freyes Erbrecht ohne alles Laudemium, Gült, oder Stift, und lediglich gegen Abreichung eines geringen, fünf Kreuzer vom Tagwerk betragenden und zu den Churfürstl. Kastenämtern zu reichenden Bodenzinses vergeben lassen.

Kultivirung der Moosgründe. Wollten aber die ersten Erwerber, oder dessen Erben solchen Bodenzins über kurz oder lang ablösen, und das vollkommene Eigenthum an sich bringen, so solle ihnen dieses gegen Erlag eines angemessenen Kaufschillings gestattet seyn. Wenn in Moos- und sumpfigten Gegenden Gräben gezogen, auf halben Einfänge gemacht, und die Viehweyde außer den sogenannten offenen Zeiten unterlassen wird, oder wenn der Boden umgerissen, ein oder mehrere Jahre mit Halmfrüchte früchten bebauet, in offenen Zeiten aber geweidet, und dann nach Umlauf von einigen Jahren zum Brach liegen gelassen, in all solchen Fällen aber weder der Kleebau, noch die Stallfütterung eingeführt wird; so verbleiben und gestatten Wir denjenigen, welche solches unternehmen, fünfzehen Freyjahre von allen Grund- und landesherrlichen Gaben, Steuern, Anlagen, Quartier, Musterung und Auswahl, auch Zehenden und überhaupt von allen Real- und Personal-Lasten, wie sie immer Namen haben mögen, in so weit sie solche von diesem ihren neu erworbenen Grund und Boden sonsten zu verreichen hätten. Wenn aber ein Moos durch Abzugskanäl und mit Schleißen versehenen Gräben trocken gelegt, zur Wässerung regelmäßige Wasserleitungen geführt, die niedern Theile mit Beysetzung der nöthigen Wässerung zu Wiedgründen, die hochgelegenen aber, welche nicht gewässert werden können, zu Ackerfeld gerichtet werden, oder wenn trockene Haiden und Weydgründe zu Ackerfeld gemacht, zu keiner Zeit mehr ein Vieh darauf getrieben, keine Brach gehalten, dagegen aber in die Brachfelder der Klee- und anderer Futterkräuterbau eingeführt, lebendige Zäune angelegt, und in all solchen Fällen die vollkommene Stallfütterung hergestellt wird, oder, wenn auf Ermäßigung Unsers Oberstforstmeisteramtes respect. der Hofkammer, oder Oberlandes-Regierung der zu kultivirende Plaß zum Holzwachse besonders tauglich und wohlgelegen, auch in der Gegend ein Mangel an Holz, und Waldung wäre, und dann ein solch öder Grund unter der Aufsicht Unserer Forstmeister nach Forstgrundsätzen zu Holz angelegt, besäet, oder bepflanzet, forstmäßig in Schläge eingetheilt, kein Vieh hinein geweidet, und dem Laubrechen für immer und allzeit entsaget wird, so erkennen Wir dieses für die eigentliche und vollkommene Kultur, und verleihen hiemit all denjenigen, welche solche unternehmen fünf und zwanzig Freyjahre.

Wer aber bey einer solch vollkommenen Kulturart ein eigenes Anwesen errichtet, Haus, Stallung und Stadl von Stein aufführt, und die Dächer mit Ziegel eindeckt, den wollen Wir hiemit dreyßig solcher Freyjahre gestattet und eingeräumt haben. Wir wollen auch, und verordnen hiemit, daß denjenigen, welche öde Gründe kultiviren, vorzüglich mit Kirchen-Geldern an Handen gegangen werde, und alle solche Anlehen von 10 bis 100 fl. exclusive ohne gerichtliche Schuldbriefs-Errichtung vorgeliehen werden sollen, auch bey andern zu solchem Behuf gemacht werdenden Anlehen, wo die Protokollirung bey Gericht nothwendig wäre, sollen, wenn die Summe erwiesich zur Kultur öder Gründe verwendet wird, dergleichen Anlehen ohne allen Tax und andere Verrechnung protokollirt werden.

Unterstüßung der Kultur-Unternehmer.

Zu Gunsten derjenigen Klöster, Abteyen, und anderer geistlichen Stiftungen, welche nicht nur ihre eigene, sondern auch andere in ihrer Gegend gelegene öde Gründe kultiviren, wollen Wir hiemit in Ansehung solcher ihnen dadurch zugehenden neuen Erwerbungen das Amortizations-Gesez aufgehoben seyn, sie auch übrigens mit den im gegenwärtigen Mandat auf die Kultur bewilligten Begünstigungen vollkommen gleich gehalten wissen.

Aufhebung des Amortizationsgesezes der Klöster, die kultiviren.

Um endlich diejenigen Gemeinden, welche sich durch die Kultur ihrer öden Gründe um das Vaterland verdient machen, und daher Unserer vorzüglichen Gnade würdig sind, zu begünstigen, so verordnen Wir hiemit, daß auf alle solchergestalt kultivirte öde Gründe, welche nicht schon zum Voraus zu Unsern Gütern und Schwaigen gehören, oder sonst Uns per rem Judicatum zugesprochen sind, noch in den Urbarien oder Saalbüchern Unserer Kastenämter eingetragen sind, ein Zins zu fünf Kreuzer vom Tagwerk konstituirt werde, welcher den kultivirenden und ihren Eigenschaften entsagenden Gemeinden gehören solle, um daraus einen Theil ihrer Gemeinds-Bürden, Anschaffung der Feuergeräthschaften, Unterhaltung der Vicinalwege, Beyträge für die Hebammen, und Schulen, Versorgung ihrer Armen und Wahnsinnigen, auch gemeinschaftliche Hilfe bey Wasser- und Feuersnöthen nach Vorschrift des VI. Artikels, 25. Titels des Landrechts zu bestreiten, deßwegen sie jährlich bey Gericht darüber Rechnung ablegen sollen.

Abgaben von kultivirten Gründen und deren Verwendung.

Strafe wider die sich der Kultur ihrer Gründe entgegen setzenden.

Gleichwie Wir nun hiedurch diejenigen, welche durch die Kultur ihrer öden Gründe zum allgemeinen Wohl des Staates beytragen, billig begünstiget haben, so wollen Wir auch diejenigen, welche sich dieser Unserer landesväterlichen Huld nicht theilhaftig machen wollen, die gerechte Strafe ihres Eigensinns und ihrer Widersetzlichkeit empfinden lassen. Und da in vordern Verordnungen ohnehin schon festgesetzt ist, daß alle nicht kultivirte und mit Fleiß verwahrloste Gründe für desert geachtet und als bona vacantia behandelt werden sollen, Wir aber dergleichen zum Schaden des Landes fortwährende jhartnäckige Unthätigkeit länger nicht nachsehen können, noch wollen, so setzen Wir hiemit einen Termin von drey Jahren fest, nach dessen Umlauf alle jene Gründe, sie mögen Namen haben, wie sie wollen, welche zu Gemein- oder andern Weyden benutzt, und nicht kultivirt seyn werden, ohne Unterschied mit Ausnahme jedoch der in gegenwärtiger Verordnung für das Zugvieh verwilligten Nachtweyden, dann jener Gründe, welche gleichfalls nach gegenwärtiger Verordnung für die Schäfereyen durch Vergleich bestimmet werden, wirklich als bona vacantia eingezogen werden, und davon ein Bodenzins zu zehn Kreuzer vom Tagwerk an Unsere Kastenämter von denjenigen errichtet werden sollte, welcher darauf die Weydenschaft oder anders Recht und Dienstbarkeit genießen. Gegeben in Unserer Haupt- und Residenzstadt München den 10ten Novemb. 1790.

Nᵒ. III.

Verträge der Reichsstadt Nürnberg.

Seiner Churfürstl. Durchlaucht war aus zerschiedentlichen Berichten Höchstdero Dicasterien, und Aemtern ersichtlich, daß solche von gewissen anmaßlichen ältern Verträgen der Reichsstadt Nürnberg mit denen Herzogthümern der obern Pfalz, Neuburg und Sulzbach, und deren Aemtern Anregung und Erwähnung gemacht. Gleichwie aber Höchstdieselben an solch anmaßlichen Verträgen, wenn ein dergleichen auch wirklich in Vorzeiten existirt hätten, oder haben sollten, niemalen gebunden sind, noch seyn können, und waren; so ergehet andurch an sämmtliche Dicasterien und Aemter der ernstgemessenste Befehl, in keinerley Anbetracht auf dergleichen Anmaßungen nicht die mindeste Rücksicht zu nehmen, sondern durchgehends all dasjenige auszuüben, und auszüben zu lassen, was Se. Churfürstl. Durchlaucht von höchst landesfürstl. Gewalt und Macht in sämmtlich Höchstdero Erblanden zustehet; und in erforderlichen Fall die höchsten Gerechtsame mit Gewalt zu unterstützen. Churfürstl. Regierung Amberg hat also diesertwegen das nöthige zu besorgen, diese höchste Erklärung und Willensmeynung sämmtlichen Aemtern zu eröffnen, dabey aber einzuschärfen, daß, welcher sich unterfangen würde, omittendo vel comittendo aus Versehen, oder geflissentlich dagegen zu handeln, oder die mindeste Connivenz gegen die Reichsstadt Nürnberg sich zu Schulden kommen zu lassen, derselbe augenblicklich die Suspension, Permutation oder Cassation, auch nach Befund der Sachen noch schärfere Bestrafung zu gewärtigen hätte; wie dann Churfürstl. Regierung ermächtigt wird, bey beschehenden Anzeigen oder sonstigen Befund sogleich darauf zu inquiriren. Wie geschehen, ist seiner Zeit gehorsamst zu berichten. München den 12ten May 1791.

An die Regierung Amberg und Neuburg also ergangen.

Die Churfürstl. Regierung Amberg empfangt andurch das von der ehemaligen Regierung zu Sulzbach unterthänigst eingesendete Liquidations Protocoll, und sämmtlich beygelegte Acta über die von denen Landesunterthanen gegen die Reichsstadt Nürnberg vor- und angebrachte Beschwerden, mit dem gnädigsten Befehl zurück, um unverzüglich bey der durch den Fiscal mittels Uebergebung besagten Protocolls geführt werdenden Klage, mittels Bestellung eines Re- und Correferenten, dann ordentlichen Vortrag in Wege Rechtens verfahren zu lassen, und zu sprechen, das abgefaßte Urtheil selbsten aber vor der Publication mit sammt der Re- und Correlation ad Manus einzusenden, wobey noch hauptsächlich auf die von Seiten der Reichsstadt den Unterthanen pr. Pausch angesehe-

gesetzten Kapitalien, den vollbracht wordenen öffentlichen Betrug, und die unerhörte Erpressungen nicht nur bey gegenwärtigen Besitzern, sondern retro auf die ganze Nürnbergische Besitzzeit der Bedacht zu nehmen kommt.

Uebrigens ist sämmtlichen Landes-Unterthanen bey ohnabänderlicher zu besahren habender Zuchthausstrafe zu verbiethen, das mindeste sub quocunque titulo an die Reichsstadt Nürnberg, deren Aemter, oder Verwaltungen abzugeben, oder daselbsten bey Gericht zu erscheinen, den Nürnbergischen Ge- und Verbothen zu gehorsamen, daselbsten Anzeigen zu machen, und Recht zu nehmen, wie dann auf die Nürnbergische sich in das Land einschleichen wollende Gerichtsdiener genaue Obacht zu legen, und selbe auf erstetes Betretten zu arretiren sind. Die limitirte Niedergerichtsbarkeit ist von jeglichem Churfürstl. Beamten administratoria nomine zu führen, alle Gülten, Zehenden, kleine Rechten, und sonstige Praestanda zu sequaestriren, und über sämmtlich getreue Rechnung zu führen, bis auseinander gesetzt seyn wird, was die Reichsstadt Nürnberg vor 1504 besessen, oder nachhin erkauft, alle übrigen Besitzungen der Reichsstadt, sie bestehen in Gütern, Waldungen, Gründen, Leben, Gülten, Zehenden oder Unterthanen, sind nach schon vorgängigen gnädigsten Befehl gleichfalls zu sequestriren, und die allenfallsigen inner Landes befindliche Nürnbergische Beamte, Vögte oder Gerichtsdiener abzuschaffen, und alles dieses falls Bedürfens, mit Gewalt zu unterstützen. München den 13ten May 1791.

Nro. IV.

Seine Churfürstl. Durchlaucht lassen Jhro Obern Landes Regierung hiemit auf derselben ausführlichen Bericht vom 11ten März abhin, in Absicht auf die Ablebung der gegen das Postwesen in den Churpfalzbairischen Landen vorkommenden Beschwerden, vorläufig gnädigst unverhalten, daß Höchstdieselben indessen die projectirte zwey Schreiben an den Herrn Fürsten von Thurn und Taris, über die zwen besondere Gegenstände die eingeschränkte Postfreyheit und sich angemaßte werden wollende Jurisdiction betreffend in der Art haben abgehen lassen, als die mitkommende zwey Abschriften ihres Inhalts ausweisen. Im übrigen aber Höchstdieselben was die anderweite mehrere Punkten belanget, so die dem Regierungsberichte beygelegte vollständige Relation begreift, nächstens ihre gnädige Resolution weiters ertheilen werden. München den 4ten May 1793.

Schreiben von Sr. Churfürstl. Durchlaucht zu Pfalzbaiern an den Herrn Fürsten von Thurn und Taris de dato München den 4ten May 1793.

P. P.

Mit was für einer besondern Ausdehnung sich die Euer Liebden subordinirte Postämter, besonders das hiesige Oberpostamt, gegen den zwischen Uns getroffenen Vertrag herauszunehmen, ja was sogar die diesem Postamt untergebene Poststallmeister und Postofficianten für eine auffallende dreuste Sprache in Jurisdictions-Fällen außer den Postsachen und Postamts-Gegenständen in Unserm Lande, auch selbst in Unserer Haupt- und Residenzstadt, wider Unsere Obere Landes-Regierung sowohl als Unsere Justiz-Collegien zu Unserer ganz ausnehmenden Empfindung zu führen sich wagen, werden Euer Liebden mit folgenden des mehreren zu entnehmen belieben.

Der seither verstorbene hiesige Fückerbräu Ignaz Neumayer klagte den hiesigen Reichspoststallmeister von Kreitig actione Redhibitoria eines Oberkaufes bey Unserm Hofrath, und dieser setzte erwehlter Unserer aufgesetzten Landes-Justizstelle nicht nur die so unerwartete Exceptionem fori declinatoriam, sondern auch den besonders auffallenden von Uns niemals ertheilbaren Ausdruck entgegen, daß das hiesige Oberpostamt allein von erster Instanz wegen dem Gerichtszwang über ihn annoch ...

Eine in der Wesenheit gleiche, jedoch in Ausdrücken etwas gemäßigtere Einwendung gebrauchte der Postofficiant von Hagen gegen obbemeldten Unsern

Hofrath auf eine gegen selben durch die von dem Straubingischen Regierungs-
Advokaten Lehner im Namen des Gotteshauses Geltolfing gestellte fidei-Ju-
sions-Klage veranlaßte, und anbefohlene Vorrufung zur abhaltenden Kommission.

Den befremdlichsten Jurisdiktions-Eingrif hingegen wagte Dero hiesiges
Oberpostamt in der Klagsache des hiesigen Hofgerichts-Advokatens Obermaier
als Anwalden des Kaufmanns Flach aus Kempten, da selbes sich beygeben ließe,
nicht nur diese Sache mit den in Unserm Lande festgesetzten 4 Rechtschriften zu
instruiren, sondern auch selbe sogar mit den so zu sagen vor Unsern Augen geschehenden unerhörten Formalien von erster Instanz wegen definitive zu entscheiden. *)

Uns sind die Selbstworte des 8ten und des 9ten **) Absatzes der
Konvention zwar wohl bekannt, sie führen die von Uns Euer Liebden hierin zu-
gegebene Personalität-Befugniß über Dero von Uns in Unsern Landen über
das Postwesen aufgestellte Post-Bedienstete mit sich; was aber für eine Perso-
nalität? keine andere, als wie sich die besagte 8te und 9te Paragraphen bestimmt
hierüber ausdrücken, nemlich, was das Postwesen allein, desselben Direktion und
Akkuratesse betrifft, welches Wir Euer Liebden in Unserm Lande durch diese Konvention anvertraut, hiernächst aber Uns zugleich die benöthigte Aufsicht, und selbst
die kumulative Behandlung darüber vorbehalten haben, woraus sich die Folge
von selbst ergiebt, daß Uns der, so wie über alle und jede, in Unsern Landen
domicilirte Personen, als auch über das ganze Postpersonale zustehende Juris-
diktions-Zwang so wenig jemals ein Konventionsgegenstand gewesen, oder als
ein solcher beschränkt worden seye, als wenig erst jetzt bezweifelt werden könne;
daß Uns als Landesfürsten, über das sogenannte in Unserm Lande befindliche
Postpersonale außer der Euer Liebden akkordmäßig bedungenen Direktion im Postwesen omni modo Jurisdicionem auszuüben, oder ausüben zu lassen, ohne
allen Widerspruch zuständig sey.

Wir sehen Uns daher durch die von Dero Postamt allhier anmaßlich behauptet werden wollende, selbst auf eine gewisse Art von landesherrlichen Rechten abzielende Jurisdiktions-Ausübungen, dann gar zu bedenkliche und kecke
Sprache Dero Post-Subalternen aufgefordert, Unsere uneingeschränkte höchste
Landes-und Jurisdiktions-Hochheit Uns und Unserm Churhause sicher zustellen,
sobin Euer Liebden hiemit anzugeben, solche wider den Sinn Unserer auf die
bloße Postwesens-Personalität allein getroffene Konvention ausgleissende Vorschritte sogleich abstellen zu lassen, sofort Dero subordinirte Postämter so wie
deren Subalternen, als hier oder sonst in Unsern Landen domicilirende Personen
in allen Stücken und Fällen zur schuldigsten Unterwerfung und Befolgung Landesherrlichen oder von Unsern untergebenen Kollegien mit alleinigem Ausschluß
des Postwesens und was hiezu gehört, zu erlassenden Anbefehlungen anzuweisen;
Als Euer Liebden von selbst erlanchtest einsehen, daß selbe doch nicht befugt seyen
Unserer Konvention eine mehr ausgedehnte, die höchste Landeshochheit betastende,
von Uns niemals zugebliche Auslegung zu geben, und hierdurch einen, Uns wie
immer präjudicirlichen Vorschritt auszuüben. Wir versichern Uns von Euer
Liebden einen entsprechenden Erfolg, und rc.

Nro. V.

Karlsthor
zu München.
Sr. Churfürstl. Durchlaucht erlauben gnädigst, daß der Platz vor dem Karls-
Thor Höchstdero Namen führen, sobin allgemein, und in allen öffentlichen Urkunden der Karls-Platz genannt werden darf, auch genehmigen Höchst-
Dieselbe, daß all diejenigen, welche die zur Verschönerung dieses Thors gehörigen Häuser an den beeden Flügeln erbauen, für sich und ihre Einwohner durchaus Sperr-Kreuzer frey gehalten werden dürfen. Die Churfürstl. Hofkammer
dahier hat also das weitere erforderliche hiernach gehorsamst zu beobachten. München den 27ten April 1797.

Da

*) Vid. die Samml. v. J. 1797. Edit 802. N. 103. et S. 810. N. 206.
**) Vid. antec. N. 1.

Da die neue Anlage der Häuser und Gärten zwischen den beyden schwäbinger **Die Anlage** Strassen im englischen Garten bereits so glückliche Fortschritte gemacht hat, in dem engli- **neuer** daß selbe zur vorzüglichen Verschönerung des englischen Gartens, und selbst der schönen Garten- Stadt München erreichen wird, so haben Se. Churfürstl. Durchlaucht gnädigst **allda,** erlaube, daß dieser neuen Anlage eine eigene Benennung gegeben, und solche all- gemein, und in öffentlichen Urkunden biefür das Schönfeld benannt, auch dem- jenigen, welche die neuen Häuser daselbst besitzen, für sich, dessen Angehörige, und Einwohner die Sperrkreuzer-Freyheit ertheilt werden darf. Welches also der Churfürstl. Hofkammer dahier zur weiters nöthigen Verfügung hiemit gnä- digst eröfnet wird. München den 27. April 1797.

Nro. VI.

Damit der öffentliche Besuch der Churfürstl. Gemälde-Sammlung, der ei- **Die Di-** gentlich nur die nützliche Unterhaltung der Kunstfreunde, und neben- **rektion der** bey die Ausbildung der Kunstschüler *) zum Zwecke haben soll, auf keine schäd- **Churfürstl.** liche Art mißbraucht, und auch in keinen bloß müßigen Zeitvertreib ausarten **Malerei-** könne; so haben Se. Churfürstl. Durchlaucht folgendes Reglement fest zu setzen **Gallerie, und** geruhet. **Reglement** **für dieselbe.**

I. Der Eingang in die Churfürstl. Gallerie wird, die Sonn- und Feyers- tage ausgenommen, alle Tage von 9 bis 12 Uhr, dann Nachmittags im Som- mer von 1 bis 5, und im Winter von 1 bis 4 Uhr Jedermann geöffnet. An Sonn- und Feyertagen aber nur Fremden auf vorheriges Anmelden.

II. Da Niemand in einem Gallerie-Saale allein gelassen, sondern jeder Ein- tretende von Jemand aus dem Galleriepersonale durch die Säle begleitet wird, um die beliebigen Erklärungen verlangen zu können; so werden einzelne Kunst- freunde sichs gefallen lassen, bey schicklichen Gelegenheit mit früher oder später Angekommenen zusammen zu treten, und sich gesellschaftlich gleiten zu lassen, so, daß dann das längere oder kürzere Verweilen in einem Saale von dem Be- lieben der ganzen, und, so lange der Besuch dauert, unzertrennlichen Gesell- schaft abhängt.

III. All zu zahlreiche Gesellschaften aber, welche aus mehr als 5 Perso- sonnen bestehen, müssen sich zu einer Abtheilung bequemen, und wenn Domestl- ken oder Lohnbediente dabey gegenwärtig sind, so müssen diese entweder vor dem Ein- gange zurückgelassen, oder, wenn sie auf Verlangen ihrer Herrschaft begleiten sollen, in die obige Zahl einer Gesellschaft gerechnet werden, und folglich niemals hinter derselben in einem anderen Saale zurückbleiben.

IV. Stöcke und derley Sonnenschirme dürfen in die Malerey-Säle nicht mitgenommen werden, auch wird keinem Unbekannten der Eintritt in einem Mantel, Wildschur u.d. gl. gestattet. Das Berühren der Gemälde ist durch- aus verbothen, so wie das Anhauchen derselben bey allzunaher Ansicht zu ver- meiden ist.

V. Wenn sich an einem Tage viele Besuche häufen, so erheischt es die Ordnung, daß im Falle das anwesende Galleriepersonale zur gleichzeitigen Be- gleitung nicht hinreicht, die später ankommenden in einem Vorzimmer warten, bis eine der vorausgegangenen Gesellschaften ihren Besuch vollendet hat. Der Zurückweg durch die Säle kann dann nicht gestattet werden, sondern so wie den Ankommenden nur die untere Thür im Hofgarten geöffnet wird, so müssen sie die Säle der Ordnung nach durchgehen, und bey der obern Thüre, welche als zum Eintritt ausgeschlossen werden darf, hinaustretten.

VI. Wiewohl nun also der Zutritt in die Churfürstl. Malerey-Gallerie Jedermann ohne Rücksicht auf Stand oder Berufe, gestattet ist, so wird doch überhaupt ein dem Anstande und der Reinlichkeit des Orts angemessenes Betra- gen erwartet.

VII.

*) Vid. die Sammlung v. J. 1797. Seite 775. N. 69.

VII. Studierende Kunstfreunde oder Schüler, welche öfter und lange in einem oder dem andern Saale verweilen wollen, haben sich dießfalls bey der Direktion zu melden, welche, wenn es Unbekannte sind, die gehörige Vorsicht anzuwenden, bey jungen hiesigen Kunstschülern aber jedem Mißbrauch vorzubeugen, auch allenfalls ein Zeugniß von den betreffenden Meistern zu verlangen hat.

VIII. Das Kopieren ganzer Gemälde ist mit dem Pinsel nie, wohl aber als Zeichnung zu gestatten. Einzelne Parthien aber, als Studium, können jedem Künstler zu malen erlaubt werden, doch ohne die Gemälde aus ihrer Ordnung zu verrücken, welch letzteres nur von der Oberdirektion in besondern Fällen erlaubt werden kann.

IX. Die Sääle in welchen auf diese Art gemalt, und studiert wird, sollen von dem, oder den Inspektoren, und dem Aufseher fleißig besucht, das Betragen der Studierenden beobachtet, bey der geringsten zu besorgenden Verletzung eines Gemäldes oder sonstiger Unordnung dem Studieren durch Verschließung des Saales alsogleich ein Ende gemacht, und wenn bey genauer Durchsicht der Gemälte irgend eine wirkliche Beschädigung wahrgenommen werden sollte, die in dem Saale gegenwärtig gewesenen Personen unverzüglich bey der Direktion angezeigt werden.

X. Die zum Malen oder Zeichnen nöthigen Geräthschaften dürfen in keinem Gemäldesaal über Nacht gelassen, sondern müssen von dem Eigenthümer an jedem Abend anderswo untergebracht und verwahret werden, wozu ein schicklicher Platz angewiesen werden mag.

XI. Dem studierenden Künstler soll seine Arbeitszeit anders nicht als nach denen §. 1. bestimmten Tagesstunden beschränkt, und auch ohne besondere Erlaubniß nicht über diese Zeit ausgedehnt werden.

XII. Wer in der Gallerie malen oder zeichnen will, muß seinen Namen und das Bild, welches er zu seinem Original gewählet hat, jedesmal bey Erholung der Erlaubniß in ein hierzu eingerichtetes Buch eintragen, wobey er zugleich bemerken soll, daß ihm die gegenwärtige Vorschrift bekannt sey, und er sich genau darnach benehmen werde.

XIII. Zur Winterszeit in dem Nebenzimmer zu kopieren, ist ohne besondere Direktions Erlaubniß Niemand gestattet, weil schon oben §. 8. das Verrücken oder Tieferhängen der Bilder, vielmehr also dieses Wegtragen derselben, wobey ohnehin wegen Abwechslung der Kälte und Wärme die größte Vorsicht nöthig ist, solch eine wohlgegründete Erlaubniß voraussetzt. Aber Gemälde außer der Gallerie zum Kopieren oder Anschauen bringen zu lassen, ist selbst dem Vorstande verbothen.

XIV. Wenn von Kunstfreunden und Kennern eine artistische Beschreibung von mehrern Gemälden, einem ganzen Saal, oder von der ganzen Gallerie an Ort und Stelle selbst verfaßt werden wollte; so soll sie der Direktion vorgelegt, und von dieser zwar die einem Jeden freystehende Beurtheilung nicht im geringsten, doch aber das sichtbar Irrige, Falsche oder Mangelnde gründlich bemerkt werden.

XV. Da es der Gallerie-Direktion §. 7. überlassen ist, von denen zum Kopieren sich meldenden Kunstschülern die Zeugnisse ihrer Meister abzufodern, so hat sie die Zulässigkeit der bloßen Kunstliebhaber und auch Künstler, welche solche Zeugnisse nicht beybringen können, nach vorzulegenden Beweisen des Talentes, nach der sittlichen Aufführung und nach der vorhabenden Kunstabsicht zu beurtheilen.

XV. Da zum öffentlichen Besuch der Churfürstl. Gallerie im Sommer 7, und im Winter 6 Tagesstunden nach §. 1. bestimmt sind, so sollen zu solcher Zeit allemal wenigstens 3 zur Gallerie gehörige Personen, entweder ein Inspektor, oder der Aufseher nebst einem Galleriediener, und ein Gehülfe oder Portier gegenwärtig seyn.

XVII.

XVII. Die äußere Thüren, so wie die des ersten und letzten Saales werden immer verschlossen gehalten, und von jenen die untere nur auf das Glockenzeichen, die Saalthüren aber nur beym jedesmaligen Ein- und Austritte der Besuchenden geöfnet.

XVIII. Wenn Personen von hohem Range sich zum Besuche der Churfürstl. Gallerie ansagen lassen, so ist dieß gleich dem Direktor und Vicedirektor, wie auch, wenn sie unangesagt erscheinen, unverzüglich bey ihrem Eintritte zu melden. Sind es Fürsten-Personen vom Churfürstl. höchsten Hause, so wird und bleibt während ihrer Gegenwart die Gallerie für jedem, der nicht zum Gefolge gehört, verschlossen.

XIX. Allzuhäufiger in Schaaren bestehender Besuch wird, da die von der Handarbeit lebende Volksklasse nur die Sonn- und Feyrtage hierzu verwenden kann, nach §. 1. von selbst aufhören; sollte aber doch ein Gedränge möglich werden, so hat das Galleriepersonale sich ebenfalls zahlreicher einzufinden, und die Ankommenden nach §. 3. und §. 5. bescheiden zu ordnen.

XX. Es darf aber auch einem einzeln Eintrettenden, wer er immer sey, die Betrachtung der Gemälde und die Begleitung durch die Säle zu keiner (§. 1. bestimmten) Zeit versagt, und unter keinem Vorwand erschweret werden, sondern das §. 2. Verordnete ist nur dann anwendbar, wenn bereits mehrere einzelne Personen in verschiedenen Sälen gegenwärtig sind, in welchem Falle man sie, zu Vereinfachung der Aufsicht, höflich ersuchen kann sich in einem Saale zu vereinigen, und so ihre Betrachtungen fortzusetzen.

XXI. Die Galleriediener sollen sich mit ihren, oft beschwerlichen Erklärungen, nicht aufdringen, sondern nur die an sie geschehenden Fragen beantworten. Trinkgelder zu begehren, ist bey Dienstverlust untersagt.

XXII. Wenn Männer von bekanntem und ausgezeichnetem Stande und Ansehen sich einzeln und länger, als sonst gewöhnlich ist, in einem Saale bey Betrachtung eines Gemäldes aufhalten wollen, so können sie daran keineswegs verhindert, auch wohl allein gelassen werden, doch hat ein Galleriediener sich in der Nähe aufzuhalten, um nach ihrem erfolgten Austritt die Thüre sogleich verschließen zu können.

XXIII. Von gegenwärtigem gnädigst bestätigtem Reglement sind dem gesammten Galleriepersonale Abschriften einzuhändigen, damit selbes sein Benehmen rücksichtlich des fremden Besuches darnach zu bemessen wisse. Was nun die Anordnung der abwechselnden Dienst- und Aufsichtsverrichtungen, die innere Ordnung, die Wachsamkeit gegen zufälligen oder geflißentlichen Schaden betrifft, so hat ein jeder ohnehin seine Amtspflicht, dann die Befehle und Vorkehren der Direktion genauest zu befolgen. München den 27ten August 1797.

Nro. VII.

Mittel für den fliegenden Wurm.

Die Erfahrung zeigte es, das in Fichtenwaldungen nicht nur ein- so anderer Stamm, sondern oft ganze Strecken ausdorren, — man nennt dieses den fliegenden Wurm, den fliegenden Wurm, das Trockniß, oder das Wurmtrockniß. —

Wenn hin und wieder einzelne Tropfen Harzes an den Fichten-Stämmen hangen, wenn man Löcher und Wurmmehl an den Bäumen, unter und am Stamme wahrnimmt, wenn die Nadeln am Gipfel, dann auch an den Aesten blaßgrün, nachher gelb, zuletzt roth werden, Nadel und Wurmmehl abfallen, so ist kein Zweifel über das Daseyn des Wurms mehr vorhanden.

Man fälle so einen Baum, so wird man den sogenannten Wurm selbst entweder in der Figur einer Made, oder eines Käfers, wenn er noch nicht ausgestiegen ist, — oder man wird doch die Löcher und Gänge, die er in die Rinde gemacht hat, gewahr werden, und sich mit eigenen Augen von dem Daseyn dieses schädlichen Insekts überzeugen können.

Zu

Zu diesem Uebel giebt man selbst Veranlassung, wenn man unordentlich von Abend oder Mittag her die Wälder aushauet, wenn man sie auslichtet, und dadurch Windwürfe, welche der Wurm liebt, veranlaßt, oder die Fichtenwaldungen überständig werden läßt, in welche er sich gleichfalls gerne einnistet.

Wenn aber das Uebel bereits weit um sich gegriffen hat, so giebt es keine bessere bisher bekannte Mittel, als:

1. Bey kleinen von dem Wurm angegriffenen Distrikten die kranken Stämme sogleich fällen, schälen, und die Rinde sammt dem Wurm verbrennen zu lassen, oder einige gesunde Fichten in der Nähe, wo er sich zeigt, umzuhauen, und weil er auf diese vorzüglich fällt, sodann die Rinde, oder Borke abzunehmen, und zu verbrennen.

2. Hat aber das Uebel sich schon in größeren Distrikten verbreitet, so lasse man die trockne Stämme, aus welchen der Wurm bereits geflogen ist, sieben, und haue die nächst stehende anbrüchige, und noch frisch scheinende um, nehme davon die Rinde sammt dem Ungeziefer ab, und verbrenne es.

Obschon dadurch dieses so schädliche Insekt nicht allemal ganz ausgerottet wird, vielmehr die Natur und Witterung zur Vertilgung desselben das meiste beytragen muß, so lehren doch die bisherige Erfahrungen, daß besonders im Anfang damit geholfen, daß Trockniß wenigstens vermindert, und der unangegriffene Wald meistens so lang gerettet werden kann, bis die Witterung selbst die Vertilgung dieses Insektes vollendet. München den 9ten Oktober 1797.

Nro. VIII.

Von der Jurisdiktion u. den Direktion über die Churfürstl. Hofbibliothek. Nachdem Se. Churfürstl. Durchlaucht höchst Ihre Hofbibliothek allhier, wiewohl dieselbe mit der Jurisdiktion dem Oberstofmeisterstaab untergegeben ist, und bleibt, in allem, was ihre innere Einrichtung und litterarische Angelegenheiten betreffen mag, der Oberaufsicht und Direktion des Churfürstl. geheimen Finanz-Departements respect. dessen Chefs unterzuordnen geruhet haben, so wird hier die höchste Entschließung dem besagten Departement zu seiner Wissenschaft und Nachachtung hiermit eröffnet, und zugleich von dem Reglement, welches anhero für die Churfürstl. Hofbibliothek gnädigst vorgeschrieben worden ist, eine Abschrift angefügt. München den 26ten Dezember 1797.

Reglement für die Churfürstl. Hofbibliothek allhier. Da Se. Churfürstl. Durchlaucht für die Herstellung der hiesigen Hofbibliothek, für die ansehnliche Vermehrung und gemeinnützige Brauchbarkeit derselben nicht nur bisheran die wohlwollendste Sorgfalt getragen haben, sondern auch auf die fernere Vervollkommnung dieser der wissenschaftlichen Nationalkultur gewidmeten Anstalt den angelegentlichsten Bedacht zu nehmen gesinnt sind, so haben Höchstdieselbe die erwähnte Hofbibliothek, wiewohl selbe mit der Jurisdiktion einem Churfürstl. Oberstofmeisterstaab untergegeben ist, und bleibt, in allem, was ihre innere Verfassung und litterarische Angelegenheiten betreffen mag, der Oberaufsicht und Direktion des Churfürstl. geheimen Finanz-Departements respect. dessen Chefs untergeordneten, dann folgende Vorschrift über die wesentlichsten Pflichten des gesammten Bibliothekpersonals zur Sicherheit und Aufrechthaltung dieser Anstalt festzusetzen geruhet.

§. 1. Für die Anschaffung neuer Bücher, in so fern für das hiezu bestimmte jährliche Ordinarium nicht übersteigt, hat ein zeitlicher Bibliothekär, oder dessen Stellvertreter vorzüglich zu sorgen, jedoch unter der Obliegenheit, daß a) vor allem die manquen Werke, deren noch viele vor Handen sind, ergänzt; b) die Fortsetzung der bereits angefangenen Bücher verberevarschaft, und c) bey dem sonstigen Bücherkauf nicht mit Vorliebe auf dieses oder jenes Fach, sondern auf das Bedürfniß der Bibliothek, besonders in Hinsicht älterer Werke von anerkanntem Werthe, und auf die Vollständigkeit der Materien nach dem Maaße ihrer Wichtigkeit und Gemeinnützlichkeit der pflichtmäßige Bedacht genommen, sondern überhaupt nach besseren Editionen getrachtet, und c) Nachdrücke nur

ta

in dem einzigen Falle, wenn die Originalausgaben nicht mehr zu haben wären, aufgenommen; f) jedes Werk in der Ursprache: eine Uebersetzung aber nur dann, wenn sie in literarischer oder typographischer Hinsicht besonders merkwürdig ist, angeschaft, endlich g) eine jede nach dieser Vorschrift geschehene Anschaffung dem Churfürstl. geheimen Finanz-Departement respec. dessen Chef angezeigt werden soll.

§. 2. Damit ein zeitlicher Hofbibliothekär oder dessen Stellvertreter diese in Ansehung der Vervollkommung und Ergänzung ihm obliegende Pflichten desto gewisser erfüllen könne; so hat er da mehrere ältere entweder noch abgängige oder manque vorhandene Werke aus dem gewöhnlichen Buchhandel gekommen sind, mit andern inn- und ausländischen Bibliotheken gelegentliche Correspondenzen zu pflegen, und auch keine etwas beträchtliche Bücher-Auction irgendwo zu verabsäumen, ohne dabey eine etwa schickliche und nützliche Vermehrung der ihm anvertrauten Büchersammlung entweder persönlich wahrzunehmen, oder vermittels bemessener Aufträge besorgen zu lassen, überhaupt aber eine jede vorkommende gute Erwerbsgelegenheit dem Churfürstl. geheimen Finanz-Departement anzuzeigen.

§. 3. Da von vielen Werken eine und dieselbe Edition mehrere Male vorhanden ist, so hat der Bibliothekär oder dessen Stellvertreter diese Dupleten an einem hierzu besonders bestimmten Orte zusammen zu richten, in ein eigenes Verzeichniß bringen, und bis zu einer schicklichen Verkaufsgelegenheit bewahren zu lassen; der einzelne Verkauf dieser Dupleten ist ohne besondere Erlaubniß eben so wenig, als die Veräußerung eines in verschiedenen Editionen mehrfach vorhandenen Werks gestattet.

§. 4. Da ein Bibliothekär, Bibliotheks-Adjunct, Custos und das ganze übrige Bibliothekpersonale lediglich zur Erhaltung und Bewahrung dieser öffentlichen Büchersammlung angestellt ist, so ergeben sich auch aus dieser Bestimmung seine Pflichten im allgemeinen, für deren redliche Erfüllung sie insgesammt so wohl, als auch jeder ins besondere verantwortlich ist, so zwar, daß bey einer vorkommender, durch Absicht oder Nachlässigkeit entstandener Beschädigung oder Verwahrlosung dieser Anstalt die Schuld davon dem gesammten Personale beygemessen, und nur die Ahndung nach dem Verhältniße der Amtsverschiedenheit gefordert werden soll.

§. 5. Diese Pflichten werden schwer verletzt, wenn ein bey der Churfürstl. Hofbibliothek angestelltes Individuum sich ein dahin gehöriges Buch, oder was sonst immer zueignet, die Editionen vertauscht, die zur Erhaltung der Bücher nöthige Reinlichkeit und Behutsamkeit verabsäumet, Bücher gegen die höchste Verbothe an wen immer verleihet, oder auch zum eigenen Gebrauche, wenn gleich nur auf kurze Zeit, außer der Bibliothek zu sich nimmt. Vergehungen dieser Art werden allemal die ernstlichste Bestrafung, und nach Umständen den Dienstesverlust des Schuldigen nach sich ziehen. Eben so ahndungswürdig handelt derjenige, welcher einzelne Werke oder Theile aus der gehörigen Stelle und Ordnung eigenmächtig verrückt, weil sie auf diese Art der gewöhnlichen Uebersicht und zwar selten ohne sträfliche Absicht oder schädliche Folgen entzogen würden.

§. 6. Mit vorzüglicher Sorgfalt ist für die Erhaltung der Manuscripta zu wachen, damit nicht, wie dies z. B. in der handschriftlichen Uebersetzung des Boccaz geschehen seyn soll, darinn vermessentlich etwas corrigirt, ausgelöscht, oder verändert werde. Solcher Frevel wird hiemit so ernstlich und bestimmt verbothen, daß, wer sich jemals in einem handschriftlichen oder auch gedruckten Buche die geringste Aenderung oder Anmerkung erlauben würde, mit der schwersten Ahndung angesehen werden soll. Auch wird es hiermit einem jeden Bibliotheksverwandten zur Pflicht gemacht, daß er eine jede derley bereits geschehene, und etwa in einem Buche oder Manuscript vorkommende Abänderung, Auslöschung oder Anmerkung dem Bibliothekär oder dessen Stellvertreter, dieser aber, wenn er die Sache erheblich findet, dem Churfürstl. geheimen Finanz-Departements-Chef anzeige.

§. 7. Da auch aus etlichen Kupfersammlungen einzelne Blätter ausgeschnitten und entwendet worden seyn sollen, so ergiebt sich hieraus die Nothwendigkeit einer genauen Aufsicht, welche hinfüro auf diese Sammlungen zu verwenden, gleichwie auch mit dem besten Fleiße auf die Zurückerhaltung der entkommenen Kupferstiche und Wiederergänzung der verstümmelten Collectionen zu trachten ist.

§. 8. Damit aber solchen schädlichen Handlungen in Zukunft besser vorgebeugt werde, so sollen alle Büchersäle, Zimmer, und Schränke stets wohl verschlossen bleiben, die Schlüssel von dem Bibliothekär oder dessen nächsten Stellvertreter allein und immer aufbewahrt, den übrigen Bibliotheksverwandten nur zu den Amtsverrichtungen abgegeben, und nachher gleich wiederum in die Verwahr zurück empfangen werden. Zu demjenigen Zimmer aber, worin die seltneren Handschriften und sonst kostbaren Werke enthalten sind, hat der Bibliothekär oder dessen Stellvertreter den Zutritt um so vorsichtiger zu beobachten, als die unversehrte Erhaltung gedachter Werke seiner besondern Obhut und persönlichen Verantwortlichkeit anvertraut ist.

§. 9. Wenn ein oder das andere wissenschaftliche Fach einen solchen Zuwachs von Werken enthalten sollte, daß die zu diesem Fache bestimmten Schränke nicht mehr hinreichen würden; so ist, unter vorher erholter Genehmigung des Churfürstl. geheimen Finanz-Departemens-Chefs der Bedacht dahin zu nehmen, daß sodann Fachweise, ohne Vermischung der wissenschaftlichen Abtheilungen in die noch geräumigen Zimmer vorgerückt, oder auf diese Art der Doppelstellung, welche das Ansehen der Bibliothek vermindert, und Unterschleife begünstiget, sobald als möglich abgeholfen werde.

§. 10. Von ungebundenen Büchern soll man nie einen großen Vorrath anwachsen lassen, sondern deren Einbindung und Unterbringung an die gehörige Stelle nach Thunlichkeit beschleunigen. Mittlerweile sollen die rohen Werke, damit keines derselben mit Defecten zum Einband komme, gehörig collationiret, und sodann in einem hierzu eigends zu bestimmenden Kasten im dritten Lesezimmer verschlossen bleiben; in welchem Zimmer auch die Kataloge und alle die Churfürstl. Hofbibliothek betreffende Geschäftspapiere in eigenen Kästen unter steter Sperre zu verwahren sind.

§. 11. Die Arbeiten und Amtsbeschäftigungen des Bibliothekerpersonals hängen zwar von der Ermessung und Vertheilung des Bibliothekärs oder dessen Stellvertretters, als ersten Mitarbeiters ab; damit aber hierin auf gemeinschaftlichen Zweck gewirkt, und aller Anlaß zu persönlichen Klagen, zu Kritiken, und zur Unzufriedenheit, womit oft nur eigener Unfleiß oder andere Absichten beschönigt werden wollen, beseitiget werde; so hat der dermalige Bibliotheks-Adjunct unter Beyrathung des Custos, Ammanuensis und Scriptora einen vollständigen Geschäftsplan zu entwerfen, nach welchem die Kataloge und andere Arbeiten, Obliegenheiten und Verrichtungen des gesammten Bibliothekspersonals für die Zukunft vertheilt, und bestimmt werden sollen. Dieser Geschäftsplan ist innerhalb vier Wochen vom Tage der Publikation gegenwärtigen Reglements an das Churfürstl. geheime Finanz-Departement von dem Bibliotheks-Adjunct vorzulegen, und von dort die Bestätigung zu erwarten, nach deren Erfolg sodann in Zukunft von jedem Bibliothekär oder dessen Stellvertreter ein pflichtmäßiger Bericht über die jedesmal vorgerückte Cataloge oder andere Arbeiten, so wie über die etwa vorfindenden Gebrechen oder schickliche Verbesserungen dem obenerwähnten Departement erstattet werden soll.

§. 12.

§. 12. Die Lesezimmer der Churfürstl. Hofbibliothek sind nach der unterm 21ten November 1789 *) erlassenen Verordnung täglich außer den Sonn-
und gebotenen Feyertagen für jedermann offen, und zwar vom 1ten April bis
letzten August von halb 9 bis 12 Uhr, dann Nachmittags von 3 bis 6 Uhr; Vom
1ten Novemb. bis letzten März aber von 9 bis 12. und von 3 bis halb 5 Uhr. Am
Donnerstage Nachmittags, wo eine gänzliche Reinigung dieser Zimmer vorgenommen wird, bleiben sie verschlossen.

§. 13. Mit den Ferien hat es ebenfalls bey den bisheran üblichen Zeiten
sein Bewenden, welche sind: a) vom Sonntage nach Maria Geburt bis Aller-
heiligen, in welcher Zeit die Ausstaubung der Bücher-Säle und Schränke, dann
alle nothwendige Reparaturen vorgenommen werden. b) Von dem Weihnachts-
abende bis zum Neujahr; c) Von dem Mittwoche vor Quinquagesimae bis an
Aschermittwoche; d) Vom Dienstage in der Charwoche bis am Dienstage nach
Ostern.

§. 14. An den Lesetagen sollen die 3 Lesezimmer von dem Bibliotheks-
personale dergestalt besetzt seyn, daß in einem jeden derselben eine keinen Augenblick zu unterbrechende Aufsicht vorhanden ist. Wenn aber die Anzahl der
Lesenden so klein ist, daß sie in einem Zimmer Raum und Bequemlichkeit genug
haben, so sollen sie um diese höchst nöthige Aufsicht zu vereinfachen, sich in diesem einen Zimmer zu versammeln ersucht werden.

§. 15. Es kann nicht einem jeden zum Lesen sich Meldenden ein jedes
Buch gegeben, sondern es muß hierin von dem Bibliothekär oder dessen Stell-
vertretern ein bescheidener Unterschied beobachtet werden. Es ist daher von Leib
wem Bibliothekōverwandten ein Buch, an wen immer abzureichen, ohne vorher
bey dem Bibliothekär oder dessen Stellvertreter geschehene Anfrage.

§. 16. Wer zum Lesen oder Excerpiren sich meldet, hat seinen Namen
und die benöthigte Bücher auf ein Blatt zu schreiben, und selbes dem Bibliothekär oder dessen Stellvertreter zu überreichen oder überreichen zu lassen. Es
wird ihm sodann ein Platz angewiesen, und das Verlangte überbracht. Der
Eintritt in die Büchersäle ist ihm nicht gestattet, als in sofern er etwa als
Fremder die Anschauung derselben zugleich verlangt.

§. 17. Die zum Lesen gebraucht werdenden Bücher sind täglich, vor oder
nach den Lesestunden durchzusehen, und in einem hierzu besonders gewidmeten
Gestelle in dem betreffenden Zimmer zu verschließen. Ist der Gebrauch eines
Buches vollendet, so muß es alsogleich in seine gehörige Bibliothekstelle gebracht
werden. Kein Buch darf, wenn es nicht zum fortgesetzten Gebrauch eines Lesers dienet, über 3 Tage in den Lesezimmern (und auch hier in Abwesenheit des
Lesers allezeit verschlossen) zurückbehalten werden.

§. 18. Kein Lesender hat über die Lectüre des andern Auskunft oder Einsicht zu verlangen, und es steht einem jeden Lesenden frey, das nach §. 16. ab-
gereichte Blatt nach vollendetem Gebrauch der darauf bemerkten und unbeschädigt
zurück gestellten Bücher wiederum zurück zu nehmen.

§. 19. Eine Beschädigung der Bücher ist zwar bey der oben (§. 14.) angeordneten unterbrochenen Aufsicht nicht leicht zu besorgen: sollte sich aber dennoch bey der nach §. 17. vorzunehmenden Durchsicht der gebraucht werdenden
Bücher eine Verletzung vorfinden, so ist dem Bibliothekär oder dessen Stellvertreter die Anzeige zu machen, der dem Leser bessere Achtsamkeit empfehlen,
und nach Umständen den fernern Zutritt untersagen soll.

§. 20. Das Lesen alter Handschriften kann nur mit der größten Behutsamkeit und unter der nähern Aufsicht des Bibliothekärs, seines Stellvertreters
Ii i. 2.   oder

oder auch des Custos, das Excerpiren oder Abschreiben derselben aber nie ohne besondere Erlaubniß des Churfürstl. geheimen Finanz - Departement gestattet werden. Auch wenn selbst ein Bibliothekverwandter solche Handschriften zur Rettung des etwa veralteten Textes ganz oder stellenweise abschreibt, so soll dieß nur unter der unmittelbaren Aufsicht des Bibliothekärs oder dessen Stellvertretters geschehen.

§. 21. Der Gebrauch des Katalogs ist keinem die Lesezimmer besuchenden zu gestatten, da jeder die benöthigte Bücher voraus bestimmen muß. Doch kann demjenigen, welcher sich in einer von ihm angezeigten Materie auch in mehreren, ihm namentlich noch unbekannten Büchern umsehen will, über die darin vorhandenen Auctoren mündliche Auskunft gegeben, und sodann nach §. 16. die Lectüren gestattet werden.

§. 22. Die Durchsicht der Kupfersammlungen ist nur unter der nämlichen Vorsicht, wie sie bis daher bey den Büchern vorgeschrieben ist. Aus denselben zu zeichnen aber nie zu gestatten, es geschehe denn mit der größten Behutsamkeit, ohne flüßige Farben, und mit Vermeidung mechanischer Nachzeichnungen auf getränktes Papier, so wie dessen, was den Originalien schädlich seyn könnte.

§. 23. Kein Fremder, wer er immer seye, ist in einem Lesezimmer allein zu lassen, niemals ein Licht darin zu gebrauchen, und alle Abende nach Ablauf der Lesezeit das Ofenfeuer gänzlich auslöschen zu lassen.

§. 24. Reinlichkeit, Ordnung, Stille, anständiges Betragen, Achtung gegen den Ort, und das Churfürstl. Bibliothekpersonale wird von allen Lesenden eben so gewiß, als von diesen letztern Bescheidenheit, Bereitwilligkeit, wachsame Aufsicht und pünktliche Pflichterfüllung erwartet.

§. 25. Wer die Churfürstl. Hofbibliothek zum Anschauen besucht, hat sich der Regel nach an die oben §. 12 und §. 13 bestimmten Stunden und Zeiten zu halten. Fremde, Reisende, oder wer sonst immer zu einer andern Zeit den Eintritt verlangt, muß sich deßhalb bey dem Bibliothekär oder dessen Stellvertretter melden oder melden lassen, welcher sodann nach Umständen entweder selbst die Besuchenden begleiten, oder andere Bibliothekverwandte hierzu benennen soll.

§. 26. Niemand darf in einem Büchersaale allein gelassen werden. Damit aber das Bibliothekpersonale der nöthigen Begleitung immer genügen könne, so sind, wenn sich an einem Tage mehrere zum Besuche melden, dieselbe auf eine bestimmte Stunde zu empfangen, und dann gemeinschaftlich von einem Bibliothekverwandten zu begleiten.

§. 27. Doch sollen nie mehr als 6 Personen zugleich unter einzelner Begleitung eingelassen werden. Größere Gesellschaften sind nach dieser Zahl zu vertheilen, und jeder Theil von einem Bibliothekverwandten zu begleiten.

§. 28. Die verordnete Aufsicht in den Lesezimmern darf durch keinen Besuch der Bibliothek unterbrochen werden. Es muß daher jedesmal wenigstens ein Individuum mehr, als zu dieser Aufsicht nöthig ist, gegenwärtig seyn, welches den während der Lesestunden ankommenden Besuch empfängt, und begleitet, oder die Aufsichtstelle dessen, der diese Begleitung übernimmt, versieht.

§. 29. Damit die Lesenden und Studirenden nicht gestört werden, so sollen die fremden Besuche nicht durch die Lesezimmer (von welchen der Ausgang in die Bibliothek immer verschlossen seyn muß) sondern durch andere Thüren ein und ausgeführt werden; denn diese Zimmer sind nicht zum bloßen Anschauen bestimmt, und ihr ordnungsmäßiger Gebrauch steht ohnehin jederman offen.

§. 30. Die stets verschlossenen Gitterthüren der Bücherschränke werden den Besuchenden nur auf ihr Verlangen geöfnet, und ungefodert auch kein Buch aus feiner Stelle genommen. Damit dieses aber auch nicht von Fremden geschehen könne, so sind nach und nach alle Bücherstellen mit dreyley stets gesperrt zu haltenden Gitterthüren, wenigstens so hoch, als ein Mann reichen kann, zu versehen. Gelesen oder geschrieben wird in den Büchersälen nie, es sey denn blos um das Nachsehen eines Titels oder einer Stelle zu thun, und derjenige, der dieß verlängt, an dem ordnungsmäßigen Besuche des Lesezimmer verhindert.

§. 31. Der schädliche Mißbrauch, durch welchen Fremde sich manchmal erlaubten, kleine Stücke vom egyptischen Papier oder von dem purpurnen Corber auszuschneiden, ist sorgfältig zu verhüten, und überhaupt bey der Handhabung kostbarer Werke alle Vorsicht zu gebrauchen.

§. 32. Mit Wildschur oder Mantel wird Niemand in die Büchersäle gelassen, so wie auch nicht mit Hunden. Der begleitende Bibliothekverwandte hat jede Thüre, welche er zur Einführung eines Besuches öffnet, sogleich bey einem jedem Zimmer wiederum hinter sich zu verschließen, damit kein ungemeldetes Gefolg nachschleiche, und auch von den Besuchenden sich Niemand ohne sein Wissen entferne, oder in anstoßende Zimmer zerstreue.

§. 33. Da für diese pflichtmäßige Begleitung ohnehin auf keine Belohnung oder Trinkgeld gerechnet werden darf, so ist sie Jedermann, er sey fremd oder bekannt, mit Höflichkeit und bereitwilliger Urbanität zu leisten, und zwar dergestalt, daß auch dem Besuchenden von dem ärmlichsten Ausehen nicht schon etwa in dem großen Büchersaale die Abfertigung verdrossen ertheilt, sondern, so wie den Vornehmern Besuche, jede Abtheilung und alles Sehenswürdige der Churfürstl. Hofbibliothek gezeigt werden soll.

§. 34. Alle Bücher, welche bey anwesendem Besuche zu der etwan verlangten Ansicht aus den Schränken genommen werden, müssen sogleich noch in Gegenwart der Fremden wiederum an Ort und Stelle gebracht, und nie darf ein Band oder Blatt anderswo, als an dem gehörigen Orte angetroffen werden.

§. 35. In den Büchersälen wird, wie in den Lesezimmern, jeder Gebrauch der Lichter hiermit verbothen; auch können zahlreiche Versammlungen, wodurch Staub und Dünste verursacht werden, darin nicht Statt finden.

Se. Churfürstl. Durchlaucht gewärtigen von Höchstero sämmtlichem Bibliothekpersonale nicht nur die genaueste Befolgung dieses Reglements, sondern auch, daß jedes Individuum all dasjenige, was der Churfürstlichen Bibliothek zur Ehre, Aufnahme und Vervollkommerung gereichen kann, es mag dieses in seine eigene oder in andere Amtsobliegenheiten einschlägig seyn, nach allen Kräften zu fördern, so wie auch alles dieser Anstalt Nachtheilige, woher und von wem es immer zu befahren stände, nach Pflicht und Gewissen abzuwenden suchen werde. Gegenwärtige gnädigste Vorschrift ist dem, zu dieser Absicht und Handlung, zu versammelnden Bibliothekpersonale von Seiten des Churfürstl. Obersthofmeister-Staabsamt gehörig zu publiciren, dann jedes Individuum der Ordnung nach hierauf zu verpflichten, auch zu besto gewissere Nachachtung mit einer Abschrift zu versehen, und endlich zur genauesten und unweigerlichen Befolgung alles dessen, was rücksichtlich der inneren Bibliothekeinrichtung und litterarischen Angelegenheiten von dem Churfürstl. geheimen Finanz-Departements-Chef angeordnet und befohlen werden mag, anzuweisen. München den 26ten Dezember 1797.

Nro. IX.

Der Churfürstl. Regierung Amberg wird von dem französischen Bürger Bacher der Churmaynzischen Reichstags-Directorial-Gesandschaft zu Regensburg übergebenes Avertißement über die dermalige Ausstellung der Pässe nach Frankreich, eine Abschrift mit dem Auftrag zugeschlossen, sich in Ausstellung der Pässe nach Frankreich nach diesem Formular zu achten, und denen sämmtlichen Oberämtern zu dem Ende hieven Nachricht zu geben, daß sie die um dreyley

Die Ausstellung der Pässe nach Frankreich.

Päſſe ſich meldende Unterthanen an die Churfürſtl. Regierung verweiſen ſollen.
München den 9ten März 1798.

Avertiſſement

Relativ aux formalités à obſerver dans l'Expédition des Paſſeports qui ſe-
ront délivrés en Allemagne pour voyager en france.

Tout étranger ſuit d'une Puiſſance, non en guerre avec la République
françoiſe doit, pour pouvoir voyager en france être muni d'un Paſſeport viſé par un agent du Gouvernement françois en Pays étranger, ce
Paſſeport doit contenir la ſignature et le ſignalement du porteur.

Les motifs de cette formalité ſe font aiſément ſentir.

Lorsqu'un Paſſeport ne renferme point de ſignalement, il eſt impoſſible
de s'aſſurer, ſi celui qui en eſt muni, eſt effectivement celui qui la ob-
tenu; il peut avoir été égaré, un tiers peut alors s'en ſervir, il peut même
avoir été prêté ou vendu et ſe trouver peut-être dans les mains d'un
Emigré ou d'un Prêtre déporté.

La ſignature, lorsque le ſignalement n'eſt pas parfaitement tracé,
et que le Paſſeport a été confié ou remis par le Propriétaire lui même, à
un autre invidu, qui a quelque reſſemblance avec lui, vient diſſiper tous
les doutes, et ſert à confondre à l'inſtant même l'Impoſteur.

Le viſa par un Miniſtre françois en pays étranger, appoſé ſur un
Paſſeport, eſt la garantie de l'authenticité de la pièce, puisqu'il donne la
certitude qu'elle a été délivrée par une autorité légale.

N. B.
Il eſt à obſerver que tout Emigré françois, qui ſe ſeroit fait natura-
liſer en Allemagne, de même que les habitans de la rive gauche, qui ſe
trouvent dans le cas des loix contre les formalités ci-deſſus indiquées, par-
ceque ce Paſſeport ne les garantiroit pas des peines portées contre les Emigrés, qui ſe préſentent ſur le territoire de la République françoiſe.

Signalement.

Le ſignalement doit renfermer les noms de Baptême et de famille du voyageur, ſa qualité, le lieu de ſa naiſſance, l'indication de ſon âge,
de ſa taille, de la couleur des cheveux et ſourcils, de la forme du nez,
de la bouche, du menton et du viſage.

Le Paſſeport doit en outre déſigner la ville ou le lieu de la france,
où le voyageur deſire ſe rendre.

Il eſt eſſentiel que ce Paſſeport ſont délivré au nom d'un Etat ſou-
verain membre de l'Empire, muni du ſceau uſité et ſigné par un de ſes
Miniſtres.

Copie

d'une Lettre du Miniſtre de la Police générale de la République françoiſe
    Au Citoyen Bacher

Paris le 19. Pluviôſe, an 6. de la République françoiſe,
(7. Février 1798 v. s.)

Je vous préviens, Citoyen! qu'il arrive beaucoup d'Allemands dans nos
Communes frontières, et que je ne peux leur accorder la permiſſion
de-

de continuer leur route, et de pénétrer dans l'intérieur de la République, parce-qu'ils sont munis de Passeports, qui ne contiennent ni leur signature, ni leur signalement, et que rien ne m'atteste d'ailleurs que ces actes soyent donnés par les auctorités compétentes.

Nos relations commerciales avec l'Allemagne, suspendues par la guerre, vont reprendre avec plus d'activité à la paix, et les routes vont être couvertes de voyageurs.

Je porterois un coup mortel au commerce et à l'industrie, si j'étois obligé de faire retrograder ces étrangers.

Je Pourrois, d'un autre côté, ouvrir la porte à une foule d'abus et faciliter la rentrée de beaucoup d'Emigrés, si j'admettois les Passeports, tels qu'on les délivre actuellement en Allemagne.

Afin de remédier à ce double abus, et concilier tout à la fois ce qu'on doit au commerce, et ce qu'on doit à la sureté de la République, je crois devoir saisir l'occasion qu'offre votre séjour à Ratisbonne, pour faire connoitre, par votre intermédiaire, à tous les Ministres de l'Empire, la circulaire ci-jointe, que j'ai déjà fait distribuer aux Ambassadeurs des Puissances amies et neutres, et que j'ai envoyée à nos Plénipotentiaires à Rastadt.

Vous aurés l'attention de ne viser les Passeports, qui vous seront présentés, qu'autant que les porteurs se seront conformés aux instructions contenues dans cette circulaire.

Salut et fraternité.

Signé: Sotin.

Pour copie conforme.

(L. S.)

Bacher.

Nro. X.

Seine Churfürstl. Durchläucht haben aus dem hiesigen Hofkammer-Bericht vom 27ten November v. J. die eben so gründlich als ausgearbeiteten Vorträge und Instruktionen für das hiesige Triftwesen entnommen, tragen mit dieser zur höchsten Zufriedenheit geleisteten Arbeit gnädigstes Wohlgefallen, und genehmigen diese von den vereinten Hof- und Forstkammer-Collegien überlegt, und begutachtete Instruktion in ihrem vollen Inhalt mit den nachstehenden durch die berichtliche Extradir- und Modificirungen veranlaßten Beysätzen. Daß

Instruktion für das Münchner Triftamt.

1mo. Den Ständen und Klöstern, welche zu einem Tausch gegen Tyrol gelegene Waldungen haben, aus den berichtlich aufgestellten Ursachen, und um das de ao. 1553 deßfalls schon vorhandene alte Gesetz in seinem Geist zu erhalten, und wirksam zu machen, keine Verhandlung derselben extra territorium, oder auch nur sonsten eine Verwandlung in Almen gestattet werden solle.

Der zweyte Instruktions-§. wird nach dem berichtlichen Antrag dahin fixirt, daß die Cautions-Quota der beyden hiesigen Triftbeamten gleichmäßig, nach dem neuesten Regulativ und dem Maaß ihrer Abrechnungen für einen jeden auf 750 fl. angesetzt, und übrigens was die Haltung der Manualien betrifft, der Ober- und Nebenbeamte ein eigenes Amts-Maqual in Material- und Pecunial-Ausgaben jeder separat dergestalten zu halten und zu führen habe, daß von nun an bey dem Triftamt dahier eine Controlle bestehen, und der als Triftamts-Gegenschreiber bereits gnädigst decretirte, und aufgestellte Valentin Beruf nach der Churfürstl. Forstkammer unterm heutigen zugekommenen Auftrag ohne weiters in die Activität eingesetzt werden soll.

3tio.

3tio. Bleibt die §. 3. instructionis vorkommende Jurisdiction, welche in dem Holzgarten dem hiesigen Forstmeisteramt, in dem Bräuholzgarten aber dem Bräuamt delegirt ist, als im ganzen Jurisdicirio gestae Administrationis immer bey der Churfürstl. Hofkammer dahier.

4to. Dem §. 410. Instructionis kommt dasjenige noch beyzufügen, was die Berichtgeber wegen einer alle Jahre vorzunehmenden Reise durch den Forstmeister zu Miesbach räthlich gefunden haben. In Ansehung der Besoldung des hiesigen Triftamts-Personals bestimmen wiederholt Sr. Churfl. Durchlaucht für den zeitlichen Oberbeamten a) ein jährliches Fixum von 1000 fl. b) Die freye Wohnung auf dem Lebel in dem sogenannten Holzschreibershaus. c) Den Genuß des dabey befindlichen Gärtchens. d) Den Genuß des auf dem sogenannten Wöhrl befindlichen Garten-Angers, samt dem auf der Seite des Franziskanerplatz abfallenden Heues e) 4 fl. Reis-Deputat in dem Junland, und 5 fl. 30 kr. in dem Auslande nebst einem Träger à 30 kr. in den Gebürgen, dann f) 10 Klafter Buchen-Lenbholz, und 12 Klafter feuchten Triftholz, welche jedoch anstatt in natura demselben nach dem jedesmaligen Current-Werth in Geld zu vergüten sind, wofür er seinen Bedarf in dem Holzgarten um den laufenden Preis ablangen mag. g) Von den Scheingeldern à 6 kr., welche die Gebläuser der Flöße über das Siegelgeld bezahlen, dem Oberbeamten die Hälfte, die andere Halbscheid aber dem Gegenschreiber. h) Von dem Accidenz ad 5 kr. pr. Floß bey der Floß-Inspection gleichfalls die Hälfte, jedoch lassen Höchstdieselbe dem dermaligen Triftbeamten wegen desselben 30 Jahr lang geleisteten Dienstes, so lang er lebt, und den Dienst wirklich selbst versieht, den bisherigen Genuß in folgenden: als a. 1000 fl. Besoldung bey dem Hofzablamt, wovon er 350 fl. in Gestalt einer Pension geniebet. b. Den freyen Wohnungs-Fortgenuß auf dem Lebel, in dem sogenannten Holzschreibershaus in Anschlag 60 fl. c. 11 Klafter Buchen-Lend, und 19 detto Feuchten Trift-Holz à 6 fl. pr. Klafter 180 fl. d. 5 und 7 fl. Reisebepurata im Inn- und Auslande, nebst 30 kr. für einen Träger in den Gebürgen. e. Für den Genuß des Garten-Angers auf dem Wöhrl und des abfallenden Heues auf der Franziskanerplatzseite in Anschlag 100 fl. f. Von den Bräuhausflößen, die Scheinschreibgelder à 6 kr. pr. Floß, welche die Gebläuser zu bezahlen haben in circa ad 70 fl. g. Endlich von einem jeden durchpassirenden Floß als Floß-Inspektor 5 kr. Accidenz in Anschlag 90 fl.

Für den hiesigen Triftamts-Gegenschreiber a) ein Fixum zu 600 fl. b) einen Hauszins mit 60 fl. c) Den Geldbetrag für 6 Klafter Buchen-Lenz- und 8 Klafter Feuchten-Triftholz nach dem jedesmaligen Current-Preis. d) Ein Reisebeputat 3 und 4 fl. 30 kr. im Ausland, nebst 30 kr. für einen Träger in den Gebürgen. e) Die Hälfte von den 6 kr., welche die Gebläuser für das Scheinschreiben der Bräuhausflöße bezahlen, dann f) die Hälfte von jenen 5 kr., welche die durchgehende Flöße einen zeitlichen Floß-Inspektor zu geben haben, jedoch cessiren diese Emolumenten ad e. et f. so lange der Oberbeamte Roser lebt, oder besagtermaßen den Dienst selbst versieht. Hingegen hat die Besoldung des gegenwärtigen Triftamtsgegenschreiber Valentin Bersaff, nach dem demselben Anstellungs-Decret wegen der Wichtigkeit der länger angestandenen Triftamts- und Triftwesens-Instruktion halber nicht in Erfüllung kommen könnte, von heuer anzufangen. In Ansehung des Hofsholzhüters bleibt es bey der dreßaligen Dienstfassion und hat eine Entschädigung wegen den verlohrnen Hollunterstauden und auf der Telchen-Welze nicht statt, dagegen aber werden ihm zu Haltung eines Hunds 12 fl. jährlich passirt. So hat es auch wegen dem übrigen Dienstpersonale, dem Hofsholzzieher, dem Bräuhausholzhüter, dem Triftmeister, den Geschworenen, und dem Rechenpallier, bey den bisherigen Gehältern und Emolumenten sein Verbleiben, nur werden dem Holzzieher die a kr. Aufstaggeld pr. Klafter in ein jährliches Aversum von 135 fl. umgeändert. Das nämliche gilt wegen dem bisherigen Genuß des dienstmachenden Forstmeisters zu Miesbach pr. 134 fl. jährlichen derselben Deputaten bey den Waldvisitationen, so wie bey dem anderen Personale, als den k. k. Forstknechten in der hintern Riß, dem Holzbau in der Kepplinger Au, dem Gerichtsdiener zu Tölz, dem hofwartischen Jäger,

dann

dann dem hiesigen Stadt-Wasenmeister, den Abdeck-Knechten, und den Müllern im Mühlthal, wenn sie ihre Bäche gehörig verschlagen. Außer diesen hier benannten, und nun gnädigst genehmigten Besoldungen, dann Emolumenten aber ist bey Vermeldung des Strichs und des schwersten Einsehens keinem Individuo unter was immer für einem Namen etwas passiren zu lassen. Zur Erzlel- und Erhaltung einer wesentlichen Pollzey bey diesen Amtsbefehlen wiederholt Se. Churfürstl. Durchlaucht in die vorliegende Instruktion suo loco einrücken zu lassen, daß die beyde Triftbeamten zur Erhaltung der strengsten Ordnung in dem Holzgarten nicht allein alle von eigenem Ehrgefühl erzeugte, sondern auch von der Amtspflicht angegebene Sorge tragen sollen, daß sowohl von der Invaliden-Mannschaft, als dem Holzhütter auf Holzentwendung, Feuer, Tobackrauchen, besonders zu Sommerszeit, auf Anlegen vom Feuer durch bösartige Menschen überhaupt die genaueste Spähe und Obsicht gehalten werde; daß besonders zur Nachtszeit das Aufsichtspersonale durch unvermuthete und überraschende Nachsichten alldort Patrouillen machen, und der Holzgarten auf allen Seiten gehörig gesperret, und die allenfalls erwischt werdende Thäter zur Abwandl- und Bestrafung den geeigneten Jurisdiktions-Behörden übergeben werden sollen. Zur Erzielung dessen dient auch als ein Beyhülfsmittel, daß die Invaliden-Mannschaft von 2 zu 2 höchstens von 3 zu 3 Jahren, und auch noch früher von derselben anvertrauten Aufsicht abgelöst, und durch eine andere ersetzt werde, wenn die Beamte eine Dienstnachläßigkeit oder Bekanntschaften mit wirklichen oder verdächtigen Holzabträgern gewahr wurden. Und da es bis nun eine zu monopolische Kenntniß und Wissenschaft zu seyn schien, welche Gerechtsame, Eigenthum, und derselben Befugniße Sr. Churfürstl. Durchlaucht und Ihrem Land bey dem hiesigen Triftwesen zustehe, und eigen sind; so haben die beyde hiesige Triftbeamte bey einer jedesmaligen Jahresrechnung auch ein genaues und getreues, nach dem bezirklichen Hofkammergutachten in sechs Punkten bestehendes, oder nach Umständen und allenfallsigen Veränderungen auch noch in mehrere einzutheilendes Inventarium beyzufügen. Bey dieser im Hauptzweck nun gnädigst genehmigten und noch näher fixirten hiesigen Triftanstalts- und Triftwesens-Instruktion hat die Churfürstl. Hofkammer das allerseits Erfoderliche ihres Orts genau und uneinstellig zu verfügen, und die zu diesem Ende ad Manus eingeschickte Acta mit dem Aufschluß hier anliegend zurück zu empfangen, daß unter dem heutigen Tag das Nothwendige auch an die Churfürstl. Forstkammer erlassen, und auch diese höchste Verordnung bekannt gemacht worden seye. München den 17ten März 1798.

Nro. XI.

Damens-Stifts-Kanzler. Vermög des unterm 12ten et praes. hodierno anher erfolgt höchsten Rescripts ist auf das an Se. Churfürstl. Durchlaucht von der verwittweten Frau Herzoginn von Pfalzzweybrücken Durchlaucht gestellte Ansuchen gnädigst genehmiget worden, daß die von dem Kanzler des hiesig adelichen Damenstifts ad S Annam unterzeichnen, und übergeben werdende Vorstellungen und Schriften bey allen Landesstellen, wie ebehin während dem Leben der Höchstseeligen Frau Stifterinn Durchlaucht *) angenommen, und angesehen werden sollen, als ob solche von gedachter Frau Herzoginn Durchlaucht als dermaligen Abbissin sothanen Stifts selbst unterzeichnet wären, erwähnter Damenstifts-Kanzler auch allen etwa vorfallenden Commißionen, bey denen das Damenstift betheiliget, als hierzu begwaltiget beywohnen könne. Es wird also solches dem Churfürstl. Hofrath zur gefälligen Nachricht hiemit angefügt. München den 21ten März 1798.

*) Vid. Samml. v. J. 1788. Seite 817. Nro. 135.

Nro. XII.

Die Herrschaft Braitenegg wird dem baierischen Gesetze unterworfen. Da Se. Churfürstl. Durchlaucht gnädigst wollten, daß bey dem Pflegamt der Herrschaft Braittenegg *) die Pfalzbaierische Gesetzbücher nebst den dazu gehörigen Anmerkungen (wie solches schon unterm 21ten Oktober 1794 **) bey dem

*) Vid. die Samml. v. J. 1797. Seite 38. et 135. N. 39.   **) Vid. P. 1. N. 7.

dem Pflegamt der Herrschaft Parsberg verordnet worden ist) eingeführt, und
mit Anfang des nächsten Monat Junius die innländische Rechte angewendet, da=
gegen die jura communia, nach welchen man sich dort bishero geachtet hat, in
so fern als ihnen die innländischen Gesetze entgegen, und in solchen was anders
verordnet ist, gänzlich aufgehoben werden, dieses jedoch in jenen Fällen, wo das
neue von dem nunmehr abgeschaften älteren Recht unterschieden ist, nur auf
die künftigen, nicht aber auf die vor obigem Termin vorgegangenen Handlungen
sich verstehen solle. Als hat die Churfürstl. gnädigst angeordnete unmittelbare
Administration der erwähnten Herrschaft Braittenegg das dortige Pflegamt hier=
nach anzuweisen. München den 7ten May 1798.

An die Churfürstl. unmittelbare Administration der
Herrschaft Braittenegg also erlassen.

Nro. XIII.

Ob zwar schon laut des 16ten Paragraphs der am 6ten Brachmonats 1794
in öffentlichen Druck gelegt, und in der Churfürstl. Antekammer publizirt
Churpfalzbaierischen Kammerordnung *) jedermann in anständiger Kleidung bey
Hofe zu erscheinen, und alle respectwidrige Anzüge als Fraguen, Gilets, Ueber=
schuhe ꝛc. bey Seite zu lassen, ernstlichen erinnert worden; so haben Se. Chur=
fürstl. Durchlaucht, dem ohngeachtet einige Zeithero zum besondern Mißfallen er=
sehen, daß verschiedene Individuen, denen der Zutritt bey Hofe in den Cerclen
und andern daselbstigen Zusammenkünften gnädigst gestattet ist, solch unanstän=
diger Anzüge sich bedienen, die nicht einmal mit der Achtung gegen eine Versamm=
lung standesmäßiger Personen, minder mit der Bezeigung des schuldigen Respects
gegen die höchsten Landesherrschaften vereinbarlich seyn können. Höchstgedacht
Se. Churfürstl. Durchlaucht befehlen demnach mittels eines unterm 18ten dieses
eigenhändig unterschriebenen an Dero Obersthofmeisters= und Oberstkämmerers=
Stäbe erlassenen Rescripts gnädigst, daß fürohin Jedermann, wer er auch im=
mer seyn möge, in gebührender Kleidung, mit anständiger Haarfrisur, Beyfe=
tigung obangeführter Fraguen, Gilets, Winterschuhe, runder Hüte, und bis
an das Kinn umwundener Halstücher sohin ordnungsmäßig erscheinen. Anbey
daß ihm nach Vorschrift der obangeführten Kammerordnung zustehende Entrée
beobachte, außer dessen man sich die Abweisung des Zutritts so, wie eine un=
ausbleiblich, weitere Ahndung von selbsten beyzumessen haben würde. München
den 22ten May 1798.

*) Vid. die Samml. v. J. 1797. Seite 806. §. 16.

Nro. XIV.

Jndem Se. Churfürstl. Durchlaucht Dero Kämmerer, wirkl. geheime Rath,
und Generallieutenant der Artillerie, Reichsgrafen von Rumford, zu Ihrem
bevollmächtigten Minister am königlich grosbritanischen Hof gnädigst ernennet,
bleibt es zugleich der ausdrückliche höchste Wille, daß dessen bisher mit guten
Erfolg getroffene Einrichtungen, und hergestellte Anlagen durch die betreffende
Aemter und Kommissionen fernerhin eben so, als wenn Er zugegen wäre, vor=
schriftmäßig besorgt, und bestens unterhalten werden sollen. Diesem zufolge
darf weder in dem hiesigen englischen Garten, und dem damit verbundenen Mili=
tair=Garten, noch in der neuen Anlage von Schönfeld ohne vorläufig schriftli=
cher Vernehmung mit erwähntem Grafen von Rumford, dem die Oberdirektion
hierüber vorbehalten bleibt, in wesentlichen, und in der Hauptsache nichts abge=
ändert, oder anderst, als es der Plan vorschreibt, neu hergestellt werden. Die
englische Garten=Kommission, so wie jene des neuen Schönfelds sind daher zur
genauern Beobachtung dessen nachdrücklichst anzuweisen, und haben zur Erhal=
tung und Verschönerung dieser Gärten= und Häuser=Anlagen ihre Dienstverrich=
tungen wie bisher ungestört fortzusetzen. Jene Gegenstände aber, welche einem
besondern Anstand, Widerspruch, oder sonstigen Schwierigkeiten unterworfen
sind, durch den Churfürstl. Obrist und General=Leib=Adjutant Freyherrn v.
Werneck, welcher in Abwesenheit des Grafen von Rumford die Aufsicht über
diese

[Marginalia left of Nro. XIII:] Beobach= tung des En= trée bey Hof.

[Marginalia left of Nro. XIV:] Weitere Be= sorgung des englischen Gartens des neuen Schön= felds, so an= dern.

diese Anlagen einsweilen übernehmen wird, zur höchsten Entscheidung an Seine Churfürstl. Durchläucht unmittelbar gelangen zu lassen. Eben so bleibt es auch die gnädigste Willensmeynung, daß auf dem neuen Karlsplatze, dann vor den übrigen Thoren, besonders aber auf den Ramparts und andern Glacis überhaupt in dem Bezirk, oder unter dem Kanonenschuß der hiesigen Haupt- und Residenzstadt, wie die höchste Verordnung deßhalb ohnehin schon bestehet, kein Gebäude aufgeführt, oder weggebrochen werden solle, welches den schon aufgestellten Defensions-Grundsätzen und dem bestehenden Plan entgegen seyn könnte. Die hiesige Haupt-Kommandantschaft, so wie das Churfürstl. Kriegs-Bauamt, denen die Aufsicht über diese Baulichkeiten um die Stadt herum übertragen ist, sollen daher sorgfältig darauf sehen, daß diese gnädigste Willensmeynung sicher erfüllt werde, und daher bey jeder widrigen Unternehmung des Churfürstl. Hofkriegsraths sogleich pflichtmäßige Anzeige machen. Auch bey öffentlichen Besichtigungen oder Augenscheinen, den militairischen Oberbaumeister Thurn, dem die Ideen des Grafen von Rumford, und die darnach gefaßte Plane am besten bekannt sind, jedesmal beyziehen, und überhaupt auf den angenommenen Grundsätzen ohne aller Abweichung bestehen. München den 19. August 1798.

Nro. XV.

Wegen dem Verkauf der Pfleggründe.

Se. Churfürstl. Durchläucht haben gnädigst befohlen, daß Höchst-Ihr, über die Organisirung der Pflegen, und den Verkauf der Pfleggründe schon unterm 4ten Jänner *) vorigen Jahrs gefaßte, und hier in vidimirter Abschrift anliegende Entschluß, durch Abordnung mehrerer Kommissarien alsogleich vollzogen werde. Diesemnach wird der Churfürstl. Hofkammerrath v. R. anmit gnädigst beordert, die Land- und Pfleggerichter Aibling, Rosenheim ꝛc. zu bereisen, und nach der ihm hier abschriftlich angebogenen, auch vidimirten Commissarischen Instruktion unterm 19ten Dezember **) dieses Jahrs, der vorstehenden höchsten Willensmeynung gemäß, dieses Geschäft zu bearbeiten, dem auf ihn gesetzten gnädigsten Vertrauen durch genaueste Beobachtung seiner Pflichten, und Anwendung alles Eifers und Fleißes zu entsprechen, und sohin das ihm übertragene Kommissorium auf das schleunigste, genaueste, und pflichtmäßigste in Erfüllung zu bringen, jedoch sich vor der Abreise bey dem geheimen Finanz Departement sowohl über die Zeit derselben, als auch über die Tour der Reise geziemends zu melden. München den 18ten Oktober 1798.

Instruktion zum Verkauf der Pfleggründe und anderer Realitäten.

1mo. Vor allen sind die zum Vollzug des höchsten Rescripts nöthigen Vorbereitungen zu machen, und daher theils aus hiesiger Kammeral-Registratur, theils bey den Aemtern selbst folgende Behelfe zu sammeln, oder zu verfassen, forthin aus diesen gleichförmig für ein jedes Pfleggericht besondere Acta zu bilden, nehmlich

a) Eine Abschrift des zwischen dem Hauptpfleger und dem Pflegsbeamten bestehenden jüngsten Kontrakts.

b) Die Anzeige, oder Bestimmung des dem Hauptpfleger künftighin zu entrichtenden Gnadengehalts. — Wo der Hauptpfleger ein gewisses bestimmtes Absent von dem Pflegsbeamten beziehet, bestehet dieß Produkt Lit. b simpliciter in einem Auszuge der Summæ aus dem Kontrakte Lit. a. — Wo aber der Hauptpfleger dem Pflegsbeamten besoldet, oder gewisse Theile der Pflegs-Einkünfte hinübergelassen hat, muß dieses Produkt Lit. b aus einem 10jährigen Auszuge der Pflegs-Nutzungs-Rechnungen bestehen, mithin auf diese Art der reine Gewinn des Hauptpflegers angezeigt werden. — Und wo endlich der Hauptpfleger einen Theil der Pflegs-Realitäten mit gebrödeten Dienern genießet, folglich die Pflegnutzungs-Rechnung nicht vollständig ist, ist juxta punctum 2dum Rescripti entweder aus den vorzulegenden Wirthschafts-Manualien, oder mittels vorgängiger eidlicher Schätzung der reinen Nutzung ein genauer Anschlag zu ver-

*) Vid. die Sammel. v. J. 1797. Seite 907. N. 191.
**) Siehe hienach die Beylage.

verfassen, und das Kommissariatische Gutachten des künftigen Gnadengehalts beyzufügen.

c. Ein Auszug alles desjenigen, was der Hauptpfleger bisher ad Aerarium, z. B. an Pferdgeldern und Conditionssteuern, dann Küchen = oder Jagd= Recompens u. d. gl., oder was er (außerhalb des Pflegbeamtens) noch an andere Personen, z. B. Bannrichter oder Gerichtsdiener legaliter zu verreichen hatte, als welch erstere Aerarial = Einnahme juxta punctum 3tium nunmehr gänzlich cessirt, die letzt bemeldte Ausgabe aber für das künftige ad Aerarium übernommen wird.

d. Das im 11ten Punkte des Rescripts angeordnete 1te Hauptlibell über sämmtliche Realitäten der Hauptpflegen mit Anhandnehmung der Saal = und Lagerbücher und der 3 Fassionen de annis 1732, 1757 et 1786. In dieses erste Libell sind aber nicht nur allein die Pflegshofbaue, oder einzelne Aecker und Wiesen, dann Zehenten, Fischwässer und übrige Realitäten (mit alleiniger Ausnahme der Amtswohnungen, und Hausgärten) sondern auch gewisse Rechte, welche wo nicht auf Erbrecht gegeben, doch wenigstens verstiftet, oder um eine angemessene Ablösungs = Summe nachgelassen werden könnte, z. B. das Recht eine gewisse Anzahl Pferde, Kühe oder Schweine in eine fremde Welde zu schlagen, die Nutzung des Nachdrechts, das Recht eine gewisse Anzahl Fischzüge zu machen, das Recht auf jeden dritten Fisch bey einer Fischerey, das Recht auf den dritten Theil des Strohes, oder den dritten Theil des Heues oder Grumets 2c. 2c. einzutragen. Nach diesen zur Veräußerung bestimmten Realitäten und Rechten kommen dann auch die nunmehr den Churfürstl. Forsten einverleibt werdenden Pflegholzgründe, und die hiernachfolgende bestimmter maßen neuerdings zu verstiftende Pflegjagen einzuverleiben. Bey den erstern zu Veräußerungen bestimmten Realitäten muß dieses Hauptlibell tabellarisch nach 11 Columnen eingerichtet werden. In die erste Columne kommt der Name, oder kurze Beschreibung des Grundstückes. In die zweyte Kolumne der beyläufige geometrische Innhalt. In die dritte Columne der Anbau. In die vierte der mögliche Fand. In die 5te die Schätzung. In die 6te der Name des Käufers. In die 7te der Kaufschilling. In die 8te die nach dem Kaufschilling sich regulirende Geldstift. In die 9te die ebenfalls nach dem Kaufschilling sich regulirende Mayerschaftsfrist. In die 10te wird seiner Zeit die darauf gelegt werdende einfache Landsteuer; und in die 11te. der sich hiernach richtende Fourage = Beytrag eingetragen.

e. Das zweyte Hauptlibell über sämmtliche ad Aerarium gegeben werdende Geld = und Natural = Abgaben der Unterthanen mit ihrem Anschlage nach der jüngsten Fassion, und mit einer leeren Columne für die nach geendigten Hauptgeschäfte von 12 zu 12 Jahren neu regulirt werdenden Geldbeträge bey den Naturalabgaben. Wenn aber bey Verfassung dieses zweyten Libells einige Geldgelder oder Naturalabgaben der Unterthanen vorkommen, welche noch nicht die Natur eines eigentlichen Canons haben, sondern nur zeitliche Recognitionen oder Pachtgelder sind, und wo also die Unterthanen auf denjenigen Grundstücken oder Realitäten, wegen welcher sie diese verreichen, noch kein dominium utile haben, sind diese Vorkommnisse in das erste Libell vorzutragen.

f. Das dritte Hauptlibell über sämmtliche nunmehr cessirende Geld = und Material = Solde und Additionen ex aerario, zu welchem Ende alle Gerichts= Kasten= Bräu= Mauth= und Forstamtsrechnungen zu durchgehen sind.

g. Das vierte Hauptlibell über den Ertrag der Gerichtstaxen und Sportel, dann der Kirchenrechnungs = Steuer = und Aufschlags = Deputaten, mit Beyfügung des Anschlags der Amtswohnung, Hausgarten, und des zur Amtswohnung allenfalls unmittelbar gehörigen Ein = und Umfangs.

h. Eine summarische Abschrift der ganzen Fassion des Pflegbeamtens de ao. 1786 als Grundlage zur Regulirung seines neuen Soldes.

i. Die

i. Des Kommiſſärs geheime Bemerkungen über dieſe Faſſion, mit Beyle=
gung gültiger, bemeiſender Extracte aus 6 oder 10 jährigen Sportelregiſtern und
dergleichen, und endlich

k. Das Kommiſſariatiſche Gutachten über den künftigen aus der Belaſſung
des 4ten Libells, aus 24 Schäffel Haber, und 36 Klafter Holzes (wo dieſe 2 Na=
turalabgaben bis jetzt herkommlich waren) nach dem in der Faſſion de 20. 1786
angeſetzten Preiſe, und aus einer Ausgabe an baarem Gelde beſtehenden Sold
des Beamten, oder aber, wenn beſagtes 4tes Libell allein ſchon die bisherige
Faſſion des Pflegbeamten überſteigen würde, das Gutachten über den ad Aerarium
zu verreichenden interimiſtiſchen Beytrag zum Gnadengehalte des Hauptpflegers.

2do. Für die im erſten Hauptlibelle Lit. d. in die 8te Columne einzutra=
gende Geldſtiften wird hiemit zur Vereinfachung des Geſchäftes (und damit ſelbe
mit der Qualität und dem innerlichen Werthe des zu vererbrechtenden Grund=
ſtückes) als welcher ſich durch den Kaufſchilling des Meiſtbiethruben am ſicher=
ſten beſtimmt, nach den verſchiedenen Gegenden allerſeits in gleiches Verhältniß
kommen, folgender Maasſtab feſtgeſetzt, daß nämlich von dem, in der Licitation
ausgefallenen Erbrechts = Kaufſchilling dreyßig Kreuzer von hundert Gulden
zum jährlichen ordentlichen Canon verreichet werden ſollen. Dieſes verſteht ſich
nicht bloß auf Aecker und Wieſen, ſondern auch auf Fiſchwäſſer, und überhaupt
alle jene Realitäten und Rechte, welche nach dem 1ten Punkt Lit. d. auf Erb=
recht verkauft, und deswegen in das erſte Hauptlibell eingetragen werden; nur
daß von jenen Fiſchwäſſern, welche zugleich Perlbäche ſind, die Fiſchnutzung kei=
ner Privatperſon vererbrechtet, ſondern dieſelbe nur dem Beamten, oder aber
den aufgeſtellt und verpflichteten Perlfiſchern verſtiftet werden ſollen. Auch ſind
die Pflegzehenten von der gegenwärtigen Modalität des Verkaufes auf Erbrecht,
folglich auch von der Eintragung in das erſte Hauptlibell vollkommen ausgenom=
men, indem dieſe auf eine andere, und zwar auf jene Art veräuſſert werden
müſſen, wie nächſter Tagen wegen den kaſtenamtlichen Zehenten allgemein ver=
ordnet werden wird, deswegen hierüber beſondere Libelle dem erſten Hauptlibell
beyzulegen ſind.

3tio. Wo noch einige Natural = Scharwerke, oder Dienſtleiſtungen zum
Pflegbofbau herkommens ſind, gehören ſelbe allenfalls in obiges 1tes Hauptli=
bell Lit. d.; ſie müſſen aber vor allem, und ehe noch zur Licitation geſchritten
wird, in ein Geld = Aequivalent umgeändert werden, deswegen dann die Kommiſ=
ſarien ſogleich mit den Unterthanen auf ein angemeſſenes Surrogat zu handeln,
und dieſes Transactions = Protokoll dem Hauptlibelle Lit. d. zur höchſten Ratifi=
kation beyzulegen.

4to. Die Pflegejagen, deren Genuß regulariter mit dem ganzen 1ten
Libellsbetrage ceſirt, ſind gnädigſt anbefohlenermaßen nicht zum Verkaufe, ſon=
dern nur zur neuen Verſtiftung geeignet, jedoch nicht mehr um den bie und da
verreicht werdenden geringen Rekompens, ſondern, wenn ſchon mit Rückſicht auf
die Koſten des Jagdperſonals, doch allerwenigſtens um das nehmliche Quantum,
auf welches dieſer Jagdgenuß in der Faſſion des Hauptpflegers, oder Pflegbe=
amten tarirt iſt. Damit man aber wiſſe, was ein ſolcher Jagdbogen werth ſeye,
und reſpect. was für ein höchſtes jährliches Stiftgeld hierum erhalten werden
könne, hat der Kommiſſarius nicht nur allein den Hauptpfleger oder Pflegbe=
amten, (ſo ihn dermal inne hat) zu vernehmen, wie viel Stiftgeld derſelbe pro
futuro verreichen wolle, ſondern es iſt auch den umliegenden adelichen Gutsbeſi=
tzern oder Klöſtern das Anerbieten zu machen, und hiernach von einem jeden zu
hören, wie viel Stiftgeld verreicht werden wolle? wornach dann auch dieſe Kor=
reſpondenzen dem Hauptlibelle Lit. d. anzufügen ſind. In der Hauptſache aber
werden die Jagdbögen doch nicht dem Meiſtbiethenden überlaſſen, ſondern Sr.
Churfürſtl. Durchlaucht behalten Sich bevor, wem höchſtdieſelbe aus den verſchie=
denen Konkurrenten mit Rückſicht auf das angebothene Stiftgeld den Jagdbogen
verleihen wollen.

Sechſter Band   M m m   5to.

5to. Sobald die bisher bemerkte Arbeit fertig ist, hat der Kommissarius die oben erwähnte Aktenstücke von Lit. a. bis k. zu höchsten Handen einzusenden, und sich sogleich auf das nächstgelegene Gericht zur ähnlichen Vorarbeit zu begeben, wo indessen höchster Orten von der ganzen Vorarbeit des vordern Gerichts Einsicht genommen, der Gnadengehalt des Hauptpflegers und die Besoldung des Pflegbeamten ratificirt, und wenn es wegen Verkauf dieses, oder jenen Stückes, auf diese oder jene Art einen Anstand giebt, entschieben werden wird; zu welchem Ende auch der Kommissarius die allenfallsige Anstände in seinem von ihm so viel möglich eigenhändig zu schreibenden Kommissions-Bericht über jedes einzelne Gericht zu bemerken, aber zugleich jederzeit ein gründliches und bemessenes Gutachten beyzufügen hat. Sollte jedoch wegen allenfallsiger übler Witterung im Hauptlibelle Lit. d. noch zur Zeit bloß die Spezifikation der Grundstücke, aus den Saalbüchern und Fassionen, ohne nähere Beschreibung ihres Flächen-Inhalts oder Ausbaues, mithin ohne dem Regulativ der Stift und Gilt, und ohne der eidlichen Schätzung verfaßt werden können; so ist bis zum Erfolg besserer Witterung dieses einsweilen ausgestellt seyn zu lassen, und der Akt dessen ungeachtet einzusenden, um einstweil doch den Gnadengehalt und die Besoldung zu bestimmen, und andere schon während der Arbeit aufgefallene Anstände entscheiben zu können.

6to. Nach erfolgt höchster Resolution, mit welcher dem Kommissario auch wieder der Akt zurückgesendet wird, hat selber, ohne daß et ad locum unde zu rückzukehren bedarf, den Licitationstag auf 3. 4 oder längstens 6 Wochen hinaus, oder überhaupt auf eine solche Zeit von Special-Commissions wegen auszuschreiben und publiciren zu lassen, wie derselbe glaubt, mit der Vorarbeit beym nächsten 2ten oder 3ten Gerichte fertig werden, oder die Vorarbeits-und Licitations-Zeiten gegen einander einschalten zu können. Entgegen an dem eintretenden Licitationstage muß derselbe persönlich wieder erscheinen, und den Kaufsliebhabern die künftige Praestation erklären.

7mo. Alle Grundstücke und Realitäten sollen außerhalb ganz besonderer, und daher schon vorläufig unter den Anständen darzustellendr Fälle, niemals in einem Complexu, sondern allezeit nur einzeln und theilweise als walzende Stücke verkauft werden, ja sogar bey größeren Grundstücken, und besonders bey Wiesen, welche mehr als 8 oder 10 Tagwerk enthalten, sollen dieselbe vorerst in kleinere Theile getheilt, und so zu kleineren Theilen verkauft werden, als wodurch wegen mehreren Käufern immer eine größere Summe erlöbt werden kann.

8vo. Wo einige von dem Schloße oder Amtswohnung ganz abgesonderte Oekonomiegebäude existiren, müssen selbe ebenfalls, und zwar, wenn sich ein solcher Käufer meldet, welcher diese Gebäude zu einem Theil der erkausten Pfleggründe benutzen will, so ist bloß auf die Area ein ewiger Bodenzins zu legen, das Gebäude aber als solches, auf freyes Eigenthum zu verkaufen. Wo sich aber kein Käufer um solche Gebäude findet, oder wo sie mit der Amtswohnung im unzertrennlichen Vorbande, oder nothwendigen Ein-und Umfange stehen, sind selbe eingeben zu lassen, und die Baumaterialien nach und nach, oder bey Gelegenheit sogleich an ein nächstgelegenes Cameral-Bauamt, oder wenn ein derley Churfürstl. Bauamt solche nicht übernehmen wollte, oder könnte, an Extraneos zu verkaufen.

9no. Bey vorkommenden Rechten und Gerechtigkeiten auf fremden Gründen wird dem Ermessen der Kommissarien anheim gestellt, ob derley Rechte einem Dritten auf Erbrecht plus licitando zu verkaufen schicklich und thunlich seye, oder ob selbe nicht vielmehr dem Besitzer des Praedii servientis gegen einen angemessenen Ablösungs-Kaufschilling, und einer mäßigen ewigen Recognition nachzulassen werden sollen, worüber das Gutachten dem Vorbereitungsberichte einzuverleiben ist.

10mo. Dem wirklich amtirenden Ober-oder Nebenbeamten und ihren Familien, so wie auch den Gerichtsdienern ist es nicht erlaubt beym Verkaufe der

der Pflegs-Realitäten mit einzusteigern, wohl aber den nicht selbst amtirenden Hauptpflegern, und auch letzteres in jenem Falle nicht, wo eine Gefahr obwaltet, daß
die Unterthanen vielleicht auch durch Vermittlung des amtirenden Beamten in der
Mitversteigerung abgehalten, oder schüchtern gemacht würden.

11mo. Nach vollbrachter Licitation ist in dem Hauptlibelle Lit. d.
der Name des Käufers, der Kaufschilling, und die auf jedes 100 fl. vom Kaufschilling treffenden 30 kr. Canon, nebst 22⅓ kr. Mayerschaftstrist einzutragen;
dann ist auch nach Endigung all obiger Geschäfte mit den Unterthanen für die
im zweyten Hauptlibell Lit. e. vorkommende ad Aerarium gezobene alt herkomm-
liche Küchendienste, und dergleichen Naturalabgaben (mit alleiniger Ausnahme
derjenigen Getralder, welche bisher den Pflegern eingedienet wurden, und nun
auch fernerhin in natura jedoch auf den Churfürstl. Kasten einzudienen sind) eine
Handlung auf ein Geld-Aequivalent für die nächsten 12 Jahre zu treffen, mit dem
Ohnverhalt, daß wegen diesen Küchendiensten und andern Naturalabgaben nach 12
Jahren Sr. Churfürstl. Durchlaucht freystehen soll, Sich selbe in natura wieder
einzulosen, oder wieder auf ein weiteres Geld-Aequivalent handeln zu lassen.
Und wenn dann der behandelte Geldbetrag im erwähnten zweyten Hauptlibell
eingetragen ist, so ist von beeden Hauptlibellen Lit. d. et e. dem Pflegsbeamten
eine vidimirte Abschrift als Lagerbuch zu der neuen Kasten-Zugangs-Rechnung
zu hinterlassen, der ganze geschlossene Akt aber samt dem Licitations-Protocoll
zu höchsten Handen mit den allenfalls noch nothwendig findenden weiteren Bemerkungen und Gutachten pro Ratificatione finali einzusenden.   Die Churfürstl. Kom-
missärien haben jedoch die Ratification nicht mehr abzuwarten, sondern sich sogleich
in die nächsten Gerichter zur Fortsetzung ihrer Geschäfte zu begeben, indem erwähnte Ratification directe an die Beamten selbst erfolget, und diese die Kauf-
schillingsgelder einzukassiren, auch ohnverzüglich zur Churfürstl. Hauptkassa einzusenden haben.

12mo. Gelegenheitlich dieses Geschäftes wollen Se. Churfürstl. Durchlaucht
auch eine genuine Beschreibung aller Amtsgründe, der mit den Hauptpflegern
in keiner Verbindung stebenden Kastenbeamten, Gerichtschreibern, und Gerichtsdiener, welche in einem besondern mit Lit. I. zu bezeichnenden Libelle samt einer
eiblichen Schätzung derselben anzufügen sind. München den 19ten Sept. 1798.

Nro. XVI.

Nachdem Seine Churfürstlichen Durchlaucht aus mehrern Gründen zu der
höchsten Entschließung bewogen worden sind, in Höchst-Dero Baierisch-
Oberpfälzischen, und Neuburgischen Landen, allen aus Frankreich und Elsaß
emigrirten oder deportirten Geistlichen,) oder weltlichen Personen beyderley
Geschlechts, welche bisher noch nicht in obigen Staaten waren, den Eintritt
und Aufenthalt in solchen gänzlich, und nachdrucksamst zu verbiethen; sofort auch
jenen obbesagten Personen, welche die Aufenthalts-Erlaubniß schon einmal hatten, den Eintritt ebenfalls in so lange zu versagen, bis selbe um solche Gnade
neuerdings gebethen, und sie nach gnädigsten Gutbefinden erhalten haben werden, sohin in dieser Hinsicht hiernach unterm heutigen sämtliche Eintritts-Sta-
tionen schärfest angewiesen worden sind. Als wird solches zu Jedermanns Wissenschaft anmit kund gemacht. München den 29ten September 1797.

*) Vid. die Samml. v. J. 1797. Seite 495. N. 148.

Nro. XVII.

Se. Churfürstl. Durchlaucht haben den, von der, wegen der Strassen-Erwei-
terung um die hiesige Stadt, gnädigst niedergesetzten Kommission bey Gelegenheit der Baron v. Berglassischen Entschädigung im Bericht vom 22ten Okt.
gemach-

Eintritts-
Verboth der
emigrirten
oder depor-
tirten Fran-
zosen.

Die Resti-
tution der
liegengeblie-
benen Plätze
um die hiesi-
ge Stadt be-
treffend.

Mmm 2

gemachten Vorschlag in gnädigste Erwägung gezogen, und obwohl Höchstgedacht-
Se. Churfürstl. Durchläucht die, für die Sicherheit der hiesigen Hauptstadt nützlich gewordene Anstalt in Erweiterung der Straffen, und Herstellung eines freyen
Vorplatzes aufrecht gehalten wissen wollen, so können Höchstdieselbe doch dasjenige gnädigst geschehen laſſen, was einerſeits dieſer Abſicht nicht widerſpricht,
und andererſeits bey den ſonſt nothwendig werdenden viel mehreren Entſchädi-
gungen zu Erleichterung der Kaſſe gereicht; Se. Churfürſtl. Durchläucht haben
daher gnädigſt beſchloſſen, daß die zwiſchen der unbedörklichen neuen Straſſen,
und dem Wallgraben liegen gebliebenen Plätze wieder hindan gelaſſen werden
ſollen, jedoch nur zur Entſchädigung jener Perſonen, welche durch die Straſſen-
Erweiterung und Applanirung einige Grundſtücke verlohren haben, mithin keineswegs zu neuen Gnaden-Verleihungen, und nur gegen folgenden Revers, daß

    1mo. an der hergeſtellten Ebene gar nichts geändert werde, und ſelber
ein bloſſer Grasboden bleibe.

    2do. Daß hierauf gar nichts, weder von Stein noch von Holz gebaut,
noch eine Planke geſetzt, ſondern daß

    3tio. bloß neben der Straſſe, (welche an ihrer jetzigen Normalbreite nicht
im mindeſten zu ſchmälern iſt) ein niederes Geländer gezogen werden dürfe, um
das Verderben des Graſes durch Menſchen oder Vieh zu verhindern.

    4to. Und daß endlich die wiederumige reſpect. neue Eigenthümer ſchuldig
ſeyn ſollen, dieſe Plätze im Falle einer Staats-Nothdurft, oder ſonſt zu einem
öffentlichen Staatsgebrauch auf jedesmaliges Verlangen gegen billige Entſchädigung wieder abzutretten.

Die gnädigſt niedergeſetzte Kommiſſion hat ſich alſo hiernach zu achten,
und wie wohl nicht unbillig iſt, daß bey der Zurückgabe der applanirten Plätze
an die vorige Eigenthümer denenſelben für die Deterioration ein mäßiges Quantum
entweder in Geld, oder durch einen beſto größeren Flächen-Inhalt, mittels
Verwendung deſſen, was von den bereits entſchädigten Parthreyen übrig geblieben iſt (ſofern nicht auch dieſe ihr empfangenes Geld reſtituiren, und den Grund
in natura wieder zurücknehmen wollen,) erſetzt werde, ſo hat aber doch dieſelbe
zur Schonung der Staatekaſſen dießfalls in den Schätzungs-Ausgleichungen mit
der pflichtmäßigen ſtrengſten Genauigkeit zu Werke zu geben, und vorzüglich vor
Augen zu halten, daß eine ſo nahe Entlegenheit an der Hauptſtadt auch dem
ſchlechteſten Grund in großen Werth ſetze, folglich jene Koſten, welche erforderlich ſeyn möchten, um die jetzt durch Applanirung einmahig gewordenen Plätze
wieder zweymahig zu machen, in gar keinem Verhältniße mit einem Werthe
ſtehen, welchen das Grundſtück, ſobald ſelbes wieder zweymäßig geworden iſt,
erhält. Um nach obigen General-Grundſätzen verfahren zu können, folgen die
dermalen noch unentſchieden hinterliegende Acta zur nochmaligen neuen Unter-
handlung, und weiteren Berichts-Erſtattung. München den 23. Novemb. 1798.

Nro. XVIII,

Parere
Medicum,
deſſen erſter-
derliche Be-
ſchoſſenheit.

Das Churfürſtl Collegium Medicum in München hat bey Gelegenheit einer
über die Tödtlichkeit einer Verwundung abgegebenen Deciſion nachfolgende Requiſiten zur hinkünftigen Anleitung der gerichtlichen Aerzte, und Wundärzte in ähnlichen Criminalfällen in Erinnerung gebracht.

    a) Das Parere medicum ſoll poſt inſpectionem vulneris ſogleich ab-
gegeben werden.

    b) Es iſt ein gehöriges Tagebuch (Diarium morbi) abzuhalten, in
welchem die täglich bey dem Verband wahrgenommene Beſchaffenheit der
Wun-

Wunde, die sich von Tag zu Tag einstellende Symptomen der Krankheit, und Brand deutende Kennzeichen, dann die tägliche Anwendung der innerlichen und äußerlichen Heilmittel, und ihre nöthig gefundene Abänderung nach geänderten Umständen des Kranken, getreu aufgezeichnet werden müssen.

c) Das Verhalten und Befinden des Verwundeten von dem Anfange seiner Verwundung bis zum erfolgenden Tod soll eben so, wie

d) Die Behandlungsart des Verwundeten in der Kur während seines Krankenlagers nach den Symptomen oder besondern Zufällen bestimmt, und zuverläßig vorgetragen werden.

e) Während dem Krankenlager muß von dem behandelnden Wundarzt über das Befinden des vulnerirten oder der Verschlimmerung seiner Gesundheitsumstände von Zeit zu Zeit die Anzeige gemacht, und von dem Arzt Nachsicht über die Wirkung seiner verordneten Heilmittel gepflogen, so fort der Kranke nicht lediglich der Obsorge eines mit den nöthigen Kenntnissen nicht versehenen oder wohl gar unapprobirten Landbaders überlassen werden, und

f) kommt in den Wund- und Sektions-Berichten mit Bestimmtheit anzumerken, welche Gefässe eigentlich bey dem Verwundeten verletzt worden, und ob die allenfalls nach der Verwundung entstandene starke Verblutung aus größern, oder minder großen Gefässern erfolgt sey. Den Churfürstl. Land- und Pfleggerichtern wird demnach solches zur Nachricht und Darnachachtung mit dem gnädigsten Auftrag eröfnet, die Vorschriften den Gerichts-Physicis, und ad criminalia verpflichteten Chirurgen zur genauen Beobachtung mitzutheilen, und sie hierauf anzuweisen. Amberg den 21. Dezemb. 1798.

Nro. XIX.

Dem in dem Pflege-Organisirungswesen gnädigst ernannten hiesigen Churfl. wirklichen Hofkammerrath v. M. wird Nachtragsweise zu dem unterm 18ten Oktober*) des vorigen Jahrs erhaltenen gnädigsten Auftrag anmit eröfnet, daß er sich nach nun eingekommenen agnatischen Konsensu zu der ihm treffenden Abreise in die bestimmten Distrikte, nach, so viel es immer möglich war, und Diarium es noch ist, sich hier eigen gemacht haben werdende nothwendigen und hinlänglichen Akten-Information bey der erst thunlichen Witterung bereitet halten solle. Diesem wird noch weiter beygefügt, daß die Operationen in denen Pflegzebenden nun nicht mehr, wie es anfänglich befohlen worden ist, abgesondert, sondern gemeinschäftlich mit den sämtlichen Pflege-Organisirungswesen behandelt, und sich hiebey lediglich nach der wegen den Churfürstl. Kosten-Zebenden ad Cameram gekommenen, wegen denselben aber in Suspenso bleibenden höchsten Vorschrift, und Weisung verhalten werden solle. München den 22ten Jänner 1799.

*) Vid. antec. N. 15.

Nro. XX.

Ohnerachtet Wir die Verheurathung der Polizeydiener ungern zugeben, so wollen Wir doch in Hinsicht, daß der um sich verehlichen zu dürfen, bittlich durch euch eingekommene Polizeydiener N. ein ordentlicher und brauchbarer Mann, auch dessen Gegenstand N. bey Jahren ist, und dessen 4jähriges Kind noch einer Erziehung bedarf, gnädigst geschehen lassen, daß selber zur zweyten Ehe schreiten dürfe. Welches Wir euch auf euern gehorsamsten Bericht vom 12ten Dezember an. cur. mit dem gnädigsten Auftrag ohnverhalten lassen, dem Supplikanten N. die Heurathsurkunden auszufertigen zu lassen. München den 18ten Jänner 1799.

Nro. XXI.

Sechster Band.   R n n

Nro. XXI.

Kourier-
und Extra-
Post-Tare.
Da in Rücksicht der dermaligen Fourage-Theurung benehmlich mit dem kaiserlichen Reichspost-Generalat beschlossen worden, die Kourier respect. Extraposten-Tare dergestalt zu erhöhern, daß, bis eine wiederumige Minderung bekannt gemacht wird, für ein Pferd von einer einfachen Station 1 fl. 30 kr. von allen Posthaltern in Baiern erholt werden darf; so wird dieses zu Jedermans Nachachtung hiemit kund gemacht. München den 15ten Febr. 1799.

Alpha-

Alphabethisches Register
über
den sechsten Band
der Generalien-Sammlung
vom Jahre 1799.

A.

Abründler, von diesen, wenn sie die zuläßige drey Freyjahre bereits genossen haben, sind die Steuren wieder zu erholen, ob sie schon ihre Häuser, und anders zum Theil, oder noch nicht ganz aufgebauet haben. s. 81, §. 12. s. 72. §. 12. s. 62. §. 12.

Abdankung, siehe Abschied.

Abensberg, die zum dortigen Kastenamt gehörige, und im Forstmeisteramt Geißenfeld entlegene Waldungen zu 795stl. Tagwerk 1266 Quadrat-Schuhe werden nur mehr nach dem auf 70 Jahre vorgeschlagenen Turnus abgeholzet. s. 50. N. 21. Dagegen passiren den Karmelitern allda die zu ihrem Brauhaus daraus erhaltene jährliche 50 Klafter nur mehr auf Rechnung des Landes-Aerarii. s. 51. §. 6.

Ab- oder Wegreisende, siehe Reiselicenzen.

Abschaffen, das nächtliche durch die Militärpatrouillen in den Wirths- und Kaffeehäusern, ist sammt den bisher bestandenen sonderbaren Begünstigungen einiger derselben in München abgeschaft. s. 110. N. 14. Dagegen hat jederman um 11 Uhr, als der allgemein festgesetzten Stunde von selbst nach Hause zu gehen. ibid.

Abschied, darf keinem, der seine Kapitulationszeit ausgedient hat, und keine neue eingehen will, versagt werden. s. 153. §. 17. Siehe Kapitulationszeit.

Abstoß der Waaren, wird den Handelsleuten in ihren Häusern nicht gestattet. s. 90. N. 9.

Abwesenheit, siehe Amtsabwesenheit.

Akademie zu Ingolstadt, daselbst muß jeder Dienstaspirant neben den allgemein und vaterländischen Rechten auch in den Wissenschaften der Staatswirthschaft, der Handlung und Polizey, ausschließlig des philosophischen Kurses den zjährigen Kurs absolvirt haben. s. 28. §. 1. s. 17. § 1. Von ihrem Pfarrern Unterthanenstadt, Schambeuptern und der Provision Ponderst wird nur der kleinere Posten-Tax mit 5 fl. genommen. s. 141. N. 21.

Acceß bey denen Justiz- und Kameral-Kollegien, ist die letzte Stufe der Besähigung, wo der Praktikant auch mit Rathsarbeiten beschäftiget wird. s 23. §. 4. s. 18. §. 4. s. 10. §. 7. Er arbeitet votando et proponendo auf abgesbudertem Tischen und Bänken. s. 24. §. 6. N. 20. s. 21. Wobey kein Unterschied von Ritter- oder Gelehrten-Bank statt hat. s. 29. N. 31. Der Praktikant wird aber zu diesem Acceß auch ohne vorhin abgelegter Probrelation, und gewöhnlicher Prüfung gelassen. s. 23. §. 4. s. 21. N. 2. s. 3. s 20. N. 18. Doch nur auf schwerig berichtliche Anzeige zur höchsten Stelle, sohin auf vorgängiges Direktorial-Gutachten. s. 24. §. 6. s. 21. N. 20. §. 2. s. 20. N. 18. Dieser Acceß wird aber nie für mehr, als eine bloße Praxis angesehen, und selbst den Geschicktern nicht über zwey Jahre gestattet. ibid. Dagegen darf sich auch keiner zu einer Rathsstelle Hoffnung machen, der nicht nach durchgegangenen allen Stuffen des Praxis wenigst ein Jahr den Acceß genommen, und sich durch fleißige Arbeiten ausgezeichnet hat. s. 12. N. 5. deswegen auch den Praktikanten die Arbeit so, wie den wirklich angestellt, und besoldeten Räthen zugetheilt wird. ibid.

Alphabethisches Register.

het gar kein Gehalt passirt, und hat hiefür der respicirende Rath und Rechnungs-Justifikant in solidum zu haften. §. 88. N. 5. Auch für das Ausbleiben aus dem Rath ohne erheblicher Ursach soll den Räthen nach Gutachten des Präsidenten die Besoldung pro rata abgezogen werden. §. 3.

Amtsbaarschaften, die sämmtliche, werden im Jahr 1798 zur Hauptkassa eingefodert, und durch einen eigenen Kommissär untersucht. §. 47. §. 3. Nur waren die Salz-Bräu-und Bergämter davon ausgenommen. ibid.

Amts-oder Justiz-Praxis, diesem muß der Kanzley-Praxis vorgehen. §. 24. §. 5. §. 16. §. 3. und bey den Pfleg-und Landgerichten der größte Fleiß, und die längste Zeit gewidmet werden. §. 29. N. 31. §. 24. §. 5. §. 18. §. 3. §. 16. §. 3. §. 10. §. 3. Zugleich ist mit dem Amts-Praxi der Kameral-Praxis zu verbinden, besonders von jenen, die nach Rathsstellen streben. ibid. Dem Praktikanten ist aber auch unbenommen, bey den Land-und Pfleggerichten während der Praxi den Parteyen per modum advocatiae beyzustehen. §. 24. §. 5. §. 18. §. 3. §. 16. §. 3. Der Aspirant zu einer Kameralstelle muß den gesammten Aemter-Praxis wenigst ein Jahr lang ausgehalten haben, außer dessen darf ihm auch kein Attestat darüber ertheilt werden. §. 32. N. 39.

Amtsstellen, siehe Dienstgesuche.

Anbring-und Handgeld, dieses bleibt noch ferners der Uebereinkunft des Werbers und Rekruten überlassen. §. 151. §. 1. Außer dessen bekommt der Anbringer für einen bey der Infanterie freywillig zugehenden Ausländer beym Zugang 4 fl. ibid. §. 2. und für einen aufgehobenen Müßiggänger, oder Voganten 3 fl. ibid. §. 5. Dieses ist aber jedesmal in den Essentscheinen sowohl, als in den Zu-und Abgangs-Designationen pflichtmäßig vorzutragen. ibid §. 9. Wenn der Rekrut sich selbst stellt, passirt kein Anbringgeld, wie bey der sich selbst remunagkrenden Mannschaft. ibid §. 10. 11. eben so werden die für die freywillig zugehende Inn-und Ausländer extra bezahlt werdende 6 fl. Anbringelder nicht mehr passirt. ibid. §. 12.

Apotheker, können observanzmäßig auch zu den Bürgermeister-und Rathsstellen befördert werden. §. 19. N. 16.

Appellationen, in Confiscationsfällen wider die Neuburgische Mautämter gehen wider zur Landesregierung Neuburg. §. 87. N. 3.

Appellations-Fatalien in Kulturs-Streitigkeiten gehen unmittelbar, und zwar von der Zeit der Publication in 14 Tagen sub poena Desertionis, an die Oberlandes-Regierung. §. 207.

—— wegen Vertheilung der Gemeindswaldungen sind in den drey vereinigten oberpfälzischen Herzogthümern 30 Täge. §. 14. N. 10.

Arbeit auf eigene Hand, siehe bürgerliche Gerechtigkeit.

Arbeitshaus, siehe Zuchthaus.

Arbeitstabellen, die gewöhnlichen sind auch beym Revisorio wieder einzuführen, und von Quartal zu Quartal einzusenden. §. 33. N. 42.

Armuthsabgänge, werden wegen den im Hoffuß höher stehenden Gütern nicht mehr passirt. §. 82. §. 14. §. 74. §. 14. §. 62. §. 14. wohl aber wegen den Bettelarmen zu seiner Arbeit mehr fähigen Häuslern, sofern kein übermaaß damit getrieben wird. ibid. Doch müssen die Specificationes hierüber gleich mit den Schadens-und Nachlaß-Beschreibungen längst bis Michaeli eingesendet werden. ibid.

Aufschlag, zur Verhinderung dessen Defraudation ist in Städten und Märkten auf alle und jede vor Michaeli erzeugende Suden Bier genaue Obsicht zu tragen, und das Verzeichniß hierüber den Aufschlagämtern der sonderbaren Erholungswillen zuzustellen. §. 76. N. 7. Die geistl. und adelichen Stände aber haben solche sub fide exceordotali et nobili dabin anzuzeigen. ibid. Der Aufschlag ad 25 fl. von den früheren Suden vor Michaeli ist keine neue und ungewöhnliche, sondern einen alt instraktionsmäßige Auflage. §. 75. N. 5.

§

— — und

C.

§. 2.

Alphabetisches Register.

G 5   Domi=

Fisch

b

laube=

Hof-

Alphabetisches Register.

Hof, in den Circeln und anderen Zusammenkünften bey Hof soll jedermann in gebührender Kleidung und anständiger Haarenfrisur mit Beyseitigung der Fraquen, Gilets, Bänderschuhe, runder Hüte, und bis an das Kinn umwundener Halstücher bey Vermeidung der Zurückabweisung erscheinen. §. 226. N. 13.

Hofanlags-Libellen, specificirt- und gefertigte Extrakte davon dürfen die Pfleggerichte den Landsteur-Aemtern nicht verweigern. §. 82. §. 15. §. 74. §. 15. §. 63. §. 15.

Hofbibliothek, siehe Bibliothek.

Hofkammer, dieser gebührt auch die Verbescheidung in allen Nachlaß- Freyjahrs- und Güter-Meliorationsgeschäften. §. 43. N. 12. und zwar ohne Einmischung der Ober-Landes-Regierung. §. 36. N. 2. Desgleichen die Jurisdictio gestæ administrationis über die Holzgärten. §. 224. §. 3.

Hofkriegsrath, und alle andere Kriegsbehörde, hat zwar alle Delicta pure militaria ganz allein abzuhandeln, aber niemand von Civilpersonen mit Steckstreichen, oder Spißruthenführen, sondern nur mit bürgerlichen anwendbaren Strafen zu belegen. §. 168. N. 21. Er hat auch keine Befehle in Polizeysachen auszugeben, ohne ehevor mit der Polizeybehörde sich benommen zu haben. §. 168. N. 20.

Hofrathsordnung, die allererste vom 13. Dez. 1580. ist der Beweis, daß die Streitigkeiten sich schon damals ziemlich vermehrt haben. §. 1. N. 1. und deswegen wurde sowohl wegen Frequentirung des Raths, als wegen Erledigung der Sachen klare Maaß vorgeschrieben. ibid.

Holzgärten, in dem zu München gebührt die Jurisdiction dem dortigen Forstmeisteramt, und in dem Bräuhaus-Holzgarten dem Bräuamt. §. 224. §. 3.

Holzgattungen, die verschiedene, wie sie zu behandeln, und zu kultiviren seyen? §. 99. N. 5.

Holzmaaß, das vorgeschriebene, soll richtiger beobachtet werden. §. 56. §. 10.

Holzmesser, sollen bey unnachläßiger Strafe das Holz im Maaße jedesmal ordentlich schlichten. §. 119. N. 30.

Hufe- und Kloß-Viehsteuer, diese bezahlen die bloßen Frostifizt, und Bestandner der adelichen Sitz- und Schloßhöfen, dann der Gemeinen Güter und Grundstücke von ihrer lebendigen Fahrniß mit der Instruktionsmäßigen Gebühr. §. 79. §. 7.

J.

Jagdbarkeit, so wenig daß prätendirte Weydrecht als ein giltiger Rechtsgrund gegen die Kultur angeführt werden darf, und kann, noch weniger sollen diejenige, welche auf solchen Gründen die Jagdbarkeit hergebracht haben, unter dem Vorwande ihres dabey geschmälerten juris venandi, die Kultur einstellen, oder verhindern können. §. 208. Da nur die Art des Weydwerks durch die Kultur verändert werden mag, das Recht zur Jagd aber unverändert bleibt, so sollen alle dergleichen, dem gemeinen Wohlstande widerstrebende, und in einem wohleingerichteten Staate nie zu duldende Einstreuungen und Widersprüche gleich auf der Stelle als gesetzwidrig und unstatthaft verworfen, und abgewiesen werden. ibid.

Jahrskalender, die bischöflichen, mit einem Conspect des weltpriesterlichen Cleri nach einem alphabetischen Verzeichniß werden im Jahre 1742. veranlaßt. §. 126. N. 5.

Infanterie-Inspection, siehe General-Inspectorat.

Ingelstadt, der Magistrat allda wird im städtischen Administrationswesen quoad Executionem dem dortigen Raths-Collegio im Jahre 1797. subordinirt. §. 15. N. 12.

— das Raths-Collegium allda hat seit dem Jahre 1797 in dem dortig städtischen Verwaltungswesen potestatem delegatam executionis quoad causas specificas jam judicatas. §. 15. §. 1. Deswegen sind aber auch alle Magistratsglieder sammt dem Syndikus bis auf den Stadtober-
i   rich-

Alphabetisches Register.

dessen

dessen Erben mehr gebühret, sondern es soll der Platz dem, welcher sich zuerst darum gemeldet hat, oder wenn dieser inzwischen von seinem Vorhaben abgestanden wäre, einem jeden ersten darum sich meldenden ohne weiters, und ohne fernere Rückfrage eingeräumt werden. Ebenkaum soll auch den vorigen Ruinierern oder Inhabern, auch selbst, wenn sie die darauf verwendete Kosten erstatten und gerichtlich deponieren wollten, kein Gebühr mehr verstattet, und wenn sie sich durch einige Thathandlung, durch Einreißung der Zäune oder andere Beschädigung der Kultur sträflich vergehen würden, gegen sie mit den festgesetzten Strafen unnachsichtlich verfahren werden. §. 208. Wenn aber unter mehreren prätendierenden Erwerbsberechtigten über das Erbrecht oder Eigenthum ein Streit entstände, so solle denjenigen darunter, welche sich in der ausgesetzten Frist zur Kultur erklärten, der Vorzug, und die Kultur gestattet, und die übrigen mit ihren Ansprüchen ad separatum gewiesen, erklärten sie sich aber sämmlich zur Kultur, und könnten sich über die Vertheilung unter ihnen nicht vergleichen, so wäre der ganze Platz auf ihre Kosten zu messen, und diese in so viel verhältnißmäßige Theile als Ansprüche vertheilt, und von einem jeden sein Antheil zu kultivieren, ibid. Die Ansprüche selbst aber sind an die Justizbehörde zu verweisen, wo sodann nach erfolgtem richterlichen Spruch jedem zwar sein kultivierter Antheil so wie die darauf interessen gezogenen Früchten bleiben, jene aber, welche zu viel daran erhalten hätten, an die übrigen das, was der ihnen abgetheilte Theil als dann nach unpartheiischer Schätzung und nach Abzug der Kulturkösten werth seyn wird hinaus bezahlen sollen. Siehe Landkultur.

Knudschaften, dürfen keinem in Arbeit nicht gestandenen Handwerksgesellen ertheilt werden, viel weniger älter als 14 Tage seyn. §. 120. N. 33. Doch ist dieser Termin bey den Maurergesellen, die oft mehrere Monate keine Arbeit finden, auf 2 Monate festgesetzt. ibid.

L.

Landanlehen, das allgemeine vom Jahre 1796 wird, um höhere oder neuere Auflagen, und Steuern zu vermeiden, ausgeschrieben. §.64. N. 3. und bis zur Heimbezahlung jährlich mit 4 pro Cento verzinset. ibid. Der Prälatenstand inclus. der Collegiat-Stifter, und des Maltheser-Ritterordens ziehet dieses Interesse der ihm anrepartirten Summe gleich bey der Ständsteuer ab, und übergiebt die Interesse-Scheine statt baar Geld. ibid. §. 1. Der Ritterstand, und jeder geistlich- oder weltliche Grundherr, der von jedem besitzenden grundbaren ganzen Hufe 13 fl. 20 kr., und vom halben 6 fl. 40 kr. zum Landanlehen entrichtet hat, ziehet solches von seiner Ritter- oder Herrngültsteuer, oder der Decimation ab. ibid §. 2. etc. Der Bürgerstand behält das Interesse der ihm anrepartirten Summe ebenfalls an den bürgerlichen Abgaben in. §.66. §. 6. Die Pfarrer und Beneficiaten bezahlen nur einen besonders anrepartirten Beytrag, von ihren grundbaren Gütern aber nichts. ibid. §. 7. und das gesammte Landvolk ziehet das Interesse ihres Hoffußmäßigen Anlehens wieder beym dritten Hofanlagsziel ab. ibid. §.8. Kein Unterthan, auch der durch Brand, beträchtlichen Schauer, oder Viehfall verunglückte war von diesem allgemeinen Anlehen befreyet ibid. Dagegen wird es so niemand anderem, als den Nachfolger auf dem Gute wieder heimbezahlt. ibid.

Land-Defension, dazu ist für Fälle, wo das Vaterland in Gefahr stehet, die Aufmahnung der Ritterlehenleute, die Einberufung der sogenannten Geldpferde von sämtlichen Landständen, Pflegern, und Beamten, die Pferde zu den Heer- und Rüstwägen von gewissen Unterthanen, und endlich die allgemeine Bereithaltung aller tauglichen Pferde für den Fall der Noth altverfassungsmäßig. §.149. N. 1. So mußten auch im Jahre 1610 alle Pfarrer im Lande ein gerüstetes Pferd und raisigen Knecht unterhalten, und solchen auf jedmaliges Erfordern in das Feld, oder zur Musterung stellen. §. 123. N. 1. Siehe Defensions-Nothdurft.

Landkutscher, Fuhrleute, und Marktschiffer, dürfen außer den offenen Frachtbriefen keine Briefe, und zur Post gehörige Paquete annehmen, und bestellen. §. 152. §. 16. Nur, wenn sie von einem mit keiner Poststation versehenen Orte abgeben, ist ihnen die Briefe bis zur nächsten Poststation gegen Bezahlung des Porto mitzunehmen erlaubt. ibid.

Land-

Landskultur, nach der Verordnung v. J. 1790 werden alle, sowohl auf gemeinen, als eigenthümlichen bden Gründen, dann Walfeldäckern, Hayden, Röser, bonis vacantibus u. s. w. gemacht werdende Waydrechts - und andere Dienstbarkeiten - Ansprüche, in soweit die Benutzung solcher Gründe zu Aecker, Wiesen, oder forstmäßigen Wald dadurch verhindert wird, ferner auch alle erhaltene landesfürstliche Conceßions-Briefe, nicht minder das zum Beweis solch schädlicher Berechtigketen angeführt werdende, auch unfürdentliche Verjährungsrecht, als all der gemeinen Landeswohlfahrt widersprechend, für immer und allenthalben aufgehoben. §. 204. N. 2. Wenn aber dergleichen Gemeindegründe die durch Conceßionsbriefe, oder von unfürdentlichen Jahren ermietlich das Waydrecht ausgeübt haben, unter sich vertheilen wollen, so ist ihnen ein Termin von 2 Jahren, sich über die Art, und Weise der Vertheilung nach Vorschrift der Generalien zu vergleichen, zu ertheilen, wo sodann mit Ausschluß derjenigen Gemeindeglieder oder Waydwirthschaftsberechtigten, welche sich der Vertheilung und Kultur widersetzen, einem jeden seinen Antheil als inbriger und walzende Stücke, ohne jemals zu einem Hauptgut als Pertinenz gezogen zu werden, zuzutheilen, und anzuweisen. §. 205. Hingegen alle derley Gründe, welche inner den 2 Jahren nicht vertheilet sind, werden als bona vacantia, und als heimfällig behandelt, wenn aber nach Verlauf der 2 Jahre ein Theil der Gemeindeglieder oder Waydrechtigten die Vertheilung begehrte, so solle alsdann diese mit Ausschluß der sich Widersetzenden in capita geschehen. ibid. Wollte sich aber eine oder andere Gemeinde zur Vertheilung und Kultur ihrer bden Gemeindegründe im Ganzen nicht verstehen, jedoch einzelne Glieder derselben sich um Zutheilung von ihnen selbst gewählter kleinerer Distrikte melden, so ist ihnen zu willfahren, und wenn sie kultivirt haben, so sollen sie wegen diesem ihrem Gehorsam gegen die Landesgesetze, und in Anbetracht ihres gemeinnützigen Unternehmens ihres vorigen Rechts auf die übrige Gemeinwelde keineswegs verlurstig, sondern auch nachher, wenn die Gemeinde ihre übrigen Gemeingründe zu vertheilen oder kurz oder lang sich verstehen würde, gleich denen andern, welche die Strafe ihrer Trägheit und angehaltenen Widersetzlichkeit hieran billig erfahren müssen, wieder in die Theilung zu gleichen Theilen mit eintretten. ibid. Welche Walfeldäcker, Hayden, Röser, Gebläse, und dergleichen landesherrliche Gründe, die bisher die Unterthanen ohne Beweis der Saaldächer oder Unkunststeuer zur Brod benutzt haben, von ganzen Gemeinden unter sich vertheilt, oder kultivirt werden wollen, so sollen solche Vertheilungen nie anders als vom Bürger bis auf den Tagwerker, und vom ganzen Bauern bis auf den Leerhäusler herab nach den Köpfen in gleiche Theile geschehen, und solche Vertheile, wie überhaupt alle künftig kultivirt werdende Gründe nach der Verordnung vom 21ten April 1790 nie als Pertinenzien den Gütern beygeschlagen, sondern für immer und allzeit als walzende Stücke behandelt werden. ibid. Allen jenen, welche einem hinreichenden Theil erhalten, oder sonst kultiviren, um eine Familie darauf zu nähren und fortzubringen, wezn nach Verhältniß des Bodens und dem leichtern oder beschwerlichern Absatz der Erzeugungen 8 bis 12 Tagwerk auf Ermessen der Obrigkeit zum geringsten Maße anzunehmen sind, erlaubt ist, darauf Häuser, Ställe, und Stadel zu erbauen. Jenen Gemeinden, welche ihre bden Gründe kultivirt haben, wie auch all jenen, welche große beträchtliche Strecken kultiviren, wird gestattet und erlaubt gleichfalls nach Nothdurft neue Leerhäusler- und Tagwerkers-Wohnungen, doch nach den Landes-Polizeygesetzen zu errichten, dergestalt, daß solchen neuen Leerhäuslern und Tagwerkern, wenn sie nichts zum Hauen und zum Bauen haben, kein Vieh zu halten erlaubt seyn solle, außer was sie von den ihnen etwa von der Gemeinde oder den Grundeigenthümern gutwillig überlassenen Gründen erhalten, und überwintern können. §. 208. Wer bey einer vollkommenen Kultur ein eigenes Anwesen errichtet, Haus, Stallung, und Stadel von Stein aufführt, und die Dächer mit Ziegeln eindeckt, dem sind 30 Freyjahre von allen Grund- und landesherrlichen Gaben, Steuern, Anlagen, Quartier, Musterung- und Auswahl, auch Zehenden, und überhaupt von allen Real- und Personal-Lasten, wie sie immer Namen haben mögen, zugesichert. §. 209. Auch wird denienigen, welche bde Gründe kultiviren, vorzüglich mit Kirchengeldern an Handen gegangen, und alle solche Anlehen von 10 bis 100 fl. exclusive ohne gerichtliche Schuldbriefs-Errichtung vorgeliehen, hingegen bey andern zu solchem Behufe gemacht werdenden Anlehen, wo die Protokollirung bey Gericht nothwendig wäre, sollen, wenn die Summe erweislich zur Kultur öder Gründe verwendet wird, dergleichen Anlehen ohne allen Tax und andere Ver-

f

rechnung pretоfeſſirt werden. ibid. Diejenigen Gemeinden hingegen, welche ſich durch die Kultur ihrer öden Gründe um das Vaterland verdient machen, und daher ſolcher Churfürſtlichen Gnade vorzüglich würdig ſind, werden dahin begünſtiget, daß auf alle ſolchergeſtalt kultivirte öde Gründe, welche nicht ſchon zum voraus zu Churfürſtl. Gütern und Schwaigen gehören, und per rem judicatum zugeſprochen ſind, noch in den Urbarien oder Saalbüchern bey denen Churfürſtl. Kaſtenämtern eingetragen ſind, ein Zins zu 5 kr. vom Tagwerk fenſtituirt werde, welcher den Kultivirenden, und ihren Nachbarſchaften entſtammenden Gemeinden gebühren ſoll, um daraus einen Theil ihrer Gemeindebürden, Anſchaffung der Feuer-Geräthſchaften, Unterhaltung der Vicinal wege, Beyträge für die Hebammen, und Schulen, Verſorgung ihrer Armen, und Nabaſinnli gen, auch gemeinſchaftliche Hilfe bey Waſſer- und Feueresnöthen nach Vorſchrift des Landrechts zu beſtreiten, weßwegen ſie aber jährlich bey Gericht darüber Rechnung ablegen müſſen. ibid. Die aber, welche ſich der landesvätterlichen Huld nicht theilhaftig machen wollen, ſollen die gerechte Strafe ihres Eigenſinns und ihrer Widerſezlichkeit empfinden. Und da in vordern Ver ordnungen oberhin feſtgeſetzt iſt, daß alle nicht kultivirte und mit Fleiß verwahrloſte Gründe für Deſert geachtet, und als bona vacantia behandelt werden ſollen, folglich dergleichen zum Scha den des Landes fortwährende hartnäckige Unthätigkeit länger nicht nachgeſehen werden könne, ſo iſt ein Termin von 3 Jahren feſtgeſetzt, daß nach Umlauf deſſen alle jene Gründe, ſie mögen Namen haben wie ſie wollen, welche zu Gemein- oder andern Weyden benutzt, und nicht kulti virt ſeyn werden, ohne Unterſchied, mit Ausnahme jedoch der für das Zugvieh verwilligten Nachte werden, dann jener Gründe, welche für die Schäferey durch Vergleich beſtimmt ſind, wirklich als bona vacantia eingezogen werden, und davon ein Bodenzins zu 10 kr. vom Tagwerk an die Churfürſtl. Kaſtenämter von demjenigen entrichtet werden ſolle, welcher darauf die Weydenſchaft oder anderes Recht und Dienſtbarkeit genießet. §. 210. Siehe Nachtweyd, und Schäferey.

Landſchaft in Bayern, dieſe iſt in Kraft des Special-Dekrets vom Jahre 1748 befugt, wegen Unrich tigkeit der Steuergfälle durch ihre Abgeordnete auf Abſten der hinläſſigen Beamten und Lands faſſen der Sache in loco ein- und auf den Grund ſehen zu laſſen. §. 80. §. 10. §. 72. §. 10. §. 61. §. 10. Sie kann auch des Vieranſchlags halber die Jus praelationis an die Behauſchaften in Städt- und Märkten mit all rechtliche Valor cediren. §. 58. N. 1. Und hat im Jahre 1796 für das allgemeine Landanlehen förmliche Obligationen mit höchſtlandesherrlichem Conſens, und der Garantie der Agnaten ausgeſtellt. §. 64. N. 3.

Landshut, der Magiſtrat allda iſt nur geringe, und Perſonal-Gerechtigkeiten auf ſogenannte Herrn gunſt zu ertheilen befugt. §. 113. N. 19. Und hat ſich bey abermaliger Bewilligung der ſchon vorhandenen Gerechtigkeiten genau an die Geſetze und Verordnungen zu halten. ibid.

—— daſiger Poſtverwaltung ihre Brief-Taxordnung. §. 189. Und ihr Tarif für die Poſtwägen. §. 191.

Lechhauſen, ſiehe Seidenzeug-Manufaktur.

Leerhäuſer, neue, die wegen Erbauung derſelben erſtattete mangelbafte Berichte werden ohne weiters der Umänderung willen durch rigrn Verbeh auf Unkoſten des nachläſſigen Beamtens zurückge ſendet. §. 116. N. 23. Wie ſie eingerichtet ſeyn müſſen? ibid. §. 1. etc.

Lehrwirthsöbler, und Handerer, ſollen keinen Reiſenden, der mit der Poſt angekommen iſt, wieder weiter führen, er habe ſich dann im Orte ſchon 2 mal 24 Stunden aufgehalten. §. 182. §. 17. Auch iſt ihnen keine Abwechslung untereinander, oder eine Unterlegung der Pferde erlaubt. ibid.

Lehrgeld, der Tambours, Hautboiſten, und Trompeter hat bey der beſtehenden Verordnung noch wei ters ſein Verbleiben. §. 152. §. 8.

L.

Alphabetisches Register.

M.

Magazinstransporte für die k. k. Truppen werden per Zenten und Meile mit 4 kr. bezahlt. f. 164. §. 10. Daher auch wöchentlich die vorgeschriebenen Expeditions-Protokolle richtig zur Kriegs-Deputation eingesendet werden müssen. Ibid. §. 12. et 13. Die Richtigkeit der Transporte selbst wird bey jeder Magazins- oder Ablösungsstation durch die bestellte Aufsicht, und einen Konducteur besorgt. Ibid. §. 4. 5. etc. Die bey den Naturalien-Lieferungen sich ergebende Umstände aber werden durch die Untermarschkommissariate berichtigt. Ibid. §. 11. welche die Vorspannen bey zu schaffen, und die dießfällige Instruktion zu beobachten haben. Ibid. §. 1. etc. Im Jahre 1798 wird auch eine ordentliche Pecunial- und Material-Rechnung über die Geldanweisungen, und wirklich geleisteten Bezahlungen für die Fourage-Verpflegung der in den heurigen Landen kantonirenden Truppen, dann für Magazinstransporte an die Unterthanen nach dem vorgeschriebenen Formular kontinuirlich angeordnet. f. 170. N. 26.

Mahlereygallerie, in die Churfürstliche zu München wird der Eingang alle Täge von 9 bis 12, und Nachmittags von 1 bis 4, auch im Sommer bis 5 Uhr für jedermann geöffnet. f. 213. §. 1. Die Sonn- und Feyertäge aber sind nur für Fremde auf vorheriges Anmelden bestimmt. Ibid. §. 2. etc. Kunstfreunde haben sich bey dem Besuch derselben genau nach der Vorschrift zu achten. Ibid. §. 2. etc. Und eben so die studirenden Kunstfreunde. Ibid. §. 7. etc. Obliegenheit des Gallerie-personals. Ibid. §. 6. etc. besonders wenn sich Personen vom hohen Range zum Besuch ansagen lassen. f. 215. §. 18.

Marktschiffer, siehe Landkutscher.

Marodeurs, siehe Ausreißer.

Maurergesellen, wenn sie während Wanderschaft in Zeit von 2 Monaten keine Arbeit finden, oder durch Krankheit, oder anderen Zufall daran gehindert werden, haben sich solches auf der Rückseite ihrer Kundschaft attestiren zu lassen, und zugleich einen obrigkeitl. Rückpaß zu Fortsetzung ihrer Wanderschaft zu nehmen. f. 120. N. 33.

Mautbruter haben wegen den für die k. k. und Reichskontingents-Armee hereingehenden Erfordernissen die Verordnung vom Jahre 1748 genau, und bey Selbstverantwortung, zu beobachten. f. 88. N. 7.

Mautfrevel, und Konfiscationsvorfälle können auch von den Jurisdictions-Obrigkeiten jure præventionis verhandelt werden. f. 87. N. 2. Die davon ad Ærarium gehörige Antheile aber sind jederzeit an das nächste Mautamt zu übersenden. Ibid. Siehe Konfiscations- und Strafantheile.

Mensæ titulus, bey dem Churfürstlichen ist dermal die jährliche Zahl der Kandidaten auf 30 festgesetzt, doch darf diese Zahl überschritten werden, wenn sich über die 30 würdige Kandidaten noch ein und anderer wohlverdienter melden sollte. f. 130. N. 11. §. 1. f. 126. N. 5. §. 3. 4. Es sollen auch dazu nur Landskinder, und cæteris paribus, vorzüglich Söhne von im Churfürstl. Diensten stehenden Vätern vorgeschlagen werden. f. 126. §. 9. 4. Dagegen hat sich auch jeder Kandidat 3 Monate vor der Weyhezeit zur rigorosen Prüfung im deutschen Schulfache, und den theologischen Wissenschaften vor den aufgestellten Schul-Commissionen zu stellen, und zum geistl. Rath die vorgeschriebenen Attestaten einzusenden. f. 127. sub N. 5. Die theologische Fakultät zu Ingolstadt aber, und der Rektor eines jeden Schulhauses hat die vorgeschriebenen Requisiten der Kandidaten im eigenen theologischen Jahrgang jährlich nach dem Oster-Examen in eine förmliche Tabelle zu bringen, und nebst den Zeugnissen über die Prüfung im deutschen Schulwesen, und den abgelegten Illuminateneid selbst zum geistl. Rath zu übermachen. f. 130. N. 11. Deßtwegen werden auch keine Hofkammer-Erläuterungen mehr darüber abgefordert. Ibid. N. 8. außer in Fällen, wo der tituli mensæ-Genuß sonderbar nachgesucht wird. Ibid. In solchen Fällen soll aber auch der jährliche Aufwand für die erarmt- und verunglückte Titulanten durch deren anderweitige Beförderungen vermindert werden. f. 126. N. 5. §. 2. Stände sollen bey ihren Titulanten die nämliche rigorose Prüfungsvorkehr beobachten. f. 126. sub N. 5.

R 2   Militär-

N.

Nacht-

Nachtweyde, sollte ein oder die andere Gemeinde wegen ihrem zahlreichen Zugvieh bey dem anfänglich noch gering stehenden Futterkräuterbau, auch etwa wegen Mangel an hinreichenden Wiesgründen einer Nachtweyde bedürfen, und ihnen solche nicht anderswo anzuweisen wäre, so sollen sie nicht gehindert werden, nach gepflogener Untersuchung der Umstände und übrigends der Kultur unschädlich einen eigends dazu erkiesenen, jedoch nur auf die Zahl des Zugviehes bemessenen Platz wohl verwahrlich einfangen. f. 207. Würde aber seiner Zeit die Kultur und besonders der Futterkräuterbau solchergestalt zunehmen, daß eine Gemeinde auch dieser Nachtweyde für ihr Zugvieh nicht mehr bedürfte, so solle es derselben, wenn die größere Zahl der darauf Weydeberechtigten damit einverstanden ist, freystehen, auch diese Plätze unter sich zu vertheilen, und nach eines jeden besten Nutzen zu kultiviren. ibid.

Neuburg, die Landesregierung allda besorgt wieder das Städt- und Märktische Kammerrechnungswesen, so wie jenes der Gerichtsgemeinden. f. 42. N. 9. auch die Appellationen in Konfiscations-Fällen gehen wieder an diese Stelle. f. 87. N. 3.

—— die Hofkammer allda wurde im Jahre 1797 ebenfalls wieder hergestellt, und das nöthige Personale angeordnet. f. 40. N. 7. Mit dieser Herstellung sind auch die Manufrehandlungen von jenen der oberen Pfalz getrennt. f. 87. N. 3.

Nobilitatis-Privilegium, das den Churfürstl. wirkl. Räthen ertheilte, selbst keine Ausdehnung auf die aus dem bürgerl. Handelsstande gewählte Wechselgerichts-Assessores. f. 13. N. 8.

Nunciatur päpstliche, zu der in München bestehenden ist sich mit allen Dispensationsgesuchen, außer des dritten und vierten Grads in Ehesachen zu wenden. f. 131. N. 13.

Nürnberg, die älteren Verträge dieser Reichsstadt mit den Herzogthümern der oberen Pfalz, Neuburg, und Sulzbach, wenn sie auch je existirt haben, werden nicht mehr anerkannt. f. 210. N. 3. Deßwegen darf sich auch kein Beamter die mindeste Connivenz bey Vermeidung der augenblicklichen Entsessens, Permutation, oder Cassation zu Schulden kommen lassen. ibid. Auch darf kein Unterthan daselbst bey Gericht erscheinen, Anzeigen machen, oder Recht nehmen. ibid. Ihre Gerichtsdiener aber sind auf Betreten zu arretiren, ihre Rechte und Foderungen zu sequestriren, und solang darüber Rechnung zu führen, bis auseinandergesetzt ist, was sie vor 1504 besessen, oder nachhin erkauft hat. ibid.

O.

Obere Pfalz, siehe Amberg.

Oede Gründe landesherrliche, wenn jemand solche zu kultiviren verlangt, so soll ihm, so viel er davon begehren würde, wenn gleich ein oder der andere ohne Beweis der Saalbücher oder eigene Confession darauf das Weyderecht prätendirt, jedoch der Lehn, Inseln, und Anschüttern in Rücksicht der Wuhrgehäb, des Kappholzes, und des Rinnsaals der Flüsse nach vorläufiger Vernehmung der Hofkammer sogleich und ohne Verzug zugewiesen, und als wahres Eigenthum zugeschrieben werden, mit der Bedingniß, solches Feld nicht zu einem andern Gut als Pertinenz beyzuschlagen, und den Platz wenigstens in 3 Jahren zu kultiviren, nach deren Umlauf, wenn er nicht wichtige Gründe für sich anzuführen hätte, alles was davon nicht kultivirt seyn wird, der Landesherrlichkeit heimgefallen seye, und anderweit verliehen werden solle. f. 208. Jene öben Gründe, welche schon zum voraus zu landesfürstlichen Gütern und Schwaigen gehören, und wegen ihrer Weitschichtigkeit oder Entlegenheit dazu nicht wohl kulturmäßig benutzt werden können, wie auch solche Gründe, welche entweder ex re judicata oder nach Inhalt der Urbarien der Landesherrschaft gehörig sind, sollen gleichfalls an die darum sich meldende auf freyes Erbrecht ohne alles Laudemium, Gült oder Stift, und lediglich gegen Abreichung eines geringen, 5 kr. vom Tagwerk betragenden, und zu den Churfürstl. Kastenämtern zu reichenden Foderungises vergeben werden. ibid. Wollten aber die ersten Erwerber, oder deren Erben solchen Bodenplatz über kurz oder lang ablösen, und das vollkommene Eigenthum an sich bringen, so solle ihnen dieses gegen Erlag eines angemessenen Kaufschillings gestattet seyn. Wenn in Moos- und

sumpfi-

sumpfigten Gegenden Gräben gezogen, auf Halden Einfänge gemacht, und die Viehweyde außer den sogenannten offenen Zeiten unterlassen wird, oder wenn der Boden umgerissen, ein oder mehrere Jahre mit Halmfrüchten bebauet, in offenen Zeiten aber geweydet, und dann nach Umlauf von einigen Jahren zum Brach liegen gelassen, in all solchen Fällen aber weder der Ackerbau, noch die Stallfütterung eingeführt wird; so wird solchen Unternehmern 15 Freyjahre von allen Grund- und landesherrlichen Gaben, Steuern, Anlagen, Quartier, Musterung, und Auswahl, auch Zehenden, und überhaupt von allen Real- und Personal-Lasten, wie sie immer Namen haben mögen, in so weit sie solche von diesem ihren neu erworbenen Grund und Boden sonsten zu verrichten hätten, verliehen, und gestattet. §. 209. Wenn aber ein Moos durch Abzugskanäle und mit Schleusen versehene Gräben trocken gelegt, zur Wässerung regelmäßige Wasserleitungen geführt, die niederen theils mit Bepleitung der nöthigen Wässerung zu Wiesgründen, die hochgelegenen aber, welche nicht gewässert werden können, zu Ackerfeld gerichtet werden, oder wenn trockene Halden und Weydgründe zu Ackerfeld gemacht, zu keiner Zeit mehr ein Vieh darauf getrieben, keine Brach gehalten, dagegen aber in die Brachfelder der Acker- und anderer Futterkräuterbau eingeführt, lebendige Zäune angelegt, und in all solchen Fällen die vollkommene Stallfütterung hergestellt wird, oder, wen auf Ermäßigung des Oberforstmeisteramtes resp. der Hofkammer, oder Ober-Landes-Regierung der zu kultivirende Platz zum Holzwachse besonders tauglich und wohlgelegen, auch in der Gegend ein Mangel an Holz, und Waldung wäre, und dann ein solch über Grund unter der Aufsicht des Forstmeisters nach Forstgrundsätzen zu Holz angelegt, besäet, oder bepflanzt, forstmäßig in Schläge eingetheilt, kein Vieh hinein geweydet, und dem Laubrechen für immer und allzeit entsagt wird, so wird dieses für die eigentliche und vollkommene Kultur erkennet, und werden all denjenigen, welche solche unternehmen, 25 Freyjahre verliehen. §. 209.

Oesterreich, wird im Jahre 1747 für die in Schwaben und am Rhein gestandene k. k. Truppen eine Ablieferung in die Magazine von 130000 niederösterreichischen Metzen Habers, enthielt 5000 dreyig Zentner Heues bewilligt. §. 157. N. 11. Wegen dem schnellen Rückmarsch derselben aber mußte das Brod, auch die Fourage an Haber und Heu gegen Quittung und auf Abzug an der bewilligten Hauptlieferungssumme durch die Konkurrenz ohne Uebernahme eines gestregten Standes beygeschafft werden. ibid. Desgleichen das allenfalls nöthige Schlachtvieh. ibid. Die Truppen selbst hingegen hätten alles, was sie verzehrten, den Quartierwirthen, oder Kostgebern baar zu bezahlen. ibid. wobewegen auch die Beschwerden über Excesse fast allgemein worden. §. 159. N. 12. §. 161. N. 15. Im Jahre 1798 hätte sich die einquartierte Mannschaft auch in Menagen verküsten sollen. §. 166. N. 17. §. 169. N. 25.

P.

Parere-Medicum, soll post Inspectionem vulneris sogleich abgegeben werden. §. 232. N. 18. Lit. a. Auch ist dießfalls ein eigenes Tagebuch zu halten über die Beschaffenheit der Wunde und eingestellte Symptomen, worin alle Umstände genau aufzuzeichnen sind. ibid. Lit. b. Wie nicht weniger das Verhalten des Verwundeten vom Anfange der Verwundung bis zum erfolgenden Tode. ibid. Lit. c. Ferners die Behandlungsart des Verwundeten in der Kur. ibid. Lit. d. Während dem Krankenlager muß von dem Wundarzte über das Befinden des Patentirten, in Ansehung seiner Gesundheitsumstände von Zeit zu Zeit Anzeige gemacht, und der Kranke nicht lediglich der Obsorge eines unapprobirten Landbaaders überlassen werden. ibid. Lit. e. In dem Sektionsberichte kommt mit Bestimmtheit anzumerken, welche Gefäße eigentlich verletzt worden, und ob die entstandene starke Verblutung aus größeren, oder minder großen Gefäßen erfolgt sey. ibid. Lit. f.

Parsberg, bey dieser Herrschaft werden im Jahre 1794 die baierischen Gesetzbücher nebst den Anmerkungen hierüber eingeführt. §. 13. N. 7. §. 225. N. 12.

Pässe, die bewilligte Getreid-Oel-Hauffbouren- so andere Effekto- und Transito-Pässe gelten nicht mehr länger, als ein Jahr. §. 88. N. 6. Die Frequentirten dürfen aber nur bey der angewiesenen Station behandelt, und ihre Pässe müssen nach verflossenem Termin allda abgefordert,
und

und zu Belegung der Paßmatrikel eingesendet werden. ibid. Ueber das in dem einjährigen Termin nicht ausgeführte hingegen muß eine neuerliche Bewilligung bey höchster Stelle nachgesucht werden. ibid. Päße für die Armee-Lieferungen sind nur alsdann zu respektiren, wenn sie der Verordnung vom 11. April 1798 gemäß sind. f. 58. N. 7. Auch hat die hiesige Polizey-Ober-Direktion für abreisende Fremde, und Civilinnwohner die Päße ganz allein auszustellen. f. 121. N. 34.

Passau, wegen Pßnigmachung des zwischen dem Landgerichte Bernstein, und Passauischen Pfleggerichte Fürstenegg liegenden Gränzwassers, sowohl der darin sich ziehenden Perlmuschel, wie auch der Fischerey halber im Jahre 1691 errichteten Vergleich. f. 35. N. 1. Siehe Biberbach.

Patentier, siehe Krazenträger.

Pfand- und Leihhaus, siehe Versazamt.

Pfarrer, müssen im Jahre 1610, gemäß der Bulla Pauli V. entweder die gerüsteten Pferde und Knechte stellen, oder eine gewisse Summe Gelds dafür bezahlen. f. 123. N. 2.

Pferde, wer diese zur Landes-Defension vorzüglich beyzuschaffen habe? f. 123. N. 1. f. 173. N. 3. f. 149. N. 1.

Pfleggründe, deren Verkaufung, hiezu wurden mehrere Kommissarien abgeordnet. f. 227. N. 15. und denenselben zu Herstellung der Pflegs-Realitäten, und anderer eine abdimirte Kommissarische Instruktion ertheilt. Siehe die Beylage ibid.

Pflegzehenden, diese haben mit dem sämmtlichen Pfleg-Organisirungswesen gemeinschaftlich behandelt werden müssen. f. 233. N. 19.

Polizey-Amt, hat auch außer den Freynächten die Musikerlaubnisse, und andere nächtliche Vergnügungen für ehrbare Gesellschaften, jedoch ohne mindeste Gebühr, ganz allein zu ertheilen. f. 111. N. 14.

—— **Diener**, die Verheyrathung derselben wird ungerne zugegeben. f. 233. N. 20.

—— **Arrest**, können auch von den Mautämtern jure præventionis verhandelt werden. f. 87. N. 2. Die davon ad Ærarium gehörige Antheile oder sind jederzeit gleich an das nächste Land- oder Pfleggerichte einzusenden. ibid.

—— **Handlungs-Operationes**, werden nie ohne wichtige Veranlassung, vielweniger zur Schmälerung einer billigen Mannsnahrung in den bürgerl. Gewerben vorgenommen. f. 112. N. 17. auch nie länger, als bis die Preise wieder zu ihren natürlichen Verhältnissen zurückgebracht sind. ibid. Siehe Landerupen.

—— **Ober-Direktion**, die im Jahre 1796 errichtete wird im Jahre 1798 wieder aufgehoben. f. 110. N. 12. und dem Reichsgrafen von Rumfort in ihrem ausgedehnten Umfange übertragen. ibid. N. 13. Bey gemeinschaftl. Zusammentritt gebühret dem Polizey-Ober-Kommissarien als Kollegial-Räthen der Rang in Sessione et voto nach Verordnung, und Herkommen. f. 33. N. 41. Nicht minder hat diese für alle abreisende Fremde, und Civilinnwohner allhier die Päße ganz allein auszustellen. f. 121. N. 34.

—— **Sachen**, in diesen dürfen keine Befehle weder von dem Hofkriegsrath, noch dem Gouvernato, Kommandantschaften, und andern Militär-Stellen ausgegeben werden, ohne sich ebvor mit der einschlägigen Polizeybehörde benommen zu haben. f. 168. N. 20. Die hierin zwischen den Handwerkern entstehende Streitigkeiten, und sonst das Publikum vorzüglich interessirende Gegenstände sind niemals mehr ad forum civile contentiosum zu ziehen. f. 121. N. 35. Doch haben die Regierungen auf Verlangen des Hofraths in derley Fällen die Auskunft mit Einrathung der Acten zu ertheilen. ibid.

—— **Zettel**, oder Polleten, siehe Reiselicenzen.

Alphabetisches Register.

und noch weniger auf die höheren Dikasterien anzugehören. ibid. §. 6. In den Attestaten aber, welche die Praktikanten bey ihrem Dienstgesuch hierüber beyzubringen haben, muß nicht nur über den Fleiß und Fähigkeit, sondern auch eben so strenge über die Sittlichkeit, die religiöse und politische Grundsätze, dann die Denk- und Handlungsart des Praktikanten mit Verläßigkeit gezeugt werden. §. 32. N. 39. §. 25. §. 10. §. 18. §. 8. §. 17. §. 8. §. 11. §. 8. §. 12. N. 5.

Präsident, worin dessen Obliegenheit bestehe? §. 2.

Prob-Relationen, die gewöhnlichen sind weder mehr übrig, noch zweckmäßig. §. 18. §. 4. §. 21. §. 3. Nicht einmal zu dem Regierungs-Praxis. §. 20. N. 18.

Prüfungen quoad theoriam et Praxin verschiedener Fächer, bleiben für jede Dienststelle unvermeidlich, werden aber auch erst bey dem wirklichen Gesuche einer Rathes- oder anderen Dienststelle auf das strengste vorgenommen. §. 23. §. 4. §. 21. §. 3. §. 20. N. 18. Bey der Prüfung selbst sind sowohl die Fragstücke, als die Antworten ad protocollum niederzuschreiben zu lassen, und sodann mit gutachtlichem Berichte einzusenden. §. 21. N. 19. Die Taxen und Sportein aber für derley Prüfungen sind nur von den die erforderlichen Mittel besitzenden Kandidaten zu erheben. §. 11. N. 3. Die Kommissarien zu den Prüfungen, die der Vorstand auszuwählen hat, sind zwey Räthe von Seite der Regierung, und zwey von Seite der Hofkammer. ibid.

Q.

Quittirung, die der Vorspannen darf von den k. k. Truppen nicht verweigert werden. §. 174. N. 31.

Quittungen, daß diese für alles, was an die k. k. Truppen an Naturalien abgegeben wird, ausgestellt werden, dafür haben die Untermarsch-Kommissariaten zu sorgen. §. 158. N. 11. Und auch für die Vorspanne. ibid. Die Quittungen selbst aber sind alle Wochen neben dem legalisirten Preis, und Anzeige des marschpatentmäßigen Geldbetrags einzusenden. ibid. §. 160. N. 13. et 14.

R.

Rang, dieser gebühret bey Kommissionen mit den Straubingischen Regierungsräthen dem als Special-Kommissario wegen Balern abgeordneten Hofrath. §. 22. N. 22. Auch den Polizey-Ober-Kommissionen ist bey gemeinschaftl. Zusammentritt der Rang einzuräumen, der ihnen als Kollegial-Räthen in Session und voto nach Verordnung und Herkommen gebühret. §. 33. N. 41. Den Churfürstl. Beamten gebühret die Präcedenz allemal vor den landschaftlichen, wenn diese auch mit einem gnädigst verliehenen Titel, oder Nebenkaralien versehen sind. §. 26. N. 26.

Räthe, Churfürstliche, sollen niemals von dem Rath ohne ehehafter Ursach, und ehevoriger Erlaubniß des Präsidenten bey Vermeidung des Besoldungsabzugs pro Rato ausbleiben. §. 2. Auch jene, die Amts- und Dienstgeschäfte haben, welche Nachmittags wohl zu verrichten sind, sollen Vormittags in Rath gehen. ibid. Doch ist jedem erlaubt, jährlich 6 Wochen, zu 14 Täge oder 3 Wochen nach Gutbefinden des Präsidenten und Kanzlers, oder Vice-Kanzlers zur Zeit, wo er im Dienste nichts versäumt, abwesend zu seyn. ibid. Dagegen wird auch jenem, der über die erlaubte Zeit ausbleibt, die Besoldung pro Rato abgezogen. §. 2. Aus der Stadt aber darf keiner ohne lautere Erlaubniß der höchsten Stelle, oder des Präsidenten verreisen. ibid. Eben so ist keinem eine Vormund-, Beystand- oder Testaments-Exekutorschaft mehr erlaubt. §. 30. N. 33. Im Rath selbst, wie auch bey allen Kollegial-Verrichtungen, und Kommissionen sollen sie bey Vermeidung 24 Rthl. Strafe ad fundum pauperum, so andere, jedesmal mit einem Degen erscheinen, außer dem Rath aber alle ungebührliche Kleidungsstücke vermeiden. §. 31. N. 37. Bey der Umfrage soll keiner dem andern in seine Stimm, oder Red fallen, sondern bis die Red an ihn kommt, warten. §. 2. auch seine Meynung, so weit es der Sachen Gelegenheit und Nothdurft erfordert, soll jeder bescheidentlich, verständlich, und ohne überflüssige Worte vorbringen. ibid.

Raths-Access, siehe Access.

Raths-

Klaffen abgetheilte Conscription zu verfassen, und längstens bis Michaeli zu den Landsteuerämtern einzusenden. ibid. Dafür passiren aber nur die Besichtigungs- und Schätzungskosten der Schätzleute, die in die Steuerbücher bey Strafe eingeschrieben werden müssen. ibid. Das nämliche ist auch wegen den Hofanlags-, Stift- und Getreidgült-Nachlässen zu beobachten. ibid.

Schildwaldungen, siehe Waldungen.

Scharwerksdienste, das Recht diese in der gebührenden Maaß zu fodern soll kein Propstei bey Strafe der Amotien ab advocatia bestreiten, sondern bloß nach den bestehenden Gesetzen arbeiten. §. 25. N. 24. Der sich derley Vergehens wirklich schuldig macht, soll durch eine zu ernennende Kommission konstituirt, und mit aller Strenge bestraft werden. §. 29. N. 32.

Schauspiele, in Landstädten, Märkten, und Dörfern aufzuführen ist weder den herumziehenden Komödianten, noch den Dröschwohnern mehr erlaubt. §. 115. N. 21. Die derley Spiele erlaubende Obrigkeiten (die Regierungs-Städte ausgenommen) sind selbst einer Geldstrafe zur Wittib- oder Armen-Casse unterworfen. ibid.

Scheiterläuge, siehe Brennholz.

Schildwachen, Soldaten, und Unteroffiziers im Dienste, sollen die Einwohner, und hereinfahrende Landleute, die sich etwas den kommandantschaftlichen Befehlen widersetzen, nicht unanständig behandeln, sondern mit Anständigkeit arretiren. §. 167. N. 18. Siehe Thorwachen.

Schreibart, eine beleidigende läßt man auch bey bischöfl. Commissariis nicht ungeahndet. §. 140. N. 16.

Schul-Curatel, die geheime, der noch ferners theils durch eigene zweckmäßige Verfügungen, theils durch Vorträge an die höchste Person in wichtigen Fällen das Beste des Schulwesens zu befördern. §. 110. §. 4.

—— Fond, der deutsche, zum Behuf dessen Bücherverlags haben alle Patenter, und Krachträger ?? sich selbst zu wählende Artikel gegen 25 p. c. alle Jahre abzunehmen, außer dessen werden ihnen ihre Patente nicht mehr erneuert. §. 120. N. 31.

—— Häuser, bey diesen sind die vorgeschriebenen gleichförmigen Formularien der in den Testimoniis vorkommenden Noten beyzubehalten. §. 127. sub N. 5. Auch ist in Rücksicht derselben die vormalige Verordnung vom 31ten Aug. 1781 noch weiters in gewisser Maaß bestätiget. §. 168. N. 11.

Seen, siehe Fischwasser.

Seidenzeug-Manufaktur, die zu Lochhausen, ist nur auf Toffet, und Halbseidenzeuge privilegirt. §. 92. N. 12. und gambit die accisfreye Einfuhr ihrer im Ausland nicht zum Verkauf gebrachten Toffet- und Halbseiden-Waaren. ibid.

Sperrgeld, gehört zur Hoffkammer, ist aber zu München seit 1798 abgeschaft. §. 44. N. 29. Doch bestehet der Thorschluß noch nach der bisherigen Ordnung fort. ibid.

Spitäler, und derley Stiftungen, deren Rechnungen werden in der obern Pfalz nicht bey der Hoffkammer, sondern der Kirchen-Deputation revidirt, und aufgenommen. §. 129. N. 9. §. 38. §. 1.

Standbauter, diesen gebühret die Verlassenschafts-Verhandlung bey den in München domicilirten adelichen Personen nicht. §. 19. N. 15.

Städte und Märkte, dürfen ohne landesherrlichen Konsens keine Kapitalien mehr aufnehmen. §. 38. N. 6. Widrigenfalls haben die dazu stimmenden Rathsglieder nur mit eigenem Vermögen dafür zu haften. ibid. Die oberpfälzischen Städte, und Märkte senden ihre Kammer-Rechnungen der Revisions wegen zur dortigen Hoffkammer ein. §. 38. §. 1. Die Kirchen- milde Stiftungs- und Spital-Rechnungen aber zur Landes-Regierung, resp. Kirchen-Deputation. §. 129. N. 9. Die Neuburgischen Städte und Märkte senden nicht nur ihre Kirchen- und milde Stiftungs- sondern auch ihre Kammer-Rechnungen zur dortigen Regierung ein. §. 42. N. 9.

Sten-

T.

T.

V.

W.

nicht

Merkwürdige Errata, und deren Verbesserung.

---

www.ingramcontent.com/pod-product-compliance
Lightning Source LLC
Chambersburg PA
CBHW030351270326
41926CB00009B/1061